한국 미래 지도자의 롤 모델

한국의 위대한 협상가

원창희, 백양숙, 이혜경 지음

한국협상경영원
Korea Negotiation Management Institute

▎책을 내며 ▎

    한국협상경영원에서 협상가1급 자격증 과정과 마스터협상가 과정을 운영하면서 우수한 교육생들을 배출하고 있다. 단순한 지식의 습득 차원을 넘어서 그 지식을 현장에 적용하고 현장으로부터 새로 배우게 되는 학습과 경험의 순환을 경험하게 된다. 우수 교육생들은 협상의 전문성을 활용하여 현장과 역사 속의 다양한 협상 사례를 발굴하는데 관심과 적극성을 보이고 있다. 한국협상경영원은 이들의 관심과 노력을 높이 평가하여 연구와 출판에 적극적으로 지원하고 있다.

    2022년에 "역사 속 위대한 협상가 이야기"를 시리즈 1로 출판하면서 동서양의 위대한 협상가 7명을 수록하였다. 한국의 위대한 협상가로는 잘 알려진 서희 장군을 선정하여 소개하였다. 이번 시리즈 2에서는 한국에 국한하여 위대한 협상가를 발굴하게 되었다. 협상학이 서양에서 시작하고 발전되었기에 동양, 특히 한국에서 위대한 협상가가 거의 없을 것으로 추측한 것은 큰 오류임을 깨닫게 되었다. 이번 연구를 통해 협상의 학문과 상관없이 역사의 굴곡이 있는 곳에는 위대한 협상가가 존재할 수 있다는 것을 발견하고 놀라움을 금치 못했다.

    한국의 위대한 협상가는 우리나라의 국익과 국민의 복지를 위해 외국과 외교협상을 성공적으로 수행하여 이름을 빛낸 협상가를 중심으로 발굴하였다. 중세시대에서 3명의 위대한 협상가를 발굴하였는데 신라의 사신 박제상, 고려의 공신 하공진, 그리고 조선의 승장 사명대사를 포함하였다. 해방 후 현대로 와서는 초대 대통령 이승만, 박정희 정부의 경제수석 오원철, 현대그룹 회장 정주영, 제15대 대통령 김대중을 20세기의 위대한 협상가로 선정하였다. 21세기에는 김대중 정부의 환경부 장관 김명자, 한국 최초의 UN 사무총장 반기문, 그리고 외규장각 의궤 협상팀 박흥신과 유복렬을 선정하였다.

이렇게 총 10개의 위대한 협상가 사례를 발굴하여 집필에 참여한 저자들을 사례별로 정리하면 표 0.1.1에서 보는 바와 같다.

표 0.1.1 제2부 위대한 협상가 사례의 집필자

시대구분	위대한 협상가	집필자
중세시대	1. 신라 사신 박제상	백양숙
	2. 고려 공신 하공진	원창희
	3. 조선 승장 사명대사	이혜경
현대시대-20세기	4. 초대 대통령 이승만	원창희
	5. 청와대 경제수석 오원철	백양숙
	6. 현대그룹 회장 정주영	이혜경
	7. 제15대 대통령 김대중	이혜경
현대시대-21세기	8. 환경부 장관 김명자	백양숙
	9. UN 사무총장 반기문	원창희
	10. 외규장각 의궤 협상팀 박흥신·유복렬	원창희

제1부 한국의 위대한 협상가는 원창희가 집필하였으며 제3부 위대한 협상가의 비교분석과 시사점은 3명 집필자의 자료와 협의를 토대로 원창희가 분석, 정리하였다.

이 책은 한국의 위대한 협상가를 발굴하여 연구한 최초의 시도로서 위대한 협상가 선정에 다소 미흡할 수 있으나 향후에 더 많은 위대한 협상가를 발굴하고자 한다. 사례 집필과 비교분석에서 오류가 있다면 전적으로 저자의 책임이며 넓은 아량의 조언을 기대한다.

2024년 7월 3일
대표 집필자 원창희 씀

| 추천사 |

협상의 원칙 중 하나는 경쟁보다는 협력입니다. 한국은 집단주의 문화가 이미 오래 전부터 형성되어 있는 곳으로 한국인들은 이로 인해 아마도 능숙한 협상가들이 되어 있다고 볼 수 있습니다. "한국의 위대한 협상가"라는 출판물은 이러한 역사적 유산을 기록하고 있습니다.

이 책에서 매우 주목할 점은 김명자와 유복렬이라는 두 현대 여성 협상가를 포함한 것입니다. 한국은 성평등 개선이라는 계속되는 과제에 직면해 있지만, 이들 여성이 세계와 국내 무대에서 갈등을 해결해 나갔던 모습은 매우 감동적입니다. 김명자는 김대중 정부에서 환경부장관으로 재직하며 대한민국의 4대강 수질을 개선했습니다. 유복렬은 조선 왕실의 외규장각 의궤를 되찾기 위해 박흥신 대사와 함께 협상을 진행한 프랑스 대사관의 참사관이었습니다. 이 외규장각 의궤는 1866년 프랑스에 의해 약탈된 이후 145년의 방황 끝에 마침내 귀환하게 되었습니다. 앞으로 다른 젊은 한국 여성들도 이들의 선구적인 발자취를 따라갈 수 있기를 기대해 봅니다.

다른 8명의 프로필은 중세 시대의 3명의 애국적인 협상가, 즉 신라 박제상, 고려 하공진, 그리고 조선의 사명대사를 포함하고 있습니다. 사명대사는 1592년 일본으로부터 3,000명의 전쟁포로들을 구출한 승려입니다. 이 책은 나머지 5명의 위대한 협상가로서 정치 분야에서는 제1대 대통령 이승만을, 경제 분야에서는 오원철 경제수석과 정주영 현대그룹 회장을, 외교 분야에서는 노벨 평화상 수상자이자 전 대통령 김대중과 유엔 사무총장 반기문을 다루고 있습니다. 이 모든 한국의 위대한 협상가들은 우리나라의 발전과 복지에 기여했으며, 국제적으로는 세계 평화와 협력 증진에 기여했습니다.

이 책을 정치, 외교, 사회, 경제 분야의 모든 리더들에게 강력히 추천합니다. 무엇보다도, 21세기 한국을 형성할 롤 모델을 찾는 다음 세대 리더들에게 이 책을 추천합니다.

2024년 7월 1일
브랜다 백 선우
"물때 – 제주 바다의 할머니들"의 저자

Recommendation for
"The Great Negotiators of Korea"
By Chang Hee Won, Yang Sook Baek and Hae Kyung Lee

One of the principles of negotiations is collaboration over competition. In South Korea, where the native culture is already collectivist, Koreans are likely skilled negotiators. The publication of "The Great Negotiators of Korea" documents such an historical legacy.

What is significantly notable in this book is the inclusion of two contemporary female negotiators—Kim Myung Ja and Yoo Bok Ryeol. As Korea faces its ongoing challenge of improving gender equality, it is inspiring to see how these women resolved conflicts on the global and domestic stage. Kim Myung Ja, as Minister of Environment under the Kim Dae Jung administration, improved water quality of the great four rivers. Yoo Bok Ryeol was the key political affairs counsellor who conducted the negotiations with ambassador Park Heung Shin that brought back royal protocols of the Joseon Dynasty, which were stolen by France in 1866, after wandering for 145 years. Hopefully, other young Korean women will follow in their unprecedented footsteps.

The other 8 profiles include three patriotic negotiators during the Medieval Ages, i.e. Park Jae Sang of Silla Dynasty, Ha Gong

Jin of Goryeo Dynasty and Samyungdaesa of Joseon Dynasty, a Buddhist who rescued 3,000 prisoners from Japan in 1592. The book also discovers 5 other great negotiators: in the political sphere, first president Rhee Syngman; in the economic sphere, an economic secretary, Oh Won Chul and the president of Hyundae Group, Jung Ju Young; in the diplomatic sphere, Nobel Peace Prize winner and former president Kim Dae Jung and UN Secretary General Ban Ki Moon. All of these Korean great negotiators have contributed to our nation's development and well-being. Globally, their contributions have also helped to promote international peace and cooperation.

I strongly recommend this book for any leader in the political, diplomatic, social and economic fields. Most of all, I recommend this book for the next generation of leaders—those seeking role models to shape Korea in the 21st century.

July 1, 2024
Brenda Paik Sunoo
Author, "Moon Tides—Jeju Island Grannies of the Sea"

차례

책을 내며_ iii
추천사_ v
Recommendation_ vii

제1부 한국의 위대한 협상가 ·· 1
  제1장 한국의 위대한 협상가의 발굴 ·· 3

제2부 위대한 협상가 사례 ·· 13
【중세 시대】··· 15
  협상가 1 신라 사신 박제상 ·· 17
  협상가 2 고려 공신 하공진 ·· 43
  협상가 3 조선 승장 사명대사 유정 ··· 69
【현대 시대-20세기】·· 97
  협상가 4 초대 대통령 이승만 ·· 99
  협상가 5 청와대 경제수석 오원철 ·· 131
  협상가 6 현대그룹 회장 정주영 ·· 169
  협상가 7 제15대 대통령 김대중 ·· 207
【현대 시대-21세기】·· 241
  협상가 8 환경부 장관 김명자 ·· 243
  협상가 9 UN 사무총장 반기문 ·· 277
  협상가 10 외규장각 의궤 협상팀 박흥신·유복렬 ······································· 303

제3부 위대한 협상가의 비교분석과 시사점 ·· 333
  제1장 위대한 협상가의 비교분석 ·· 335
  제2장 위대한 협상가의 교훈과 시사점 ·· 346

주석_ 356
참고문헌_ 372
찾아보기_ 387

표 차례

표 0.1.1 제2부 위대한 협상가 사례의 집필자 ·················· 5
표 1.1.1 위대한 협상가의 시대구분과 국가사회 영향 ············ 11
표 2.1.1 신라왕과 박제상의 계보 및 볼모 파견 ················ 26
표 2.1.2 박제상 협상의 구조분석 ···························· 33
표 2.2.1 하공진 협상의 구조분석 ···························· 58
표 2.2.2 서희 협상과 하공진 협상의 비교 ···················· 66
표 2.3.1 사명대사 협상의 구조분석 ·························· 91
표 2.4.1 이승만 협상의 구조분석 ··························· 123
표 2.4.2 이승만 연보 ······································ 128
표 2.5.1 오원철 협상의 구조분석 ··························· 154
표 2.6.1 주요 그룹 회장 학력 ······························ 174
표 2.6.2 정주영 협상의 구조분석 ··························· 194
표 2.8.1 김명자 협상의 구조분석 ··························· 265
표 2.8.2 환경부와 낙동강 상·하류 주민의 다자간 협상 구조비교 ·· 266
표 2.9.1 가자 지구와 서안 지구의 집권과 대외적 성향 ········· 291
표 2.9.2 반기문 협상의 구조분석 ··························· 296
표 2.10.1 한국과 프랑스의 협상구조 비교 ···················· 326
표 2.10.2 외규장각 의궤 협상의 구조분석 ···················· 330
표 3.1.1 위대한 협상가 11인의 협상 구조분석 비교 ············ 337
표 3.1.2 위대한 협상가의 공통적 특징 ······················ 342
표 3.2.1 위대한 협상가의 교훈 ····························· 349
표 3.2.2 위대한 협상가 교훈의 공통점 빈도 ·················· 350
표 3.2.3 위대한 협상가 교훈의 공통점 분류 ·················· 351
표 3.2.4 위대한 협상가 사례의 시사점 요약 ·················· 353

그림 차례

그림 2.5.1 우리나라 산업혁명 4단계 ·················· 139
그림 2.7.1 남북공동선언문 ·················· 232
그림 2.8.1 3대강 수변구역 지정범위 ·················· 253
그림 2.8.2 낙동강 상류와 하류 주민들의 주장 ·················· 254
그림 2.8.3 낙동강 지역 간 쟁점 ·················· 255
그림 2.8.4 3대강 특별법 제정과정 ·················· 263
그림 2.9.1 팔레스타인 서안 지구와 가자 지구 ·················· 291
그림 2.9.2 팔레스타인 영토의 변천 ·················· 293
그림 2.10.1 1866년 프랑스군의 강화도 점령 ·················· 308
그림 3.1.1 협상철학 공통점 ·················· 343
그림 3.1.2 협상전략 공통점 ·················· 344
그림 3.1.3 협상력 공통점 ·················· 345
그림 3.1.4 협상스타일 공통점 ·················· 345
그림 3.1.5 협상소통스킬 공통점 ·················· 346
그림 3.1.6 협상성공요소 공통점 ·················· 347

화보 차례

화보 2.1.1 울산광역시 울주군 박제상 기념관에 있는 영정 ········· 17
화보 2.1.2 울산광역시 울주군 박제상 기념관(2008년 개관) ······· 18
화보 2.1.3 박제상 기념관 옆 치산서원 ································· 18
화보 2.1.4 박제상 기념관 내 삼모녀상 ································ 19
화보 2.1.5 박제상 기념관 내 박제상 추모비 ························· 19
화보 2.1.6 박제상 기념관 내부 모습 ··································· 20
화보 2.1.7 경상남도 양산시 효충공원 내 박제상 동상 ············· 20
화보 2.2.1 하공진 초상화 ·· 43
화보 2.2.2 하공진의 위패를 모시는 진주성 경절사 ················· 44
화보 2.2.3 진주성의 하공진 사적비 ···································· 44
화보 2.2.4 하공진이 현종에게 거란군 회군 사절단 파견을 자원함 45
화보 2.2.5 현종이 개경에서 나주까지 몽진을 감 ··················· 45
화보 2.2.6 하공진이 탈출 계획 탄로 후 기란 성종에게 끌려감·· 46
화보 2.2.7 거란 성종의 회유에도 거부하고 처형되는 하공진 ····· 46
화보 2.3.1 사명대사 유정 초상화 ······································ 69
화보 2.3.2 사명대사행일본지도(泗溟大師行日本之圖) ··················· 70
화보 2.3.3 사명대사 친필 1 ··· 70
화보 2.3.4 사명대사 친필 2 ··· 71
화보 2.3.5 가토 기요마사(왼쪽)와 도쿠가와 이에야스 ············· 71
화보 2.3.6 사명대사공원 평화의 탑(김천시 대항면) ················ 72
화보 2.3.7 사명대사 유적지(밀양시 무안면) ························· 72
화보 2.4.1 한국의 초대 대통령 이승만 ································ 99
화보 2.4.2 이승만 대통령과 맥아더 원수 ··························· 100
화보 2.4.3 한미상호방위조약 비준서 서명 ·························· 100
화보 2.4.4 이승만 대통령과 미국 아이젠하워 대통령 ············ 101
화보 2.4.5 이승만 대통령 카퍼레이드에 뉴욕시민들 환영 ········ 101
화보 2.4.6 1965년 시청광장의 시민 추도물결 ····················· 102

화보 2.4.7 이승만 대통령 다큐멘터리 영화 '건국전쟁' ············ 102
화보 2.4.8 이승만 대통령과 닉슨 미국 부통령 ····················· 115
화보 2.5.1 경제수석 오원철 ··· 131
화보 2.5.2 70년대 중화학공업 이끈 국보 오원철 ················ 132
화보 2.5.3 현재의 울산석유화학단지 ······································· 132
화보 2.5.4 1970년대 1, 2차 석유파동 때 석유 사재기 모습 ···· 133
화보 2.5.5 1973년 김종필 국무총리의 서울시 시찰 ··············· 133
화보 2.5.6 1977년 에너지 10% 절약 열관리 궐기 대회 ········ 134
화보 2.5.7 1979년 주한미군 철수를 의제로 카터대통령 방한 ·· 134
화보 2.6.1 현대그룹 회장 정주영 ··· 169
화보 2.6.2 정주영 가계도 ·· 170
화보 2.6.3 조선소 투자 유치에 사용된 오백원 지폐 ············· 170
화보 2.6.4 1981년 서울올림픽 유치확정서 서명 ···················· 171
화보 2.6.5 1989년 정주영과 소련 프리마코프 협상 ·············· 171
화보 2.6.6 정주영의 소떼 방북 ·· 172
화보 2.6.7 정주영과 김정일 ·· 172
화보 2.7.1 제15대 대통령 김대중 ··· 207
화보 2.7.2 김대중 대통령 가족(1992년) ···································· 208
화보 2.7.3 캉드쉬 IMF 총재, 올펜손 세계은행 총재와 미팅 ····· 208
화보 2.7.4 IMF 극복 금모으기 운동 ··· 209
화보 2.7.5 대통령 직속 노사정위원회의 노사정 대타협 ········· 209
화보 2.7.6 김대중 대통령과 김정일 위원장의 남북한공동선언 발표 210
화보 2.7.7 길위에 김대중 영화 상영 ··· 210
화보 2.8.1 김명자 환경부 장관 ·· 243
화보 2.8.2 김대중 대통령 '3대강 특별법' 공포 서명식 ········· 244
화보 2.8.3 김명자 장관 업무보고 ··· 244
화보 2.8.4 저공해 천연가스버스 운행 개시 ····························· 245
화보 2.8.5 대기개선을 위한 천연가스버스 시승식하는 김명자 장관 245
화보 2.8.6 2019 대한민국과학기술연차대회 강연 장면 ········ 246

화보 2.8.7 2020 과학기술유공자 선정 ·· 246
화보 2.9.1 반기문 UN 사무총장 ·· 277
화보 2.9.2 반기문과 존 F. 케네디 미 대통령 ···································· 278
화보 2.9.3 유엔 사무총장의 취임에 선서하는 반기문 ················· 278
화보 2.9.4 유엔 사무총장의 연임에 선서하는 반기문 ················· 279
화보 2.9.5 버락 오바마 부부와 반기문 부부 ······································ 279
화보 2.9.6 반기문 유엔 사무총장의 남수단 방문과 내전중단 촉구 280
화보 2.9.7 파리협정 합의 후 환호하는 반기문과 각국 정상 ····· 280
화보 2.10.1 박흥신 주 프랑스 대사와 유복렬 참사관 ···················· 303
화보 2.10.2 외규장각 가례도감의궤 하권의 반차도(班次圖) ······ 304
화보 2.10.3 외규장각 의궤 반환소송 기자회견 ································ 304
화보 2.10.4 외규장각 도서 297권 반환 합의문 서명 ···················· 305
화보 2.10.5 한국-프랑스 간 외규장각 의궤 반환 합의 ··············· 305
화보 2.10.6 외규장각 도서 귀환 기념 이봉행렬 ···························· 306
화보 2.10.7 국립중앙박물관의 외규장각 의궤를 관람하는 시민들 306
화보 2.10.8 박병선 박사 ·· 309

제1부

한국의 위대한 협상가

제1장 한국의 위대한 협상가의 발굴

제1장
한국의 위대한 협상가의 발굴

1. 위대한 협상가란?

협상가(協商家, negotiator)는 어떤 종류의 협상이든 협상을 책임지고 수행하는 사람으로 어느 정도의 협상 역량을 보유한 전문가를 말한다. 보통 협상의 당사자라는 말도 사용하는데 이는 협상 역량과 상관없이 협상에 임하고 있는 개인이나 집단을 지칭하고 있다. 협상 당사자는 협상이 진행되고 있을 때만 해당되는 주체이므로 협상이 없는 상황에서는 해당되지 않는다. 반면에 협상가는 협상이 없을 때도 협상의 역량을 보유한 전문가로서 지칭할 수 있으며 때로는 직업인이기도 하다.

이 책에서 '협상가'라는 단어 앞에 '위대한'이라는 수식어를 붙인 것은 일상적인 협상을 잘 완수한 협상가를 말하는 것이 아니라 사회와 국가 또는 인류를 위해 큰 가치를 만들어낸 협상을 성공시킨 협상가를 지칭한다. 다시 말해서 '위대한 협상가'는 역사적으로 실존했던 인물로서 그 사람이 속했던 시대와 사회에서 매우 중요하고 어려웠던 갈등, 분쟁, 전쟁 등을 협상으로 잘 해결하여 사회구성원이나 국민들에게 큰 복리와 평화를 선사한 협상가이면서 지도자라는 역사적 인물을 의미한다. 다만 경제·경영분야나 공공사회분야의 리더들이 획기적으로 기업이나 조직의 문제를 해결하기 위해 협상에 성공한 경우도 함께 발굴하여 위대한 협상가에 포함시킬 수 있다.

하버드 로스쿨 협상프로그램(Program on Negotiation, Harvard Law School)은 2000년부터 협상과 분쟁해결의 생애 업적이 사회에 지대한 영향을 미친 개인에게 위대한 협상가 상을 수여하고 있다.[1] 이 상은 탁월한 협상가의 큰 성과를 기릴 뿐 아니라 분쟁해결의 효과적인 방법으로서 협상의 중요성을 알리기 위해 수여하게 되었다. 하버드대학교의 위대한 협상가 상은 세계적으로 대상자를 선정하여 수여하고 있는데 우리는 한국인에 국한하여 위대한 협상가를 발굴하고자 한다.

2. 한국의 위대한 협상가 발굴의 의미

위대한 협상가 시리즈 1에서는 세계적으로 널리 알려진 역사적인 인물로서 위대한 협상가를 발굴하여 수록하였다. 역사적으로 많은 위대한 협상가가 있지만 우선 시리즈 1에 수록한 협상가는 서양의 4명, 동양의 3명으로 선정하였다. 국가별로도 한 명씩으로 하여 미국, 영국, 남아공, 콜롬비아, 한국, 일본, 중국 등 7개 국가로 결정하였다. 물론 국가를 먼저 결정하고 인물을 결정한 것은 아니며 위대한 협상가 대상 중에서 적절한 지역별, 국가별 안배가 필요하여 이들 국가가 결정되었다. 서양편에는 남아공의 넬슨 만델라, 영국의 토니 블레어, 미국의 버락 오바마, 콜롬비아의 후안 마누엘 산토스의 순서로 배열하였으며 동양편에서는 한국의 서희, 중국의 저우언라이(주은래), 일본의 모리타 아키오의 순서로 배열하였다.

시리즈 1을 발간한 후 시리즈 2를 언제, 누구를 발굴하여 발간할 수 있을까 고민스러웠다. 우선 연구할 저자를 찾기가 어렵기도 하지만 세계적으로 역사적인 인물이면서 중요한 협상의 사례와 성과를 만들어낸 협상가를 발굴하는 자체가 지난한 작업이기 때문이다. 그래서 이러저러한 이유로 저자가 확보되고 협상가 발굴의 기초 조사가 될 때 위대한 협상가 시리즈 2를 발간하려고 좀 미루어 두었다.

그런데 참으로 놀라운 발견으로 새롭게 문제를 바라보게 되었다. 어떤 계기로 인해 위대한 협상가는 해외에만 있고 우리나라에는 서희 장군 정도 외에는 없다는 인식이 잘못되었다는 반성을 하기 시작하였다. '인식의 오류, 편견이라는 것이 바로 이런 것이구나.' 라고 새삼 되돌아보게 되었다.

우리나라에도 위대한 협상가가 많이 있다! 인식의 오류를 뒤집으면서 내린 결론이 이것이다. 협상을 전공하는 종사자로서 참으로 대단한 발견이 아닐 수 없다. 왜 그런 오류에 빠졌을까 하고 곰곰이 생각해보았다. 먼저 우리의 역사 속에서 나타난 인물은 주로 통치, 관리, 저항, 전쟁의 영웅들이었고 그 중에서 고려 서희 장군이 협상가로 부각되어 각인되어 있기 때문에 '서희 장군만이 협상가이다.' 하는 인식이 지배하고 있었다. 그리고 역사적 사건을 협상적 측면에서 조명하지 않았고 등장인물의 업적과 리더십도 협상적 차원으로 해석하지 않아서 그랬을 것이다. 역사적 인물은 훌륭한 위인이지 협상가라는 상표를 붙이기는 꺼려지는 인식이 있다.

그래서 자세히 들여다보기 전에는 역사적 인물의 발자취에서 협상의 기록이 잘 보이지 않고 위대한 협상가로도 발굴하기 어려운 점이 있었다. 역사적 기록을 자세히 들여다보면 곳곳에 협상적 측면이 있고 훌륭한 과정과 결과도 있어서 위대한 협상가라는 추가적 상표를 붙여서 발굴할 수 있음에 스스로 놀라게 되었다.

이렇게 하여 이번 위대한 협상가는 한국에만 국한하여 발굴하고 연구하도록 방향을 잡았다. 그런데 있다고 하더라도 과연 충분한 숫자의 위대한 협상가를 발굴할 수 있을까 하고 좀 우려했지만 앞에서 말한 것처럼

'자세히 들여다보면' 발굴할 수 있다는 자신감을 가지게 되었다. 이러한 마음으로 한 사람씩 위대한 협상가를 조사, 발굴하여 확정해 가면서 정말 뿌듯하고 기쁨이 용솟음쳤다. 우리에게도 위대한 협상가가 있다. 곧 그것은 협상의 연구가 서양의 학문으로 독식되는 것이 아니라 우리의 창의적인 협상 연구와 학문의 발전도 도모할 수 있다는 원대한 꿈을 꾸게 되었다.

자연과학은 자연이 움직이는 이치를 관찰하고 분석하고 정리한 학문이므로 자연을 관찰하고 규명하려는 노력에서 학문이 발전되었다. 그래서 뉴톤이 사과가 나무에서 떨어지는 현상을 보고 왜 사과가 아래로 떨어질까 라는 호기심에서 질문의 답을 구한 것이 바로 만유인력이라는 위대한 법칙의 발견이었다. 사회과학도 인간, 사회, 국가가 움직이고 조직되고 관리되는 과정과 현상을 기술하고 체계화하는 학문으로 발전되어 왔다.

협상학이 그런 면에서 서양에서 먼저 협상을 잘 관찰하고 체계화하고 적용하고 활용하면서 발전되었다고 보면 사회 속에서 발생한 협상이 협상학을 구축하고 발전시키는 토대가 될 것이다. 현실 속의 협상을 관찰하고 이론화하는 작업을 하지 않는다면 협상학은 절대로 발전되지 않고 그냥 흘러가는 암묵지식에 불과할 것이다.

우리나라가 해방 후 그 빈곤과 후진성에 머물러 있던 보잘 것 없는 신생 독립국에서 70여년이 지난 오늘날 세계에서 10대 경제대국으로 올라선 것은 전 세계가 놀라는 기적이라고 할 수 있다. 그 속에 숨어 있는 수많은 피와 땀의 역사를 지닌 대한민국의 품속에는 진주와 같은 경험과 지식이 있다. 경제발전 과정의 역사적 사건에서 협상적 측면을 발굴하여 정리하고 체계화한다면 한국형 협상학이 발전할 수도 있을 것으로 기대한다. 덧붙여서 삼국시대, 고려시대 및 조선시대에서도 숨겨져 있는 한국인 특유의 협상 기록을 발굴하여 연구하는 것도 한국 협상학의 발전에 기여할 것으로 보인다.

3. 한국의 위대한 협상가의 선정 기준

위에서 논의한대로 선조들의 역사 속에서도 협상적 기록을 살펴보고 협상가로 부합하는 인물을 발굴하고 해방 후 지금까지 경제발전 과정에서 활동한 적절한 인물을 협상가로 발굴하고자 하였다.

이번 시리즈에서 수록된 한국의 위대한 협상가는 우리나라의 국익과 국민의 복지를 위해 외국과 외교협상을 성공적으로 수행하여 이름을 빛낸 협상가를 중심으로 발굴하였다.

우리 선조들 중에서 먼저 신라 박제상을 선정하였다. 박제상은 신라 눌지왕 때 실성왕에 의해 고구려에 인질로 보내진 복호를 구출하고, 왜국에 인질로 끌려간 미사흔을 구출하였지만 정작 본인은 왜왕에 탄로 나서 순국한 살신성인의 위인이자 협상가였다. 박제상이 두 왕자의 인질 구출에 성공하면서 신라는 고구려 간섭에서 벗어나고 왜와의 관계에서도 약점이 사라져 강력한 왕권 기반을 구축하게 되었다.

고려시대에 걸출한 서희 장군이 익히 잘 알려져 있는데 이 연구의 1편인 "역사 속 위대한 협상가 이야기"에서 한국의 대표적 협상가로 이미 다루어졌다. 고려 거란 2차 전쟁에 집중하여 하공진 장군을 발굴하였다. 하공진은 고려 현종이 거란군에 쫓겨 절체절명의 위기 순간에 자신은 볼모로 잡히면서 거란군을 따돌리는 대범한 협상에 성공하였다. 결국 하공진은 현종을 은폐하여 고려사직을 보존하고 거란군을 철군시키는데 성공하였다.

조선 선조 때 사명대사를 위대한 협상가로 선정하였다. 서산대사 휴정의 제자인 사명대사 유정은 임진왜란이 발발했을 때 의승 장군으로서 평양성을 탈환하는데 큰 공을 세웠다. 또한 사명대사는 가토 기요마사와의 4차례 협상을 통해 전쟁을 종식시킬 강화교섭을 실시하였고 전쟁 후 실권자인 도쿠가와 이에야스와의 협상에서 조선인 포로 3천여 명 송환이라는 큰 성과를 내었기에 우리나라의 위대한 협상가로 선정해도 손색이 없는 위인이다. 사명대사가 단순한 전쟁터의 장군으로서만 아니라 왜장들과의 필담을 통한 협상으로 임진왜란 종식과 전쟁포로 3,000여명 송환이라는 괄목할만한 성과를 거두었음을 주목하게 되었다.

　해방 후 시기로 넘어와서 우리나라 초대 대통령인 이승만을 위대한 협상가로 선정하였다. 이승만은 1904년 조선의 독립을 청원하기 위해 미국으로 가서 루즈벨트 대통령에게 청원도 하였고 1948년 대한민국 초대 대통령에 선출되었다. 한반도, 특히 남한만이라도 공산화하지 못하도록 아이젠하워 대통령과 힘겨운 협상을 통해 한미방위조약을 체결하는 큰 성과를 얻었다. 이승만은 평생을 조선의 독립과 한국의 반공 자유주의를 수호하는 외교 협상에 성공하여 반공 자유주의 국가 건설의 초석을 세우게 되었다.

　박정희 대통령을 경제수석으로서 보좌하며 대한민국의 경제개발에 크게 기여한 오원철을 위대한 협상가로 선정하였다. 오원철은 석유화학공업이 경제성장에 제일 중요하다는 것을 신봉하였고 울산에 석유화학단지를 조성하고 미국의 걸프사, 유니온카바이드사, 다우케미컬사 등 석유회사들과 혼신의 힘을 다한 협상에 성공하였다. 또한 1973년 오일쇼크 당시 OPEC회원국들이 원유감산조치를 취하고 대미 단유를 취하면서 한국도 30% 감량 대상이 된 위기에서 오원철이 걸프 등 미국 석유 3사와 교섭하여 한국에 대해서는 감량하지 않고 다른 나라로 갈 원유를 한국으로 오도록 변경하는 협상에 성공하였다. 이렇게 오원철은 우리나라의 중화학공업 발전과 오일쇼크 때 원유획득 성공으로 경제개발 성공에 큰 기여를 하였다.

경제인으로 훌륭한 분들이 많이 있지만 정주영을 위대한 협상가로 선정하였다. 정주영은 도전정신이 대단해서 집안을 두 번이나 가출하고 열심히 일하여 쌀가게를 인수하면서 사업에 눈을 뜨게 되었다. 정주영이 조선소를 건립하기 위해 영국 바클리스 은행으로부터 차관을 도입하는 과정에 500원짜리 지폐에 그려진 거북선을 보여주며 설득했다는 일화는 유명하다. 아이젠하워 대통령의 유엔묘지 방문 시 겨울에 보리를 심어 잔디를 조성하였고, 서울 올림픽 유치 시 꽃바구니 장식으로 유치에 성공하였고, 금강산 개발을 위한 판문점 통한 소때 방북을 성사시키기도 하였으며, 러시아 프리마코프와 협상하면서 자신은 프롤레타리아라고 하면서 합작사업도 이끌어내었다. 한마디로 정주영은 대형 국가적 행사를 성공적으로 개최하고 한국의 조선, 자동차, 건설 산업을 일으킨 경제발전의 주역임을 누구도 부인하지 못할 것이다.

제6공화국 세 번째 정부의 제15대 대통령인 김대중을 위대한 협상가로 선정하였다. 김대중은 남북전쟁 후 가장 위기인 IMF 외환위기를 극복하기 위해 내부적으로는 경제인과 노동계와의 협력을 이끌어 내어 노사정 대타협을 만들었다. 북한과는 대북화해협력정책을 통해 2000년 남북 정상회담과 개성공단 설립, 이산가족 교류의 성과를 얻었다. 김대중은 IMF 외환위기 극복과 남북한 평화공존의 틀을 만드는데 큰 기여를 하였다.

학자 출신으로 숙명여대 교수를 하다가 김대중 대통령에게 환경부 장관으로 발탁되어 최장수 여성장관으로 활동한 김명자를 위대한 협상가로 선정하였다. 낙동강, 금강, 영산강의 3대강 특별법은 수질개선을 위해 상류지역에는 수변구역 지정과 오염총량제를 적용하고 하류지역엔 물이용부담금을 부과하도록 하고 있어서 상하류지역 간 이해관계가 대립되는 갈등을 내포하고 있었다. 김명자는 3대강 특별법 제정을 위해 수많은 설명회를 통해 설득과 대화로 해결하여 3대강 특별법이 국회에서 만장일치로 통과되는데 핵심적 역할을 하였다. 요컨대 김명자는 4대강 수질 개선과 개발-환경의 상생협력체계 구축에 큰 기여를 하였다.

외교부 사무관에서 시작하여 외교부 장관을 거쳐 UN 사무총장을 지낸 반기문을 위대한 협상가로 선정하였다. 반기문은 이미 고등학교 때에 청소년적십자국제대회에 선발되어 미국을 방문하여 외교관의 꿈을 키웠다. 노무현 대통령 시절에 국가신용등급 유지를 위해 스탠더드 앤드 푸어스 등 국제신용평가사를 방문하여 설득하였다. 반기문은 UN 사무총장으로서 수단의 다르푸르 지역의 분쟁을 해결하였고 이스라엘 총리와 팔레스타인 수반을 만나 2국가 해법으로 중동 평화유지에 기여하였으며 지구 온난화 해결 위한 기후협정 체결을 이끌어내었다. 이렇게 반기문은 국가신용등급 유지, 수단의 내전 종식, 지구 온난화 해결 위한 기후협정 체결 등 국가이익과 세계평화에 크게 기여하였다.

외규장각 의궤는 1866년 병인양요 때 프랑스 극동함대가 자국 신부 순교를 빌미로 쳐들어와 통상조약을 요구하다 실패하고 물러가면서 약탈해간 왕실과 국가 행사의 기록물이다. 외규장각 의궤를 발굴하는데 박병선 박사의 노력이 결정적이었다. 외규장각 의궤를 반환 받기 위해 정부에서 선임한 민간 협상팀장 한상진의 노력에도 불구하고 한-프랑스 간 입장 차이를 좁히지 못하고 의궤의 반환은 실패로 돌아갔다. 2004년 정부 간 협상이 적극적으로 추진되면서 주프랑스 한국대사관 박흥신 대사와 유복렬 참사관이 각고의 협상 노력으로 5년간 단위로 갱신되는 대여형식의 반환으로 프랑스 측과 합의하였다. 결국 박흥신과 유복렬은 약탈된 문화재 반환과 민족적 자존감을 세웠으며 한-프랑스 간 경제협력을 강화하는

데 큰 기여를 하였다.

 이상 한국의 위대한 협상가를 시대별로 정리하고 각각 국가사회에 미친 지대한 영향을 정리하면 표 1.1.1과 같다.

표 1.1.1 위대한 협상가의 시대구분과 국가사회 영향

시대구분	위대한 협상가	국가사회 영향
중세시대	1. 신라 사신 박제상	고구려 간섭에서 벗어나고 왜와의 관계에서도 약점이 사라져 강력한 왕권 기반 구축
	2. 고려 공신 하공진	현종을 은폐하여 고려사직을 보존하고 거란군 철군
	3. 조선 승장 사명대사	임진왜란 종식과 전쟁포로 3,000여명 송환
현대시대-20세기	4. 초대 대통령 이승만	한미방위조약 체결과 반공 자유주의 국가 건설의 초석을 세움
	5. 청와대 경제수석 오원철	오일쇼크 국가파산 위기 모면과 경제개발 성공에 기반을 닦음
	6. 현대그룹 회장 정주영	조선, 자동차, 건설 등 경제발전과 올림픽 유치의 주역임
	7. 제15대 대통령 김대중	IMF 외환위기 극복과 남북한 평화공존
현대시대-21세기	8. 환경부 장관 김명자	4대강 수질 개선과 개발-환경의 상생협력체계 구축
	9. UN 사무총장 반기문	국가신용등급 유지, 수단의 내전 종식, 지구 온난화 해결 위한 기후협정 체결
	10. 외규장각 의궤 협상팀 박흥신·유복렬	약탈된 문화재 반환과 민족적 자존감 고취, 한-프랑스 경제협력 강화

4. 사례분석의 방법

 사례는 실제 일어났던 사실이고 일종의 이야기이다. 협상가의 사례를

어떻게 기술할 것인가도 고민스러운 부분이다. 협상가를 서로 비교하고 시사점을 얻기 위해서라도 공통의 분석방법이 있어야 할 것이다. 그래서 가장 핵심적으로 있어야 할 부분은 협상의 사례에 대한 소개와 분석이고 부차적으로 협상가의 인생과 철학도 살펴볼 필요가 있다. 협상과 관련해서 어떻게 분석하고 비교하면 좋을지는 분석의 틀을 무엇으로 할 것인가에 달려 있다고 보인다. 협상이야기를 충분히 스토리로서 이끌어가되 협상스킬을 정리하여 분석할 필요가 있다. 그리고 협상가의 인생관, 철학, 삶의 방식 등 특징을 정리하여 리더로서 삶도 이해할 수 있어야 한다. 이러한 협상가의 특징과 협상스킬로부터 학습의 교훈을 도출하면 그 협상가의 지혜를 배울 수 있을 것이다.

각 협상가의 사례는 일률적으로 목차를 정리할 수는 없으나 개략적으로 다음의 항목들을 포함해서 기술하고자 노력하였다.

- 협상가이 탄생, 성장, 활동 개요
- 주요 협상의 스토리
  > 협상의 배경
  > 협상의 과정
  > 협상의 결과
- 협상스킬의 정리
- 협상가의 특징과 교훈

제2부

위대한 협상가 사례

[중세 시대]
협상가 1. 신라 사신 박제상
협상가 2. 고려 공신 하공진
협상가 3. 조선 승장 사명대사 유정

[현대 시대-20세기]
협상가 4. 초대 대통령 이승만
협상가 5. 청와대 경제수석 오원철
협상가 6. 현대그룹 회장 정주영
협상가 7. 제15대 대통령 김대중

[현대 시대-21세기]
협상가 8. 환경부 장관 김명자
협상가 9. UN 사무총장 반기문
협상가 10. 외규장각 의궤 협상팀 박흥신·유복렬

【중세 시대】

협상가 1. 신라 사신 박제상
　　　-살신성인의 인질협상 대가-

협상가 2. 고려 공신 하공진
　　　-2차 침입 거란 군 철수 협상가-

협상가 3. 조선 승장 사명대사 유정
　　　-임진왜란 때 백성을 구한 불심의 협상가-

협상가 1

신라 사신 박제상

-살신성인의 인질협상 대가-

화보 2.1.1 울산광역시 울주군 박제상 기념관에 있는 영정

화보 2.1.2 울산광역시 울주군 박제상 기념관(2008년 개관)

화보 2.1.3 박제상 기념관 옆 치산서원

1745년(영조21년)에 박제상과 그의 부인 금교부인, 두 딸의 충혼을 기리기 위해 치산서원이 세워졌다.

화보 2.1.4 박제상 기념관 내 삼모녀상

망부석 설화의 주인공인 박제상의 부인(치술령신)은 남편의 죽음에 크게 슬퍼하여 치술령에 올라가 왜국을 바라보고 통곡하다 떨어져 죽었다고 알려졌다.

화보 2.1.5 박제상 기념관 내 박제상 추모비

화보 2.1.6 박제상 기념관 내부 모습

4-5세기 신라를 둘러싼 국제 정세와 박제상의 활약에 대한 동영상과 자료를 제공하고 있다.

화보 2.1.7 경상남도 양산시 효충공원 내 박제상 동상

동상 좌측과 우측에 박제상 연보와 충절과 절개를 상징하는 문언들이 새겨져 있다.

1. 박제상의 생애와 활동

1) 성장배경

　1145년 고려 인종의 명을 받아 김부식 등이 편찬한 삼국시대의 역사서인 「삼국사기」[2]에 의하면, 박제상은 박혁거세의 후손이다. 할아버지는 신라 제5대 왕인 파사 이사금(婆娑 尼師今)의 5세손인 아도 갈문왕이고, 아버지는 물품 파진찬(勿品 波珍湌)이라고 기록되어 있다.[3] 아들은 거문고를 만든 백결 선생이다.[4]

　'이사금'이란 신라 3대부터 18대까지 왕의 칭호로 사용된 용어이다. 신라에서 왕을 뜻하는 용어는 19대 눌지왕 때부터 '이사금'에서 '마립간'이라는 용어로 바뀌었다고 「삼국사기」에 기록되어 있다. 하지만 고구려 후기의 승려인 일연에 의해 저술된 「삼국유사」에는 17대 내물왕부터 마립간으로 사용했다고 기록되어 있다. 그리고 파진찬이란 신라 17관등 중에서 제4관등에 해당하는 벼슬이다.[5] 하지만 이후의 연구에서는 그의 할아버지로 알려진 아도의 활동연대가 148년이라는 점을 지적하면서 5세기 초에 활약한 박제상과 시기적으로 일치되지 않는다는 주장이 있다.[6]

　한편 신라는 나라의 운영방식에 따른 의견과 나라의 상황에 따라 박씨, 석씨, 김씨가 번갈아 추대가 되었다. 석씨와 김씨는 박씨의 딸들과 결혼하여 사위 가문이 되었다. 박제상이 저술한 「부도지」에 의하면, 박씨가 신라 건국 이후에 주변국들이 왕권 중심으로 무력으로 신라를 침략하는 일이 빈번해지자 박씨가 아닌 석씨로 왕을 추대하여 나라를 지키고자 하였다. 박씨는 단군조선의 이념을 이어받아 홍익인간(弘益人間) 제세이화(在世理化)에 기반한 진리와 자율과 조화로서 국가를 운영하고자 하였다.[7] 반면에 석씨는 세상이 다 제왕을 세워 중앙집권적이고 무력을 길러

스스로를 방어하고 경쟁하기 때문에 우리도 그렇게 하지 않으면 우리의 이념을 지킬 수 없다고 주장하였다. 김씨는 힘과 이념을 절충하여 과격하지도 약하지도 않게 조절하면서 지키고 보전하고자 하였다.[8]

이에 신라의 제4대 왕은 석(昔)탈해 이사금이 되었고, 이후 박씨 왕족을 변경 요새지에 파견하는 관행이 생겼다. 2세기 말부터 3세기 초까지 파사 이사금의 후손인 물품 파진찬은 오늘날의 양산에 해당하는 삽량주에 자리를 잡았다. 박제상도 역시 이곳에 부임하여 신라의 자립을 위해 노력했다. 그의 관직은 '삽량주간'(지방의 유력자에게 주어졌던 칭호)이었다.[9]

402년 신라의 제18대 실성왕이 즉위하였는데 그의 어머니는 석(昔)씨였다. 실성은 17대(재위: 356년~402년) 김(金)씨 왕인 내물왕 37년에 고구려의 인질로 잡혀가 있다가 내물왕 46년에 신라로 돌아왔다. 돌아온 해 바로 내물왕이 죽자 내물왕의 아들인 눌지를 제치고 왕위에 올랐다. 이를 두고 내물왕의 죽음에 고구려가 개입되었을 것으로 보고 있다.[10]

실성왕이 즉위하자 박제상은 관직에서 물러나게 된다. 최근의 연구에서는 박제상의 계보에 관한 두 가지 특성을 절충하여 파사 이사금과 혈연적으로 연결된 왕경 출신으로서 오래 전에 지방으로 이주한 세력이라고 이해하고 있다. 결국 박제상의 가계는 '왕경 출신으로 양산 지방의 유력한 세력' 정도로 정리하고 있다.[11]

그는 삽량주에 은거하면서 「징심록(澄心錄)」 15지(誌)를 펴낸다. 「징심록(澄心錄)」은 '마음을 맑게 하는 글, 기록'이라는 의미이고, 총 3교(敎) 15지 체제로 상교(上敎) 5지는 부도지, 음신지, 역시지, 천웅지, 성신지이고, 중교(中敎) 5지는 사해지, 계불지, 물명지, 가악지, 의약지이다. 그리고 하교(下敎) 5지 중 2지는 농상지, 도인지이고 나머지 3지는 미상이다. 「부도지 (符都志)」는 한민족의 창세기로서 파미르고원[12]으로 추정되는 마고성의 황궁씨로부터 시작하여 환인, 환웅, 단군으로 이어지는 1만 1천여 년 전의 한민족의 상고사를 기록한 문헌이다.13) 경상남도 양산시 효창공원 내에 있는 박제상의 동상 왼쪽에 새겨진 주요 연보에는 '한국 고유의 선도사상을 담은 징심록(澄心錄)을 편찬했다.' 라고 기록되어 있다.

「징심록(澄心錄)」은 박제상 이후에 영해 박씨 종가에서 필사되어 전해 왔고, 조선시대 세조 이후에 영해 박씨들이 숨어 살게 되면서 숨겨졌다가 조선 세종 때 당대의 천재라고 알려진 김시습이 저술한 「징심록추기(澄心錄追記)」에 의해 원본 「징심록(澄心錄)」과 그 속에 있던 「부도지」의 실체가 알려졌다. 이후에 박제상의 55세손인 박금(朴錦, 본명 박재익, 동아일보 기자)이 여러 대에 걸쳐 전수 받은 원본을 6·25 전쟁 때 급히 피난을 하면서 함경남도 문천에 두고 왔다.14)

현존하는 「부도지」는 박금이 1953년 어릴 적에 여러 번 읽었던 자신의 기억을 토대로 복원했다고 한다. 박금은 해방 전에 동아일보 재직 시에 이를 번역하여 연재하려다가 무산된 적이 있었다. 1951년부터 1953년까지 쓴 원고를 출판하지는 못하고 인쇄물로 세상에 배포하였다. 인쇄물에는 나중에 북한에서 원본이 나왔을 때 안 맞는 부분을 고칠 필요가 있다고 쓰여 있다. 이것을 1986년 김은수가 주해를 달아서 정식으로 출간을 하였다.15)

「부도지」에서 '부도(符都)'는 하늘의 뜻에 부합하는 나라라는 뜻으로 해석된다. 1장부터 26장까지의 '부도지'는 황궁에서 단군을 거쳐 읍루(또는 단군가륵)까지의 천부(天符)가 전해온 역사를 7천 년이라고 서술하고 있다. 여기서 7천 년이란 단군가륵으로부터 소급하면 BC 9,100여 년으로, 이는 황궁씨가 출발한 때를 의미한다. 그리고 27장부터 33장까지에서 설명하고 있는 '소부도지'는 '부도지'의 국통을 이은 신라의 박혁거세가 부도의 재건과 복본(復本)의 회복을 나라의 근간으로 삼고 있음을 설명하고 있다.16)

2) 역사적 배경과 눌지왕의 발탁

4세기 말 광개토대왕의 즉위와 함께 고구려는 백제에 대한 공격을 감행하여 한강 이북의 58성 700촌을 빼앗았다. 400년에는 왜군이 신라를 침공하자 광개토대왕이 5만 군사를 보내 이를 격퇴하고 김해의 금관가야까지 아우르게 된다. 이로써 신라는 고구려의 복속국으로 고구려의 보호 아래 안정적인 발전을 해나갔다.[17]

427년 고구려 장수왕은 수도를 평양으로 옮겨 남진정책을 추진하게 되었는데 백제와 신라는 433년 나제동맹을 맺어 고구려에 대항하였다. 475년 고구려가 백제의 수도인 한성을 함락하자 백제는 웅진으로 천도하고 신라와의 동맹을 강화하였다. 한편 신라는 강대국 틈에서 실리적 외교정책을 펴며 지속적으로 발전히였다.

신라사에서 보면 4세기 후반에서 5세기 초에 걸쳐 볼모 파견 사례가 많이 있다. 볼모는 대립하는 국가 사이에 발생하는 정치적인 이해관계를 해결하기 위해 상호안전을 보증하거나 배신에 대비하는 일종의 정치적인 담보물이다.[18] 이는 정치적인 약자가 강자에게 물리적으로 속해 있음을 표현하는 형태이면서 현실적인 다양한 목적을 달성하기 위한 방편으로 행해졌다.

「삼국사기」의 내용으로 보면, 실성왕은 사실 내물왕에 의해 392년 고구려에 볼모로 가게 되었는데 이는 광개토왕의 즉위 391년을 계기로 고구려와 돈독한 외교적 관계를 맺는 한편 백제와 왜의 공격으로부터 고구려의 도움을 받기 위함이었다. 실성왕은 고구려에 대한 화친과 군사적 원조를 위해 볼모로 희생되었으며 이로 인해 자신을 볼모로 보낸 내물왕을 원망하고 있었다.[19]

하지만 내물왕이 402년에 사망하게 되면서 신라의 정치적 상황은 완전히 뒤바뀌게 되었다. 혈통 상 즉위 순서에서 상당히 멀리 떨어져 있던 실성이 볼모 생활을 통해 구축한 친고구려적 기반을 배경으로 왕으로 즉위하게 되었다. 애초에 실성의 귀국 자체는 사실상 고구려의 계획적인 의도에서 비롯되었을 가능성이 있으며, 지지 기반이 취약했던 실성왕은 적극적으로 친고구려 정책을 취하게 되었다.

고구려의 도움을 받아 즉위한 실성왕이 가장 먼저 실행한 것은 바로 내물왕의 아들인 미사흔을 왜국으로 볼모로 보내는 것이었다. 실성왕은 자신의 정치적 적대세력이라 할 수 있는 '내물왕 직계자손'을 볼모로 보냄으로써 개인적인 보복을 하는 동시에 고구려의 지원 속에 반대 세력을 제거하려고 하였다. 특히 미사흔의 왜국 볼모파견 이후에도 왜가 신라를 공격했다는 사실로 볼 때 당시의 미사흔의 볼모 파견은 화친을 위한 목적이 아니라 실성왕의 적대세력 제거를 위한 정치적 행동이었다는 점을 잘 보여주고 있다.[20]

그 이후 412년 내물왕의 다른 아들인 복호 역시 고구려에 볼모로 보내졌다. 고구려가 볼모를 먼저 요구하고 실성왕이 고구려의 요구에 응하는 방식을 취하기는 했지만 고구려의 지원 속에 신라 국정을 장악했던 실성왕은 적극적으로 고구려를 활용하고자 하였다. 이것 역시 내물왕계 세력을 약화시키기 위함이었다. 이와 같이 당시의 고구려는 신라의 왕위계승을 좌지우지할 정도로 신라의 정치에 강력한 영향력을 행사하고 있었다. 나중에 실성왕이 살해되고 눌지왕이 즉위할 수 있었던 것도 사실상 고구려의 지시와 협력 속에서 이루어진 일이었다.[21]

실성왕은 미사흔과 복호를 각각 왜국과 고구려에 인질로 보내는 것에 그치지 않고 눌지를 제거하여 내물왕계 직계자손을 완전히 신라 중앙정치에서 소멸시키려 하였다. 하지만 눌지의 풍모와 덕망에 감화된 고구려

사람은 눌지에게 실성왕의 살해계획을 알려주고 그에 더해 군사력까지 제공함으로써 눌지가 실성왕을 시해하는데 큰 도움을 주었다. 실성왕은 정치적 적대세력을 견제하는데 주력한 나머지 고구려와의 우호적인 관계를 유지하는 것에 실패했던 것으로 보인다.[22] 고구려가 실성왕이 아닌 눌지를 지원함에 따라 눌지가 실성왕을 시해하고 왕위에 오르게 되었다.[23]

표 2.1.1 신라왕과 박제상의 계보 및 볼모 파견

	신라왕	박제상	볼모 파견
1대	박혁거세왕		
2대	박남해왕		
3대	박유리왕		
4대	석탈해왕		
5대	박파사왕		
~			
		박아도 갈문왕 (박파사왕의 후손, 박제상의 할아버지)	
		박물품 파진찬 (박제상의 아버지)	
17대	김내물왕	박제상 관직	실성을 고구려 인질로 보냄
18대	김실성왕	박제상 관직 사퇴	내물왕의 셋째 아들인 미사흔을 왜국에 볼모로 보내고, 둘째 아들인 복호를 고구려에 볼모로 보냄
19대	김눌지왕	박제상 사신 발탁	내물왕의 첫째 아들로서 실성왕 살해 후 즉위
20대	김자비왕		눌지왕의 아들

※ 위 계보는 「삼국사기」를 기초로 함

하지만 눌지왕은 고구려의 지원 속에서 즉위하였음에도 불구하고 이 시기에 이르러 내정간섭 등의 정치적 부담과 공납 등의 경제적 부담 때문에 고구려의 간섭으로부터 벗어나고자 하였다.[24] 그러한 측면에서 눌지왕의 복호 귀환계획은 신라의 탈(脫) 고구려화 정책을 알리는 일종의 신호탄이었다. 또한 복호와 미사흔의 귀환은 두 동생에 대한 눌지왕의 배려임과 동시에 정치적으로 왕권 강화 및 내물왕계의 세력화를 위한 것이기도 했다.

이처럼 국운을 건 중요한 '구출업무'의 적임자로 선택된 인물이 바로 박제상이었다. 박제상은 지방의 인물이기는 하나 혈연적으로 왕경의 박씨 집단과 계보로 연결되어 있었고 이를 기반으로 신라중앙정치에 일정 부분 참여하고 있었던 것으로 보인다. 즉, 박제상 세력은 양산지방에 있었으나 그렇다고 중앙정치에서 완전히 배제되지는 않았다.[25] 이러한 이유로 눌지왕은 친고구려적인 세력을 배제하기 위해 왕경이 아닌 지방의 인물이면서 아버지 내물왕 때의 관리였던 박제상을 발탁한 것이다.

2. 박제상의 협상 사례

1) 고구려 사신 파견과 복호 구출

당시 약소국 신라는 강대국 고구려의 속국으로 박제상이 '복호 구출'의 목적을 가지고 고구려에 간 것은 정치적으로 상당한 위험성을 갖고 있었던 행위였다. 더구나 복호를 무사히 신라로 귀환시키는 것은 당시 고구려와 신라의 관계로 볼 때 쉽지 않았다.

그는 탁월한 언변으로 고구려가 복호를 인질로 잡고 있는 것은 인의(仁義)에 어긋나는 일이며 복호를 귀환시키는 것은 고구려에게 큰 손해가 아니지만 신라에게는 큰 은덕(恩德)이 될 것이라는 말로 장수왕을 설득하였다. 이에 장수왕이 박제상의 요청을 허락함으로써 박제상은 복호와 함께 무사히 신라로 돌아올 수 있었다.

울주군에 있는 박제상 기념관의 자료에 의하면, 박제상이 장수왕에게 "신이 듣건대 이웃 나라와 교제하는 도리는 성실과 신의뿐이라고 합니다. 만약 대왕께서 복호를 은혜로이 돌려보내 주신다면 우리 임금은 대왕을 덕스럽게 생각함이 한량없을 것입니다. 왕은 이점을 유념해 주소서."라고 하였다고 한다.

만약 박제상이 고구려에서 몰래 복호를 빼내왔다면 신라는 고구려와 정치적으로 상당한 마찰을 일으켰을 것이다. 게다가 당시 신라가 고구려의 정치적 간섭에서 벗어나려는 움직임을 서서히 보여주고는 있었지만 5세기 중반까지는 양국의 징지적 갈등이 표면적으로 드러나지 않고 있었다. 따라서 「삼국사기」의 기록과 같이 정상적인 외교루트를 통해 복호의 귀환을 추진하여 성공했다고 보는 편이 당시 국제정세상 더 자연스럽다고 여겨진다.26)

2) 왜국 사신 파견과 미사흔 구출

왜국에 인질로 파견된 미사흔은 정상적인 외교관계를 통해 귀환한 복호와 다른 상황이었다. 실성왕이 갈등 관계에 있던 왜에 굳이 볼모를 보낼 필요가 없었음에도 불구하고 정치적으로 내물왕계의 세력을 제거할 목적으로 미사흔을 왜국에 보낸 것이었다. 그러한 이유로 왜국은 고구려와 달리 정식적인 외교관계를 통해 미사흔을 쉽게 보내줄 리가 없었다.27)

박제상은 죽기를 맹세하고 처자식도 만나지 않고 율포(거제도)로 가서 배를 타고 왜로 향하였다. 그의 아내가 이 소식을 듣고 포구로 달려와 배를 바라보며 크게 통곡하였으나 제상은 "내가 명을 받들어 적국으로 들어가니 당신은 다시 만날 것을 기대하지 마시오."라고 했다고 한다.[28]

　박제상은 설득을 통해 미사흔을 귀환시키는 것은 어렵다고 판단하고 눌지왕에게 계략을 통해 미사흔을 귀환시켜야 한다고 주장하였다. 그 계략이란 박제상이 신라를 배반하고 왜국에 투항한다는 소문을 내어 왜왕을 속이고 난 뒤 왜국에 충성을 다하는 듯이 꾸며 왜왕의 신뢰를 얻은 다음 틈을 보아 미사흔을 구출하는 것이었다. 결국 박제상은 왜국과 정상적인 외교관계로는 임무를 수행할 수 없는 상황을 파악하였고 미사흔 구출의 방법으로 왜왕에 대한 '기만전술'을 선택하였다.[29]

　박제상의 왜국 입국 직후에는 그의 가족들을 옥에 가두도록 조치하여 박제상과 미사흔이 왜왕의 신임을 얻고 자유롭게 활동할 수 있도록 상황을 만들었다. 눌지왕과 박제상의 모의는 극비(極秘)였던 만큼 그 전략을 아는 사람은 눌지왕과 박제상을 비롯한 몇몇에 한정되어 있었을 것으로 보인다. 그와 같은 준비를 마치고 난 뒤 박제상은 율포(栗浦), 즉 지금의 울산광역시 울주군 강동면 지역에 있는 포구에서 왜국으로 출발하였다. 왜국에 도착한 박제상은 일단 왜왕의 신임을 얻기 위해 노력했다. 왜왕은 신라와 고구려가 모의하여 왜를 공격하려고 한다는 백제인의 말과 함께 왜의 순라병(巡邏兵)이 죽은 것, 박제상의 가족이 신라의 옥에 갇혀 있다는 사실을 확인하고 나서야 박제상을 믿게 되었다.[30]

　결국 왜왕은 신라를 공격하기 위한 장수로 박제상과 미사흔을 임명하여 진군로(進軍路)를 알려주는 길잡이로 삼았다. 특히 주목되는 것은 왜의 다른 장수들이 신라정벌 이후에 박제상과 미사흔의 가족들을 데려오자고 논의할 정도로 박제상과 미사흔이 왜의 신임을 얻었다는 점이다.

이렇듯 박제상이 왜의 신임을 얻을 수 있었던 것은 그만큼 왜국 입국 전에 준비했던 '거짓 정보 유출'이 효과적으로 작용했던 것이라 볼 수 있다.

이에 더하여 박제상은 성급하게 일을 도모하기보다는 때를 기다리면서 더욱 왜의 신임을 얻기 위해 노력하였다. 「삼국사기」에서는 박제상이 미사흔과 함께 배를 타고 놀면서 고기와 오리를 잡으면서 한가롭게 시간을 보내면서 왜인들로 하여금 자신들을 더욱 믿도록 하였다. 「삼국유사」에 따르면 물고기 등을 잡아서 왜왕에게 바치는 등의 마음을 얻어 경계를 느슨하게 하려고 했다. 이처럼 박제상은 한가롭게 배를 타고 고기를 잡으면서 왜의 의심이 풀릴 때까지 기다렸고 그러면서 미사흔을 탈출시킬 수 있는 방법을 모색하고 있었다.31)

박제상은 미사흔의 탈출을 계획한 날에도 평소처럼 낮에는 사냥을 하고 나서 밤에 미사흔과 그를 보좌해줄 사람과 함께 탈출시켰다. 그러면서 자신은 미사흔이 충분히 멀리 도망갈 수 있는 시간을 벌기 위해 미사흔의 처소에 남았다. 그리고 평소 미사흔을 시중드는 사람의 접근을 막았다. 그러한 이유로 왜왕은 다음날이 되어서야 미사흔이 탈출한 것을 알게 되었고, 왜왕이 뒤늦게 기병을 보내 미사흔을 쫓았으나 잡지 못하였다. 이로써 박제상은 눌지왕의 명령을 완수할 수 있었으며 그의 활약으로 미사흔은 지금의 일본 북큐슈 지역을 떠나 무사히 신라로 귀국할 수 있었다.32)

박제상은 고구려에서 복호를 구출하는데 성공하였으나 왜에서 자신을 희생하는 대가로 미사흔을 구출하게 되었다. 미사흔이 무사히 탈출 한 후 박제상은 붙잡혀 목도(木島)라는 섬으로 유배 보내졌고, 후에 화형을 당해 죽었다. 「삼국유사」에서는 박제상의 죽음에 대해 좀 더 구체적인 내용을 전하고 있다. 왜왕은 박제상에게 왜국의 신하가 되어 달라고 하며 박제상의 충절을 계속해서 시험하였는데 박제상은 차라리 신라의 개나 돼지가 될지언정 왜국의 신하는 되지 않겠다고 하며 거절하였다. 이에 왜왕은 박제상의 발가죽을 벗겨 갈대 위를 걷게 하였고 또 쇠를 달구어 박제상을 그 위에 세워 놓기도 하였다. 하지만 박제상이 끝까지 굴복하지 않자 왜왕은 결국 목도에서 그를 불태워 죽였다.[33)]

박제상의 충절에 대해 조선의 숙종은 "신라 천 년에 으뜸가는 충신"이라고 말했고, 정조는 "도덕은 천추에 높고 정충은 만세에 걸친다."라고 하였으며,[34)] 독립운동가 백범 김구 또한 박제상의 죽음에 대해 "차라리 내 나라의 귀신이 되리라."라는 신조를 높이 평가했다.[35)]

그의 아내는 박제상이 왜국에서 죽자 치술령에 세 딸을 이끌고 올라가 왜국을 바라보고 통곡하며 죽었다. 그로 인해 아내는 치술신모가 되었으며 고망부석 설화의 주인공이 되었다. 지금도 울주군에는 박제상 아내의 사당이 있다.[36)]

3. 박제상 협상의 분석과 교훈

1) 협상의 구조분석

위기협상이란 인질범, 자살기도자, 정신질환자 등 위기를 유발하거나 위기 상태에 놓인 사람에 대해 무력을 사용하지 않고 대화로서 평화적으로 문제를 해결하는 과정이다. 미국에서는 위기 상황이 발생하면 가장 먼저 경찰의 위기협상관이 출동할 정도로 보편화된 개념이다.[37)]

인질 사건은 크게 두 가지 유형으로 나뉘는데, 인질범이 공권력에 의해 둘러싸인 봉쇄된(barricaded) 상황과 인질범이 인질을 데리고 어디론가

사라진 유괴(kidnapping) 혹은 비봉쇄(non-barricaded) 상황이 있다. 비봉쇄 상황에서는 거의 전적으로 인질범과의 협상에 의존하여 인질을 구출해야 한다. 이 경우 인질 석방 협상과 더불어 전략적으로 압박이나 위협 등의 물리력을 사용하는 등의 복합적인 방식을 선택하여 실행해야 해서 협상이 매우 까다롭고 어려워진다.38)

더욱이 우리 국가의 주권 범위를 벗어난 장소에서 벌어지는 해외 인질사건의 경우는 국내 경찰 등과 같은 국가 공권력의 개입을 기대할 수 없다. 거기에 해당 지역 정부의 공권력의 개입이나 활용도 불가능하거나 정부의 담당자와 인질범 간에 모종의 연관이 있어 공권력의 협조를 받을 수 없는 경우도 있다.39)

박제상이 볼모로 잡혀가 있는 왕자들을 구출한 사례는 해외 인질사건과 동일하지 않지만 매우 유사하다고 할 수 있다. 왕자들의 볼모 사건은 국내 공권력으로 해결할 수 없고, 해당 지역의 왕조(고구려와 왜)가 인질범의 입장이기 때문에 해외 인질사건이면서 비봉쇄 상황으로 볼 수 있다.

이러한 관점에서 박제상의 인질구출 협상을 표 2.1.2와 같이 분석해 보았다.

박제상이 가지고 있는 협상철학은 명확히 드러나지는 않지만 왕의 명령에 충실한 실행, 국가 권력의 안정화, 자신의 소임을 다하기 위해 자신의 목숨마저 버릴 수 있는 충직함과 희생정신이 깔려 있다고 할 수 있다. 이러한 철학과 정신은 위기협상에서 반드시 인질을 구출하고 책임을 다하는 협상철학의 바탕이 되는 것으로 보인다.

현대적인 협상이론에 의하면 박제상은 경쟁전략을 사용하였다. 두 왕자를 구출하는데 있어서 자신의 입장을 반드시 관철시켜야 하며 성공하여야 했다. 그러기 위해 박제상은 설득은 물론 기만전술도 마다하지 않았다.

박제상이 가진 협상력에는 당시 신라 국내외 정세에 대한 정확한 상황판단력, 왜에 대한 정보와 전문성이 있었다. 또한 상황에 맞는 적절한 전략을 선택할 수 있는 전략적인 사고방식과 상대의 숨겨진 욕구를 볼 수 있는 통찰력 그리고 상대를 자극할 수 있는 설득력을 지녔다. 더불어 신라와 왕에 대한 충성심과 희생정신을 바탕으로 침착성, 단호함 등의 심리적 파워를 보유하고 있다.

표 2.1.2 박제상 협상의 구조분석

항목	분석내용
협상철학	- 주어진 공적인 임무를 위해 자신과 가족을 모두 희생시킬 수 있는 신념과 결단력
협상전략	- 고구려의 간섭에서 벗어나 자립적인 국가를 형성하고 왕권을 강화시키고자 했던 신라 눌지왕의 정치적 입지를 굳건히 하기 위해 복호와 미사흔 구출을 위한 설득 및 기만전술
협상력	- 당시 신라의 국내외 정세에 대한 상황 판단력 - 왜에 대한 정보와 전문성 - 전략적 사고와 설득력 있는 언변 - 충성심, 희생정신 등의 심리적 파워
협상스타일	- 치밀하게 계획하고 체계적으로 추진하는 스타일 - 자신의 희생을 불사하고 왕자들을 구출해내는 충신
협상소통스킬	- 논리와 명분을 토대로 설득형 소통 - 주의 깊게 듣고 무형의 요소를 빠르게 파악하는 통찰력 있는 소통 - 자신을 신뢰하게 만드는 소통방식
협상성과	- 고구려로부터 복호 구출 - 왜에서 미사흔 구출
협상성공요소	- 협상 당사자에 대한 정확한 파악 - 철저한 협상 시나리오 준비 - 강력한 신뢰구축과 효과적인 상황 전개 - 자신의 감정을 잘 조절하고 신중하게 말하고 행동하는 자기통제력
협상성공의 의미	- 고구려의 간섭에서 벗어나고 왜와의 외교관계에서도 약점이 사라짐 - 강력한 왕권을 다지기 위한 기반형성

박제상은 이와 같은 협상철학과 협상력을 가지고 상황에 적절한 협상 전략과 치밀하게 계획하고 추진하는 협상 스타일로 논리와 명분을 토대로 설득하는 한편 무형의 요소를 빠르게 파악하는 통찰력과 신뢰받는 소통방식을 사용함으로써 복호와 미사흔을 구출하는데 성공하였다.

사례에서 나타나는 구체적인 성공 요인은 협상 당사자에 대한 정확한 파악, 철저한 협상 시나리오 준비, 강력한 신뢰 구축과 효과적인 상황 전개, 감정 조절력과 신중함이다.

이러한 박제상의 외교적 활약으로 눌지왕은 귀환한 복호, 미사흔과 함께 김씨 세력을 중심으로 하는 왕권의 안정화를 이룩할 수 있었으며 점차 고구려의 간섭으로부터 벗어날 수 있는 초석을 다졌다. 결국 박제상이 완수했던 인질 구출 임무는 '형제 간의 만남'이라는 눌지왕의 개인적인 문제를 해결해주었을 뿐 아니라 '왕권의 안정과 탈 고구려화'라는 국가적 기반을 마련하게 된 중요한 계기가 되었다고 할 수 있다.

2) 협상가의 특성

(1) 박제상의 일반적 특성

미국의 FBI 협상 가이드라인에서는 다음과 같은 사람을 위기협상가로 선발할 것을 권고하고 있다.[40]

① 자기통제 및 감정절제 능력이 뛰어난 사람
② 스트레스 상황에서도 침착하고 차분한 사람
③ 대화 및 의사소통 기술이 뛰어난 사람
④ 차분하고 자신감 있는 사람

⑤ 상대방의 말을 주의 깊게 잘 듣는 사람
⑥ 팀워크가 좋은 사람

　눌지가 박제상을 왕자들을 구출하기 위한 적임자로 발탁한 것은 그 당시에도 위기협상가로서의 위의 역량이 그에게 있음을 알아보았을 것으로 판단된다. 당시 볼모를 보낸 이유는 대립하는 국가 사이에 발생하는 정치적인 이해관계 해결을 위해 상호안전을 보증하거나 배신에 대비하는 일종의 정치적인 담보물인 동시에 국내 정치 세력의 이해관계 해결을 위한 목적이 있었다. 이러한 상황에서 박제상이 이전 왕 때 볼모로 보내진 두 왕자를 구출하는 임무에 발탁이 된 이유는 먼저 그가 왕경 출신 신분을 가진 양산 지방의 유력한 지배 세력이었기 때문이다.
　그가 머물렀던 양산지역은 지리적인 위치상 왜와 접해 있었던 곳이었으며 특히 왜가 낙동강 하류지역에서 공격해 올 때 쉽게 접근할 수 있는 곳이었다. 따라서 박제상이 양산지역에서 왜 세력과 자주 접하면서 왜국의 정세에 밝았던 것으로 판단된다. 이와 같은 박제상의 성장배경과 경험이 등용의 중요한 요인이 되었다.
　또한 박제상은 언변에 능하고 지혜와 용기를 갖추고 있어 인질구출의 적임자로 천거되었다고 알려진다. 울주군에 있는 박제상 기념관의 자료에 의하면, 신하들이 눌지왕에게 아뢰기를 "신들은 제상의 성격이 강직하고 용감하며 꾀가 있다고 들었습니다. 그는 전하의 근심을 풀어드릴 수 있을 것입니다."라고 하였다. 이에 박제상은 "신이 비록 어리석고 변변치 못하오나 감히 명을 받들지 않을 수 있겠습니까."라고 하였다.
　「삼국사기」의 내용을 근거로 보면, 박제상은 사람을 꿰뚫어보는 안목과 설득력 있는 언변을 지녔고 국제 정세에 정통한 지식을 바탕으로 외교적·전략적 수완을 발휘할 수 있는 능력을 갖추고 있었던 인물로 평가된다.

또 「삼국유사」에서는 박제상이 언행이 일치하며 절개가 굳고 지략이 풍부하며 신라에 대한 충성심이 남다른 인물로 묘사되었다.41)

이와 같이 박제상은 위기협상가로서 갖추어야 할 상대방의 말을 주의 깊게 잘 듣고 효과적으로 대화하고 의사소통하는 기술이 있었다고 할 수 있다. 또한 용기와 지혜가 있었다는 것으로 보아 스트레스 상황에서도 침착하고 차분하며 감정을 잘 조절하고 자기통제력이 있으며 자신감이 있는 사람이었다고 볼 수 있다.

그러므로 박제상은 현대의 위기협상가의 훌륭한 면모를 모두 갖추고 있음을 알 수 있다. 나아가 인질의 안전한 탈출을 위하여 자신을 희생하는 희생정신과 임무를 완수하려는 책임감까지 갖추고 있기 때문에 진정한 위기협상가의 모든 조건을 갖추고 있다고 평가된다.

(2) 사례에서 나타난 박제상의 위기협상적 역량

박제상의 위기협상 활동에 대해 간략한 사료를 통해 그의 탁월했던 위기협상 능력과 외교적 수완을 확인할 수 있었다. 5세기 초 신라는 고구려에게 대내외적으로 종속되어 있었던 어려운 상황이었으나 눌지왕에 의해 새롭게 발탁된 박제상은 고구려에 사신으로 파견되어 장수왕과의 면담에서 복호의 귀환을 이끌어냈다.

복호와 미사흔의 구출 사례에서 나타난 위기협상적 역량을 살펴보면 다음과 같다. 첫째, 위기협상가는 대상자를 정확히 파악해야 하는데 박제상은 고구려 장수왕과 왜왕에 대한 정확한 대상자 분석을 실시하고 적극적 청취를 통해 상황에 대한 정보수집과 분석, 그리고 정확한 판단에 따라 협상전략을 수립하였다.

둘째, 위기협상가는 대상자를 설득하는 능력이 있어야 한다. 복호구출에서 사료의 내용이 장수왕과 박제상 간 대화의 핵심적인 부분만 담고 있어서 자세한 내용을 확인할 수는 없으나, 위의 대화 내용으로 미루어 짐작해보면 박제상은 위와 같은 대안을 제시하기 전에 고구려의 상황과 장수왕의 입장에 대해 많이 듣고 충분한 정보를 파악한 것으로 보인다.

이러한 정보를 바탕으로 볼모를 돌려보내는 것이 고구려에 큰 손실이 되지 않는다는 점을 지적하고 장수왕을 설득하여 이를 받아들이게 했던 것으로 보인다. 장수왕에게 단순히 왕자를 풀어달라고 부탁하는 것이 아니라 '구우일모(九牛一毛: 소 아홉 마리 중의 털 한 가닥)'를 예로 들어 고구려의 위상 대비 왕자의 볼모 유지는 큰 이득이 없는 아주 소소한 일로 왕자를 돌려보내는 것이 오히려 고구려의 위상을 보이는데 실익이 있다고 주장하여 장수왕을 설득하는 탁월함을 보였다.

이는 협상의 기본 원칙인 적극적 청취가 제대로 이루어졌음을 의미한다. 충분한 정보파악이 되지 않은 상태에서 섣부른 대안 제시는 협상결렬로 이어질 수 있어서 먼저 상대방의 이야기를 충분히 들어주고 난 이후에 대안을 제시해야 실수할 확률을 줄일 수 있다. 박제상이 이러한 협상의 기본 원칙에 충실했기에 성공적인 협상이 가능했다.

셋째, 위기협상에서는 대화와 설득을 통한 해결이 어려울 경우 전술팀을 투입하는 등 다른 방법을 통한 해결을 도모해야 한다.

미사흔 구출에서 상대방과의 협상에 임하기 전에 반드시 수행해야 하는 것이 협상대상자에 대한 파악이다. 이는 현대적 용어로 '대상자 프로파일링'이라고 할 수 있는데 대상자의 성향과 속성에 대한 정확한 파악이 이루어져야 어떤 방식으로 협상전략을 구사할지를 결정할 수 있다. 박제상은 일견 고구려와 왜에 볼모가 잡혀있는 동일한 상황처럼 보이지만 양국의 성향이 확연히 차이가 있음을 사전에 분석하고 상황에 맞는 협상전략을 세웠음을 알 수 있다.

박제상이 왜국에서 미사흔을 탈출시키는 모습은 고구려 때와는 정반대로 논리적인 설득에 의한 것이 아니라 기만전술을 바탕으로 한 작전에 의한 것이었다. 협상의 상황과 상대방에 맞춰 적절한 전략을 구사한 것이다. 그리고 이 과정에서 왜인들의 의심을 피하기 위해 자신의 가족들까지 투옥시키게 하고 왜국에 들어가서도 한가롭게 낚시를 하면서 자신들의 탈출의도를 철저하게 숨기는 치밀함을 보여준다. 이러한 부분은 박제상이 협상가로서 전술적 역할을 수행하였다고 볼 수 있다.

넷째, 이 모든 능력이 있더라도 대상자의 생명을 구하고자 하는 간절한 마음과 집념, 나라에 대한 충성심, 사명감이 없다면 인질구출은 절대로 불가능하다고 할 수 있다. 박제상은 왜왕의 엄청난 고문과 협박에도 자신의 목숨을 버려가면서 인질을 구출하는 동서고금을 통틀어 매우 보기 드문 희생정신과 용기를 발휘하였다.

그리하여 박제상은 왜에 붙잡혀 장렬하게 죽음을 맞이하였지만 오히려 그 과정에서 신라에 대한 충절을 보임으로써 '충절을 지킨 신라인의 표상'으로서 인식되고 있다. 눌지왕은 두 왕자의 구출 임무를 성공적으로 완수하고 장렬히 전사한 박제상에게 대아찬(大阿湌)이라는 벼슬을 추증하였다. 또한 눌지왕은 박제상의 부인을 국대부인(國大夫人)으로 봉하는 한편 박제상의 딸을 미사흔과 혼인시킴으로서 박제상 가문을 왕실의 인척으로 삼았다. 이와 같은 눌지왕의 포상은 박제상 가계를 비롯한 박 씨 세력에 대한 파격적인 대우로서 그만큼 눌지왕이 박제상의 외교적 성과와 충절을 매우 높이 평가했다고 볼 수 있다.[42]

또한 박제상은 왜국에 인질로 잡혀 있던 미사흔을 구출하는 과정에서는 정상적인 외교루트를 통해 원하는 목적을 이끌어낼 수 없었던 상황을 직시하고 '왜에 대한 기만'이라는 치밀한 계획과 전술을 준비하여 왜왕의 신임을 받아 미사흔을 무사히 귀환시켰다.

3) 박제상 협상의 교훈

인질구출 작전은 매우 위험하고 예측하기 어려운 고난도 기술과 전문적인 역량을 필요로 한다. 미국이나 영국, 독일 등은 이 분야에 숙련된 경험과 고도의 훈련을 거친 역량 있는 전문가와 전문구출 부대를 보유하고 있다. 반면에 한국에서는 이러한 해외 인질사건을 다룰 수 있는 전문적인 교육과 훈련을 거치고 숙련된 사건 처리경험을 갖춘 협상 전문 인력이 소수에 불과하다.[43]

인질협상은 기본적으로 전문적인 교육 훈련과 경험의 축적, 두 가지 요소의 결합으로 발전된다. 따라서 협상기법과 대응기법 등과 관련된 원칙들은 경험을 통해 확인되고 축적되어야 한다. 협상기법과 대응기법의 원칙들이 현실에서 어떻게 구현되는가는 각 사례들마다 다르게 나타나며 현실과 상황에 대한 유연한 적응과 대처가 협상가에게 요구된다. 아덴만의 여명작전으로 유명한 석해균 선장은 해상에서 피랍되어 풀려났고, 2007년 아프가니스탄의 샘물교회 소속 23명의 피랍, 2003년 김선일 씨 피랍 후 참수, 2014년 코트라(KOTRA)의 한석우 관장 피랍 후 석방의 여러 사례가 있었음에도 여전히 한국은 이러한 사건과 관련된 위기관리 기법이나 위기협상기법 등의 전문적인 지식과 역량, 심도 있는 연구를 축적하지 못하고 있다.[44] 최근에서야 해외 피랍사건 협상사례에 대한 비교연구가 시작되었다.[45]

이와 같은 한국의 현실에서 신라 사신 박제상의 볼모 구출 사례는 우리에게 여러 가지 교훈을 남긴다.

첫째, 위기협상 전문가는 국내외에서 발생하는 위기상황을 빠르게 파악하고 분석할 수 있는 정보 분석과 판단 능력을 갖추어야 한다. 박제상은 그의 활동지역이 왜에 대한 정보를 접하기 쉬운 양산이라는 지역 강점과 활동 경험을 통해 위기 상황에 대한 많은 정보를 가지고 상황을 정확히 판단할 수 있었다. 하지만 이러한 정보 수집과 분석, 판단 능력은 단기간에 향상되지 않기 때문에 현대에서는 충분한 사례 데이터 수집과 정리, 분석 등을 위한 시스템이 구축되어 있어야 할 것이다.

둘째, 박제상은 사람을 꿰뚫어보는 안목과 설득력 있는 언변을 지님으로써 위기협상가로서 갖추어야 할 의사소통의 능력을 충분히 보유하였다. 상대방의 말을 주의 깊게 잘 듣고 의중을 파악하여 효과적으로 대화하고 전략을 결정하는 능력이 있었다. 그러므로 고구려에서는 명분과 실익으로 설득하는 방법으로 선택하였고, 왜에서는 왕의 신뢰를 얻은 후에 기만전술로 왕자를 구출하는 방법을 선택하였다. 이러한 통찰력 있는 의사소통 역시 쉽게 얻어지지 않는다. 보이는 것뿐만 아니라 보이지 않는 것도 꿰뚫어 볼 수 있는 기술에 대한 체계적인 훈련을 통해 지속적으로 향상되어야 한다.

셋째, 위기협상가는 스트레스 상황에서도 침착하고 차분하며 감정을 잘 조절하고 자기통제력을 갖추어야 한다. 미사흔 왕자가 빠져나갈 시간을 벌기 위해 사냥을 나가고 혼자 처소로 돌아와 차분히 지냄으로써 왜의 시선을 돌렸다. 그로 인해 왜왕은 이틀 후에야 왕자가 탈출했다는 것을 알게 되었다. 이와 같이 위기협상가는 불안하고 가슴이 두근거리는 스트레스 상황, 협상의 결과를 알 수 없는 불확실한 위기상황에서도 평정할 수 있는 자기조절력을 반드시 함양해야 한다.

넷째, 모든 위기협상가는 국가적 위기 혹은 개인의 위기 상황에서 문제를 해결하기 위해 활동하기 때문에 임무를 완수하려는 책임감과 인질의 안전한 탈출을 위한 희생정신이 요구된다. 오늘날 모든 공무원들이 책임감과 봉사정신으로 자신의 업무에 임하지만 위기협상을 하는 전문가 및 책임자는 박제상과 같은 임무 완수의 책임감과 봉사정신을 갖추어야 할 것이다.

국제적으로 많은 테러와 인질 사건이 발생하고 있고 국내에서도 점점 일반 대중을 대상으로 한 테러형 범죄, 인터넷을 통한 특정 대상에 대한 위협과 협박 사건이 증가하고 있다. 이와 같은 때에 박제상 사례는 우리나라 국민의 안전과 생명 보호를 위해 경찰, 검찰, 외교부, 국가정보원 등을 막론하고 전담인력에 대한 체계적인 훈련에 힘써야 함을 다시 한 번 일깨워 준다.

모든 분야의 역량과 전문성은 성공 경험은 물론 실패 경험의 축적된 자료에서 성공 요인과 실패 요인을 분석하여 실천할 수 있는 방안들을 추출하여 실제로 훈련함으로써 향상된다. 그러므로 위기 상황이 종료되면 실패에 좌절하거나 성공에 안심하면서 끝낼 것이 아니라 아무리 작은 사례라도 반드시 위기협상의 사전 준비와 진행 과정, 결과와 교훈에 대한 모든 사항을 자료화하고 분석하여 교훈을 추출하는 작업이 필요하다. 이덕희(2021)의 연구에 따르면, 해외 피랍사건은 주로 테러 단체와 해적 단체에 의해 발생한다. 한국인을 대상으로 한 해외 피랍사건은 2000년 이후 급격히 증가하고 있는데, 협상과정에 영향을 미치는 변수는 협상 대응의 강경도, 협상 당사자 접촉방식, 협상 주도의 주체, 협상 대응방식에 따라 달라질 수 있다.[46] 협상방식은 비제로섬 협상 또는 원원 협상을 선택하는 것이 효과적이다. 테러 단체와 협상은 강성 협상이 아닌 연성 협상, 직접 접촉, 정부 주도, 적극적 협상이 효과적이며, 해적 단체와 협상은 연성 협상, 간접 접촉, 선박회사 또는 제3 중재인 주도, 적극적 협상이 효과적인 것으로 나타났다.

끝으로 박제상은 미사흔이 탈출할 수 있는 시간을 벌기 위해 자신이 처소에 머물러 있는 전략을 선택하였다. 박제상이 자신도 함께 탈출할 수 있는 방법을 선택하지 않고 왜 자신이 죽을 수밖에 없는 방법을 선택했는지는 사료가 부족하여 정확히 알 수 없었다. 하지만 후대의 위기협상가들은 인질 구출 작전에 있어서 구조대의 생존 전략 역시 충분히 고려되어야 할 것이다.

 협상가 2

고려 공신 하공진
-2차 침입 거란 군 철수 협상가-

화보 2.2.1 하공진 초상화

화보 2.2.2 하공진의 위패를 모시는 진주성 경절사

화보 2.2.3 진주성의 하공진 사적비

화보 2.2.4 하공진이 현종에게 거란군 회군 사절단 파견을 자원함
(왼쪽 사진) 고려 현종 역에는 김동준, 원정왕후 역에는 이시아, 지채문 장군 역에는 한재영, (오른쪽 사진) 하공진 역에는 이도국이 각각 연기하였다.
출처: KBS 2TV. 고려거란전쟁. 대하드라마. 2023-2024.

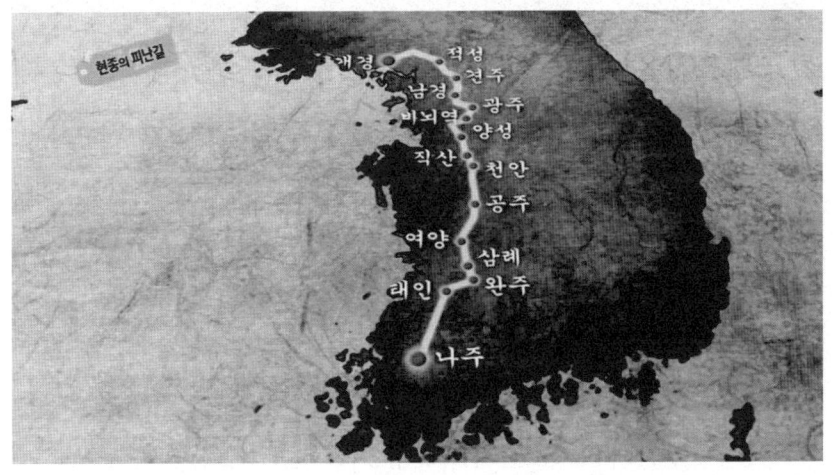

화보 2.2.5 현종이 개경에서 나주까지 몽진을 감

화보 2.2.6 하공진이 탈출 계획 탄로 후 거란 성종에게 끌려감
출처: KBS 2TV. 고려거란전쟁. 대하드라마. 2023-2024.

화보 2.2.7 거란 성종의 회유에도 거부하고 처형되는 하공진
출처: KBS 2TV. 고려거란전쟁. 대하드라마. 2023-2024.

1. 하공진의 생애와 활동

1) 무신으로 등용

하공진(河拱振)은 탄생연도는 알려져 있지 않으나 고려 성종 때 진주에서 탄생한 것으로 추측되며 진주 하씨 시랑공파(侍郎公派)의 시조이다. 본관이 지금의 도시 명으로 진주(晉州)이나 예전 도시 명으로 진양(晉陽)이어서 하씨 종친회에서는 진양 하씨(晉陽 河氏)로 명명하고 있다.47)

하공진에 대한 관리로서 최초의 기록은 994년(성종 13년)에 압강도구당사(鴨江渡勾當使)로 임명된 시점부터이다. 압강도구당사란 압록강 나루를 전담하는 관리를 말한다. 거란의 1차 침입 후 성종 13년(994)부터 3년 간 거란이 양해한 대로 압록강 동쪽의 여진족을 축출하고 장흥진(長興鎭), 귀화진(歸化鎭), 곽주(郭州), 귀주(歸州), 흥화진(興化鎭) 등에 강동6주(江東六州)의 기초가 되는 성을 쌓았다.48) 이렇게 압록강 유역에서 쫓겨난 여진족의 준동을 감시할 목적으로 압록강 나루를 관리하는 책임자로서 조정에서는 처음에 이승건(李承乾)을 보냈다가 곧 하공진으로 대체하였다.49)

997년 11월에 성종이 36세로 사망한 후 목종(穆宗)이 17세의 젊은 나이에 국왕으로 즉위하였으나 어린 관계로 어머니 헌애왕후가 섭정을 맡았다.50) 목종은 내치와 외교를 비교적 잘 하였으나 섭정을 맡은 어머니 헌애왕후가 임금이 성년이 된 후에도 섭정을 하며 권력을 장악하면서 문제가 생겼다. 헌애왕후는 성종에 의해 쫓겨났던 김치양을 다시 궁에 불러들여 관계를 맺고 권력을 부여하였다. 그러나 목종은 이를 저지하지 못하고 오히려 동성연인인 유행간에 의지하면서 국정의 혼란을 가중시켰다. 마침내 헌애왕후가 김치양의 아들을 낳는 지경에 이르게 되었고, 급기야

그 둘은 자신들의 아들을 왕위에 올리려는 음모까지 꾸미며 자신들의 계획에 방해가 되는 당시 유일한 왕위 계승권자였던 대량원군까지 제거하려고 했다.51)

1009년(목종 12년) 봄, 목종이 상정전(詳政殿)에서 연등행사를 관람하던 중에 궁궐 기름 창고에 불이 나 번져서 천추전까지 태우는 큰 화재 사건이 발생했다. 목종은 잿더미가 된 전각과 창고를 보며 상심하다가 앓아누워 정사를 제대로 볼 수 없게 되었다.52)

목종은 이러한 힘든 시기에 병들어 눕자 궁궐 주변을 숙위하는 장군들을 등용하였다. 이 때 하공진은 중랑장(中郎將) 친종장군(親從將軍) 유방, 중랑장 탁사정(卓思政) 등과 함께 목종이 거처하는 궁궐 주변을 숙위하는 상서좌사낭중(尙書左司郎中)에 등용되었다.53)

2) 강조의 정변

하공진의 활동에 대해 큰 영향을 미친 사건이 '강조의 정변'이다. 목종은 병석에 누워 있으면서 세 가지의 사실을 알게 되었다. 김치양이 유행간과 유충정을 포섭하려고 했다는 점, 천추태후(헌애왕후)와 김치양이 대량원군을 독살하려고 했다는 점, 그리고 숙직 신료 이주정 마저 김치양에게 가담했다는 점이 바로 그것이다.54) 목종은 왕위 문제가 위태로워진 것을 깨닫고 채충순을 불러 대량원군으로 왕통을 잇게 하는 작업에 착수했다.

목종은 보안 유지를 위해 김치양에게 붙은 것이 파악된 이주정을 서북면 도순검부사(都巡檢副使)로 임명해 즉시 떠나게 하고, 당시 서북면 도순검사(都巡檢使)를 맡고 있었던 강조를 궁궐로 불러 자신을 호위하라는 명령을 내렸다. 강조가 목종의 왕명을 듣고 출발하여 동주 용천역(龍川驛)에 이르렀을 때 내사주서(內史主書) 위종정(魏從正)과 안북도호(安北

都護)의 장서기(掌書記) 최창(崔昌)을 만나게 되었다. 이 두 사람은 조정에서 쫓겨나 조정을 원망하고 반란을 모의하고 있었는데 강조에게 '목종이 위독하고 천추태후와 김치양이 강한 군사력을 가진 강조를 두려워해서 유인하여 제거하려고 사칭한 거짓 왕명'이라고 거짓말을 하면서 '속히 본진으로 돌아가서 크게 군사를 일으켜야 자신과 사직을 지킬 수 있다'고 부추기었다.55) 강조는 그들의 말을 믿고 자신의 본영으로 돌아갔다.

천추태후는 강조가 오는 것을 막기 위해 자기 편 사람을 보내 절령(황해북도 연탄군 자비령(慈悲嶺))을 봉쇄했다. 이에 강조의 아버지는 종의 머리를 깎아 승려로 위장시키고 이런 내용의 편지를 지팡이에 숨겨 강조에게 보냈다.56)

"왕이 이미 죽었으며, 간흉들이 권세를 휘두르니 개경으로 군사를 끌고 와서 국난을 바로잡으라."

아버지의 편지를 읽은 강조는 목종의 붕어를 확신하고, 부사(副使)인 이부시랑(吏部侍郎) 이현운(李鉉雲)과 함께 군사 5,000여 명을 이끌고 진군하다가 평주(平州, 현 황해북도 평산군)에 이르렀을 때 목종이 살아있는 것을 알고 한참 망설이게 되었다.

그러나 그의 휘하 여러 장수들이 이렇게 주장했다.

"여기까지 왔으니 그칠 수 없습니다."

결국 이에 동의한 강조는 목종까지 폐위시키기로 결심하고 계속 진군했다.57)

수도 개경에 진입한 강조는 분사감찰(分司監察) 김응인(金應仁)에게 군사를 이끌고 가서 대량원군을 데려올 것을 명령하고, 황궁에 들어가 목종을 만났다. 강조는 김치양 일파와 유행간 일파의 전횡이 국난을 불러온 것을 지적하며 자신이 모든 것을 수습하는 동안 용흥사(龍興寺)나 귀법사(歸法寺)에 가 있을 것을 권했고 목종은 "이미 알고 있다."고 대답했

다.58)

　급사중(給事中) 탁사정(卓思政)과 중랑장(中郎將) 하공진(河拱辰)이 모두 강조에게 신속히 가담했고, 궁궐에 군사들이 난입하자 비로소 사태를 파악한 목종은 천추태후와 함께 통곡하며 채충순 및 유충정과 함께 법왕사(法王寺)로 갔다.59)

　한편 김응인은 목종이 대량원군을 모시러 보낸 선휘판관(宣徽判官) 황보유의(皇甫兪義) 일행을 중간에서 만나 대량원군과 함께 궁궐에 도착하였다. 강조가 대량원군을 국왕으로 옹립하면서 대량원군은 1009년 3월에 연총전(延寵殿)에서 즉위식을 올리니 이가 곧 고려의 제8대 왕인 현종(顯宗)이었다.60)

　김치양 부자와 유행간을 비롯한 7명은 처형되었고, 이주정을 포함한 30여 명은 먼 섬으로 유배를 떠났다. 폐위된 목종은 양국공(讓國公)이라는 칭호를 받고, 합문통사사인(閤門通事舍人) 부암(傅巖) 등에 의해 감시를 받게 되었다. 목종은 천추대후와 함께 충주(忠州)로 향했는데 폐주를 호위하는 중금(中禁) 안패(安覇)가 강조의 명령을 받고 목종을 시해하였다. 천추태후 황보씨는 황주(황해북도 황주군)로 돌아가 21년 동안 더 살다가 현종 20년(1029년) 1월, 숭덕궁(崇德宮)에서 66세로 자연사했다.61)

3) 여진족 침공으로 유배와 복권

　강조가 정권을 잡은 후 하공진은 상서좌사낭중(尙書左司郎中)이 되었다. 정확한 연도가 알려져 있지 않지만 하공진이 예전 동서계(東西界)에 있을 때 임의로 군대를 동원하여 동여진(東女眞)의 촌락을 치다가 패하였다. 동여진에 패배한 후 화주방어낭중(和州防禦郎中) 유종(柳宗)이 그 일로 여진에게 분노하고 복수하려고 했다. 마침 여진족 95명이 고려에 조공을 바치기 위해 입조하러 가다가 화주(和州, 함경남도 영흥)를 방문하게 되었는데 유종이 화주관(和州館)에서 이들을 몰살시켰다.62)

여진족이 이 사실을 거란(契丹)에 호소했을 뿐 아니라 목종의 폐위사실도 알렸다. 거란 황제가 군신들에게 "고려 강조(康兆)는 왕을 죽인 대역을 저질렀으니 마땅히 군사를 일으켜 죄를 물어야 한다."고 말하고 강조를 거란으로 압송하라고 통보했다. 현종은 1010년(현종 1) 5월 자신을 왕으로 옹립한 강조의 송환은 받아들이지 않고 동여진을 공격한 하공진과 사신을 죽인 유종을 먼 섬으로 유배시키는 선에서 사건을 무마하려고 했다. 현종이 이들을 유배시킨 것은 하공진과 유종이 적대관계에 있던 동여진을 공격한 일은 잘못된 것이 아니었지만 거란과의 전쟁을 막기 위한 궁여지책으로 취한 조치였다.63) 하공진은 임의로 동여진 촌락을 쳐서 그 죄를 물었고 유종은 고려에 입조하려고 가던 여진족 95명을 살해한 죄를 물어서 유배에 보내졌다.

그러나 같은 해 11월 16일(음력) 거란의 성종이 목종을 시해한 강조의 죄를 묻는다는 명분으로 40만 대군을 몰고 고려에 침입하여 2차 고려 거란 전쟁이 발발하였다. 침공의 명분은 정변을 일으켜 목종을 시해한 강조의 죄를 묻겠다는 것이었으나 실상은 북송과의 통교를 저지시키기 위함이었다.64)

같은 해 12월 19일(음력) 현종은 거란의 침공으로 나라가 위태로워지자 거란 무마용으로 명분상 유배를 보냈던 하공진과 유종을 유배에서 풀어 관직을 회복시켰다.65) 이제 거란 침공을 막기 위해 온 무력을 결집시켜야 할 상황임에 현종은 이런 결단을 내린 것이다.

2. 하공진의 협상 사례

1) 배경

 2차 침입 때는 거란 성종이 무려 40만 명의 대군을 이끌고 침략해오자 실권자였던 강조가 행영도통사(行營都統使) 직위를 받아 30만 명의 대군을 몰고 나가 이를 막으려 했다. 초반엔 강조의 고려군이 우세를 점하면서 승기를 잡는 듯했다. 그러나 강조는 첫 전투에서 검차(劍車)를 이용하여 거란군을 누차 격퇴시키자 적을 경시하여 사람들과 바둑을 두었다. 한순간의 방심으로 인해 통주 대전에서 대패한 강조는 그대로 거란군에게 붙잡혔다.66) 30만 고려군이 거란군에게 대파되면서 순수 전사자만 무려 3만 명이나 발생했으며, 그 외 이현운과 도관원외랑(都官員外郞) 노전(盧戩), 감찰어사(監察御史) 노의(盧顗)·양경(楊景)·이성좌(李成佐) 등도 모두 덤으로 사로잡혔고, 노정(盧頲)과 사재승(司宰丞) 서숭(徐崧), 주부(注簿) 노제(盧濟)는 모두 그 자리에서 전사하는 엄청난 피해가 발생하게 되었다.67)

 거란 성종이 강조의 포박을 풀고 물었다.
 "넌 내 신하가 될 것이냐?"
 강조가 답하였다.
 "난 고려 사람이다, 어찌 너(汝)의 신하가 되겠느냐?"
 다시 묻자 처음과 같이 답했다.
 다시 살을 베어가며 묻자 답은 여전히 처음과 같았다.
 현운에게 같은 말을 물으니 이렇게 답하였다.
 "두 눈이 이미 새 일월을 담았는데 어찌 옛 산천을 기억하겠습니까?"
 강조가 분노해 현운을 차며 말했다.
 "너는 고려 사람인데 어찌 그런 말을 할 수 있느냐!"

거란은 결국 강조에게 죄를 물어 죽였다.68)

거란은 통주에서 승리 후 곽주, 안주 등의 성을 빼앗고 서경을 공격했지만 5일 동안 함락시키지 못하여 서경을 포기하고 1011년 1월 29일(전쟁 31일차) 바로 개경으로 진격하였다. 앞에서 말했듯이 1월 31일(음력 1010년 12월 19일) 고려 현종은 동북면에서 여진족을 학살해 거란에 전쟁 빌미를 주어 유배된 하공진과 유종의 복직을 명령했다.69)

지채문의 보고로 서경의 전황이 분명해지자 모든 신하들이 항복을 권했으나 강감찬(姜邯贊)만이 홀로 남쪽으로 피난을 권했다. 이원, 최창이 호송을 자처하고 지채문도 호송을 자처하니 현종은 지채문을 포상하고 피난하기로 결정했다. 왕과 후비, 채충순을 비롯한 관료들, 금군 50명이 이날 밤으로 개경을 나섰다.70)

왕의 행렬이 적성현(積城縣, 파주)을 지나 창화현(昌化縣, 도봉구)에 이르렀을 때 지방 아전(향리)이 적도들을 이끌고 와 말하기를
"왕께선 저의 이름과 얼굴을 아십니까?"
라고 했다. 현종이 못 들은 척 하자 아전이 성을 내며
"하공진이 병사들을 이끌고 왔다."
라고 했다. 지채문이 무슨 연유로 왔는가 묻자
"채충순과 김응인(金應仁)을 잡으려는 것일 뿐입니다."
라고 했다.71)

하공진과 유종의 일행이 행재소(왕의 거처) 방향으로 향하기에 지채문과 국근이 그들에게 지난 밤 소란을 일으킨 것이 당신들이었냐고 따졌는데 역시 그들의 소행이 아니었다. 중군판관(中軍判官) 고영기(高英起) 휘하의 패잔병 20여 명이 남쪽으로 향하던 길에 하공진 일행을 합류했을 뿐이었다. 이들은 함께 창화현의 적도들을 물리치고 말 15필과 안장 10부

를 획득해 현종에게 돌아왔다. 지채문은 현종이 하공진 일행을 두려워할까봐 먼저 왕을 알현하여 설명한 뒤 그들을 알현시켰다.[72]

2) 거란 성종에게 보낸 외교사절단

1011년 2월 11일(전쟁 44일차, 몽진 3일차) 현종 행렬이 남쪽으로 이동해 양주에 머물렀다. 하공진은

"이미 강조가 죽었다는 것을 명분으로 삼아 강화를 청하면 저들이 군사를 돌릴 것입니다."

라고 제안하면서

"제가 가보겠습니다."

라고 덧붙였다. 현종은 자신의 곁을 지키던 신하들과 장군들이 모두 사라지는 판에 적진으로 가서 담판을 지어보겠다는 하공진이 눈물겹도록 고마웠다. 현종은 점까지 쳐보니 점괘가 좋게 나오기도 하여 하공진과 고영기에게 표문을 내리고 사절단으로 거란의 진영에 가도록 했다.[73]

하공진이 다시 창화현(도봉구)으로 올라가 낭장 장민과 별장 정열에게 먼저 거란 진영에 가서

"사유를 아뢰러 갈 사신단도 두려워 감히 나아가지 못하니 병사들을 거두어 주십시오."

라고 전달하라 했다. 그런데 장민과 정열 두 사람이 창화현을 출발하자마자 거란 선봉을 마주쳤다. 하공진은 매우 위급한 상황에 직면하였다. 하공진이 거란 군 선봉과 마주쳤을 때 거란 군과 현종 일행의 거리는 불과 10여 리(어림잡아 5km)였기 때문에, 하공진이 거란 군을 돌려세우지 못한다면 계속 추격을 진행한 거란의 기병이 현종 일행을 발견할 가능성은 매우 크다는 것을 직감하였다.[74]

거란군의 병사들이 고려 왕은 어디 있느냐 묻자, 하공진은

"지금 강의 남쪽을 향해 가고 계시는데, 계신 곳은 알지 못합니다. 매우 멀어서 몇 만리가 되는지도 알지 못합니다."

라고 했다. 하공진은

"항복하겠다는데 왜 그 먼 길을 가려 하시오?"

라며 추격의 힘겨움을 설득했다. 이에 거란 선봉이 하공진 일행을 데리고 거란의 성종에게 돌아갔다.[75]

1011년 2월 12일(전쟁 45일차, 몽진 4일차) 거란군의 소배압과 야율분노가 개경 서쪽 고개에서 고려군 일부를 패배시켰다. 개경 내에 낭중 신분의 백행린이 노비들을 모아 군대를 조직했으나, 적을 만나자 싸워보지도 못하고 와해되었다. 이렇게 해서 거란 성종의 군대는 거침없이 개경을 점령하고 개경의 태묘, 궁궐, 민가를 모두 불태웠다.

2월 14일 하공진과 고영기의 사절단이 드디어 거란의 성종을 만나 현란한 설득을 시작하였다. 하공진은

"군대를 물리면 입조하겠습니다."

라고 성종에게 말하였다. 여기서 입조(入朝)란 황제의 조정을 찾는다는 뜻, 즉 고려 국왕이 거란 황제 조정을 찾아 알현한다는 말로 직접 항복하겠다는 의미이다. 하공진은 현종이 직접 거란 조정에 들어가 황제를 만나고 자신들은 볼모로 잡히는 조건으로 강화를 청하였는데, 거란 성종은 이를 받아들였다. 거란 성종은 하공진의 말을 받아들이고 철군을 결정하였지만 하공진이 자청한대로 하공진과 고영기는 돌려보내지 않고 인질로 잡았다.[76] 사실 거란군도 후방에 잔류한 고려군의 지속적인 공격으로 피해를 입고 있었으므로, 고려의 요청을 철군의 명분으로 삼았던 것으로 보인다.[77]

국지전에서 거듭된 패배와 고려에서의 전쟁으로 피로해진 거란 성종은

결국 1011년 2월 22일(음력 1월 11일)(전쟁 55일차, 몽진 14일차)에 철수를 시작하였다. 거란 성종이 철수하면서 얻은 것은 개경에 대한 약탈과 파괴, 거짓 항복 그리고 하공진과 고영기의 인질뿐이었다.78)

한편 2월 14일 사절단이 잡혔다는 소식을 듣고 현종의 호위 일행이 또 흩어졌다. 현종에게 남은 관료는 충숙, 장연우, 채충순, 주저, 유종, 김응인 등 6명뿐이었다.79) 현종의 행렬은 광주에서 용인을 거쳐 안성, 천안, 공주, 전주를 거쳐 2월 24일(전쟁 57일차, 몽진 16일차)에 최종 목적지인 나주에 도착하였다. 그 사이 유종과 김응인은 천안을 지날 때 음식을 마련한다며 나간 후 도망쳤으나 지채문은 끝까지 현종을 지켰다. 2월 27일(전쟁 60일차, 몽진 19일차) 하공진이 보낸 거란군의 철병 소식이 나주의 현종에게 도착하며 험난했던 몽진이 끝났다. 거란군이 2월 22일 개경을 철수하면서 소식을 보냈을 것으로 추측된다.80)

3) 하공진의 장렬한 죽음

하공진은 고영기와 함께 거란에 볼모로 끌려가서 거란 성종에게 신임을 받았지만 고려로의 탈출을 꾀하다가 실패하여 연경(燕京)으로 옮겨졌다. 거란 성종은 어떻게든 하공진과 고영기를 신하로 만들기 위해 양가(良家)의 딸과 혼인시켜 아내로 맞아 정착하도록 조치했으나 철저한 감시를 지시하였다. 하지만 하공진은 이후로도 저자에서 준마(駿馬)를 많이 사 고려로 가는 길에 배치하여 귀국을 꾀했는데, 이윽고 탄로나 거란 성종의 국문을 받게 되었다.81)

하공진은 성종에게 고려로 가는 계획을 사실대로 대답하고 말하였다.
"저는 우리나라를 감히 배반할 수 없습니다. 죄는 만 번 죽어도 마땅하나 살아서 내국을 섬기기를 원하지 않습니다."

거란 성종이 의롭게 여기고 그를 풀어주면서 절개를 바꿔 충성을 다할 것을 설득하였으나, 하공진의 말투가 더욱 강경하고 불손해지니, 마침내 그를 죽이고 앞 다투어 심장과 간을 꺼내 먹었다.82)

하공진이 한 번 고려로 도망치려 했다가 실패했는데도 강제 결혼으로 감시하는 데 그치고 두 번째에도 거란의 신하가 되라고 회유하려 한 것으로 보아 거란 성종이 하공진을 상당히 신임하고 신하로 삼고자 하는 마음이 컸던 것으로 보인다.

현종은 후에 교서를 내려서 공훈을 기록하였고, 그의 아들 하칙충(河則忠)에게는 녹봉과 자급을 올려주었다. 문종(文宗) 6년(1052)에 제서를 내려 이르기를,

"좌사낭중(左司郞中) 하공진은 통화(統和) 28년(1010)에 거란군이 침입하자, 적을 대하며 몸을 돌보지 않았고, 세 치의 혀를 움직여서 능히 대군을 물리쳤으니, 공신각에 초상을 그릴만 하다."

라고 하고, 그 아들 하칙충을 5품직으로 뛰어 올려 임명하였다. 문종은 얼마 후 또 그의 공적을 기록하고, 상서공부시랑(尙書工部侍郞)을 추증하였다.83)

3. 하공진 협상의 분석과 교훈

1) 협상의 구조분석

하공진이 이루어낸 협상의 성과를 분석하기 위해 몇 가지 항목으로 나누어 들여다볼 필요가 있다. 먼저 협상을 이끌어간 철학은 고려에 대한 강한 애국심, 유배에서 복직시킨 고려 국왕에 대한 충성심, 상대를 기만

하고 설득할 수 있다는 자신감, 강대국의 압박으로부터 약소국의 자기보호를 위한 지혜 발휘 등으로 압축된다. 협상전략으로는 위급한 고려 현종을 보호하기 위해 기만전술을 사용한 점과 현종의 친조와 자신의 볼모를 조건으로 철군을 요청하는 거래 전략을 사용한 점이다.

표 2.2.1 하공진 협상의 구조분석

항목	내용
협상철학	-고려의 강성과 보존을 위한 애국심 -유배에서 복직시킨 고려 국왕에 대한 충성심 -지리정보, 상황정보를 이용하여 상대를 기만하고 설득할 수 있다는 자신감 -강대국의 압박과 강탈로부터 약소국의 자기보호를 위한 지혜 발휘
협상전략	-몽진 중인 현종을 보호하기 위해 거란 성종에게 지리정보를 기만하고 현종의 친조와 자신의 볼모를 조건으로 철군을 요청
협상력	-죽음을 무릅쓴 심리적 담대함 -고려의 지리정보에 대한 압도적 우위 -정보에 기반을 둔 기만전술 -언변을 통한 설득력
협상스타일	-지리정보와 언변으로 상대를 기만하고 설득함 -죽음을 무릅쓴 담대함으로 당당하게 협상에 임함
협상소통스킬	-상대방이 신뢰가 갈 정도의 언변으로 현종의 몽진 위치를 은폐함 -현종의 친조와 자신의 볼모를 조건으로 철군을 요청하는 당당함
협상성과	-몽진 중인 현종의 보호로 고려사직 보존 -거란군의 철군
협상성공요소	-심리적 담대함, 정보력, 언변과 설득력 등 협상력 -거란군의 오랜 전투에 의한 피로감과 고려군의 퇴로차단 위험 인지 -고려의 BATNA가 상대적으로 강함. 협상이 결렬될 경우 현종은 계속 몽진하면서 피신할 것이고 고려군은 곳곳에서 몽고를 괴롭힐 수 있음
협상성공의 의미	-일촉즉발의 위기에서 현종을 은폐하여 고려사직을 보존 -거란군의 추적을 단념시키고 철군하여 전쟁을 역전시킬 계기 마련

하공진이 협상에서 활용한 협상력이 돋보인다. 죽음을 무릅쓴 심리적 담대함, 고려의 지리정보에 대한 압도적 우위, 정보에 기반을 둔 기만전술, 언변을 통한 설득력이 바로 강한 협상을 할 수 있도록 한 협상력의 요소로 평가된다. 협상스타일은 지리정보와 언변으로 상대를 기만하고 설득하고 죽음을 무릅쓴 담대함으로 당당하게 협상에 임하는 모습에서 찾아볼 수 있다. 협상소통스킬은 상대방이 신뢰가 갈 정도의 언변으로 현종의 몽진 위치를 은폐시킨다거나 현종의 친조와 자신의 볼모를 조건으로 철군을 당당하게 요청하는 언변이다.

하공진의 협상은 결국 몽진 중인 현종의 보호로 고려사직 보존과 거란군의 철군이라는 대단한 협상성과를 만들어내었다. 협상이 성공할 수 있었던 요소로는 앞에서 언급한 강한 협상력, 거란 군의 오랜 전투에 의한 피로감과 고려군의 퇴로차단 위험이란 상대의 약점, 협상이 결렬될 경우 고려로서 크게 불리하지 않는다는 상대적으로 강한 BATNA를 들 수 있다.[84]

하공진의 협상성공은 일촉즉발의 위기에서 현종의 위치를 은폐하여 고려사직을 보존하고 거란 군의 추적을 단념시키고 철군토록 하여 전쟁을 역전시킬 계기를 마련한 위대한 역사적 의미를 내포하고 있다.

2) 협상가의 특징

(1) 자발적인 행동파

하공진의 성격에 대한 연구를 별도로 시도한 문헌은 없다. 그런데 하공진의 일생을 조사하면서 추측해보면 그는 매우 자발적인 행동파로 보인다. 하공진이 여진족 부락을 공격하다 실패한 것도 사전에 허락 없이 벌인 일이라 유배를 갔는데 여진족을 견제하고 소탕하는 것이 필요하지만 윗선에 재가를 받지 않고 스스로 판단하여 해낸 것을 보면 그는 자발적으로 일을 추진하는 성격이다. 또한 몽진하는 현종을 지키는 군사와 신하가 극히 소수에 불과한데 유배에서 풀려난 하공진이 스스로 현종을 찾아 왔고 거란 군을 철군시키기 위해 스스로 자청하여 표문을 가지고 죽음을 각오하고 사절단으로 간 것도 자발적 행동의 결과이다.

(2) 보은과 충성의 신하

하공진이 여진족 토벌에 실패하고 유종이 고려에 입조하러 오는 여진족 95명을 살해하여 여진족이 거란 성종에게 불만을 호소하고 목종이 시해된 사건마저 발설하여 거란에게 2차 전쟁의 빌미를 제공하게 됨에 따라 현종은 하공진과 유종을 먼 섬으로 유배를 보냈다. 그런데 거란 성종이 40만 대군을 데리고 침략해서 강조의 30만 대군을 와해시키면서 국가의 존망이 위태로워지자 현종은 하공진과 유종을 복직시켰다.

사람들은 하공진이 유배에 처해진 것에 대해 현종에게 원한을 가져서 그가 몽진 중인 현종을 찾아온 이유가 공격하러 온 것이라고 생각했다. 그러나 사실 하공진은 왕의 안위를 걱정하여 보호하러 온 것이었다. 하공진은 유배에 대해 원한을 가진 적도 없고 복직에 대해 감사의 마음을 가진 것으로 보인다. 나아가서 죽음을 무릅쓰고 거란 군에 사절단으로 가서 철군에 성공하였지만 스스로 볼모로 잡혀갔다. 하공진은 거란 연경에서 수차례 고려로 도망하려다 발각되어 자신이 고려인임을 떳떳하게 내세우고 거란의 신하가 되지 않고 처형당한 충절을 보여 후대에 고려인과 조선인들의 귀감이 되었다.

(3) 위기대처 능력이 뛰어남

개경이 거란 군에게 함락되면서 현종은 남쪽으로 몽진을 가게 되었지만 거란 기마병들이 시시각각으로 현종을 따라 잡으려고 추적하고 있었다. 현종이 양주에 도달했을 때는 거란 군 선봉대가 이미 창화현(서울 도봉구)까지 따라 붙어 불과 10여리(5km 정도)밖에 멀지 않아 현종이 잡힐 가능성이 매우 높은 위급한 상황이었다. 하공진은 빨리 거란 군을 따돌려 철군시키지 않으면 안 되겠다는 판단에서 스스로 사절단을 자청하여 거란 군을 찾아갔다. 수단과 방법을 가리지 않고 거란 군 선봉대를 막아야 했다. 하공진은 선봉대에게 현종이 아주 먼 곳으로 가서 어디에 있는지 모른다는 거짓말을 하고 거란 성종에게 표문을 올리도록 안내해달라고 해서 선봉대를 돌려세웠고 거란 성종에게 왕의 친조와 자신을 볼모로 잡는 조건으로 철군을 요청하는 위기대처 능력이 담대하고 뛰어났다.

(4) 살신성인의 정신으로 죽음으로써 충절지킴

하공진은 몽진 중에 있는 현종이 거란 군과 지척에 있는 매우 위급한 상황에서 거란 군을 철수시키는 교섭을 하러 가겠다고 자청하는 순간 이미 자신의 목숨을 내어 놓을 각오를 했었다. 그래서 하공진은 국왕이 친조를 하고 자신은 스스로 볼모가 될 테니 철군시켜달라고 요청할 때도 죽음을 각오하였다.

하공진이 연경(북경)에 거주하면서 탈출하여 고려로 돌아갈 계획을 세웠으나 사전에 발각되었다. 거란 왕에게 문초를 받을 때 하공진은 이렇게 말하였다.

"저는 우리 본국에 대하여 딴마음을 품을 수 없으니 만 번 죽더라도 살아서 귀국의 신하가 되기를 원하지 않습니다."[85]

거란 왕이 그 용맹을 사랑하여 여러 번 달래었으나 뜻을 꺾을 수 없음을 알고 결국 1011년 12월 사형에 처하였다. 이렇게 거란 군으로부터 고려와 국왕을 보호하고 충절을 지킨 하공진은 살신성인의 정신으로 길이 빛날 고려의 충신임을 알 수 있다.

(5) 드라마틱한 생애로 하공진 놀이 탄생

하공진의 극적인 생애를 소재로 한 연극의 한 종류인 조희(調戱)가 하공진 놀이 라는 이름으로 공연되었다. 고려 예종 때 1110년(예종 5년)에 거란족에 스스로 볼모가 되어 절개를 지키다 살해된 하공진의 이야기를 고려사에는 "배우가 있어 놀이로써 선대공신을 기렸다."고 하였다.[86] 배우가 말을 주된 표현수단으로 하고, 거란 왕과 하공진의 대화로 1인 2역을 했거나 2인 이상의 배역으로 연출된 조희로 공연되었음을 짐작케 한다.

또 다른 기록에서는 1110년 9월, 국왕 예종이 재추고관(宰樞高官)들과 더불어 천수전(天授殿)에서 잔치를 하더니 새벽이 되자 파하면서 국왕이 친히 시를 짓고 유신(儒臣)들에게 화답하여 시를 지어 올리게 한 후 그 성적에 따라 선물을 하사하였다. 이 날 동원된 우인(優人, 藝人)들이 놀이를 하는 중에 선대의 공신 하공진을 칭송하는 놀이를 하니 국왕이 하공진의 공을 추념한 다음 그 현손(玄孫)인 내시위위주부(內侍衛尉注簿) 하준(河濬)을 합문지후(閤門祗侯)로 임명하고 아울러 그 자리에서 시 한절을 지어 하사하였다.[87]

3) 하공진 협상의 교훈

(1) 고려의 위기 상황에서 솔선수범의 정신

하공진 협상에서 무엇보다 중요한 교훈은 국가 존망이 걸린 위기 상황에서 하공진이 죽음을 각오한 솔선수범의 정신을 보여주었다는 점이다. 아무리 협상의 지혜와 스킬이 출중하다 하더라도 침략국의 군대로 사신으로 가 협상의 기회를 만들지 못한다면 아무 소용이 없다. 명령을 받은 것도 아니고 스스로 자청하여 거란 군의 철수교섭을 하겠다고 나서는 하공진의 용맹함은 위대한 협상가의 제1덕목이라 할 수 있다.

(2) 신뢰를 줄 정도의 의연함, 기만전술, 정신력

죽음의 장소가 될 수도 있는 협상장소인 거란 진영에서 거란의 선봉대와 성종에게 고려 국왕이 먼 강남으로 몽진을 갔는데 몇 만 리가 되는지 알 수가 없다고 말하여 거란군의 추격을 단념시킨 기만전술은 의연함과 신뢰성을 줄 정도로 완벽하게 연기하지 않았더라면 실패하였을 것이다. 또한 현종이 거란 성종에게 친조를 하겠다는 거짓 약속도 신뢰를 주기 위해 스스로 볼모를 잡고 가라는 제안을 하는 대담한 정신력이 협상 성공에 중요한 역할을 하였다.

(3) 지리정보, 전황정보를 이용해 원하는 협상 추진

지금은 지리정보가 모든 사람들에게 공유되고 있지만 고려 거란 전쟁 당시에는 국가의 기밀사항이다. 개경 이남으로 고려의 영토가 얼마나 크고 깊이 들어가는지에 대한 정보가 거란 군에게는 거의 없었다. 그래서 몽진하는 현종이 어디에 얼마나 먼 곳에 가 있는지 잘 모르는 상황을 이용하여 하공진은 지리정보를 은폐하여 추적을 단념시키는 성과를 얻었다.

또한 거의 2개월 간 야전의 전쟁으로 거란 군사들이 피로감에 사기가 떨어져 있고 고려 군이 귀주를 탈환하고 서경을 사수하고 있는 전황정보를 파악한 하공진은 거란 군이 철수하여 갈 길도 만만치 않은데 고려 국왕의 항복을 의미하는 친조와 자신의 생명을 담보하는 볼모를 조건으로 내걸어 철군할 것을 요청하여 성공하였다.

(4) 약자보호 거래조건으로 철군 목적 달성

협상에서 상대방이 강하고 자신이 약할 때 약자는 스스로 보호하는 최저점을 설정하고 자신의 BATNA를 개발하고 힘의 불균형을 교정함으로써 대처할 수 있다.[88] 고려 국왕과 하공진은 아무리 양보해도 양보가 안 될 최저점은 국왕이 직접 체포되거나 항복하는 것이다. 이것은 절대 양보할 수 없는 최저점으로 설정되었다.

하공진의 BATNA는 무엇인가? 협상이 결렬된다 해도 고려는 현재에서 달라질 것 없이 현종은 계속 몽진을 해야 하고 고려 군은 전투를 하는 것이다. 거란 성종의 BATNA는 고려 현종을 직접 체포하거나 고려 국토를 유린하는 것이다. 그러나 거란 군은 야전에서 2개월의 전쟁으로 피로감이 크고 사기가 떨어진 데다 퇴로를 만들지 못한 상태에서 고려 영토에 너무 깊게 들어와 있어서 전쟁에 패배할 수도 있는 위험이 있었다. 그래서 하공진은 최저점을 지키면서 양측의 BATNA를 고려하여 약자가 할 수 있는 최저의 조건, 즉 국왕의 친조와 하공진의 볼모를 제시하여 철군 목적을 달성하였다. 철군을 하고 싶어 하는 거란 성종에게 철군의 최소 명분을 제시한 것이다.

4. 서희 협상과 하공진 협상의 비교분석

앞에서 하공진 협상을 분석하고 교훈을 얻으면서 거란 1차 전쟁 때 거란 소손녕과 협상으로 혁혁한 공을 세운 서희의 협상은 어땠을까 하는 호기심을 가지게 된다. 한국사 전체를 통틀어 위대한 협상가라면 서희라는 등식이 성립될 정도로 서희는 우리나라를 대표하는 위대한 협상가였다. 그래서 2년 전 출판된 '역사 속 위대한 협상가 이야기(위대한 협상가 시리즈 1)'에서 한국인으로서는 서희를 선정하여 소개하였다.[89]

1차 고려 거란 전쟁에서 서희가 협상으로 거란을 물러가게 했다면 2차 전쟁에서는 하공진이 협상으로 거란을 철군시키게 했다. 서희가 많이 알려져 있지만 하공진은 큰 업적에 비해 협상가로서 잘 알려져 있지 않다. 그래서 역사학자와 연구자들이 하공진이 저평가되어 있어서 새롭게 평가해야 한다는 주장이 많다.[90]

이제 **표 2.2.1**을 확장하여 서희의 협상 구조분석을 포함하여 **표 2.2.2**에서 서희와 하공진의 협상 구조분석을 비교하려고 한다. **표 2.2.1**의 마지막 항목인 협상성공의 의미만 협상성과에 포함한 것으로 보고 생략하고 나머지 항목을 모두 활용하였다.

먼저 협상철학은 협상가가 임하는 기본적 신념과 태도를 말한다. 서희와 하공진이 고려에 대한 애국심은 모두 강한 공통점이 있는데 국왕에 대한 충성심은 하공진이 유배로부터 복직시킨 현종에 대해 보은과 충성심이 훨씬 강했음을 알 수 있다. 고려의 역사정보, 지리정보, 상황정보 등 정보를 이용한 자신감과 상대의 설득에는 두 사람 모두 공통적이다. 협상의 교환 거래적 측면에서 서희는 대등관계에서 서로 원하는 것을 교환하였으나 하공진은 약소국의 자기보호 차원에서 현종의 친조와 자신의 볼모 조건으로 철군을 요청하는 거래를 성사시켰다.

표 2.2.2 서희 협상과 하공진 협상의 비교

항목	서희 협상	하공진 협상
협상철학	-고려의 강성과 보존을 위한 애국심 -국제정세, 고려역사 정보로 자신감 -협상가 대등관계 -항복이 아닌 서로 원하는 것 교환	-고려 보존 애국심과 유배 복직시킨 국왕에 대한 충성심 -지리정보, 상황정보를 이용하여 상대를 기만하고 설득할 수 있다는 자신감 -강대국의 강탈로부터 약소국의 자기보호 지혜 발휘(현종의 친조와 자신의 볼모 조건으로 철군 요청)
협상전략	-협상당사자 대등관계 -외교관계 양보에 영토실리 획득 -소손녕 제치고 거란 성종 결정 요구	몽진 중인 현종을 보호하기 위해 거란 성종에게 지리정보를 기만하고 현종의 친조와 자신의 볼모를 조건으로 철군을 요청
협상력	-고려의 정통성 관련 역사와 정보력 -서희의 설득력 -외교관계 친화력	-죽음을 무릅쓴 심리적 담대함 -고려의 지리정보에 대한 압도적 우위 -정보에 기반을 둔 기만전술 -언변을 통한 설득력
협상소통 스킬	-정보와 원칙 토대로 설득 -예의를 갖추되 당당한 언변 -상대를 연대하여 같은 편으로서 친화력(여진퇴치와 거란 황제 재가)	-상대방이 신뢰가 갈 정도의 언변으로 현종의 몽진 위치를 은폐함 -현종의 친조와 자신의 볼모를 조건으로 철군을 요청하는 당당함
협상성과	-고려-거란 외교관계 수립 -강동 6주 회복 -거란군의 철군	-몽진 중인 현종의 보호로 고려사직 보존 -거란군의 철군
협상성공 요소	-정보력, 설득력, 친화력 등 협상력 -안융진전투 승리로 BATNA로서 전쟁으로도 승산 가능성 -국가적 자존감과 대등외교 고수 -창의적 옵션으로 여진족 퇴치후 강동 6주 회복 조건 외교관계 수용	-심리적 담대함, 정보력, 언변과 설득력 등 협상력 -고려의 BATNA로 거란군의 오랜 전투에 의한 피로감과 고려군의 퇴로차단과 공격으로 승산 가능성 -위급하고 절대 불리한 상황에서 지리정보와 전황정보에 기초한 기만전술과 설득

주: 서희 협상 내용은 원창희, 정주영, 권희범(2022), 248을 참고하여 보완하였다.

협상전략에서 비교해보면 서희는 대등외교를 하였으며 외교관계 양보로 영토실리를 얻는 거래를 성사시켰는데 비해 하공진은 위급한 상황에서 친조와 볼모의 조건으로 철군을 요청하는 약자의 자기보호 거래를 성사시켰다.

협상력으로서는 서희 협상에서 고려 정통성과 정보력, 설득력, 친화력으로 요약되고 하공진 협상에서 절체절명의 순간에 지리정보 우위를 이용한 기만전술과 언변을 통한 설득력 그리고 무엇보다 죽음을 무릅쓴 심리적 담대함으로 요약된다.

협상소통스킬은 서희의 경우 당당한 언변 구사이지만 하공진에게는 처절한 위기극복 요청이다. 서희는 정보와 원칙을 토대로 설득하고 예의를 갖추되 당당한 언변을 구사하며 소손녕과 연대하여 같은 편으로서 여진 퇴치와 거란 황제 재가를 얻는 친화력을 만들었다. 하공진은 현종의 몽진 위치를 은폐하기 위해 차분하고 신뢰가 갈 정도의 언변을 구사하였고 현종의 친조와 자신의 볼모를 조건으로 철군을 요청하는 절박하지만 당당한 모습을 보였다.

협상성과는 서희 협상에서 거란 군의 철군, 외교관계 수립, 강동 6주 회복을 꼽을 수 있는데 하공진 협상에서는 거란 군의 철군, 몽진 중인 현종의 보호로 고려사직의 보존을 꼽을 수 있다. 하공진 협상 후 철군하는 거란 군을 고려 군이 상당한 피해를 입혔지만 양규가 전사하고 하공진과 고영기가 볼모로 연경으로 끌려가 참살되는 희생이 있었다.

협상성공요소는 양 측 협상에서 공통점과 차이점이 존재한다. 정보력, 설득력, 자신감 등 협상력과 BATNA로서 전쟁의 승산 가능성은 비슷하고 공통점으로 보인다. 그러나 서희는 대등외교를 하면서 사대외교라는 거란의 이해관계를 충족시키는 대신 여진족 퇴치와 강동 6주 회복의 실리를 얻는데 반해 하공진은 위급하고 절대 불리한 상황에서 지리정보와 전황정보에 기초한 기만전술과 설득으로 거란 군을 철군시켰다.

  결론적으로 말해 서희와 하공진은 고려의 보존과 강성을 위한 애국자이고 국왕에 대한 충성심이 강한 신하로서 정보력과 자신감을 가진 당당한 협상으로 거란 군을 철군시킨 점에서 공통점이 있다. 반면 전쟁 상황과 대응방법에 있어서는 차이가 난다. 서희는 안융진 전투에서 승리를 기반으로 더 이상 진군하지 않는 소손녕과 협상으로 철군시킬 수 있다는 예감으로 대등한 관계로 거란이 원하는 사대외교관계를 수립하는 대신 여진족 퇴치와 강동 6주 회복이라는 실리를 얻었다. 하공진은 거란이 강조의 주력부대를 괴멸시키고 개경까지 초토화시킨 상태에서 현종이 화급히 몽진을 가지만 양주부근에서 거란 선봉대와 10여리(약 5km)밖에 떨어져 있지 않은 절체절명의 순간에 죽음을 무릅쓰고 비장한 각오로 자진해서 거란 군으로 가서 선봉대를 돌려 세우고 거란 성종을 설득하고 철군시키는 위기극복을 달성하였다. 서희의 협상이 영토 확장의 실리 외교라면 하공진의 협상은 고려사직과 영토 보존의 생존 외교라 할 수 있다.

협상가 3

조선 승장 사명대사 유정

-임진왜란 때 백성을 구한 불심의 협상가-

화보 2.3.1 사명대사 유정 초상화
경남 밀양 표충사 경내에 있는 고승진영 중 사명대사 초상화

화보 2.3.2 사명대사행일본지도(泗溟大師行日本之圖)

사명대사가 임진왜란 후 도쿠가와 이에야쓰와 평화회담을 위해 일본으로 가고 있는 그림으로 충청도 제천 신륵사(神勒寺)에 사명당 벽화로 그려져 있다. 신륵사는 충주에서 단양으로 가는 길목에 위치하고 있는데 사명대사가 신륵사를 들렀을 가능성이 높다.

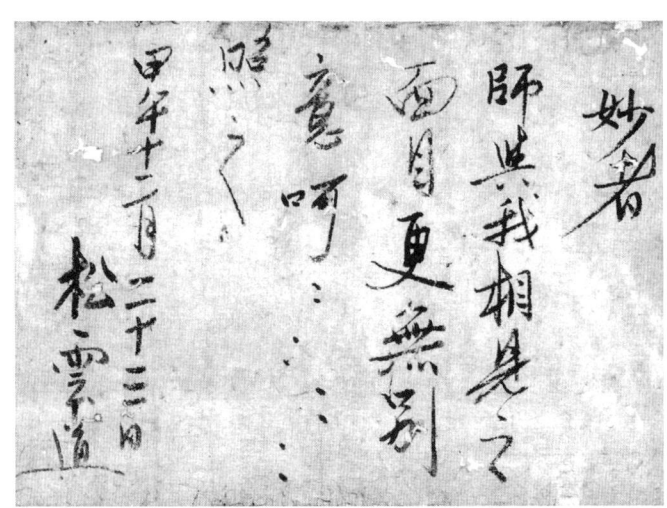

화보 2.3.3 사명대사 친필 1

큐슈의 구마모토시에 위치한 혼묘지 사찰에 소장되어 있는 사명당의 친필.

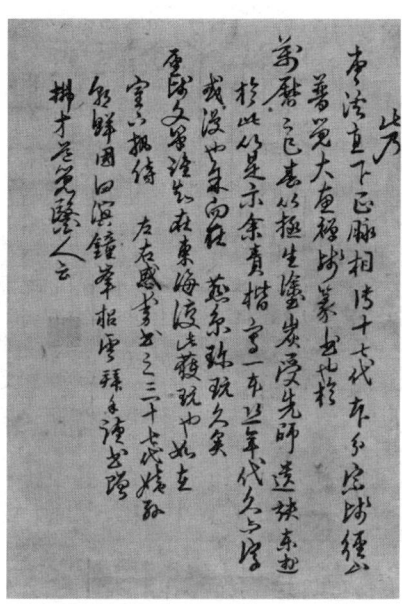

화보 2.3.4 사명대사 친필 2

사명대사가 교토 고쇼지에 소장된 중국 남송의 선종 승려 대혜 종고(大慧宗杲)(1089-1163)의 전서(篆書) 글씨를 보고 감상을 적은 글. 사명대사는 이 글에서 중생을 구제하라는 스승 서산대사가 남긴 뜻에 따라 일본에 왔음을 강조하여, 사행(使行)의 목적이 포로 송환에 있음을 분명히 밝히고 있다.

화보 2.3.5 가토 기요마사(왼쪽)와 도쿠가와 이에야스

사명대사가 협상을 한 대표적인 왜군의 장수는 임진왜란 당시 울주 서생포 왜성에 주둔한 가토 기요마사(加藤 淸正)(왼쪽)와 교토에서 평화회담을 담판한 도쿠가와 이에야스(德川 家康)이다.

협상가 3. 조선 승장 사명대사 유정

화보 2.3.6 사명대사공원 평화의 탑(김천시 대항면)

화보 2.3.7 사명대사 유적지(밀양시 무안면)

1. 사명대사의 생애와 활동

1) 사명대사의 성장과 생애

조선 중기의 승려이자 승장(僧將)인 사명대사에 대한 호칭은 다양하다. 그의 법명은 유정(惟政), 당호는 사명당(四溟堂) 또는 송운(松雲)으로 불린다. 오늘날에는 존경하는 뜻을 담아 사명대사(泗溟大師)라고 지칭할 때가 많다.[91] 일본에서는 송운대사로 더욱 잘 알려져 있다. 유감스럽게도 사명대사의 외교활동은 우리 역사에 자세히 기록되어 있지 않다. 그래서 그의 생애와 활동에 관해서는 현존하고 있는 허균(許筠)의 석장비(石藏碑), 사명의 고향 밀양에 있는 영당비(影堂碑)건봉사에 있는 기적비(紀蹟碑), 그리고 파괴된 석장비를 복원한 사명대사비(四溟大師碑) 등 네 개의 비를 통해 복원되고 있다. 그리고 사명대사의 행적은 그의 제자 해안 등이 남긴 글들을 모은 「사명당대사집(四溟堂大師集)」에서 전해지고 있다.[92]

사명대사는 승려의 몸으로 국난이 닥치자 몸소 뛰쳐나와 의승(義僧)을 이끌고 전공을 세웠으며 전후의 대일 강화 조약 등 공훈을 세워 민족 의식을 발현하는데 크게 이바지했다.

중종39년(1544) 음력 10월 2일 경상도 밀양도호부 상서이동면 고라리(現 밀양시 무안면 고라리 400번지)에서 뒷날 형조판서로 추정되는 아버지 임수성(任守成, ? ~ 1559)과 어머니 달성 서씨(? ~ 1558) 사이의 두 아들 중 차남으로 태어났다.[93] 사명대사의 승려가 되기 전 이름은 임응규(任應奎)이다. 증조할아버지는 풍천 임씨(豊川任氏)가문 임효곤(任孝昆)이며 궁중음악을 관장하는 장악원(掌樂院)의 책임자로 정3품(正三品) 벼슬을 받은 인물로 이후 대구 수령까지 지내기도 했다. 임응규는 밀양에서 알아주는 사대부 집안의 가치관에 따라 철저한 유교 교육을 받고 자랐다.

임응규는 어려서부터 총명했는데 일곱 살 때 할아버지로부터 「사략(史略)」을 배웠고, 명종12년(1557) 13세에는 당대의 문장가로 이름이 높던 유촌 황여헌(柳村 黃汝獻)으로부터 「맹자」를 배웠다.94)

그런데 임응규는 명종13년(1558) 15세에 먼저 어머니를 잃고 16세에 아버지를 여의어서 사고무친으로 혈혈단신이 되었다. 그 뒤 임응규는 17세 젊은 나이에 스스로 집을 떠나 승려가 되기로 결심하고, 김천 황악산 직지사(直指寺)에 들어가 은사인 신묵 화상(信默和尙)에게 선(禪)을 받고 가르침을 받아 승려가 되었다.95) 임응규는 속세를 떠나 승려로서 새로운 삶을 시작하였고 법명 유정(惟政)이라는 새로운 이름을 받게 되었다. 이후 유정은 불교의 오의(奧義)를 깨달았다.96) 18세 되는 해인 명종 16년(1561)에 유정은 승과(僧科)에 응시하여 합격하였다.97) 승과에 합격하면 중요사찰에 주지가 될 수 있었다.

고려 광종 때(958) 승과가 시행되었으나 조선은 1392년 유교국가로서 건국되었으며 숭유억불정책으로 불교를 점점 배제하는 분위기가 계속되다가 중종 2년(1507)에 승과를 폐지하였다. 그런데 50여년이 흐른 1552년 불교에 빠져있던 문정왕후의 영향으로 잠깐 불교가 부흥하면서 승과를 부활시켰다. 문정왕후 시기 승과로 휴정과 유정 등 임진왜란 시기 승병을 이끈 지도자들이 대거 등장했으므로 참으로 절묘한 시점이었다. 승과 합격자들의 이후 활약만 봐도 문정왕후의 호불 정책은 적어도 본전은 건지고도 남았다.

사명당은 당시의 학자이자 시인들이었던 사암(思菴) 박순(朴淳), 하곡(荷谷) 허봉(許篈), 백호(白湖) 임제(林悌, 1549 ~ 1587) 등과 교제했다. 허봉과 교제하면서 허봉의 남동생을 제자로 들여서 가르친 적이 있었다. 이후 노수신의 문하에서 <노자>, <장자>, <문자>, <열자>와 시를 배웠다.98)

사명대사는 선조 8년(1575) 32세 나이로 자신의 출가 후 득도 사찰인 직지사에서 선종(禪宗)의 주지에 추대되었으나 사양하고 묘향산 보현사(普賢寺)에 들어가 서산대사 휴정으로부터 가르침을 받았다. 서산대사는 당시 조선 최고의 고승으로 10대초 성균관에 합격한 수재로 15세에 불교를 접하고 출가한 전국의 덕망 높은 스님이었다. 이후 사명대사는 35세 때 금강산으로 들어가 보덕사(報德寺)에서 3년을 지낸 뒤 팔공산(八空山), 청량산(淸凉山), 태백산(太白山) 등 명산대천을 두루 돌아다니며 수행에 힘썼다.99)

선조 19년(1586) 43세 되는 해 봄 어느 날, 옥천산(沃川山) 상동암(上東菴)에서 하룻밤 소나기를 맞고 뜰에 떨어진 꽃을 보고 인생의 무상함을 깨닫고 문도들을 해산시킨 다음 오랫동안 홀로 참선했다. 선조 22년(1589) 46세 되던 해, 오대산 영감란야(靈鑑蘭若)에 있다가 기축사화에 연루되었다는 모함에 걸렸으나 무죄 석방되어 금강산에서 3년 동안 지냈다.

1592년에 임진왜란이 일어나자, 조정의 근왕문(勤王文)과 스승 휴정의 격문을 받고 건봉사에서 의승병을 모아 순안으로 가서 휴정과 합류하였다. 1593년 1월 평양성 탈환작전에 참가해 혁혁한 전공을 세웠으며 그해 3월 서울 인근의 노원평과 우환동, 수락산 전투에서 왜군을 크게 무찔렀다.

특히, 사명대사는 국방의 중요성을 간파하고 팔공산성과 금오산성, 용기산성, 남한산성, 부산성 등을 축조하고 투항한 왜군 조총병을 비변사에 보내 조총사용법을 가르치도록 했다. 1604년 강화교섭을 위해 일본에 사신으로 파견, 전란 당시 잡혀간 3천 5백여 명의 동포들을 데리고 귀국했으며 1610년 8월 해인사에서 입적했다.100)

2) 사명대사 시대의 조선 정국과 불교 위상

사명대사 시대의 조선은 정치적으로나 불교사적으로 매우 불행하고 암울한 시기였다. 조선 창건 당시 정도전(鄭道傳)이 표방한 유교주의는 고려의 쇠망이 불교의 지나친 국정개입과 승려들의 속세참여로 인해 정치와 사회가 문란해진 결과에서 비롯된 것으로 이해할 수 있다. 그러나 문제는 시일이 경과하면서 점차 불교에 대한 배척이 도를 넘게 되었다.

태종은 사원과 승려 수를 제한하고 사원의 토지와 노비를 줄였으며, 세종은 승록사(僧錄司)를 폐지하고 흥천 흥덕사를 제외한 도성 내 모든 사원을 철폐했다. 세조 대에 일시 흥불 시책들이 추진되었으나, 연산군 대에는 선종본사인 흥천사와 교종본사인 흥덕사까지도 철폐하여 관청으로 사용했으며, 여승들을 궁방의 종으로, 승려들은 환속하여 관노(官奴)로 삼았다. 이어 중종 때에는 사원의 전답을 향교에 부속시키고, 불상과 종을 녹여 무기를 만들게 하였다. 불교의 경제적 기반은 거의 대부분 무너졌고, 사회적 위상과 승려의 신분도 철저하게 격하되었다.101)

명종 대에 이르러 수렴청정(垂簾聽政)하던 문정왕후의 후원으로 승과가 부활되고 도승제(度僧制)가 다시 시행되면서 휴정과 사명이 발굴되기도 했으나, 문정왕후의 죽음과 함께 이러한 변화는 다시 원점으로 돌아갔다. 이후 불교가 위치할 곳은 산간밖에 없었다. 본격적인 산중승단불교의 시대로 접어 들었다.

정치, 사회적으로도 연산군의 무오사화(戊午士禍) 등 4대사화(四大士禍)의 여파로 축적되어 온 갈등과 모순이 한꺼번에 표출되고 있었다. 그 후 사화의 영향은 그 후 조선의 역사에서 치명적 상처를 남기게 되는데, 그것은 본질적으로 사림파(士林派)와 훈구파(勳舊派)의 정치적 입장과 경제적 이해관계의 충돌에서 비롯된 것이었다. 이러한 대립이 사화들을 거치면서 더욱 증폭되어 갔다. 선조 즉위를 전후하여 사림파 간의 치열한 내부 투쟁이 일어나고 여기에 잔존 훈구파들이 가세하면서 본격적인 당쟁으로 발전하였다.102)

특히 1589년(선조 22) 정여립 역모사건을 기점으로 정치세력이 붕당(朋黨)화하면서 정치가 더욱 첨예한 대립과 갈등을 겪게 되었다. 이러한 붕당정치의 지속은 지배계층의 혼란과 부패로 이어지고 국가재정이 고갈되면서 다시 일반 백성들에 대한 가렴주구(苛斂誅求)로 심화되었다. 이로 인해 농민들이 수취를 피해 도망하거나 도적이 되는 위기의 국면을 맞게 되었다. 사명대사가 살던 시대는 이러한 조선사회의 내부 모순으로 인해 국가체제가 효율적으로 운용되기 어려운 상황에 이르렀다.103)

3) 사명대사 의병활동과 평양성 탈환

49세 되는 해인 선조 25년(壬辰, 1592) 금강산 유점사에 머물고 있었는데 사명대사가 외출 후 유점사로 돌아오는 길에 무언가에 쫓기듯 혼비백산 도망치는 유점사 승려들을 발견했다.

임진왜란이 발발하여 두 달 만에 일본군이 유점사까지 약탈하러 온 것이다. 망설임 없이 일본군이 장악한 절 안으로 들어가 왜적들에게 붙잡혀 목숨을 잃게 된 산내 대중들을 모두 구호(救護)한 뒤 사명대사는 승려들을 구하기 위해 곧장 왜장에게 다가가는데 두 사람은 말이 통하지 않자 왜장(倭將)과의 필담(筆談)으로 대화를 나누었다. 필담을 통해 왜장이 불교 신자임을 알게 된 사명대사는

"불교는 살생하지 않음을 가장 중요히 여기는데 어찌 이러는 것이냐[勿嗜殺]"

고 타일렀다.104) 사명대사가 불교의 교리를 들어 왜장의 잘못을 꼬집

은 것이다. 사명대사의 질책에 왜장은 승려들을 풀어주고 사명에게 계(戒)를 받고 3일 동안 공양을 하였다.105) 그리고 3일 만에 금강산에서 모두 철수 하였으니 그의 법력(法力)으로 영동 아홉 고을[九部] 사람들은 대부분 참화(慘禍)를 면할 수 있었다.106) 그리고 왜장은 유점사를 떠나며 이 절에는 도승이 있으니 모든 일본군사는 다시 들어오지 말라는 경고문을 붙였다. 칼날 앞에서도 당당한 사명대사에게 왜장이 경외심을 느낀 것이었다.

그해 7월 사명대사와 승려들에게 참전하자는 편지가 다급하게 전해진다. 그만큼 전세가 불리한 조선이었는데 편지를 받은 사명대사는 일생일대의 고민에 빠진다. 전쟁터에 나가려면 불교에서 가장 엄하게 금하는 살생을 해야 하는데 거절이 어려운 이유는 승려들에게 참전을 요구한 인물이 서산대사였기 때문이다. 불교의 계율을 어기는 것보다 백성을 외면하는 것이 더 큰 죄라고 본 사명대사는 백성을 위해 칼을 들기로 결심하고 곧바로 200여명의 의승군을 모은 사명대사는 평양성으로 갔다.107)

사명대사는 영취산 재약사(載藥寺)에 이르러 삼강동에서 손판서(孫判書), 노승지(盧承旨), 박효자(朴孝子)와 함께 의병을 일으켰다. 나라의 어려움을 당하여 전국에서 조중봉(趙重峰), 고제봉(高霽峰), 곽재우(郭再祐), 김덕령(金德齡), 정기룡(鄭起龍), 고언겸(高彦謙), 송운(松雲, 사명대사), 의엄(義嚴), 처영(處英), 영규(靈圭), 해안(海眼) 등이 일제히 의병을 일으켰다. 해안은 충주에서, 영규는 금성(金城)에서, 유정(사명대사)은 관동지방에서 각각 일어나 구국(救國)의 횃불을 밝혔다.108)

사명대사가 의병을 모집하여 평양성에 도착했을 때는 의승군 숫자가 1,000여명이었다. 평양성에 1,500여명의 의승군을 이끌고 먼저 도착해 있던 서산대사 휴정(청허)은 왕명에 의하여 전국의 승병(僧兵)을 총섭(總攝)하였는데 사명으로 하여금 대신 대중을 통솔하도록 부탁했다.

이때 서산대사의 나이가 73세로 직접 전투를 이끌기엔 나이가 많았고 사명대사의 나이는 49세였다.109) 의승군 총대장이 되어 전투를 지휘하게 된 사명대사는 이듬해 정월, 50세 명군(明軍)과 함께 왜장 고니시 유키나가(소서행장, 小西行長,1558~1600)이 지키고 있는 평양성 탈환 싸움에 참전하였다. 이 싸움에서 고니시 유키나가를 달아나게 하고 평양성을 되찾는데 결정적인 전공(戰功)을 세웠다. 산을 오르내리면서 체력 단련이 되어있던 승려들은 산속에서 수행했기에 지리에도 밝았다. 이로 인해 싸움에서 사명이 거느린 의승군은 단 한 사람의 희생자도 내지 않고 수천 명의 적을 베었으므로 명나라 군사들과 왜적들은 '총탄이 의승군을 피해 달아난다.'고 말하기도 하였다.

평양을 거점으로 삼아 압록강을 건너 명나라를 정복하겠다고 큰소리치던 왜장 고니시 유키나가는 평양성 싸움에서 참패를 당해 성을 버리고 밤을 타서 도망쳤다.

선조 26년(癸巳, 1593) 3월 하순, 사명대사는 의승군을 이끌고 관군을 도와 노원평(蘆原坪)과 우관동(牛寬洞) 일대에서도 적과 싸워 크게 이겼다.110) 유격전의 명수인 사명은 용감하게 싸워 적을 물리치는 한편 적의 목 47급을 베는 등 눈부신 활약으로 이 싸움을 승리로 이끄는데 결정적인 역할을 하였다.

이 해 3월 27일, 선조는 사명대사에게 선교양종판사(禪敎兩宗判事) 직을 제수하였으며 또 4월 12일 그의 뛰어난 전공(戰功)을 치하하기 위해 절충장군(折衝將軍)호분위 상호군(虎賁衛上護軍)의 교지를 내려 당상직(堂上職)에 오르도록 했다. 당시 숭유억불(崇儒抑佛) 정책이 강하게 추진되는 상황에서 스님의 당상직 제수는 참으로 파격적인 조치였다.

당사 사관(史官)은 '의승군의 사기를 높이기 위함'이라는 선조의 하교(下敎)취지에 이어 기록 말미에 '사신왈(史臣曰)'이라는 표현을 빌어 관군

(官軍)의 무능을 개탄하고 있다.111)

"나라에서 무사(武士)를 길러 그 반(班)과 질(秩)을 높이고 후하게 하여 조금도 부족함이 없도록 한 것은 국난(國難)을 당할 때 용맹스럽고 훌륭한 장수가 되어 적을 무찔러 큰 공을 세우게 하기 위함이다. 그런데 도리어 죽음을 기다리는 노승(老僧)에게서 그와 같은 큰 공을 세운 자가 나왔으니 어찌 무관(武官)만의 부끄러움이라 하겠는가!"

건국 이래 가장 큰 국가적 위기를 맞아, 나라에서 선발한 장수들이 왜적 앞에서 삼대가 쓰러지듯 허무하게 무너지고, 국록(國祿)을 먹는 장병들이 모두 도망치기만을 일삼았는데도 오직 이름 없던 한 산승(사명대사)이 이끈 의승군이 혁혁한 전공을 세웠으므로 그렇게 말한 것 같다.112)

2. 사명대사의 협상 이야기

1) 일본군 가토 기요마사와 첫 번째 회담

일본군이 조선에서 완전히 물러났을까? 일본군 고니시 유키나가는 전쟁을 끝내자면서 한양을 되찾은 조선을 빼놓고 명나라 심유경(?~1597)과 강화 교섭을 하였다. 명나라에 군사작전권을 맡긴 조선은 강화교섭에 적극적인 개입이 어려워 불안에 떨었는데 강화교섭 조건으로 한강 이남을 일본에 넘긴다는 소문이 들렸다. 겨우 되찾은 조선에 손도 못 대고 있었는데 1594년 2월 21일 경상남도에서 조선 조정에 의문의 편지가 오는데 바로 가토 기요마사의 편지였다.113) 가토는 조선을 압박해서 강화를 맺어 공을 만들어 고니시가 진행 중인 명일 강화 교섭을 훼방 놓으려고 했던 것이었다.

가토에게서 정보를 캐내야 하는 조선은 가토와 협상할 조선 대표로 사명대사를 뽑았다. 강화 교섭 중 곳곳에서 일본군과 대치하던 조선은 공식적인 조선 관리가 일본과 교섭한다고 소문이 나면 사기가 꺾이므로 정식 관리가 아니면서 전란의 흐름을 잘 아는 인물이어야 하고 학식이 높으면서 비밀을 잘 지킬 인물로 사명대사를 뽑았다. 사명대사는 조선의 운명을 쥐고 가토를 만났는데 예상외로 사명대사를 극진히 대접했다.114) 포악하기로 이름난 가토는 천주교 신자였던 고니시와 달리 독실한 불교 신자였다. 당시 일본에서는 외교에 대한 실무나 중요한 공문을 만드는 일은 승려가 담당했다. 그래서 조선에서 교섭상대로 명망 있는 승려를 협상대표로 보낸 것은 조선이 이 회담을 중요하게 여긴다고 가토는 생각했고 바로 이러한 점이 사명대사가 협상 분위기를 주도하는데 도움이 되었다.

왜장 가토의 신뢰를 얻으며 순조롭게 진행된 회담에서 사명대사는 조선의 땅을 갈라서 일본에 귀속시킨다는 명과 일본 고니시와의 교섭 내용을 알게 되었다. 4가지 강화 조건은 1) 명나라 황녀를 일본의 후비(後妃)로 삼을 것, 2) 예전처럼 교린할 것, 3) 조선 땅을 떼어줄 것, 4) 조선의 왕자와 대신 12명을 인질로 삼을 것 등이었다. 라이벌 가토의 협상 조건 또한 명과 고니시의 강화교섭 조건은 그대로하고 달라지는 것 없이 자기와 협상하자는 것이었다. 이런 조건을 들은 사명대사는 불가한 이유를 조목조목 대며 '말도 안 되는 조건'이라고 비판했다.115)

"조선 땅을 떼어 일본에 준다는 것이오? 우리 조선은 일본이 명분 없이 군사를 일으켜 함부로 조선의 땅을 짓밟고 생령을 도탄의 지경에 빠뜨려서 중국 황제까지 지원군을 보내 3년간이나 싸웠다. 그런 마당에 땅을 떼어줄 리가 있는 것이오? 또 조선의 왕자와 대신을 인질로 보내다니 이게 말이 되는 말이오?"

이에 가토 기요마사 진영에서는

"명나라와 일본의 조약이 깨지면 일본군사는 다시 바다를 건너 명나라를 직행할 것인데, 그렇게 되면 조선백성들은 한꺼번에 굶어죽게 될 것이다."

라고 협박했다. 그렇지만 사명대사는

"우리 조선은 예와 의에 죽고 사는 나라다. 백번 죽는 한이 있어도 명나라와 일본의 화약조건을 따르지 않을 것이다."

라고 당당하게 말했다. 사명대사가 그렇게 굴하지 않고 할 말을 다 하자 가토 기요마사도 감탄사를 연발했다. 가토는

"내가 함경도에 있을 때 '강원도 금강산에 귀한 스님이 있다'는 말을 들었는데 지금 대사가 바로 그 분이요? 이렇게 만나주니 매우 다행이구려."

라고 했다. 사실 가토 기요마사는 '악귀'라는 별명에 맞게 흉악무도한 악명을 떨치고 있었다. 그런 자가 종이와 부채를 여럿 가지고 와서 사명대사의 글씨를 받아갔다.

이에 사명대사는 가토 기요마사에게

"옳은 일이 아니면 이로움을 찾지 말라. 밝은 곳에는 해와 달이 있고, 어두운 곳에는 귀신이 있으니, 진실로 내 것이 아니라면 비록 털 한 올이라도 탐내지 말라.(正其誼而 不謀其利 明有日月 暗有鬼神 苟非吾之所有 雖一毫而莫取)"

고 써주었다.116) 한마디로 "남의 땅을 탐하지 말고 빨리 돌아가라."고 비판한 것이다. 그럼에도 왜병들은 사명대사의 글을 받아가느라 줄을 섰다. 사명대사는 처음부터 끝까지

"병으로 일어난 나라는 멸망하는데, 일본은 스스로 그 멸망을 취하고 있다. 조선과 명나라군이 합세했으니 너희 군사들 쯤이야 담소하면서 막아낼 수 있다."

고 큰소리쳤다.117)

이후 사명대사는 다급히 교섭 정보를 조선 조정에 알려 비로소 조선은 명일 강화 교섭에 대응할 논의를 시작하게 되었고 외교관으로서 사명대사는 조선을 위기에서 구했다.

한편 사명대사의 교섭 정보에는 없으나 이수광의 「지봉유설」과 유몽인의 「어유야담」에 나오는 유명한 일화는 사명대사의 인품과 대담한 성격을 엿보게 한다.118)

임진왜란이 일어나고 2년 후인 1594년 4월 1차 회담에서 가토 기요마사가 물었다.119)

"조선에는 무엇이 보배이며 보물인가?"

사명대사가 거침없이 답했다.

"우리나라는 군자의 나라라서 도덕을 높이 숭상하고 높은 사람이나 낮은 사람이나 베와 곡식을 중히 여기고 금은, 주옥을 좋아하지 않으니 보배가 없다."

"그래도 모두가 갖기를 원하는 귀한 것이 있을 것 아닌가?"

"우리나라에선 당신의 머리를 보배로 여기고 있다. 그러니 보배는 일본에 있다. 당신의 머리에 천금을 걸고 베어오길 원하니 어찌 보배가 아니겠는가?"

사명대사의 대담한 발언과 칼날 같은 선기에 가토 기요마사는 움찔했다. 결국 콧대 높은 가토 기요마사도 기가 한풀 꺾여 크게 웃고 말았다. 조선을 초토화한 일본 지도부를 향한 일갈에 왜장은 끝내 칼날을 드러내지 못했다.

이는 사명대사가 도요토미 히데요시의 최측근 장수 가토 기요마사를 만나 주고받은 필담(筆談)이다. 사명대사는 왜군의 진영에 들어가 적진을 정탐하고 정전을 모색하기 위해 조선 정부의 공식적인 외교 사절로 간 자리였다. 사명대사는 서생포왜성(임진왜란이 일어난 다음해인 1593년 5월부터 가토 기요마사가 장기전에 대비해 돌로 쌓은 일본식 평산성, 지금의 울산 울주군 서생면에 위치)에서 세 차례의 회담을 통해 왜군의 허실과 정세 흐름을 파악하고 정부에 그 대책을 고하는 등 국면 전환을 위해 혼신의 힘을 기울였다. 이러한 노력 덕분에 사명대사에게 '조선 최고 외교 사절'이란 수식어가 붙는 것은 당연한 결과였다.120)

2) 일본군 가토 기요마사와 두 번째 회담

3개월 뒤인 1594년 7월에 고니시 유키나와가 자기보다 먼저 강화교섭을 성공할지 모른다는 불안감 때문에 또다시 교섭을 요청해 온 가토 기요마사아 2차 회담이 무려 7일 동안 열렸다.121) 왜장은 이 회담에서
"송운 한 사람만 거짓이 없고 나머지는 모두 속이고 거짓말을 한다."
고 말해 대사에 대한 무한한 신뢰를 표시했다.
가토 기요마사가 필담으로 물었다.
"지난번 제시한 5개 항은 관백(도요토미 히데요시)의 명령이므로 누구도 어길 수 없다. 만일 교린을 한다면 어떻게 할 것인가?"
사명대사는 2차 회담부터 마음의 여유를 가질 수 있었다. 그리곤
"물건을 상호 교역하고 서로 왕래하며 평화롭게 지내는 것이다."
라고 필담으로 답했다.

회담 이후 대사는 그간의 내용을 바탕으로 갑오상소를 올렸다. 일본에 대한 강화와 토벌의 장단점을 각각 고하고, 백성들을 구하기 위한 개혁론을 제시했다.122) <왕조실록>에 따르면 선조가 이 상소를 읽고 대사를 불

러 말했다.

"그대는 산인으로 전공을 많이 세웠고 적굴에 출입해 온갖 위험을 겪었으니 만일 속인으로 돌아가면 마땅히 백 리의 땅을 맡기고 3군의 장수를 삼을 것이니 이 또한 아름답지 않은가?"

"감히 그러할 수 없습니다."

사명대사는 정중히 사양했다.

3) 일본군 가토 기요마사와 세 번째 교섭과 정유재란

사명대사는 1594년 12월 12일 왜성에 방문할 것을 서면으로 전하고 3차 회담을 시도하였다. 그러나 가토 기요마사는

"조선 측 김응서와 고니시가 이미 강화 조약을 맺고 이를 비밀에 부치고 자기를 기만하러 왔다."

고 오해하고 회담을 일방적으로 거부했다. 하지만 대사는 포기하지 않고 대화를 시도했다. 밤이 깊어지자 대사는 추위를 피하기 위해 강변에 막사를 치고 밤을 지새웠다. 추위가 뼛속까지 사무치고 손발이 얼어붙어 견디기 어려운 형편이었는데, 적이 탄불을 피워 줘 조금 숨을 쉴 수 있었다고 '3차 적정 탐정기'에 기록되어 있다. 다음날 아침 백지 두 장을 준비해 한 장에는 양국 교린에 공적 사신으로서 대의를 적었다.

"200년 동안 지속돼 온 교린 관계는 일본 침략으로 파기되었다. 지금이라도 군대를 철수해 지난날 우의를 회복하자."

라고 적고 주홍 도장을 찍었다. 다른 한 장에는 사적으로 사귄 지인으로서의 글을 써내려갔다.[123]

"만 가지 병을 앓는 병객으로 장군과 약속을 지키기 위해 추위에 떨며 찾아왔더니 조그만 일들로 약속을 저버리니 인정상 이럴 수 있소. 강화를

하는데 떠돌아다니는 말만 믿고 신의를 저버리는 것이 어찌 장군이 취할 일이오."

하며 준엄하게 꾸짖었다. 이런 가운데서도 대사는 닛신 스님의 요청으로 법어를 써 주는 일을 잊지 않았다. 이 법어들은 지금까지 가토 기요마사의 원찰 규슈 구마모토현(雄本) 혼묘지(本妙寺)에 소장돼 있다.124)

1595년 3월 명나라와 일본이 3년간 이어온 심유경과 고니시의 강화교섭이 체결되었다. 그 내용은 이러하다.125)

첫째, 일본군이 조선에서 완전히 철수한다.

둘째, 도요토미 히데요시를 왕으로 책봉한다.

왕으로 책봉한 국가와 무역을 했던 명나라는 일본교섭 결과 교역을 하게 되었다. 조선 땅을 나누는 내용 없이 일본은 이 교섭조건에 만족하고 조선에서 철수하려고 하던 상황인데 2년 뒤 느닷없이 일본군이 다시 쳐들어왔다. 바로 이것이 정유재란이다. 협상을 빨리 끝내고 싶었던 심유경과 고니시는 교섭조건을 조작하고 가짜 사신까지 동원했지만 명나라에서 진짜 사신단이 파견되어 사실을 전했다. 즉, 강화교섭에 따른 일본군의 조선에서 철수는 도요토미 히데요시가 원치 않던 결과였다.

임진왜란 당시 일본군의 침입 목적은 명에 가는 길을 내달라는 것이었는데 이번 정유재란 때는 조선 땅을 빼앗고 문화재, 보물, 흙까지 모조리 약탈할 작정으로 쳐들어왔고 심지어 무자비한 학살까지 저질렀다. 이때 사명대사는 수도 한양의 길목인 팔공산성으로 가서 수천 명의 관군들과 연합하여 방어에 나섰는데 관군을 지휘하던 경상도 순찰사가 수천 명의 관군과 함께 도망갔다. 고작 수십 명의 병사와 함께 사명대사는 팔공산 절벽에 올라 가파른 지형을 이용해 모두가 힘을 다하여 죽기로 싸우고 화살이 없어지자 산 위에 있던 바위를 산 아래로 떨어뜨리면서 일본군사와 싸웠다. 위기의 순간에도 팔공산성을 지켜내었다. 약 한달 후 이순신의 명량해전 활약으로 더 이상 일본군은 북상하지 못하고 일본군의 사기는 꺾였다. 사명대사는 육지를, 이순신 장군은 바다를 지켜낸 것이다.126)

이후 사명대사 나이 54세 때인 1597년 2월 가토 기요마사는 일본에서 서생포로 돌아와 사명대사와의 면회를 요청했다. 하지만 5차 회담에서도 왜는 왕자의 볼모 등을 제기해 교섭이 성사되지 못했다.127)

사명대사는 곧바로 사태의 위급함을 비변사에 알리는 한편 따로 4월 13일자 상소를 올려 대책에 만전을 기하도록 건의했다. 이 상소문에 대해 당시 사관(史官)은 '말에 조리가 있고 의리가 발라서 당시 병통을 적중시켰으니, 육식자(肉食者, 고기 먹는 자들이란 뜻으로 보통 벼슬아치들을 낮춰 부를 때 쓰는 말)들이 부끄러워해야 할 일'이라는 평을 썼다. 1598년 7월 남원에 주둔한 명의 군사들이 적과 싸울 뜻이 없자 대사는 승군 300명을 거느리고 예교전투에서 많은 전공을 세웠다. 그 무렵 도요토미 히데요시가 죽고 왜적이 물러가니, 그해 11월 드디어 7년의 전쟁이 막을 내렸다.128)

사명대사가 기요마사에게 대답한 명언은 일본에도 널리 퍼져 사명대사가 포로석방을 타진하고자 일본에 갔을 때 일본인들이
"이 사람이 보배 이야기를 했던 그 화상(설보화상)인가?"
라고 입을 모았다. 당시 일본에서도 이 문답이 널리 퍼져 있었다. 조금만 생각해봐도 적진에 들어가서 적장 앞에서 '네 목을 따서 바치면 여럿 팔자 고친다.'는 식의 말을 하기란 웬만한 강심장 아니면 상상하기 어려운 일이다. 사명대사의 대범함과 용기가 잘 드러나는 대목이다. 기요마사와 4차례의 회담을 치렀으며 선조에게 토적보민사소, 을미상소언사를 올려 전시 대처와 부국강병에 대한 의견들을 전했다.

사명대사는 왕이 퇴속(退俗)하라는 권유를 거부하고, 영남에 내려가 팔

공(八公)·용기(龍起)·금오(金烏) 등의 산성을 쌓고 양식과 무기를 저축한 후 인신(印信, 도장이나 관인)을 되돌리고 산으로 돌아가기를 청했으나 왕으로부터 허락을 얻지 못했다.129)

선조 30년(1597) 사명대사는 정유재란 때 명나라 장수 마귀(麻貴)를 따라 울산의 도산(島山)에 쳐들어갔으며, 이듬해 명나라 장수 유정을 따라 순천예교(順天曳橋)에 이르러 공을 세워 종2품 가선대부(架善大夫) 동지중추부사(同知中樞府事)에 올랐다.130)

4) 임진왜란 후 교섭

가토 기요마사와의 외교 활동 경험은 전쟁 이후 도요토미 히데요시의 뒤를 이어 일본 천하를 잡은 도쿠가와 이에야스(德川家康)와의 교섭에서 더욱 빛을 발했다. 전쟁이 끝난 1년 후 1599년 조선과 일본의 국교는 완전히 단절된 상태인데 쓰시마 번이 조선에 끊임없이 사신을 보냈다.

"도쿠가와 이에야스가 화평을 맺고 싶어 한다."

는 전갈이었다. 조선에서는 격론이 벌어졌다. 일본이 정말 화평을 맺으려는 건지, 침략하려는 것인지 속내를 알 수가 없었다. 조선은 일단 탐적사(探賊使)를 파견해 일본 정세를 정찰하기로 했다. 이때 사명대사가 또 파견됐다. 61세의 나이에도 흔쾌히 대표로 나섰다. 대부분의 관리들이 일본행을 꺼려했던 것에 반해, 대사는 구국제민(救國濟民)의 숭고한 정신으로 활동을 수행하기에 이른다.131) 전장에서 왜장과 맞선 사명대사에게 두려움 따윈 없었다.

쓰시마 측의 인도를 받아 교토에 도착한 때가 1604년 말, 교토에 도착한 사명대사 눈앞에 깜짝 놀랄 광경이 보인다. 일본의 승려들이 사슴 떼처럼 모여들어 가르침 받기를 원했다. 임진왜란 이후 일본에 사명대사의 명성이 퍼져있었고 심지어 가토를 놀라게 했던 협상장에서의 일화가 소문나 적국 일본에서까지 환대와 존경을 받았다. 교토에 도착해 경도소사대(京都所司代) 책임자가 정중하게 영접했다.132) 숙소는 니치렌종(日蓮宗) 혼포지(本法寺)였다. 사명대사의 상담 역할은 막부의 정치외교의 고문인 세이쇼 쇼타이(西笑承兌)였다.133)

이듬해 1605년 2월과 3월 두 차례 후시미성에서 도쿠가와 이에야스와의 회담이 드디어 열렸다. 이 '후시미 회담'을 통해 '1. 일본은 조선을 다시 침략하지 않는다. 2. 상호 화평의 상징으로 통신사를 교환한다. 3. 일본에 끌려간 피로인을 송환한다. 4. 전란 중 선릉과 정릉을 도굴한 범인을 조선에 인도한다.'는 등의 협의 사항이 도출되었다.134) 즉, 사명대사는 조선 포로 송환이 남종의 선지(禪旨)임을 시에 담았다. 도쿠가와 이에야스는 신심을 일으켜 사명대사를 공경하며

"지난 전쟁에 자신은 관동 지역에 머물러 전쟁에 일체 관여한 바 없다."

고 변명하며 조선 피로인(被擄人, 포로로 잡힌 사람)모두 돌려주겠다고 약속했다.

사명대사 일행은 4월 중순 쓰시마에 도착했다. 이 때 송환된 피로인들은 48척의 배로 운송했는데 경비의 상당 부분은 사명대사가 지참한 노자와 일본 측으로부터 받은 금전으로 충당했다.135) 승려 신분으로 거둔 사명대사의 놀라운 외교 성과였다. 사명대사의 회담으로 도쿠가와 이에야스의 마음을 사고 국교가 재개되었고 포로 송환이 이어지는 등 회담을 성공적으로 이끌어냈다.

3. 사명대사의 협상 구조분석과 교훈

1) 사명대사의 협상 구조분석

사명대사는 임진왜란 당시 국난극복에 앞장선 조선 최고 외교사절이다. 사명대사가 이루어낸 성과에 대해 협상의 구조를 분석하였다. 먼저 협상전략으로는 첫째, 일본군 유점사 약탈당시 일본왜장들에게 알려진 사명대사의 훌륭한 명성과 인품이며, 둘째, 견원지간인 일본왜장의 고니시 유키나가와 가토 기요마사의 관계를 이용하여 명과 일본 강화교섭 내용을 알아내어 조선을 구한 것이다. 협상을 이끌어간 철학은 목숨까지 내놓으면서 적장에 가서 협상을 벌리는 애국, 애민정신과 평화주의이다. 사명대사는 왜장과 말이 통하지 않자 필담을 통해 협상을 하였고, 왜장이 불교신자임을 아는 등 비범하고 대범함을 지녔다. 또한 불교의 계율을 이기는 것보다 백성을 구하기 위해 칼을 들고 전쟁에 나갔으며 전국의 2,500명이 넘는 승병과 대중을 전투에서 지휘하는 통솔력, 학식과 명성이 뛰어났다. 왜장과의 회담에서는 상대가 불교신자임을 알아채고 일본의 승려 존중문화를 이용하여 무한한 신뢰를 받아 협상분위기를 주도할 수 있었다.

사명대사는 말이 안통하면 필담으로 대화를 주고받았고 백성을 구하는 일을 위해서는 적장에서 회담을 하는 등 배포가 크고 직접 설득하는 추진형 협상스타일이었다. 사명대사는 평양성을 탈환하고 임진왜란이 끝난 후에는 탐적사의 임무로 일본에 건너가 국교 회복과 피로인 3,500명을 쇄환하였으며 이후 조선통신사를 파견토록 해, 260여 년 간 동아시아에 평화의 시대를 열었다.

사명대사의 협상 성과를 보면 놀라울 정도이다. 사명대사는 평양성 탈환에 활약하고 임진왜란 중 휴전협상을 이끌고 전후에는 도쿠가와 이에

야쓰와 강화 조약을 체결했으며 일본에 포로로 끌려간 백성 3,500명을 조선으로 귀국시키는 혁혁한 공을 세웠다.

이렇게 협상을 성공함으로써 사명대사는 구국제민(救國濟民, 나라를 구하고 백성을 구제함)의 뜻을 펼치고 일본과의 대등한 수준으로 외교관계를 격상시키는 역할을 하였다.

표 2.3.1 사명대사 협상의 구조분석

항목	내용
협상철학	-목숨까지 내놓으며 적장에 가서 협상을 벌이는 애국정신
협상전략	고니시와 가토의 관계 이용
협상력	-외교력, 비범함, 대범함 -승병과 대중을 전투에서 지휘하는 통솔력 -정식관리가 아니면서 전란의 흐름을 잘 알고 학식이 높으면서 비밀을 잘 지킴 -가토가 불교신자, 사명대사에 대한 무한한 신뢰 -일본에서 중요공문은 승려가 하는데 조선에서 협상대표로 승려를 보내 회담 중요히 여긴다 생각
협상스타일	추진형
협상소통스킬	승병 2000명 설득형 (지금 이처럼 어렵고 위태로운 때를 만나 어찌 가만히 있겠느냐)
협상성과	-평양성 탈환에 활약하고 임진왜란 중 휴전협상 -전후의 대일 강화 조약 -일본에 포로로 끌려간 백성 3,500명을 조선으로 귀국
협상성공요소	-억불숭유정책 속에서 임진왜란 중 조선의 백성을 구하기 위한 희생정신
협상성공의 의미	-구국제민(救國濟民, 나라를 구하고 백성을 구제함)의 뜻을 펼침 -일본과의 대등한 수준으로 외교관계를 격상시킴

2) 사명대사 협상의 특징

(1) 학식과 명성이 높음

협상가의 힘은 그 사람이 개인이 가지는 성격과 환경적 특성에 의해 결정된다. 사명대사의 성장과 생애에서 보았듯이 사명대사는 철저한 유교교육을 받고 18세에 승과에 급제한 비범한 인물이다. 불교경전뿐만 아니라 유교와 도교경전에도 능통했으며, 문장과 글씨에는 일가견을 이루어 일본 외교담당자 승려들과 한자로 필담을 주고받으며 소통할 수 있는 조건을 갖추었다.

의병활동과 탐적사로서 사명대사는 그가 가지는 협상의 힘을 최선을 다해 발휘하였다. 일본군이 장악한 금강산 유점사에 승려들을 구하기 위해 곧장 왜장에게 다가갔지만 말이 통하지 않자 필담을 통해 대화를 나누었고, 왜장이 불교신자임을 알게 되자 사명대사는 그 정보와 전문성을 역이용하여 왜장에게 불교관점에서 설계하고 아홉 고을 사람들 참화를 면하게 하였다.

가토와 협상할 조선대표를 선출할 때는 정식관리가 아니지만 전란의 흐름에 밝고, 높은 학식과 비밀유지를 잘하는 인물로 사명대사가 뽑힐 정도로 조선 조정에서 신뢰할 수 있는 협상가였다. 또한 사명대사는 조선에서는 천민의 신분인 승려이지만, 일본의 실권자인 왜장이 불교를 가까이한 사실과 일본이 갖고 있는 불교와 승려에 대한 신뢰를 잘 활용하여 협상 분위기를 주도하는 개인적 힘을 잘 이용하였다.

(2) 애국심과 애민정신

사명대사는 사대부집안에 태어났음에도 속세를 떠나 승려로서 새로운 삶을 살려고 했다. 승려의 신분은 조선에서 천민과 같은 계급으로 성리학

사상에 의해 탄압받았을지라도, 왕이 도성을 버리고 피난가는 긴박한 임진왜란 상황에서 의승병을 일으켜 전쟁에 참가하여 나라와 중생을 구했다. 불교에서 가장 엄하게 금하는 살생보다 그 깊은 내면에는 애국심과 애민정신이 더 크게 자리 잡아있음을 알 수 있다. 그뿐만 아니라 전쟁이후 국가의 외교관으로서 앞장서 조선백성의 귀환을 도우며 전쟁 후처리를 마무리 짓고 평화외교의 틀을 마련하였다.

(3) 두려움을 가지지 않는 담대함, 환대와 존경

협상을 준비하거나 협상을 임할 때에는 결과를 예측할 수가 없어 감정조절이 중요하다. 더욱이 전쟁 중에 협상이라면 목숨을 걸고, 적진에 들어가 왜장과 회담을 하는 것은 두려움이 더 할 것이다. 그러나 사명대사는 임진왜란 전후 강화협상을 성사시켜야 한다는 각오를 다진 외교관의 면모를 갖춘 인물로서 두려움을 가지지 않는 담대함을 가지고 있었다. 더욱더 가토 기요마사와 협상에는 명나라와 일본의 화약조건을 따르지 않겠다며 굴하지 않고 당당하게 말해 협상당사자로부터 호감과 존경, 무한한 신뢰를 받았다. 가토 기요마사의 두 번째 만남에서는 "그대 목이 우리나라의 보배."라고 말할 만큼 대단한 담력과 적진에 들어가서도 자신의 주장을 굽히지 않았던 것은 인간과 세상에 대한 올바른 인식을 가졌다는 것을 알 수 있다.

임진왜란 후 일본의 국교가 완전히 단절된 상태에서는 승려의 신분으로 국서를 지니지도 않고 일본으로 들어갔지만 사명대사 가르침을 받기 원하는 일본의 승려들이 사슴 떼처럼 모여들어 환대를 받을 정도로 존경을 받았다. 이후 조선통신사를 재개함으로써 일본과의 갈등을 해소하는데 큰 기여를 하였다.

(4) 신의와 인간애

사명대사는 가토 기요마사의 고니시 유키나가에 대한 경쟁심을 알았고 국난이라는 위급한 상황에서 서로 원원하는 협상은 가질 수는 없지만 가토 기요마사에 대한 인간애를 가지고 있었던 것으로 보인다. 가토 기요마사와 3차 회담 시 조선조정과 고니시가 이미 강화조약을 맺고 비밀에 부친다고 오해하고 회담을 거부할 때에도 사명대사는 포기하지 않고 대화를 시도하였다. 서신을 백지 두 장에 담았는데, 서신의 한 장은 공적대의를 적었고, 나머지 한 장은 사적으로 사건 지인에게 글을 썼다. 사명대사는 가토 기요마사가 적군의 왜장이지만 상호 존중과 원원의 정신으로 협상에 임하면서도 신의와 인간애를 가졌다는 것을 알 수 있다.

3) 사명대사 협상의 교훈

사명대사는 임진왜란 중과 전후에 일본 왜장과의 회담과 강화 협상으로 조선의 위기를 구하고 평화외교를 꽃핀 인물 중 한 사람이다. 사명대사의 협상은 일본과의 외교협상과정에서 역사적으로 많은 교훈을 주고 있다.

(1) 애국심과 애민정신은 협상의 에너지를 만든다

사명대사는 속세를 떠나 조용히 산속에서 살 수 있었으나 전쟁의 국난에 빠졌을 때 죽음을 각오하고 왜군들 칼날에도 망설임 없이 왜장들 앞에 나섰다. 더욱이 왜장들과 말이 통하지 않자 필담을 통해 적극적으로 그들을 불교로 가르치고 꾸짖으며 협상을 하였다.

적진 칼날 속에도 기요마사에게는 그대의 목이 우리나라의 보배라고 하는가 하면, 도쿠가와 이에야스에게는 너희를 구제하기 위해 왔다며 스님으로서 당당하게 말할 수 있었던 협상의 에너지는 바로 그의 애국심과 백성을 사랑하는 마음에서 나온다.

(2) 용기와 담대함이 심리적 파워를 만든다

사명대사는 17세의 어린 나이에 불교의 오의(奧義: 깊은 뜻)를 깨달을 만큼 강한 불심과 높은 학식도 있었지만 협상 상대자인 최고 권력자를 직접 만나는 용기를 내고 겁 없는 담대함이 협상 테이블에서는 심리적 파워를 만들어 냈다. 그의 불심과 설법, 언행이 객관적으로 맞든 틀리든 상관없이 물러설 수 없는 단단한 용기와 담대함은 어떤 협상이든 이길 수 있는 심리적 파워로 작용한 것이다.

(3) 상대의 신뢰와 인간적 교류는 상대를 우호적으로 만든다

조선과 일본은 오랫동안 왜구 문제로 갈등을 해왔다. 그러나 임진왜란으로 조선과 일본의 갈등은 매우 깊어졌고 어느 누구도 조정을 시도할 수 없었다. 갈등해소를 위해서는 신뢰 구축이 필요하고, 신뢰를 구축하기 위해서는 관계치유가 필요하다. 관계를 치유하기 위해서는 상호이해, 호감과 존중, 의사소통, 공유된 인식과 같은 요인들이 필요한데 이러한 요인을 두루 갖추고 조선과 일본 사이의 갈등을 조정한 사람은 사명대사와 일본 승려였다.[136] 사명대사는 교종과 선종에 모두 뛰어난 승려였고 시문을 잘 하고 글씨를 잘 썼으므로 일본 승려와 왜장들은 학식과 인품이 뛰어

난 사명대사를 존경했다. 이런 명성이 있는 협상가를 만난다면 그 협상에 대한 신뢰가 생길 것이고 어떤 결과라도 협상에 응하지 않을 사람이 없을 것이다.

또한 사명대사가 가토 기요마사와 나눈 세 번의 회담에서 적군에게 보내는 따뜻한 마음이 담긴 개인적 서신은 상대에 대한 강한 신뢰를 주어 결과적으로 우호적인 협상을 이끌어내었다.

(4) 상대의 문화와 정보 활용은 협상의 성공을 가능케 한다

조선은 숭유억불정책으로 승려가 미천한 신분이었으나 일본은 천황과 왜장이 불교를 신앙하고 승려가 외교문서를 담당하는 임무를 하는 등 승려를 존경했다. 사명대사는 일본이 불교와 승려에 대한 신뢰를 가지고 있었다는 점과 일본의 실권자인 가토 기요마사와 도쿠가와 이에야스가 불교를 가까이 하고 있는 사실을 파악하여 이를 협상에서 관계형성에 적극 활용하였다. 결국 일본의 불교적 문화와 승려 존중의 정보를 효과적으로 활용함으로써 전쟁 종식과 전후 평화 조약을 체결하는데 크게 기여하였다.

【현대 시대-20세기】

협상가 4. 초대 대통령 이승만
-한국의 안보토대를 세운 외교협상가-

협상가 5. 청와대 경제수석 오원철
-한국형 경제개발을 이룩한 공업구조자-

협상가 6. 현대그룹 회장 정주영
-조선·건설·자동차산업을 부흥시킨 경제지도자-

협상가 7. 제15대 대통령 김대중
-IMF극복과 남북화해를 이끈 정치지도자-

 **협상가 4**

초대 대통령 이승만
-한국의 안보토대를 세운 외교협상가-

화보 2.4.1 한국의 초대 대통령 이승만

화보 2.4.2 이승만 대통령과 맥아더 원수

1948년 8월 15일 대한민국 건국을 세계에 선포하는 기념식장인 중앙청에 연합군 최고 사령관 맥아더 원수가 참석해 이승만 대통령과 프란체스카 여사 부부에게 축하인사를 하고 있다.

화보 2.4.3 한미상호방위조약 비준서 서명

1954년 1월 29일, 변영태 외무장관이 한미상호방위조약 비준서에 서명하고 있다.

화보 2.4.4 이승만 대통령과 미국 아이젠하워 대통령

1954년 7월 26일 미국을 국빈 방문한 이승만 대통령을 아이젠하워 미 대통령이 백악관에서 환영하는 모습. 당시 부통령 닉슨이 왼쪽에서 바라보고 있다.

화보 2.4.5 이승만 대통령 카퍼레이드에 뉴욕시민들 환영

1954년 7월, 이승만 대통령이 뉴욕 시민들에게 열렬한 환호 속에 카 퍼레이드 환영을 받고 있다.

화보 2.4.6 1965년 시청광장의 시민 추도물결

정동교회에서의 영결식 후 시청 광장에서 운구되는 이승만 전 대통령의 시신을 따라 중앙청 앞까지 가득 메운 시민들의 추도 물결이 이어졌다.

화보 2.4.7 이승만 대통령 다큐멘터리 영화 '건국전쟁'

2024년 2월 1일 개봉한 다큐멘터리 영화 '건국전쟁'은 김덕영 감독이 제작한 작품으로 대한민국 제1~3대 대통령 이승만을 다룬 다큐멘터리 역사 영화이면서 한국의 독립을 묘사한 영화이다.

1. 이승만의 생애137)

1) 탄생과 성장

이승만(李承晩)은 1875년(고종 12) 황해도 평산군 마산면 대경리 능내동 출생으로, 본관은 전주(全州), 초명은 이승룡(李承龍), 호는 우남(雩南)이다. 양녕대군(讓寧大君)의 16대손으로, 아버지 이경선(李敬善, 1839~1912)과 어머니 김해김씨(金海金氏, 1833~1896) 사이의 셋째 아들로 태어났다. 위의 두 아들이 일찍이 사망해 집안에서 장손으로 성장하였다.

1877년 이승만은 서울로 이사해 낙동(駱洞)과 도동(桃洞)에 있는 서당에서 한학을 수학하였다.138) 그는 1891년 박승선과 결혼한 후 1894년 과거제도가 폐지되자 1895년 4월 배재학당에 입학하였다. 1896년 배재학당 내에서 청년단체인 협성회에 참여하였으며, 협성회의 주간신문인 「협성회회보」를 창간해 주필을 맡았다.

1898년에 이승만은 러시아의 이권침탈을 규탄하기 위해 열린 만민공동회에 참여하면서 독립협회에 적극적으로 참여하기 시작하였다. 그는 같은 해 4월 일간지인 「매일신문」을 창간해 기재원(기자)과 주필을 지냈으며, 8월에는 「제국신문」을 창간해 편집과 논설을 담당하였다. 11월 투서사건으로 독립협회 간부들이 체포되자 이에 대한 항의 시위를 주도하였고, 이들이 석방된 뒤 중추원 의관에 임명되었다.

그러나 이승만은 1899년 1월 박영효와 관련된 고종 황제 폐위 음모 사건에 연루되어 1904년 8월까지 5년 7개월 간 한성감옥에 투옥되었다.139) 그가 구금된 직후 주한미국공사였던 알렌(Horace. N. Allen)이 이승만의 석방을 요구하였지만 거부당하였고, 1899년 1월 말 탈옥을 시도하다 실패해 종신형을 언도받았다.

1904년 8월 9일 특별 사면령을 받고 감옥에서 석방되었다. 같은 해 11월 민영환과 한규설의 주선으로 한국의 독립을 청원하기 위해 미국으로 갔다. 1905년 2월 워싱턴 DC의 조지워싱턴대학(George Washington University)에 2학년 장학생으로 입학한 직후 한국에 왔던 선교사의 주선으로 미국 상원의원 휴 딘스모어(Hugh A. Dinsmore), 국무장관 존 헤이(John Hay)와 면담하였다.

이승만은 1905년 4월 세례를 받았고, 8월에는 태프트(William H. Taft) 국무장관의 주선으로 시어도어 루즈벨트(Theodore Roosevelt) 대통령을 만났다. 이승만은 이 자리에서 한국의 독립 보존을 청원하였지만 러일전쟁을 계기로 미국이 일본을 지지하는 정책을 취하게 되어 성과를 거두지 못하였다. 1907년 조지워싱턴대학교에서 학사, 하버드대학교(Harvard University)에서 석사학위를 받았고, 1910년 프린스턴대학교에서 「미국의 영향 하의 중립론」(Neutrality as influenced by the United States)이라는 논문으로 박사학위를 받았다. 이승만이 유학을 위해 미국으로 간 것은 아니지만 5년 만에 학사, 석사, 박사학위를 취득함으로써 그의 열정과 재능이 입증되었으며 오로지 한국의 독립을 위한 일념이 논문의 제목에도 반영되어 있다.

2) 주요활동

1910년 3월 이승만은 재미동포 조직이었던 국민회에 가입하였으며, 같은 해 8월 귀국하였다. 귀국 직후 황성기독교청년회(YMCA) 청년부 간사이자 감리교 선교사로 활동하던 중 1912년 '105인 사건'에[140] 연루되어 일제의 압박을 받자, 같은 해 4월 감리교 선교부의 도움으로 미국 미네소타에서 열린 국제감리교대회 참석을 빌미로 도미하였다. 이후 1945년 10

월 귀국 때까지 계속 미국에서 활동하였다.

국제감리교대회 참석 후 네브라스카(Nebraska)에 갔다가 1900년대 초 옥중에서 만났던 박용만의 도움으로 1913년 2월 하와이 호놀룰루(Honolulu)로 활동 근거지를 옮겼다. 같은 해 8월부터 호놀룰루에서 한인감리교회의 한인기독학원을 운영하였으며, 「태평양잡지」를 발간하였다. 이승만은 이 시기 '105인 사건'의 실상을 다룬 「한국교회핍박」을 저술하였고, 옥중 저서인 「독립정신」과 「청일전기」를 출판하였다. 또한 '한인기독학원'을 '한인중앙학원'으로 개명하고 민족교육과 선교를 중심으로 활동하였다.

하와이에서 활동한 지 1년이 지날 무렵 박용만이 무력투쟁을 위해 국민군단을 창설하자, 이에 이승만은 교육을 통한 실력양성을 주장하면서 서로 대립하였다. 이승만은 재미동포의 가장 큰 조직이었던 국민회 회장 선출과 자금 사용에 대해 문제를 제기하였고, 국민군단의 일본군 선박 폭파미수사건을 계기로 박용만이 하와이를 떠난 후 국민회를 주도적으로 운영하였다.

1918년 제1차 세계대전이 끝나고 미국의 윌슨(Thomas Woodrow Wilson) 대통령은 '민족자결주의'를 주창하면서 국제연맹(The League of Nations)을 구상하였다. 이에 이승만은 1919년 2월 25일 한국을 국제연맹의 위임통치 하에 둘 것을 요청하는 청원서를 윌슨 대통령에게 제출하면서 '장차 완전한 독립을 준다는 보장 하에서 국제연맹의 위임통치를 받는 것이 일본의 식민지로부터 벗어날 수 있는 길'이라고 주장하였다. 그러나 일본이 승전국이었던 상황이었기 때문에 한국 문제는 국제연맹의 고려 대상이 아니었다.

이승만은 1919년 3·1운동 직후 노령(露領) 임시정부(1919년 3월 21일 수립)에 의해 국무 급(及) 외무총장으로 임명되었고, 같은 해 4월 10일

구성된 상해 임시정부에서는 국무총리로, 4월 23일 선포된 한성 임시정부에서는 집정관총재(執政官總裁)에 임명되었다.[141] 1919년 6월에는 대한민국 대통령의 명의로 각국 지도자들에게 편지를 보내는 한편 워싱턴에 구미위원부를 설치하였다.

임시정부 규정에 없는 대통령 직책을 사용한 것에 대해 안창호와 갈등을 빚었지만, 상해 임시정부 의정원은 1919년 9월 6일 이승만을 임시 대통령으로 추대하여 1920년 12월부터 약 6개월 동안 상해에서 대한민국 임시정부 대통령직을 수행하였다. 그는 1921년 5월 워싱턴에서 개최될 군축회의(The Washington Disarmament Conference)에 참석을 목적으로 상해에서 미국으로 갔다.

이승만은 워싱턴에서 대한민국 임시정부 전권 대사로서 한국의 독립 문제를 군축회의 의제로 상정시키고자 하였지만 뜻을 이루지 못하였고, 1922년 9월 하와이로 돌아갔다. 교육과 종교 활동에 전념하던 그는 1924년 11월 호놀룰루에서 조직된 대한인동지회 종신 총재에 취임하였다.

국제연맹에서의 활동이 인정받으면서 1933년 11월 이승만은 임시정부 국무위원에 선출되었고, 1934년에는 외무위원회 외교위원, 1940년 주미 외교위원부 위원장으로 임명되었다. 같은 해 곧 다가올 태평양 전쟁을 예상한 「일본 내막기」(Japan Inside Out)를 출간하였다.[142]

태평양 전쟁이 발발한 후 이승만은 미국 정부에 임시정부를 한국의 대표로 승인해줄 것을 여러 차례 요청하였다. 그리고 미국 정부에 로비를 하기 위해 한미협회(The Korean-American Council)를 조직하였다. 그러나 재미동포 단체들의 분열로 인해 미국 정부는 1945년 태평양 전쟁이 끝날 때까지 임시정부를 승인하지 않았다.

1942년 8월 29일부터 미국의 소리(Voice Of America) 방송에서 일본의 패망과 독립운동의 필요성을 강조하는 방송을 시작하였고, 같은 해

9월에는 미국 전략국(Office of Strategic Services)과 연락해 임시정부의 광복군이 미군과 함께 작전을 수행할 수 있도록 연결하는 활동을 하였다. 또한 태평양 전쟁 시기 미국과 소련이 얄타회담에서 한반도 문제에 대해 합의한 후에는 소련을 비판하는 성명을 발표하였다.

1945년 8월 15일 해방 후 10월 16일 이승만은 귀국하였다. 귀국 직전 일본 토쿄에서 맥아더 장군, 하지 미군정 사령관과 회합을 한 후 귀국한 이승만은 조선인민공화국의 주석과 한국민주당의 영수직을 거절하였다. 그 대신 1945년 10월 23일 독립촉성중앙협의회를 조직해 회장에 추대되었다.

1945년 12월 28일 모스크바 삼국 외상 회의(3상회의) 결정서 발표 이후 1946년 1월 8일 국론분열을 막기 위해 한국민주당, 국민당, 조선인민당, 조선공산당 등 좌우익의 주요 정당이 모여 합의한 이른바 '4당 캄파'에 반대하였다.[143] 1946년 2월 8일에는 이승만 계열의 독립촉성중앙협의회와 김구계열의 신탁통치반대국민총동원위원회가 신탁 통치 반대 운동이라는 공통 분모 하에 대한독립촉성국민회를 통합 결성하였다.[144]

1946년 2월 14일 미소공동위원회의 개최를 앞두고 미군정이 조직한 남조선대한 국민대표 민주의원에 참여해 의장에 선출되었다. 그러나 미군정이 소련군과 타협해 한반도 문제를 해결하려 하자 의장직을 사퇴하고 지방 순회에 나섰다. 그는 미소공동위원회에 반대하며, 1946년 6월 3일에는 정읍에서 이렇게 주장하였다.[145]

"남쪽만의 임시정부 혹은 위원회 조직이 필요하다. 38선 이남에서라도 단독정부를 세워야 한다."

1947년 9월 미소공동위원회가 완전히 결렬되고, 한반도 문제가 유엔으로 이관되자 유엔 감시 하에서 실시되는 선거에 참여하였다. 1948년 5월 10일 실시된 국회의원 총선거에서 동대문구 갑 지역구에 당선되었다.

1948년 5월 31일 국회가 소집되자 선출된 국회의원 중 가장 나이가 많았던 그가 의장에 선출되었으며, 7월 20일 국회에서 선거에 의해 대한민국 대통령에 선출되어 7월 24일 대통령에 취임하였다.146)

1949년 반민족행위자특별조사위원회(반민특위)의 활동으로 일본 및 총독부에 협력하였던 인사들을 처벌하는 것에 대해 반대하는 입장을 밝혔고, 농지개혁을 추진·실시하였다. 통일문제에 대해서는 '북진통일론'을 주장해 북한 정부를 인정하지 않았다. 미국이 한국군의 증강을 제한하였으나 미국의 도움 없이 직접 공군 창설을 지시하였다.

1950년 6월 25일 한국전쟁이 발발하자 6월 27일 대전으로 이전한 후 전쟁경과에 대한 특별방송을 통해 현 전선을 고수하고, 공산주의자들의 전향을 촉구하는 내용을 공표했다. 1951년 11월 19일 자유당을 조직하였다. 또한 국회에서 대통령을 선출하게 되어 있는 헌법을 국민이 직접 선출하는 것으로 개헌을 추진하였다. 개헌 추진 과정에서 야당이 반대하자 1952년 임시수도 부산에 계엄령을 실시하였고, 같은 해 대통령 직선제를 골자로 하는 '발췌개헌안'을 통과시켰다. 새로운 헌법에 의해 1952년 8월 5일 실시된 제2대 대통령 선거에서 74.6%의 지지로 재차 당선되었다.147)

2. 한미방위조약 협상 이야기

이승만의 협상 스토리를 연구하면서 알아낸 새로운 사실은 대한민국이 일본강점으로부터 독립하고 한국전쟁을 치르면서 어떤 방향으로 나아가고 어떤 운명으로 생존하고 발전할지에 이승만 대통령이 엄청난 역할을 했다는 놀라운 발견이다. 그가 공헌한 업적 중에서 가장 빛나는 업적이 바로 한미방위조약이다. 이 조약은 미국의 군사력에 의존하여 한국이 외침으로부터 보호받고 안정된 방위를 토대로 경제발전에 매진할 수 있는 근본 토대를 만들어 주었다. 이승만 대통령이 아니었으면 그 누구도 이루어낼 수 없었던 그런 업적이다. 이제 한미방위조약이 체결되는 과정에서 이승만 대통령의 역할과 협상 이야기를 살펴보자.

1) 한국전쟁의 발발과 UN군 개입

1950년 6월 25일 소련과 중공의 사주를 받은 김일성의 남침으로 한반도는 크나큰 민족적 시련을 겪게 되었다. 이승만은 공산주의를 극단적으로 혐오하고 자유주의를 표방하는 신념으로 독립된 자유 대한민국을 건설하려는 열망에 공산주의의 침략은 큰 도전이었다.

이승만은 80세에 가까운 노인임에도 불구하고 거의 매주 전선과 훈련소를 찾아 군인들을 격려했다. 지프차로 위험한 산길을 달리기도 하고, 작은 정찰기를 타고 적의 포화를 피하기도 했다.148)

미국이 중심이 된 UN군의 도움으로 북한군을 밀어내고 38선을 돌파한 이승만 대통령도 이 기회에 분단된 한반도를 다시 통일할 수 있다고 확신했다. 그러나 예상하지 못했던 중공군의 대거 참전으로 통일의 꿈은 사라지고 1951년 중반부터 현재의 휴전선을 따라 전선이 고착되었고 전쟁은 지루한 고지전·소모전으로 바뀌고 말았다.149)

양측은 막대한 희생을 각오하지 않고서는 그들의 의도를 관철할 수 없다는 것을 깨닫게 되었다. 공산세력의 팽창을 일단 저지하는 데 성공한 미국은 더 이상 국민에게 출혈을 강요할 명분을 잃게 되었고, 소련 역시 제3차 세계대전으로 비화할 수도 있는 이 전쟁에 계속 자원을 소모할 수는 없었다.

2) 미소 휴전 협상과 이승만 항거

1951년 3월, 미국 국무부는 다시 38도선을 경계선으로 하는 휴전안을 작성했고, 5월 중순 그것을 공식정책으로 확정했다. 그러나 어느 쪽도 체면 때문에 먼저 휴전을 공식적으로 제의하려고 하지 않았다. 결국 미국의 소련 문제 전문가 조지 케난이 나서 당시 유엔주재 소련대사 야콥 말리크와 비밀리에 접촉, 한국전의 휴전문제를 협의했다.150)

6월 25일 트루먼 미국 대통령은 소련의 제안을 수락한다고 선언했다. 이에 따라 7월 10일 휴전회담이 열렸고 10월에는 장소를 판문점으로 옮겨 협상이 계속되었다. 회담은 2년간이나 지속되었다. 군사분계선을 설정하는 일만 해도 38선 복귀를 고집하는 공산군과 현재의 전선을 주장하는 유엔군 측의 주장이 대립으로 합의에 이르는 데만 4개월이 소요되었다. 포로 교환문제에서도 포로 전체의 강제송환을 주장하는 공산군과 포로 개인의 의사를 존중한 자유송환을 주장하는 유엔군 측의 주장이 맞서 거의 2년간 진전을 보지 못했다.151)

이승만 대통령은 당시 군사적 상황이 우리 쪽에 유리했으므로 좀 더 압력을 가하면 그의 염원이었던 국토통일을 이룰 수 있다고 확신했다. 그는 휴전은 통일을 할 수 있는 절호의 기회를 박탈할 뿐만 아니라, 장차 공산세력이 다시 한반도를 적화할 수 있는 빌미를 주게 된다고 주장했다.

그의 이 같은 강력한 의지를 반영하여, 미국이 휴전협상을 모색하고 있다는 보도가 나온 지 얼마 뒤인 6월 10일, 당시의 임시 수도 부산에서 처음으로 수만 명의 군중이 휴전반대 궐기대회를 열었다. 6월 30일, 이승만 대통령은 한국의 통일과 대한민국 헌법에 위배되는 어떠한 조건의 휴전도 인정할 수 없다는 내용의 성명을 발표했다. 이때 휴전을 거부하고, 누가 보아도 실현이 불가능했던 한국군의 단독북진을 주장하는 완고한

늙은 대통령의 고집 뒤에 한미상호방위조약이라는 복선이 있었다는 사실을 간파한 사람은 거의 없었다.152)

3) 아이젠하워와 이승만의 휴전문제 내부협상

1952년 11월, 미국 대통령선거에서 한국휴전을 중요한 공약으로 내걸었던 드와이트 D. 아이젠하워(제2차 세계대전 때 연합군 사령관)가 승리했다. 미국인들은 중공군의 개입으로 해결의 전망은 보이지 않고, 희생자만 늘어나고 있는 한국전쟁에 대해서 싫증을 느끼고 있었다. 아이젠하워는 당선자의 신분으로 한국전선을 방문하고 그의 공약을 확인했다. 공교롭게도 1953년 3월 5일 한국전쟁의 배후 지령자이자 휴전을 바라지 않았던 스탈린이 사망했고, 소련의 새 지도층은 좀 더 자유로운 입장에서 한국전쟁의 휴전을 추진할 수 있게 되었다.153)

1953년 3월 하순, 포로송환문제를 둘러싸고 중단되었던 휴전협상이 재개되었다. 이에 맞추어 이승만 대통령의 휴전저지 노력은 더욱 강화되었다. 4월 5일 그는 한국군 제2군단 창설기념행사에서 다음과 같이 선언하였다.

"국토 통일이 이룩되지 못하는 휴전보다는 차라리 한만국경선154)으로 진격을 단행할 것이다."

이 선언을 신호로 4월 6일과 10일, 서울과 부산에서 수많은 학생들이 거리를 행진하면서 '통일이 아니면 죽음을 달라.' 라고 외치며 시위했다.

이승만은 전쟁이 끝나면 동아시아 한 쪽에 잊힌 존재로 돌아갈 이 조그만 나라의 독립과 생존을 확보할 수 있는 확실한 보장이 있어야 한다고 생각했다. 그는 구한말의 격동기에 한반도를 둘러싸고 벌어졌던 주변 열강들의 세력 확장 각축전을 목격했고, 오랜 망명생활을 통해 미국의 생리를 누구보다도 잘 알게 되었기에 미국으로부터 어떤 선언이나 약속보다도 구속력이 강하고 확실한 조약이 필요하다고 확신했다.

미군은 빨리 휴전협정을 맺어 한반도에서 철수하려고 했고, 이승만은 결사적으로 반대했다. 1953년 4월 9일, 이승만은 마지막으로 아이젠하워 대통령에게 정식 항의문을 보내면서 압박했다.

"만일 중공군을 북한에 둔 채 휴전협정을 체결한다면, 한국은 통일을 위해 단독으로 북진할 것이다. 그 경우에 미군은 한반도에서 철수해도 좋지만, 공중 폭격, 야포 사격, 함포 사격의 지원만은 계속 해줘야 한다."

4월 23일에 이승만은 다시 양유찬 주미 대사를 통해 미국을 협박했다. "만일 한국의 이런 요구가 받아들여지지 않은 상태에서 휴전이 된다면, 한국군을 유엔군으로부터 빼내겠다."155)

놀란 아이젠하워 대통령은 서한을 보내 UN과 미국이 한국의 평화적 통일을 위해 계속 노력하겠다고 약속했으나, 이 대통령은 물러서지 않았다. 미국은 UN군 사령관을 통해 이 대통령에 대해서 휴전협정에 동의하도록 설득하고 압력을 가하기 시작했다.

4) 한미방위조약을 위한 벼랑 끝 전술

휴전 방침을 굳힌 미국과 유엔은 휴전협상을 강행했고, 이승만은 미국과 유엔이 한국정부의 의사를 묻지 않고 멋대로 휴전을 하려는 데 대해 분개했다. 특히 유엔 측이 북한이나 중국에 가지 않으려는 반공포로들을 '중립국송환위원회'에 넘겨 각자의 운명을 결정하도록 하자는 공산 측의 요구에 양보했던 것을 수용할 수 없었다. 인도주의적 측면에서도 그럴 수 없었다. 북한에 돌아가지 않으려는 반공포로들이, 친공적인 중립국 대표들의 압력과 설득에 의해, 다시 북한으로 끌려가게 할 수는 없었다.

마침내 이승만은 극적인 행동에 나섰다. 헌병사령관 원용덕에게 비밀리에 반공포로 석방을 지시했던 것이다. 1953년 6월 18일 새벽 2시였다. 거제도 등 전국의 수용소에 나뉘어 있던 2만 7천명의 반공포로들은, 한국군이 유엔군 초병들을 무장 해제시킨 다음 쏜 카빈 총소리를 신호로 일제히 철조망을 뚫고 탈출했다. 그 과정에서 60여 명의 반공포로가 미군 경비병들의 총에 맞아 죽었지만, 나머지 포로들은 무사히 탈출하여 경찰들이 안내하는 민가에 숨었다.156)

세계가 깜짝 놀랐다. 왜냐하면 그것은 공산군 측을 분노케 하여 휴전을 물거품으로 만들 것이기 때문이었다. 미국의 아이젠하워 대통령은 강력한 어조로 항의했다. 유엔 참전국들도 격렬히 항의했다. 반공포로 석방 소식을 듣는 순간, 면도기를 떨어뜨린 것으로 알려진 영국 수상 처칠은 극단적인 용어로 이승만을 비난했다.

미국은 또 다시 '에버 레디 작전(Ever Ready Operation)'이란157) 이름으로 이승만 제거 계획을 세웠지만, 부산정치파동 때와 같은 이유로 실행하지 못했고 결국 이승만을 달래지 않고서는 휴전할 수 없다는 것을 느끼게 되었다. 그 때문에 아이젠하워 대통령은 이승만을 달래기 위해 월터 로버트슨 국무차관보를 특사로 서울에 파견하여 3주일 동안이나 서울에 머물게 하면서 이승만과 힘겨운 협상을 하도록 했다.158)

이승만은 휴전에 동의해 주는 조건으로 '한미동맹 체결', '경제원조', '무기지원'을 요구했다. 휴전으로 미군이 철수하게 되면 북한의 재남침 위험이 너무 커서, 이승만은 어떻게 해서든지 미군을 한반도에 묶어두려고 했던 것이다.

미국이 약소국 한국과 상호방위동맹을 맺는 데 찬성할 리가 없었다. 그 때문에 회담은 결말이 나지 않았다. 회담이 진행되는 사이에 이승만은 한국에 대한 미국 국민의 동정 여론을 불러일으키기 위해 자극적인 성명서를 여러 차례 발표했다.

1953년 7월 4일 미국 독립기념일에는

"지금 한국인들의 반공투쟁이 18세기 영국에 대한 미국인들의 독립투쟁과 같은 맥락이다."

라는 내용의 방송연설을 했다. 그 방송을 듣고 수천 명의 미국인들이 이승만에게 격려 편지를 보내왔다. "한미동맹의 결성을 지지한다."는 결의안을 채택한 주 의회들도 있었다. 허스트 계통의 신문들을 비롯한 우파 성향의 신문들은 지지 논설을 실었다.159)

결국 미국은 이승만의 제안을 받아들였고 이승만은 휴전에 동의해 주었다. 아이젠하워 대통령은 1953년 8월 3일 한미방위조약 체결 문제를 구체적으로 협의하기 위해 덜레스 국무장관을 서울로 보냈다. 이승만과 덜레스는 해방 전부터 알던 사이였지만 한미동맹에 대한 두 사람의 입장은 크게 달랐다. 덜레스는 대한민국이 다시 북한의 공격을 당할 경우 미국은 군사원조의 의무민을 갖는다고 생각했다. 반면 이승만은 공산세계에 대한 자유세계의 싸움에서 미국과 한국을 대등한 동반자로 보고 미국은 한국을 아낌없이 도와야 한다고 생각했다.160)

이러한 시각 차이에도 불구하고, 두 나라는 '한미상호방위조약' 체결에 합의했고 10월 1일 정식으로 조인했다. 그 조약으로 이승만은 적어도 미군 2개 사단을 한반도에 주둔시키는 데 성공했다. 국군 20개 사단의 무장에 필요한 군사원조와 경제부흥에 필요한 장기적인 원조를 얻어내는 데도 성공했다. 미국과 세계를 향한 이승만의 벼랑 끝 전술이 한미동맹이란 한국의 생명줄로 실현되었던 것이다. 한미동맹이 가져올 효과에 대해 이승만은 이런 말을 했다.161)

"이제 한미방위조약이 체결되었으므로, 우리의 후손들은 수대에 걸쳐 이 조약으로 말미암아 갖가지 혜택을 누릴 것이다."

3. 닉슨과 이승만의 협상 이야기

닉슨은 중국과 수교하여 소련을 고립시켰던 위대한 전략가이다. 1953년 11월 12일 닉슨(Richard Nixon)은 부통령으로서 인도네시아, 캄보디아, 베트남을 들렀다가 한국에 도착하였다. 휴전협정 조인 100일되는 날, 한미방위조약 조인 후 불과 40여일이 지난 때였다. 통일 없는 휴전을 결사반대하는 이승만을 위협하고 달래서 겨우 휴전을 성립시킨 미국은 이승만에게 "정치회담으로 통일을 달성시켜 주겠다."고 장담했지만 어림도 없었다.162)

화보 2.4.8 이승만 대통령과 닉슨 미국 부통령
1953년 11월 경무대에서 이승만 대통령과 닉슨 미국 부통령이 서로 악수하고 있다.
출처: 인보길(2017). "닉슨 방한과 미군 철수." 2017.10.26.

닉슨이 한국에 온 이유는 아이젠하워의 친서를 전달하고, 미국과 합의 없이 북진해선 안 된다는 보장을 받기 위해서였다. 이 친서에는 이런 내용이 들어 있었다.

"한국이 또 다른 전쟁을 시작하는 것을 용납하지 않을 것이며, 그렇게 하지 않겠다고 약속해줄 것을 요청한다."

휴전하면 한국군 단독으로라도 북진하겠다면서 북진통일을 외치고 휴전을 반대했던 이승만이 정말로 단독으로 북진하여 미국을 전쟁에 끌어들일지 모른다는 우려 때문이었다. 사실 닉슨은 부통령이지만 당시 40세에 불과하였고 이승만은 78세로 대선배임은 물론이거니와 미국생활에서도 이승만이 훨씬 더 오래 살았고 프린스턴대학교 정치학 박사의 경력과 언변에 조금 주눅이 들어 있었다.

이승만은 '전쟁 평화론'을 누련한 논리로 펼쳐 보였다.

"미국 정책에 부합되지 않는 어떠한 일도 하고 싶지 않은 게 사실이다. 그러나 분단된 채로는 한국은 물론 미국에도 진정한 평화가 오지 않을뿐더러 전쟁은 끊임없이 일어날 것이다."

그리고 이승만은 이렇게 말했다.

"언제가 되든지 내가 어떤 일방적 조치를 취할 때에는 사전에 가장 먼저 아이젠하워 대통령에게 통고할 것을 약속하지요."

그러나 이것은 아이젠하워 대통령이 요구한 대답은 아니었다. 닉슨은 이승만에게 아이젠하워 대통령과 합의를 보기 전에는 어떤 상황에서도 어떤 단독조치를 취해선 안 된다는 방침을 이해하는 것이 중요하다고 단호하게 말하였다. 첫 회담에서 소득 없이 끝나고 대사관으로 돌아온 닉슨은 불안하였다.163)

아이젠하워 대통령의 미션을 완수해야 할 닉슨은 이승만의 북진에 대한 거듭된 우려와 반대를 표명하였다. 3박 4일의 방문 기간 동안 닉슨의 설득은 실패로 돌아가는 초조한 마지막 날 아침에 이승만은 닉슨을 경무대로 불러 배석자도 통역자도 없이 단독회담을 가졌다. 이승만은 재킷에서 2페이지의 얇은 종이를 꺼내면서 철저한 보안을 위해 스스로 타자를 친 거라고 말했다. 영문 타이핑 문서의 글 요지는 다음과 같다.[164]

> 공산주의자들이 '미국은 이승만을 뜻대로 조종하고 있다.'고 믿게 되는 순간, 당신들은 당신들이 가지고 있는 가장 효과적인 협상 카드 하나를 잃게 될 뿐만 아니라, 우리들의 모든 희망을 잃게 될 것입니다. 공산주의자들은 미국이 평화를 원하기 때문에 평화를 위해선 어떤 양보라도 해줄 것으로 믿고 있지 않습니까.
>
> 우리 서로 솔직해집시다. 나는 그들의 생각이 맞는 것 같아 걱정입니다. 그들은 본인(이승만)에 대해서는 평화를 위해서 무슨 양보라도 할 것으로는 생각지 않고 있습니다. 그러므로 미국은 이승만이 무슨 일을 할지 모른다는 공산주의자들의 의혹을 제거해주어서는 결코 안 되는 것입니다. 본인이 모종의 행동을 저지를지 모른다는 불안과 공포가 공산주의자들에게 끊임없는 제동력이 되고 있음을 당신들은 알아야 합니다....

이승만이 비록 북진통일과 휴전반대를 그렇게도 외쳤지만 모두가 협상 전략이었을 뿐, 내심은 단독 북침이 불가능하다는 것을 인정하고 있었다는 말이다. 닉슨은 이승만의 용기와 지적능력에 감동을 받았다고 일기에 이렇게 썼다.

"공산주의자와 싸울 때는 카드를 먼저 보여줘선 안 되며 예측불가능성을 유지해야 함을 알게 됐다."

닉슨은 1978년 회고록에서도 한국과 이승만 대통령에 대한 기억을 길

게 기록해 놓았다.[165]

나는 한국 국민들의 용기와 인내, 이승만 대통령의 정신력과 지혜에 깊은 감명을 받고 한국을 떠났다. 나는 또한 공산주의자들을 다룰 때는 예측불가능성(unpredictability)을 유지하는 것이 중요하다고 말해준 이 대통령의 통찰력 있는 충고를 두고두고 생각해 보았다. 그 후 여러 나라를 여행하면 할수록, 많은 것을 겪으며 배우면 배울수록 그 노 정치가가 얼마나 현명했는지를 이해하게 되고 갈수록 감탄하게 되었다.

4. 전후 미국 원조 협상 이야기

1949년부터 6·25가 한창이던 1952년까지 주한 미국 대사로 일했던 존 무초의 이승만 평이다.[166]

그는 아주 머리가 좋은 사람이었고, 45년간 한국의 독립이란 하나의 목표를 위해 달려온 의지의 인간이었다. 그는 아주 고차원적 시각에서 복잡한 세계정세를 정확하게 이해했다. 그의 영어는 글과 말 무엇이든지 유창했고, 그의 레토릭은 미국인들을 사로잡았다.

이승만은 미국에 원조를 요청하면서도 꿔준 돈 받는 것처럼 당당했다. 6.25를 거치면서 1954년에는 65만 명의 병력이 정부예산의 40%를 사용할 정도로 군이 급성장했다. 이승만은 이 거대한 군대를 유지하기 위해 미국으로부터 막대한 원조를 받아냈는데, 소련과의 냉전에서 한국이 최전선을 맡고 있었기에 이승만은 미국의 원조가 당연하다고 생각하고 떳떳하게 요구했다. 그가 얼마나 당당하게 요구했었는지를 보여주는 일화가 부흥부장관을 했던 송인상의 회고록에 있다. 1958년 9월, 송인상이 원조협상단을 이끌고 미국을 방문하기 전에 경무대로 이승만을 예방했을 때 이승만은 이런 말을 했다.167)

> 원래 우리 한국인은 남에게 돈 달라는 이야기를 잘 하지 못해. 속담에 '우는 아이 젖 준다.'고 그러지 않나. 우리의 어려운 사정과 억울한 이야기를 미국의 조야에 널리 알리게. 38선 얘기는 필요 없다고 하더라도, 미국이 제 나라에서 치러야 했을 전쟁을 우리 땅에서 했으니 우리로서는 할 말이 있지 않나.
> 원조를 좀 더 많이 달라고 해 봐. 그리고 '조그만 일에까지 너무 간섭하지 말아 달라.'고 그렇게 이야기하게. 그렇지만 사람이 너무 잘게 굴면 위신이 서지 않아. 하물며 나라 일을 맡아 하는 사람에게 있어서는 나라의 위신이라는 것을 한시라도 잊어서는 안 되네. 정정당당히 조리 있게 이야기해 봐. 큰 성공이 있기를 바라네.

미국에서 치룰 전쟁을 한국이 대신 해줬다는 말은 아마 미·소냉전에 따른 필수불가결한 전쟁을 한국이 맡았다는 뜻으로 이승만이 미국의 원조가 당연하다고 생각했음을 보여주는 일화이다.

미국이 이승만에게 한·일 수교를 압박하던 때인 1954년 7월 말, 즉 6·25전쟁이 끝난 지 1년이 지났을 때, 제1차 한미정상회담을 위해 이승만은 미국에 갔다. 그렇지 않아도 이승만은 6·25전쟁 때 미국이 북진을 주저하고 휴전을 서두른 것에 대해 불만이 많던 때였다.

미 공군기를 타고 워싱턴 내셔널공항에 도착한 이승만은, 닉슨 부통령

부부가 참석한 공항 환영식에서의 즉석연설에서 마이크를 잡자마자

"워싱턴의 겁쟁이들 때문에 한국이 통일되지 못하고 공산세력의 위세만 과시해주었다."

는 말로 포문을 열었다. 그리고 15분 내내 미국의 대한정책을 비판하였다.

"우리는 기어이 우리들의 계획을 달성하고야 말 것입니다."

이 연설 내용은 이승만이 무모하리만치 저돌적이며 단순히 떠벌이었다고 볼 수도 있지만, 로버트 올리버 박사의 분석을 참조할 필요가 있다. 올리버는, 이승만은 싸우려는 의도를 갖고 미국에 갔다고 해석했다. 즉, 한·일수교를 압박하는 미 국무장관이나 미 대통령을 우회하고 직접 미국민들을 상대함으로써, 미국정부의 대한정책에 영향을 주려는 의도적인 발언이었다는 것이다.168)

공항 연설이 아이젠하워에게 전달될 것을 예상하고, 정상회담에서 기선과 주도권을 잡기 위해 일부러 깅경발인을 했을 수도 있다. 그렇다면 이런 발언이 이승만의 협상전략 중 하나일 수 있다는 말이 된다.

7월 28일 상하양원 합동회의에서 미국 하원의장은 '미국민이 대단히 존경해마지 않는 용감한 자유의 투사'라고 이승만을 소개하였다. 이승만은 "미국인들이 한국을 위해 베풀어준 모든 은혜에 감사한다."는 인사말로 시작하여 이날 연설에서 33회의 박수를 받았다.169)

이튿날 아이젠하워와의 회담 전, 이승만은 숙소인 호텔에서 미국이 만든 공동성명서 초안을 보았다. 초안에는 '한국은 일본과 우호적으로…'라는 글이 있었다. 이승만은 읽고 나자마자

"이 친구들이 나를 불러놓고 올가미를 씌우려는 모양인데, 그렇다면 아이젠하워를 만날 필요가 없다."

고 말하며 호텔방에 앉은 채 회담장에 가지 않았다.

백악관에서 독촉전화가 걸려왔다.

"왜 안 오느냐."

측근들이 불안해하며 이승만을 설득했다.

"그래도 회담은 하셔야 합니다."

이승만은 10분 늦게 백악관에 도착했다. 미국에서는 덜레스 국무장관, 윌슨 국방장관, 브리그스 주한미국대사 등이, 한국에서는 손원일 국방장관, 백두진 경제조정관, 정일권 육참총장, 양유찬 주미대사 등이 배석했다.170)

회담 첫 의제부터 아이젠하워가 중립국 감시위원단의 공산 측 대표를 내쫓았던 일을 따지고, 이승만은 그들이 간첩질을 했기에 당연했다고 대답하는 등 날카로운 신경전이 있었다. 이어서 아이젠하워가 말했다.

"한·일 국교수립이 우선 필요합니다."

그렇지 않아도 화가 나 있었던 이승만이 반발했다.

"내가 살아있는 한 일본과는 상종하지 않을 것이오."

아이젠하워가 화를 내면서 일어나 옆방으로 들어가자, 이승만은 그의 등 뒤에 대고 소리쳤다.

"저런 고얀 놈이 있나."

잠시 후 아이젠하워가 화를 식히고 다시 회담장으로 돌아왔지만, 이번에는 이승만이

"외신기자 클럽에서의 연설준비를 해야 합니다. 먼저 가겠습니다."

하고는 일어나서 나가 버렸다.

할 수 없이 양유찬 대사가 덜레스 국무장관을 설득하여 실무자들끼리 회담을 해야만 했다. 그래도 미국으로부터 군사원조 4억 2000만 불, 경제원조 2억 8000만 불, 도합 7억 불의 원조를 받아냈다.171)

이승만은 귀국 전, 카퍼레이드의 주인공이 되기도 했다. 8월 2일 뉴욕

시에서 '영웅 행진'이란 카퍼레이드를 받을 때, 숙소인 호텔에서 브로드웨이를 거쳐 뉴욕시청에 이르는 길에 100만 명의 시민이 나와 환영했고, 고층빌딩에서는 색종이가 뿌려지고, 선두에는 3군 군악대가 행진곡을 연주했고, 뉴욕시청에 도착해서는 6·25 영웅 밴 플리트 장군이 환영사를 했다. 외국인으로서는 전례가 없는 대환영이었는데, 이런 성대한 환영식은 공산주의와의 싸움에서 용감하게 맞선 한국의 노 영웅에 대한 미국민의 감사 표시였을 것이다.172)

5. 이승만의 협상 구조분석과 교훈

1) 이승만의 협상 구조분석

이승만은 대한민국 정부가 수립된 후 최초의 대통령으로서 통일된 한국을 염원하였다. 협상철학에도 그러한 염원이 담겨 있어서 한국의 독립과 통일의 신념과 반공주의가 협상의 전반에 깔려 있다. 대통령에 당선되기 전부터 이러한 신념으로 살아왔고 대통령에 당선된 후 이를 위해 평생을 바쳤다고 평가될 수 있다.

이승만은 한국 방어를 위한 미국과의 방위조약을 체결하기 위해 갖은 노력을 다 했는데 협상전략에서도 공산주의로부터 한국방어를 획득하기 위해 미국과 방위조약체결을 목표로 모든 수단을 동원하는 전략을 구사하였다.

이승만의 협상력은 미국에서도 연구대상이 될 정도로 뛰어났다. 표 2.4.1에서 보듯이 5가지로 요약된다.

　-강력 BATNA: 휴전반대와 북진통일

-반공포로 석방의 벼랑 끝 전술
-한국과 미국 국민들의 지지
-자유주의 신봉과 심리적 파워
-국제정세의 정보와 전문성

표 2.4.1 이승만 협상의 구조분석

항목	내용
협상철학	-한국의 독립, 통일 및 반공주의에 몰입하고 평생을 바침
협상전략	-공산주의로부터 한국방어를 획득하기 위해 미국과 방위조약 체결을 목표로 모든 수단 동원
협상력	-강력 BATNA: 휴전반대와 북진통일 -반공포로 석방의 벼랑끝 전술 -한국과 미국 국민들의 지지 -자유주의 신봉과 심리적 파워 -국제정세의 정보와 전문성
협상스타일	-추진형 협상스타일 -반공자유주의 신념과 철학을 실천하는 강력한 정치가
협상소통스킬	-논리와 전문성에 토대로 설득형 소통 -강한 자신감, 불굴의 정신으로 강한 이미지 표출 -국력 차이라도 상대 약점과 BATNA를 이용하여 미국과 대등한 소통
협상성과	-한미방위조약 체결
협상성공요소	-강력 BATNA를 적극 활용 -휴전반대 궐기대회와 단독 북진 통보 -반공포로 석방의 벼랑끝 전술 -자유주의 신봉과 심리적 파워 -미국국민 대상 방송연설
협상성공의 의미	-신생 한국의 반공 자유주의 국가 건설의 초석을 세움 -안정된 방위 위에 강력한 경제건설의 토대를 세움

이승만의 협상스타일은 강력한 추진형에 해당하며 반공자유주의 신념과 철학을 실천하는 강인한 정치가로 요약된다. 협상에서 사용된 소통스

킬은 정치학 박사답게 논리와 전문성에 토대로 한 설득형 소통이 대표적이며 강한 자신감과 불굴의 정신으로 강한 이미지를 표출하는 특징을 보이고 있다. 강대국에 비해 약소국의 국력이 현저히 차이가 남에도 불구하고 상대 약점과 BATNA를 이용하여 미국과 대등한 소통을 이끌어내는 소통 스킬을 구사한 점은 위대한 협상전문성을 보여주는 대목이다.

이렇게 하여 이승만이 획득한 협상의 성과는 바로 한미방위조약의 체결이다. 협상이 성공하게 된 요소를 관찰해보면 다양한 요소가 복합적으로 결합된 것으로 보인다. 성공요소를 정리하면 다음과 같다.

-강력한 BATNA의 적극 활용
-휴전반대 궐기대회와 단독 북진 통보
-반공포로 석방의 벼랑 끝 전술
-자유주의 신봉과 심리적 파워
-미국국민 대상 방송연설

이승만이 협상을 성공시킨 의미는 무엇일까? 이승민은 신생 독립국 한국을 반공 자유주의 국가로 안착할 수 있도록 초석을 세웠고 또한 안정된 방위 위에 강력한 경제건설이 가능하도록 그 토대를 세운 것으로 평가할 수 있다.

2) 이승만 협상의 교훈

(1) 벼랑 끝 전술

이승만의 협상전략과 전술은 비교적 잘 알려져 있다. 벼랑 끝 전술, 영어로는 brinkmanship이라는 단어이다. 원래 1956년 아이젠하워 대통령이 재선에 나왔을 때 애들레이 스티븐슨 후보가 소련 상대로 벼랑 끝 전술을 써서 안보 위기를 과도하게 확대 생산한다며 비판하면서 단어가 처음 만들어졌다.173) 결과적으로는 아이젠하워 대통령이 스티븐슨 후보를 누르고 재선에 성공하였다.

벼랑 끝 전술이라는 단어는 스티븐슨이 먼저 사용하였으나 실제로 적용해본 사람은 이승만이 처음이 아닐까 한다. 이승만은 공산주의를 혐오할 정도로 싫어하였고 독립운동 당시에서나 남북한 전쟁에서나 공산주의와 공존한다는 것은 그의 사전에 존재하지 않았다. 이승만은 중공군이 북한에 남아 있는 상황에서 휴전한다는 것을 극히 반대했으며 한미상호방위조약에 서명하지 않으면 휴전도 반대하였다. 이승만은 미국의 힘을 알기에 휴전 후 미군이 철수하고 난 다음 언제든 북한과 중공군이 다시 쳐들어올 수가 있는 불안함을 해소하기 위해서는 한국을 미국의 방위 우산 아래 두려고 하였다. 북쪽에 300만 명의 우리 동포를 공산주의 아래 둔 상태로 휴전하는 것을 극렬히 반대하고 미국이 휴전에 서명하면 한국은 UN군에서 빠져 단독으로 북진통일을 위해 북쪽을 쳐들어가겠다고 강경한 입장을 취하였다.

미국의 아이젠하워 대통령은 휴전을 빨리 하고 전쟁에서 발을 빼고 싶어 안달이었다. 그래서 아이젠하워는 북진통일을 외치는 이승만을 제거하려고 했다가 자유주의를 지키는 그를 제거하는 것이 자충수임을 알고 그의 요구를 들어주고 달래는 양보를 하였다. 결국 1953년 7월 유엔과 중국 및 북한이 휴전협정에 서명을 한 후 아이젠하워 대통령은 8월에 한미상호방위조약을 조인하고 평화로운 방법으로 통일하는 것을 지지하는 약속을 하였다. 전쟁 후 미국의 방위지원이 없다면 한국은 바로 공산화될 수 있다는 이승만의 절박한 호소를 벼랑 끝 전술로 구사하였다.

(2) 예측불가능성 전술

이승만은 닉슨에게 예측불가능성(unpredictability)의 전술을 전해주었다.

"미국은 이승만이 무슨 일을 할지 모른다는 공산주의자들의 의혹을 제거해주어서는 결코 안 되는 것입니다. 본인이 모종의 행동을 저지를지 모른다는 불안과 공포가 공산주의자들에게 끊임없는 제동력이 되고 있음을 당신들은 알아야 합니다."

닉슨은 회고록에서 이승만을 이렇게 회고하고 있다.

> 나는 또한 공산주의자들을 다룰 때는 예측불가능성을 유지하는 것이 중요하다고 말해준 이 대통령의 통찰력 있는 충고를 두고 두고 생각해 보았다. 그 후 여러 나라를 여행하면 할수록, 많은 것을 겪으며 배우면 배울수록 그 노 정치가가 얼마나 현명했는지를 이해하게 되고 갈수록 감탄하게 되었다.

닉슨은 이승만의 예측불가능성 전술을 언급하고 후일에 madman theory(광인이론, 미친개 전략, 벼랑 끝 전술)을 개발하였다.[174]

이승만은 그의 비망록에서 다음과 같이 밝히고 있다.[175]

> 소련을 상대함에 미국은 한국정부가 말을 안 들어서 이러 저러한 것들을 못한다고 말하면 됩니다. 그러면 미국은 책임을 면하고 우방국 중에 누군가를 탓하면 되는 겁니다. 이러는 게 미국의 입지를 강화시킬 것입니다. 한국은 스스로의 의도를 선언할 권리를 유지하면서 양국은 세부사항까지 서로를 이해하는 것입니다. 우리가 이처럼 합의한 것을 다 공개하지는 맙시다.

(3) 굿 가이 배드 가이 전술

한국이 힘이 약하지만 막무가내 돌출행동도 할 수 있는 bad guy(나쁜 놈) 역할을 하도록 하고 미국은 이를 핑계로 소련의 말을 안 듣는 전술을 쓰라는 것이다. 이것이 곧 닉슨이 작명한 광인이론인데 최근 북한이 핵무기개발과 관련하여 중국에게 배드 가이 역할을 하고 이를 핑계로 중국이 미국의 말을 안 듣는 전술과 같은 것임을 보면 북한의 벼랑 끝 전술은 이승만에게서 배운 것으로 보인다.

(4) 상대 약점과 BATNA 이용

이승만은 신생 독립국인 한국이 미국 뿐 아니라 주변 강국인 소련, 중국, 일본에 비해 현저히 약소국이라는 것을 잘 알고 어떻게 이들 강대국으로부터 한국을 보호할 수 있을지에 대해 가장 큰 관심을 가지고 있었다. 특히 공산주의가 세계적으로 확장하는 시기에 한국을 자유주의로 보호할 수 있는 길은 미국의 방위력으로 편입하는 것이라고 믿고 이를 위한 협상에 전적으로 몰두하였다.

누가 보더라도 미국을 상대로 협상하는 것은 거의 일방적으로 수용하는 전략을 구사할 것으로 예상하지만 이승만은 미국에서 정치학 박사학위를 취득한 정치이론가이면서도 미국 정계에 영향을 미칠 수 있는 정치력이 있어서 강대국을 상대할 협상의 지렛대가 무엇인지를 잘 알고 있었다. 바로 한반도가 완전 공산화가 되는 것은 공산주의 방어선 구축이 일본과 태평양으로 밀리게 되어 미국으로서 매우 곤혹스러운 형세이다.

그리고 미국이 상호방위조약을 체결하지 않고 휴전선을 고착화시키려 한다면 남한이 독자적으로 북진통일을 하겠다는 BATNA 카드를 스스럼

없이 내보이고 있다. 그래서 이승만은 약소국이지만 미국을 상대로 대등한 협상을 할 수 있었다.

표 2.4.2 이승만 연보

연도	내용
1875	3월 26일(음력) 황해도 평산군 마산면에서 이경선과 김해 김씨의 3남 2녀 중 막내로 출생
1877	서울 염동으로 이사하여 한문 공부를 함
1895	배재학당에 입학하여 신학문과 영어를 배움
1898	「협성회주보」, 「매일신문」 창간함. 중추원 의관으로 선임
1904	박영효와 함께 고종황제 폐위 음모에 가담한 혐의로 수배되어 징역을 살다 특사로 출옥. 미국으로 떠남
1910	조지워싱턴대학 컬럼비아 학부, 하버드대학 석사과정을 졸업하고, 프린스턴대학에서 박사과정 졸업. 귀국하여 YMCA 한국인 학감으로 활동
1919	로스앤젤레스에서 안창호를 만남 서재필로부터 3.1 운동 소식을 들음 대한국민회의 임시정부 수립이 선포되고 국무총리로 추대됨 4월 13일. 대한민국임시정부 수립 선포 6월. '대한공화국 대통령' 자격으로 미,영,불,이,일 등 정부 수반과 파리강화회의 의장에서 공문 발송(Republic of Korea 처음으로 공식 사용됨) 9월 5일. 상해임시정부, 대통령제로 헌법 개정. 임시 대통령으로 추대됨
1920	12월 28일. 상해임시정부청사에서 초대 대통령 취임식.
1934	10월 8일. 뉴욕에서 프란체스카 도너와 결혼.
1943	5월 15일. 프랭클린 루즈벨트 대통령에게 임시정부를 승인하도록 하는 공식 서한 발송.
1946	3월 20일. 제1차 미소공동위원회 개최했다 5월 6일에 결렬됨. 9월 12일. 돈화문 앞에서 피격 당함.
1947	3월 12일. 트루먼독트린 발표. 11월 14일. 유엔 총회에서 한국 총선거안과 유엔 한국 임시위원단 설치안이 가결됨.
1948	5월 10일. 남한에서만 총선 실시. 7월 1일. 국호를 '대한민국'으로 결정. 7월 24일. 초대 대통령으로 취임. 8월 15일. 대한민국 정부 수립을 선포함.

연도	내용
1949	전국 첫 인구조사 실시, 농지개혁법 공포. 남북통일방안 발표, 일본에 약탈 문화재 반환을 요구.
1950	6.25전쟁 발발. 9월 15일. 유엔군의 인천상륙 작전 후, 부산에 피란 갔던 정부의 서울 환도.
1951	1월 4일, 중국의 참전으로 1.4후퇴. 9월 20일. 중국군 철수, 북한 무장해제. 11월 19일. 자유당 창당하여 총재로 취임함.
1952	7월 4일. 발췌개헌안 통과시킴. 8월 5일. 직선제로 정, 부통령 선거. 제2대 대통령으로 취임함.
1953	6월 18일 2만 7천명 반공포로 석방 7월 27일 유엔, 중국, 북한의 휴전협정 서명 10월 1일 한미상호방위조약 체결
1954	11월 29일. 제2차 개헌(사사오입) 통과시킴.
1956	5월 15일. 제3대 대통령 선거 실시, 제3대 대통령으로 선출됨.
1958	12월 24일. 국가보안법을 여당 의원의 단독으로 통과시킴.(국가보안법 파동 일어남)
1960	3.15 부정선거. 4월 19일. 4.19 혁명 발발 후 대통령직 사임서를 국회에 제출함. 5월 9일. 정계 은퇴 성명 후, 하와이로 출국.
1962	3월 17일. 정부의 반대로 귀국이 좌절됨.
1965	7월 19일. 하와이 호놀룰루에서 사망. 유해를 미 군용기로 운구. 7월 27일. 국립묘지에 안장.

출처: 네이버 지식백과, 이승만(李承晩) (두산백과 두피디아, 두산백과)의 자료를 기반으로 하고 1953년 내용은 별도로 추가하였다.

 **협상가 5**

청와대 경제수석 오원철
-한국형 경제개발을 일으킨 공업구조자-

화보 2.5.1 경제수석 오원철

화보 2.5.2 70년대 중화학공업 이끈 국보 오원철

울산석유화학단지는 내외자 2,000여억원을 들여 착공한지 약4년반만 인 1972년 10월 30일 준공되었다. 사진은 준공식에서 박정희 대통령 이 오원철에게 훈장을 달아주는 모습이다.[176]

화보 2.5.3 현재의 울산석유화학단지

석유화학단지가 조성된지 50년이 지난 오늘날의 모습은 거대한 현대식 시설과 건물 로 위용을 자랑하고 있다.[177]

화보 2.5.4 1970년대 1, 2차 석유파동 때 석유 사재기 모습
당시 전 세계적으로 석유 사재기와 생활용품의 사재기가 있었다.[178]

화보 2.5.5 1973년 김종필 국무총리의 서울시 시찰
1973년 1차 석유파동 때 김종필 국무총리가 서울시 유류대책본부를 시찰하여 에너지 경비절약 실천사항의 설명을 청취하고 있다.[179]

화보 2.5.6 1977년 에너지 10% 절약 열관리 궐기 대회
에너지 의존도가 높은 우리나라는 언제 터질지 모르는 에너지 문제에 장기적이고 적극적으로 대응하기 위해 1978년 1월 1일 동력자원부가 신설되었다. [180]

화보 2.5.7 1979년 주한미군 철수를 의제로 카터대통령 방한
당시 박정희 대통령과 오원철은 미국의 오판으로 전쟁이 발발할 수 있음을 설득하여 주한미군 철수를 저지하였다. [181]

1. 오원철의 생애와 활동

1) 생애

오원철은 1928년 10월 2일 황해도(黃海道) 풍천(豊川)에서 장남으로 태어났다. 오원철의 집안은 쌀농사의 미곡사업을 했었는데, 황해도에 미곡 창고가 4개나 되는 지주로 큰 부자였다.[182]

오원철은 1941년 해주에 있는 중학교에 입학하였다. 2학년 때 특별 간부하사관 전신병 모집이 있었는데 그때 전신병으로 차출되지는 않았지만 그러한 일을 계기로 통신교육에 관심을 가지게 되었다. 오원철은 중학교 4학년 때 레이더 기술이 중요하다는 것을 깨달았다. 그리고 당시 일본산 TV가 화질이 좋지 않았기에 나중에 커서 제대로 된 TV를 발명한다면 얼마나 좋을까 하고 생각하곤 했다. 이러한 관심사로 인해 오원철은 1945년 4월 경성공업전문학교(서울공대 전신)로 입학을 하였는데 재학 중에 해방이 되었다. 당시 정부는 싸구려 일제 라디오를 수입해서 보급했다. 그런데 일반 사람들은 일제 라디오가 너무 비싸서 광석(鑛石) 라디오라고 불리는 것을 조립해서 사용하였다.[183] 오원철도 이웃과 친구의 부탁으로 몇 십 개 만들어 주었는데 생각보다 성능이 좋았다고 한다. 1950년 6월 25일 전쟁이 발발하였고 서울에서 공부하던 오원철은 그대로 이산가족이 되었다.[184]

1950년 12월 공군의 기술장교 후보생으로 입대하여 1951년 6월 공군 소위로 임관하였고 1951년 9월 서울대학교 공과대학 화학공학과를 졸업하고 1957년 8월 공군 소령으로 전역하기까지 항공청에서 관리직을 하면서 기계에 대한 지식과 경험을 쌓았다. 공군 복무 중 습득한 전자기계와 항공기 등 기계에 대한 지식과 경험은 향후 경제개발계획수립, 중화학공업단지 입지선정과 투자 업체 선정, 공장 건설에 있어서 엔지니어링 접근법에 바탕이 되었다. 이후 1957년 9월부터 오원철은 우리나라 최초의 자동차 회사인 시발자동차회사의 공장장으로 근무하였다. 당시 시발자동차는 미군 부대에서 흘러나온 드럼통을 두드려 만든 자동차였다.185) 1958년 가을 오원철은 종로 네거리에 있었던 HLKZ(한국 최초의 TV방송국)에 출연 요청을 받아 한국 자동차공업에 대해 30분간 이야기를 했다. 1960년 6월 국산자동차주식회사 공장장을 맡으면서 오원철은 자동차 산업에 대한 안목과 식견을 넓혔다.186)

대담하게도 오원철은 석유 한 방울 나지 않는 우리나라를 위해 휘발유 없이 움직이는 자동차 연구에 몰두하였다. 왜냐하면 당시 미국 코스코(KOSCO)가 석유를 무기 삼아 대통령과 온 나라를 쥐고 흔드니, 이승만 대통령은 누구든 기름 없이 달리는 자동차를 개발하면 온갖 특혜를 다 주겠다고 공언했기 때문이다.187)

오원철은 1961년 5·16 군사정변 직후 국가재건최고회의 기획조사위원회 조사과장으로 차출되었고, 1961년 7월 상공부 화학과장으로 위임받으면서 본격적으로 국가를 위해 일하게 되었다. 1964년 6월 상공부 공업제1국장, 1968년 4월 상공부 기획관리실장, 1970년 1월 상공부 광공전(鑛工電)차관보, 1971년 11월부터 1979년 12월까지 대통령 경제 제2수석비서관, 1974년 2월부터 1979년 12월까지 중화학공업기획단 단장을 역임하면서 오원철은 우리나라의 중화학공업의 기틀을 세웠다.188)

1979년 12월 12일 박정희 대통령의 사망 이후 전두환 정권이 권력을 잡은 상황에서 오원철은 보안사에 잡혀가서 온갖 고문을 당했으며, 가택 주변으로만 활동이 제한되고189) 항상 정부와 미국의 감시를 당하는 고초를 겪었다. 이후에 오원철은 정치가도 군인도 아니고 그저 관료일 뿐이었던 자신이 왜 그렇게 핍박을 당했는지 이해가 가지 않는다고 회상하였다.[190]

오원철은 1992년 2월부터 1997년 7월 기아경제연구소 상임고문을 역임했고, 1998년 1월부터 2019년 타계할 때까지 21년 간 한국형경제정책연구소 상임고문으로 활동하였다. 당시 오원철은 '한강의 기적'이라 불리는 60, 70년대 우리나라의 경제발전에 관한 저술활동을 하였고, 2000년 이후 대한민국의 미래를 위한 경제발전 방안을 연구하다가 2019년 5월 30일, 91세의 나이로 사망하였다.[191]

2) 역사적 배경과 주요 업적

(1) 역사적 배경

1960~70년대는 남한과 북한 간의 긴장이 최고조였으며 경제성장에 있어서도 대결구도였다. 북한은 1947년부터 경제계획 '1개년계획'을 시작으로 1950년 6·25 이후에도 전후 복구 3개년계획, 1957년 본격적으로 제1차 5개년계획을 실시하면서 빠르게 공업화를 이루어 먹고사는 문제를 해결해 나갔다. 반면에 우리나라는 자원이라고는 인력밖에 없었고 의식주의 대부분을 수입에 의존했기 때문에 모든 물자가 부족하여 극빈한 국민은 밥은 고사하고 뭔가를 배부르게 먹어보는 것이 소원이었다.[192]

오원철은 1961년 5월 23일 국가재건최고회의에 차출되었는데 1961년 7월 상공부 화학과장으로 일하면서 곧바로 '경제개발 5개년계획'을 만들어야 했다. 이때 오원철은 경제개발의 전문가가 아니었기 때문에 관련 정보를 수집하는 것부터 시작했다. 그는 산업은행 조사월보의 최신호를 가져와 수입 일람표를 훑어보면서 의·식·주의 대부분을 수입에 의존하고 있다는 것을 알았다. 따라서 그러한 항목들을 중심으로 경제개발을 시작해야 한다고 생각하고 갱지에 차트를 그려 들고 최고회의에 들어갔다. 이때 그린 바로 그 10여 장의 갱지 차트가 바로 '제1차 5개년계획'의 골격이 되었다.

같은 해 9월 경제기획원에서 그 차트의 내용에 살을 붙이고 다듬어 '경제개발 5개년계획'의 시안을 작성한 후 1962년 1월 13일 '제1차 5개년계획'을 공표하였다. 이 5개년계획을 미국 국무부에 내어놓자 미국 국무부는 이것은 5개년계획이 아니라 쇼핑 리스트라고 하면서 반드시 실패할 것이라고 평가했다.[193] 하지만 오원철은 매우 탁월한 테크노크라트(technocrat: 상공부에서 공업정책을 수립하고 실행하는 역할을 했던 기술형 관료를 의미함)로서 문제에 부딪히면 반드시 한국의 현실에 맞는 실용적인 해결책을 찾아내었다.

(2) 주요 업적

오원철은 한국의 산업구조를 경공업에서 중화학공업 중심으로 전환하는데 크게 기여하였다. 그림 2.5.1은 한국의 산업혁명 단계를 요약하고 있다. 우리나라는 경공업 수출을 통한 산업개발 전략으로 '제1단계 산업혁명'에 돌입하여 1964년 12월 수출 1억 달러를 돌파했고, 3년 후인 1967년 말에는 수출 3억 달러를 돌파했다. 3억 달러는 당시 미국으로부터 받았던 연간 원조금의 최고 수준이었다.

1967년부터 1970년까지는 제2단계 산업혁명이다. 수출공업이 본격적으로 발전하기 시작하면서 새로운 공장이 우후죽순으로 늘어났다. 주로 경공업 위주의 산업구조였지만, '원료의 국산화'를 위해 기초원료 공업과 제철공업 건설이 시작되었다. 1969년 12월 31일, 대망의 수출 10억 달러를 달성했다.

그림 2.5.1 우리나라 산업혁명 4단계

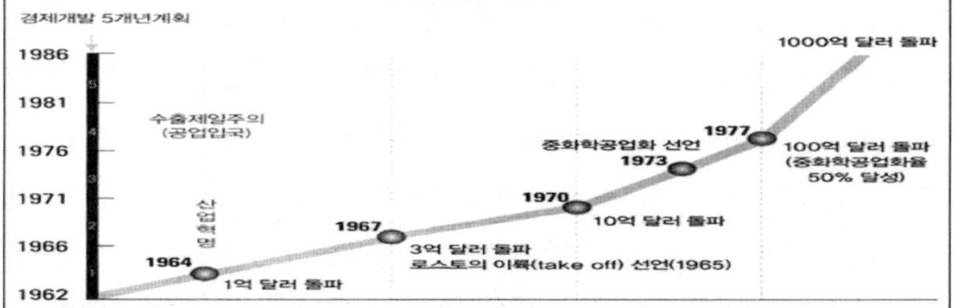

산업혁명단계	제1단계	제2단계	제3단계	제4단계
수출(억 달러)	1~3	3~10	10~100	100~1000
1인당 GNP(달러)	100~150	150~250	250~1000	1000~10000
공업형태	수출체제로 전환	원료의 국산화	기계의 국산화	기술의 국산화
수출산업	경공업(섬유 등)	경공업 (중화학공업 발전)	경공업 + 중화학공업	중화학공업 정밀공업 두뇌공업
인력	여자 단순기능공	남녀 단순기능공	남자 기능공	기술자, 연구가

출처: 오원철(1996). 한국형 경제건설 3권. 기아경제연구소. 176.

1970년부터 1977년까지는 제3단계 산업혁명이다. 1973년 중화학공업화 선언 후 경공업에서 중화학공업 분야로 주력산업이 옮겨갔다. 제1단계에서는 여자 기능공의 공이 컸던 반면, 제3단계에서는 남자 기능공의 역할이 커졌다. 기술자와 과학자도 양성되었고, '기계의 국산화'가 이뤄졌다. 국제적으로 경쟁력이 있는 제철소와 석유화학공장, 조선소, 자동차공장, 공작기계공장, 전자공업 공장 등이 건설되었다. 수출액은 크게 늘어 1977년 '100억 달러 수출'을 이룩했다.[194]

그로부터 45년이 지난 2022년 우리나라 방위산업만의 수주금액은 170억불(한화로 약 22조원)에 달했다.[195]

이와 같이 오원철은 전쟁 이후에 폐허가 된 상태에서 공업적인 기반이 전혀 없고 공장을 지을 돈도 없고, 제품을 소화할 만한 수요도 없고, 기술자도 전혀 없던 완전 바닥의 후진국인 우리나라가 선진국과 견줄만한 경쟁력을 가지기 위해서는 기초산업부터 차근차근 최종산업으로 형성해가는 선진국형 경제개발모형으로는 불가능하다고 판단했다. 후진국에서는 최종산업부터 기초산업까지 피라미드식, 혹은 산업군을 한꺼번에 출발시키는 식으로 공업발전을 하지 않으면 우리나라는 영영 후진국으로 남을 수밖에 없다고 생각하였다. 오원철의 이러한 생각에 모두가 미쳤다고 반대했지만 그는 그러한 미친 방법으로 도박하듯이 도전해보지 않고서는 가난의 굴레를 벗어날 방법은 결코 없다고 판단하고 사생결단의 마음으로 사업을 추진하였다.196)

한 예로 박정희 대통령이 1971년 11월 방위산업 건설에 착수했을 때였다. 6·25전쟁 이후 계속되는 북한의 도발과 위협에도 불구하고 미국은 '닉슨독트린'에 의해 주한미군(7사단)을 1971년 6월말까지 철수시킬 방침이었다. 그 당시에 북한은 우리나라보다 무기가 훨씬 강하고 앞서 있었다. 하지만 남북한 대치 상황에서 무기 현대화에 필요한 재원이 없었기에 방위산업을 시작하기 힘들었다. 1971년 11월 박정희 대통령은 경제기획원에서 4대 핵공장 건설의 추진상황에 대한 보고를 받았는데, 일본, 미국, 유럽의 차관 도입에 진전이 없다는 보고에 낙심을 하였다.

그때 오원철 상공부 광공전(鑛工電) 차관보가 김정렴 비서실장에게 전화를 걸었다. 오원철의 아이디어는 무기 생산만 전문으로 하는 군(軍) 공장은 경제성이 없었고, 민영 군수공장도 병기 수요가 충분하지 않으면 비경제성 때문에 바람직하지 않으니, 무기 개발은 중화학공업과 같이 진행시켜야 한다는 것이었다. 왜냐하면 모든 무기는 분해하면 부품이니까 방위산업을 중화학공업의 일환으로 추진하되, 무기의 부품별-뭉치별로 유관공장에 분담시켜 제작케 함으로써 무기 수요의 변동에 따른 낭비를 최소화할 수 있다는 것이었다. 그다음 날(1971년 11월 10일) 오원철은 바로 청와대 경제 제2비서실 수석비서관으로서 임명되어 방위산업 및 중화학공업을 관장하게 되었다. 그렇게 우리나라 방위산업이 시작될 수 있었다.197)

이와 같이 오원철은 누구도 생각하지 못한 창의적인 방식으로 문제에 접근하면서도 통합적이고 거시적인 관점을 가졌다. 그와 더불어 계획하고 추진할 때는 미시적인 부분 하나하나도 빠트리지 않고 완벽하게 진행하였다. 특히 오원철은 문제의 핵심을 잘 짚고 날카롭게 질문을 하는 박정희 대통령에게 브리핑을 잘하기로 유명했다. 그는 브리핑을 듣는 사람의 입장과 관점, 가치와 철학을 모두 이해하고 할 수 있는 질문에 대한 모든 답을 미리 다 준비했고 듣고 싶어 하는 말을 모두 꿰뚫고 있었다. 그렇게 되기 위해서 오원철은 박정희 대통령이 읽는 책들을 모두 읽었다고 한다. 오원철은 박정희 대통령과 자신의 관계를 보스와 참모의 역할이 아닌 동반자 관계로 보고 위치와 권력, 역할은 다르지만 함께 의견을 나누었고, 협상을 할 때는 심리적으로 밀리지 않는 심리적 동등함을 가져야 한다고 생각했다.198)

그렇게 오원철은 박정희 대통령을 도와 방위산업과 중화학공업을 건설하여 우리나라가 경제 선진국으로 나아갈 수 있도록 기틀을 마련하였다. 또한 오원철은 미래를 그리는 상상력, 체계적이고 구체적인 기획력, 계획에 따른 빈틈없는 추진력과 창의적 문제해결력, 그리고 가난을 벗어나야 한다는 사명감과 애국심을 두루 갖춘 탁월한 테크노크라트였다. 이와 같은 이유로 박정희 대통령은 그를 '국보(國寶)'라고 부르며 아꼈다.199)

2. 오원철의 협상 사례

1) 석유화학공장 설립을 위한 외국 석유회사들과의 협상[200]

(1) 협상의 배경

석유화학은 10여 개의 공장이 연결된 하나의 공동운명체이다. 석유화학에서 나오는 제품은 시중에 파는 물건이 아니고 모두 중간 약품이기 때문에 다음 공정의 공장이 사 주지 않으면 유지되지 않는다. 그러므로 모든 단계의 공장이 한꺼번에 건설되어야 한다. 또한 선진국의 석유화학제품의 가격에 대비하여 한국제품이 경쟁력을 갖추지 못하면 살아남을 수 없다. 국제 경쟁력을 가지려면 세계적인 최신기술과 공법으로 지어야 하고, 국제적인 규모로 지어야 한다. 그래서 석유화학공업은 계획 당시부터 품질과 생산비가 국제 수준에 맞아야 한다. 이와 같은 이유로 후진국은 엄두도 못 내고 모두 선진국이 독점하는 사업이 된다

당시 우리나라의 상황에서 석유화학공장을 짓는 것은 그냥 미친 짓이었다. 그 이유는 다음과 같았다. 첫째, 중간 제품에 대한 충분한 수요가 없다. 그러니 일단 규모가 작은 공장을 지을 수밖에 없다. 둘째, 규모가 작은 공장은 중간 제품인 원료의 생산가격이 높아진다. 셋째, 원료의 생산가격이 높아지면, 합성수지나 합성섬유의 가격이 높아진다. 넷째, 합성섬유 등 수출상품의 값이 비싸면 수출경쟁력이 떨어진다. 다섯째, 석유화학산업은 빠르게 발전하기 때문에, 초기에 따라잡지 않으면 산업의 시기를 놓치게 되고 석유화학산업의 기회는 영영 없어진다. 여섯째, 그렇게 기회를 놓치면 석유화학제품의 수입에 더 막대한 외화가 필요하다. 오원철은 이러한 악순환의 상황이 벌어질 수 있음을 알고 있었다. 당시 우리나라 공업은 일본의 하청공장에 지나지 않아 자립적 공업국이 아니었다.

1966년 3월 제2차 5개년 경제개발계획이 확정되었고, 7월에 석유화학

이 핵심사업이 되었다. 사활을 건다는 각오로 총사령관은 박정희 대통령이고, 사령관은 박충훈 상공부장관, 담당 참모는 오원철 상공부 제1국장이 되었다. 먼저 석유화학을 전담할 석유화학과를 신설하고, 인재들을 영입하였다.

정부는 1966년 2월, 미국회사인 ADL(Arthur D. Little)사로 하여금 우리나라 석유화학 공업의 건설타당성 조사를 하게 했다. ADL보고서는 한국은 석유화학 개발 가능성은 있으나 수요가 부족하므로 30만 톤 선진국 공장의 10분의 1인 3만 톤 정도의 소규모 공장을 지으라는 내용이었다.

하지만 이런 규모로는 경쟁도 안 되고 살아남을 수 없다. 선진국의 경제는 서서히 성장하므로 과거 추세에 비추어 미래 전망을 한다는 것이 말이 되지만 후진국 경제는 과거 추세가 없으므로 미래를 예측하기가 어렵다. 오원철은 후진국에서는 선진국형 사고방식으로 미래의 수요를 예측하고 생산 계획을 잡는 식의 사고방식을 버려야 한다고 생각했다. 현실적으로 우리나라는 후진국이기 때문에 이론가나 경제학자가 추진하기는 어려웠다. 이윤을 바라는 기업가가 끼어들 수도 없다. 그래서 공업정책 담당자가 결단을 내릴 수밖에 없었다.

오원철은 외국 경쟁사와 싸워서 살아남으려면 3만 톤으로는 안 되고 최소한 10만 톤은 되어야 한다고 판단하였다. 하지만 10만 톤의 공장에서 쏟아져 나오는 물건을 팔 곳이 없었다. 그래서 이 중간원료를 구매하여 제품을 만들 공장군을 함께 육성하지 않으면 살아남을 수 없다는 결론에 이른다. 이것은 이론이 아니고 공업정책이다. 하지만 부서 직원들은 아무리 규모를 늘려도 국내에서 지을 수 있는 석유화학공장은 최대 6만 톤이라고 하였다. 그래서 상공부는 일단 6만 톤 석유화학공장 건설안을 경제 각의에 상정하였다. 하지만 오원철은 실제 공장은 10만 톤으로 지어야 한다는 것을 가슴에 새겼다.

오원철은 국내에 석유화학을 건설한다는 것이 무척 힘들다는 것을 알고 있으므로 필생의 각오로 전쟁에서 작전에 임하는 자세로 임했다. 먼저 조직을 강화하고, 6만 톤으로 30만 톤을 이길 수 있는 목표를 설정하였다. 그렇게 하기 위해서는 먼저 생산가격을 낮춰야 하는데 이것은 결국 전기료, 수도세 등의 유틸리티 비용을 절감해야만 가능했다. 하지만 아무리 유틸리티 비용을 낮추어도 처음부터 적자가 나는 공장을 지어야 하는 것이 불을 보듯 뻔한 일이었다. 그러니 쉽게 투자하겠다는 회사가 없었다. 그래서 오원철은 투자를 꺼리고 망설이는 외국 투자회사를 설득하기 위해 직접 나섰다.

(2) 협상과정과 결과

오원철은 외국 투자회사를 유치하기 위해서는 적자를 줄이기 위한 방법들을 준비하기 시작했다. 관세법, 조세감면법, 외자도입법, 장기연불식 공장용지값, 자기자본율 30%(부족분은 합작투자사에서 현금차관 허가), 정부의 유틸리티 비용 보장 등 모든 수단의 정부지원책을 동원해야 했다.

울산 석유화학단지의 부지를 매입하고 단지 조성공사를 마치고 단지 분양을 하였다. 단지화 정책은 후진국일수록 효과가 크다. 정부의 강력한 의지가 표명되면 단지화 정책은 외국 합자회사나 차관을 주는 기관에 설득력이 생긴다. 석유화학공장 건설을 위한 마지막 단계로 선진국 회사의 도움이 반드시 필요했다. 그래서 오원철은 선정원칙을 세워 합자회사와 협상을 하기 시작하였다.

오원철은 합자회사 선정원칙을 다음과 같이 설정하였다.[201]

가) 내자 부분과 외자 부분을 분리하여 확보하고 교섭이 확정된 후 일정 단계에서 내·외자를 연결한다.

나) 외국과의 합작 비율은 50:50으로 하며, 운영 참여 등도 50:50으로 하여 쌍방 완전합의제로 한다.

다) 기술료의 일부 자본화를 인정하고 특허료는 대부분 공장 가동 시 기준인 러닝 로열티(running royalty)로 한다.

라) 투자분 이상의 소요 외화는 원칙적으로 상업차관으로 하되, 투자자 자신 혹은 주선분으로 조달한다.

마) 1개 투자자의 2개 공장 이상 투자를 허용한다.

바) 2개 이상 외국회사로 구성된 컨소시엄의 투자를 허용한다.

사) 외국투자회사는 한국 정부의 정책에 따라야 하며 한국의 석유화학 개발 추진방침에 수락하여야 한다.

한국의 추진방침을 보자면 추진계획은 정부가 수립, 실수요자는 한국 정부가 결정, 자금의 적정선은 주식 대 차입 비율을 30:70으로 유지 그리고 부대시설집중화, 단지화, 시설규격화로 요약된다.

① 걸프사와 협상 이야기

가장 먼저 걸프사와 협상을 시작했다. 오원철은 걸프와 산업은행의 합작회사인 대한석유공사에 나프타 분해공장과 BTX공장을 맡기려고 마음을 먹고, 대한석유공사 사장인 박원석과 기술이사인 전민제에게 걸프를 설득하도록 요청하였다. 전민제는 걸프와 개인적 친분이 있어서 설득작업에 효과적일 것으로 보았다. 그리고 걸프측 극동담당 책임자인 굿맨(Goodman) 씨를 불렀다. 오원철은 굿맨 씨에게 한국에서의 석유화학 건설의 필요성을 다음과 같이 설명했다.[202]

> 석유화학은 제2차 5개년 사업의 핵심사업으로 박 대통령의 최대관심사이며, 지금 건설하지 못하면 일본에 영영 뒤떨어진다. 그

리고 "이 사업이 자신에게 필생의 사업이니 잘 안되면 모가지다." 라고 하면서 도와달라고 개인 사정도 이야기했다. 그리고 대한석유공사의 연도별 이익표를 내놓으며 설득했다. 요약하면 석유공사의 이익이 많이 나오지만 세금을 35%나 많이 내고 걸프 쪽은 25% 주주니 배당금도 적다. 또, 이익이 많이 나면 정부에서 유류 판매가격을 조정하니 장기간으로 이익을 낼 수는 없다. 그러니 석유화학에서 나프타를 싸게 공급하여 손해를 좀 감수하면 유류 판매가 결정시 보상하겠다는 제안을 하였다.

이에 굿맨 씨는 수긍을 하고 검토하겠다고 했고 6만 톤은 너무 적어서 채산이 안 맞으니 10만 톤으로 늘려 달라고 요구하였다. 오원철의 예상이 적중하였다. 그렇게 나프타 분해공장과 BTX203) 공장을 건설하였다. 이 공장들은 걸프의 화학담당부서가 출자한 것이 아닌 굿맨 씨가 책임지고 있는 동경지사 원유판매담당 부서에서 출자했다.

② 다우케미컬사와 협상 이야기

이후 울산 석유화학단지 중 폴리에틸렌204), VCM205), AN(아크릴로니트릴)206), 카프로락탐207), 석유화학지원공단을 모두 충주비료에서 맡아서 추진하기로 했는데, 이들 공장만 건설되면 골격이 완성될 것이었다.
폴리에틸렌, VCM, AN, 카프로락탐 모두 대규모 공장이어서 합작선을 찾아야 했다. 합작의사가 있는 외국회사가 몇 있었고 공문이 여러 차례 오고 갔지만 정작 계약서에 도장을 찍지 않고 시간이 필요하다고 한 발을 빼고 있는 상태였다. 오원철은 불안하고 초조해졌다. 그래서 직접 미국으로 가서 협상하기로 하고 혼자 미국행 비행기를 탔다.
폴리에틸렌과 VCM을 합작하겠다는 다우케미컬사를 가서 극동지구와 동남아시아 판매담당인 런딘 부사장을 만났다. 그는 한국의 경제에 대해

소상히 알고 있었고 많은 칭찬을 했다. 그리고 서로의 전문분야인 플라스틱에 관한 얘기를 많이 주고받았다. 오원철은 대한민국 정부가 사업 파트너라는 것, 충주비료는 전액 정부출자금으로 설립된 국영기업체라는 것, 그리고 10만 톤으로 시작하지만 30만 톤 에틸렌 분해공장에서 나오는 원료 값으로 공급을 해주겠다는 것 등 석유화학에 관하여 설명했다.

런딘씨는 어떻게 원료 값을 싸게 주겠다는 것인지 의심쩍어했다. 오원철은 나프타공장은 걸프와 합작한 대한석유공사가 건설하는데, 석유공사의 생산품 단가는 정부가 결정하고, 적자 역시 정부가 보전하게 된다고 설명하였다. 그리고 걸프사와의 계약서를 보여주었다. 런딘씨는 다우사의 석유화학담당 부사장을 불러서 한국의 석유화학에 대해 설명하면서, 주로 자신이 가진 의문점에 대한 부분을 보충하여 설명하였다.

오원철은 런딘이 설득되었다는 것을 알아차렸다. 석유화학담당 부사장은 궁금한 점을 묻지 않고 주변 사항만 설명했다. 영어가 서툰 오원철은 그림으로 그려달라고 요청하였다. 그는 VCM 문제에 대해 소금부터 시작해서 VCM을 만드는데 소금과 에틸렌을 합성해서 EDC를 만들고 이것을 다시 에틸렌과 화합해서 VCM을 만드는 공정을 그렸다. 그것을 보고 오원철은 결국 다우에서는 EDC[208]가 남아돌아 이것을 팔고 싶은 거라는 것을 알아차리고

"한국에 EDC를 팔고 싶은가요?"

고 물으니 그렇다고 했다. 그래서 오원철은 그것이 가능하지만 조건이 있는데, EDC 가격은 싸게 해야 하고, EDC를 수입하면 한국에 에틸렌이 남게 되니 결국은 VCM과 폴리에틸렌 규모가 커야 에틸렌을 모두 소비할 수 있게 되니 이것들의 규모를 늘리자고 했고, 다우사는 이러한 제안에 동의했다. 그렇게 VCM과 폴리에틸렌 공장에 대한 투자를 받았다.

③ 스켈리오리사와 협상 이야기

다음으로 오클라호마의 탈사에 있는 스켈리오리사를 방문하였다. 이 회사는 우리나라의 제3비료공장(영남화학)의 주식 25%를 소유하고 있고 AN 투자를 검토 중이었다. 그 인연으로 오원철은 소데이 박사를 알게 되었는데, 다행히 소데이 박사는 투자 건에 대해 걱정하지 말라고 하였고, 사장실을 방문했을 때 조선의 고가구들로 가득 차 있는 것을 보고 안심했다. 스켈리오리사의 사장은 한국의 아름다운 미술품을 매우 아끼고 좋아하였는데 이를 만들어내는 한국 사람들의 예술성을 높이 칭송한다고 하였다. 그로 인해 AN투자 건은 쉽게 해결되었다.

오원철은 미국에서 돌아와 대통령에게 자세히 보고하고, 각 프로젝트의 팀장들에게 협상의 결과를 상세히 설명한 후에 관련 대책들을 세우도록 지시하였다.

나중에 자신이 저술한 책에서 미국 회사와의 교섭에서 느낀 점을 정리해 두었다. 이제 한국 경제도 미국 기업에 좋은 인상을 주고 있다는 점으로 최후진국이라는 평가는 면했고, 큰 공장을 지을 수 있다는 인정을 받은 느낌이 들었다고 기록하였다. 그러면서 오원철은 외국의 비즈니스 파트너와 협상할 때 참고할만한 팁을 다음과 같이 정리해 두었다.[209]

- 협상에 있어서 교섭상대자를 잘 선택할 것, 즉 한국에 찾아오는 실무자급을 상대하는 것은 초기 교섭에서는 필요하지만 어느 정도 일이 진척된 후에는 꼭 미국 본사로 찾아가서 책임 있는 사람과 만나야 한다는 것,
- 그 책임자가 한국을 방문했을 때, 충분히 준비된 상황을 보여줌으로써 신뢰를 쌓을 것,
- 한국식 접대를 통해 단숨에 가까워 질 것.

2) 제1차 오일 쇼크 당시 외국 석유회사들과의 협상[210]

(1) 협상의 배경

우리나라 현대 경제사에 있어 가장 큰 시련은 1973년 10월 6일에 시작된 제4차 중동전쟁으로 촉발된 제1차 세계 오일쇼크였다. 전쟁 발발 직후, 이라크 정부는 즉각 자국 내의 미국계 스탠더드오일, 모빌오일 등 석유자산을 국유화했다. 그리고 미국이 이스라엘 원조 강화를 발표하자 10월 16일에 아랍 산유국 대표들은 석유 값을 17% 인상했다. 그 이후 10월 17일에 바로 OPEC회원국들은 원유감산조치를 취했고, 18일에 미국에 원유공급을 중단했다.

아랍측은 주 공격대상을 미국으로 삼았지만 미국은 중동 수입량이 5% 정도에 불과하고 자국 비축량이 충분하여 큰 피해가 없었다. 하지만 미국계 석유회사인 걸프, 칼텍스, 유니온오일에서 공급을 받던 우리나라는 큰 위기가 왔다. 11월 4일 OPEC에서는 원유생산량을 추가로 25% 감량을 했다.

이에 따라 11월 6일 걸프 측에서 11월 이후 원유공급을 30% 감축, 칼텍스 10% 감축, 유니온오일 20% 감축하겠다고 통보해왔다. 그렇게 되면 평균 22% 감축으로 우리나라 경제는 전부 멈춰버리는 마비상태가 될 우려가 있었다. 이에 우리나라 정부는 11월 8일 각 신문사에 에너지절약 1단계 조치를 발표하고 다채로운 절약활동을 당부하였다. 그리고 에너지 파동에 대비하여 유류배급제의 채택 등 일련의 대책을 실시할 것을 검토하였다.

원유가 들어오지 않으면 중화학공업 추진도 중지되어야 한다. 그렇게 걱정하고 있을 때, 박정희 대통령은 오원철에게 석유를 구해오라고 명령했다. 오원철은 그 명령에 당황하며 천근만근 무게감을 느꼈다고 했다.

(2) 협상과정과 결과

오원철은 김광모 비서관과 함께 비장한 마음으로 바로 작전계획을 세웠다.[211]

1) 미국 측 석유 3사의 원유공급 결정권자를 만나서 결판을 지어야 하니 회장에게 면회요청을 한다.

2) 회장이 바쁘다면서 아래 사람에게 미루지 못하도록 박정희 대통령 친서를 전달한다고 통고한다.

3) 석유 3사의 한국 측 회사 사장과 거기에 근무하고 있는 미국 측의 미국인 부사장들을 긴급 소집한다.

4) 교섭 시 원유공급은 미국 측에서 책임지게 되어 있으니, 그들이 보는 앞에서 한국 측 사장이 미국인 부사장들에게 책임추궁을 하라고 한다.

5) 교섭순서는 걸프부터 찾아가기로 결정했다. 그 이유는 걸프 측이 우리나라 정유공장의 50%를 점하고 있고, 가장 많은 30% 삭감을 통보해 왔기 때문이었다. 걸프를 설득하면 다른 회사들도 따라올 것이라고 생각했다.

6) 강공책을 사용하기로 마음먹었다. 서양 사람과의 교섭은 법과 이론으로 맞대결해야 된다는 것을 정유회사 설립할 때 경험했기 때문이었다.

7) 대통령 친서 3장을 작성하였다. 이때 대통령 친서는 "한미경제인연합회 회장"을 맡아달라는 친서였다고 한다.

이제 오원철은 김광모 비서관과 단둘이 미국으로 떠났다. 먼저 걸프 회장을 만나서 설명한 것을 요약하면 다음과 같다.[212]

> 중동사태 이후 한국에서 에너지 공급대책에 대하여 몇 차례 각의에서 심각하게 논의되었고 결론은 다음과 같다. 산유국으로부터 유류공급이 20% 이상 감축될 시, 배급제를 실시할 수밖에 없다. 배

급제 실시에는 최소한 3개월의 기간이 필요하고 이것을 관장할 별도 기구도 필요하다. 그러나 현재 경제 사회적 상황으로 배급제를 해서는 경제가 마비되고 사회는 혼란에 빠지니 절대 배급제를 실시해서는 안 된다. 즉, 유류공급이 감축되어서는 안 된다. 그러므로 한국의 실정(에너지원이 전혀 없고, 100% 중동산에 의존, 소비를 위한 가정용, 자동차용 휘발유가 아니라 생산을 위한 산업용과 60만 대군의 군사용, 아무 자원도 없이 경제 건설을 위해 죽도록 노력하는 한국인의 노력 등)을 설명하고 현 사태의 심각성을 이해하고 선처가 있기를 바란다.

이렇게 특사의 자격으로 설명한 다음 석유공사의 50% 주주의 입장과 석유공사를 감독하는 정부의 입장으로서 원유담당 미국인 부사장에게 한마디 하겠다고 하며 큰소리로 추궁하기 시작했다.

"당신은 원유담당자로 세계 원유 시장이 어떻게 돌아가는지도 모르고 갑자기 30% 감량 통고를 해 온 것은 직무태만 아니오. 세계 원유사정이 위태로우면, 석유비축을 하든지 미리 무슨 대책을 세웠어야 하는 것 아니오."

즉, 걸프는 중동 이외에서 원유를 구하는 등의 대책을 미리 취할 수도 있지 않았느냐 그러니 계약조건대로 원유공급을 해야 한다는 논리였다. 이는 결과적으로 걸프에 대한 추궁이었다. 걸프 회장도 이런 상황에 당황하였다. 결국 자기를 추궁하고 있다는 것을 안 것이다.

걸프 회장은 모면하려고 말했다.

"싸움을 하려거든 나가서 하라."

오원철은 톤을 낮추어 말했다.

"이상은 내가 석유공사의 직원에게 기합을 넣은 것뿐이오."

그랬더니 걸프 회장도 다시 조용한 말투로 돌아갔다.

"걸프 본사의 원유담당 사장에게 한국에 대한 원유공급을 최대한 돕도록 계획을 짜 보라고 지시하겠습니다."

결국 2시간여의 기다림 끝에 오원철은 걸프 회장에게서 만족스러운 성과의 서류를 받았다. 그리고 굿맨 씨에게 찾아가서 뒷이야기를 들었다. 쿠웨이트에서 20~30% 감량하고 있고 다른 나라들도 돌아가는 내용을 다 알고 있는 판에 다른 나라로 가는 원유수송선의 항로를 변경해서 한국에 보내는 것은 예사로운 일이 아닌데 걸프 회장이 수송선 한 척을 더 내놓으라고 했다는 것이다. 그래서 억지로 끼워 맞춘 것이라 걸프 본사에서는 뒤처리가 골치 아프게 되었다고 하였다.

그러면서 굿맨 씨는 오원철을 칭찬하였다.

"원유를 얻으러 온 다른 나라의 사람들은 모두 와서 굽신굽신하면서 기름을 달라고 사정을 하는데, 큰 소리로 따진 것은 오원철 당신뿐이었소, 그것이 당신 특기 아니오. 또 다른 사람들은 다 원유담당인 나를 찾아왔는데, 당신은 바로 회장에게 가서 따진 것이 특색이었소."

그 이후 오원철은 칼텍스와 유니온오일과도 동일하게 교섭을 진행했다. 특히 이들 회사가 걸프사와의 교섭내용을 믿기 힘들어 할 것 같아 대통령에게 보낸 전문을 복사하여 사용하였다. 걸프 쪽에서 원유공급을 늘린 비율만큼 칼텍스와 유니온오일에서도 늘려달라고 설득했다. 칼텍스 쪽에서는 걸프사에 전화까지 해서 교섭내용을 확인했다고 한다.

3사 모두 다른 나라로 배정된 원유를 빼서 주는 것이니만큼 아마도 이때 교섭을 하지 않았더라면, 우리나라에 대한 원유공급량이 얼마나 줄었을지 모를 일이다. 우는 아이 떡 하나 더 준다고 원유가 모자라는 상태에서는 급한 곳부터 배정하게 된 것이다.

오원철은 교섭을 마치고 돌아오는 비행기에서 김광모 비서관과 그동안

토의했던 내용을 모두 보고서 양식으로 정리했고, 도착 즉시 대통령에게 보고할 준비를 했다. 그리고 5일 이후, 향후 오일 수급을 위해서는 중동 회사들과의 직접 교섭을 해야 한다고 오원철이 건의하였다. 결국 최규하 특사를 중동에 파견하여 원유교섭을 함으로써 사우디아라비아와의 원유 공급 길이 열리게 되었다. 그 결과 우리나라의 에너지 위기는 시작은 떠들썩하게 있었지만 끝은 흐지부지 없어지고 말았다. 결국 1974년부터 원유값은 올랐으나 공급 문제는 없어졌다. 이때를 계기로 하여 나무를 제외하고는 석유, 가스, 석탄, 수력 등 그 어떤 에너지원도 없던 우리나라는 비상용 석유비축에 신경을 쓰기 시작했다.

3. 오원철 협상 사례의 분석과 교훈

일본의 식민시대와 6·25전쟁으로 폐허가 된 최빈국의 굶주리고 힘들어하던 국민들을 일으켜 세우기 위해서는 강력한 동기와 추진력이 필요했을 것이라는 것은 어렵지 않게 유추할 수 있다. 또한 선진국의 생태학적인 자연스러운 산업의 발생과 성장방식과는 다르게 무모하고 도박 같은 방식의 산업 발생과 성장방식을 취한 것은 자원도, 기술도, 자본도, 아무것도 없는 최빈국이 단시간에 국제적인 경쟁력을 가지기 위한 선택이었다는 관점도 존재한다.[213]

그러한 국제적인 정세와 국내 상황을 충분히 이해하고 활용하여 굳은 의지와 추진력으로 대한민국은 굶주림과 가난의 고리를 끊고 국가 기간 산업을 일으켜 경제적 안정을 이룩하였으며 이를 기반으로 경제성장을 지속하여 지금은 세계 10위권의 경제력을 가지게 되었음을 부정할 수 없다.

1) 협상의 구조분석

표 2.5.1 오원철 협상의 구조분석

항목	분석내용
협상철학	- 국민들이 굶지 않도록 전쟁을 치르듯 한국 경제 발전에 헌신함 - 최빈국인 한국이 국제 경쟁력이 있는 중화학공업의 발전 없이는 가난에서 벗어날 수 없다는 신념
협상전략	- 자원도 돈도 기술력도 전무했던 최빈국 한국에 국제 경쟁력을 가진 중화학공업을 일으키고 제1차 오일 쇼크에서 국가 파산을 막기 위해 모든 수단을 동원한 해외 기업들과의 교섭
협상력	- 중화학공업에 대한 기술과 전문성 - 통찰력 있는 상황 판단과 협상 전략 - 효과적인 협상 기술과 철저한 협상 전 준비 - 임무에 대한 사명감과 당당함, 집념 등의 심리적 파워
협상스타일	- 치밀하게 계획하고 체계적으로 추진하는 스타일 - 가난 극복을 위한 애국심과 집념으로 협상을 성공시키는 강력한 테크노크라트
협상소통스킬	- 논리와 전문성을 토대로 설득형 소통 - 주의 깊게 듣고 상대의 심리를 빠르게 잘 파악하는 통찰력 있는 소통 - 공감대 형성과 감정의 적절한 사용을 위한 소통 - 상대의 책임감과 감정을 압박하기도 하고 풀어주기도 하는 유연한 소통
협상성과	- 국제 경쟁력을 가진 석유화학공장과 종합제철 설립 - 미국 석유회사의 석유공급 증가시킴
협상성공요소	- 최종 의사결정권이 있는 당사자 선정/거절할 수 없는 협상 환경 조성 - 철저한 협상 시나리오 준비 / 창의적인 옵션 개발 - 논리와 감성의 효과적 사용 - 협력적 관계를 구축하기 위힌 접근
협상성공의 의미	- 오천 년 가난의 고리를 끊어내기 위해 석유화학, 종합제철, 전자, 자동차, 방위산업 등을 일으켜 '한강의 기적'을 만들어 냄 - 제1차 오일쇼크 중 국가 파산의 위기를 넘김

오원철이 한국의 산업을 구조화하여 발전시키는 과정과 석유 파동의 위기 상황에서 실행했던 대표적인 협상 사례를 살펴보면서 성공적인 협상가의 역량과 성공적인 협상의 특징을 표 2.5.1과 같이 분석하고 교훈을 정리했다.

2) 오원철의 협상역량214)

오원철은 어려서부터 TV, 라디오, 레이더 기술 등 전자기기 등 공학 분야에 호기심이 많았고, 주변에 광석라디오를 직접 조립해서 만들어 줄 정도로 기술과 기계에 대한 이해 수준이 높았던 것으로 판단된다. 그 이후 공군의 기술장교로 입대하여 항공청에서 관리자로 일하면서 미군통신대의 무선통신기기, 항공기내 전자장치, 조준기, 녹음기, 전축 등 각종 전자제품 등 전자공학 분야와 기계에 대한 전문성을 높였다. 이후 시발자동차의 공장장, 국산자동차주식회사 공장장으로 자동차산업에 대한 전문성도 높였다. 게다가 오원철은 서울대학교에서 화학을 전공했다. 이러한 경력과 경험은 협상력의 가장 중요한 원천인 정보와 전문성의 기반이 되었다.

이 시기에 오원철은 이승만 대통령이 기름 없이 달리는 자동차 개발을 염원하는 것을 보고 그 역시 석유 한 방울 나지 않는 우리나라를 위해 휘발유 없이 움직이는 자동차 연구에 골몰했었는데, 이러한 일로 인해 오원철은 에너지 측면에서 우리나라의 국제적인 상황을 잘 알게 되면서 안타까운 마음과 함께 애국심이 뿌리내려진 듯하다. 에너지 측면에서 국제 정세와 우리나라의 상황과 장애에 대한 정확한 평가는 협상력의 원천 중에 개인적인 역량으로 상황을 잘 인식하고 파악하는 능력에 해당한다고 할 수 있다.

이러한 전자, 자동차, 기계분야의 전문성과 나라를 걱정하고 가난한 국민을 위하는 애국심은 1961년부터 국가재건최고회의의 기획조사위원회의 조사과장, 상공부 화학과장, 상공부 광공전차관보, 대통령 경제수석으로 국가를 위해 일하면서 본격적으로 구체적인 협상역량으로 펼쳐졌다.

화학공학을 전공했고, 전기와 자동차, 기계 분야의 전문성밖에 없었던 그에게 '경제개발 5개년계획'을 수립하게 하고 공장을 지으라는 국가적 명령이 떨어지니 그때까지 경제에 대한 거시적인 전문지식이나 식견이 없었던 그는 난감해했다. 그럼에도 불구하고 오원철은 산업은행의 수입일람표를 훑어보고, 바로 먹고사는 문제에 있어서 자급자족이 안 되고 수입금액의 대부분을 차지한다는 것을 알고 그러한 항목들을 중심으로 경제개발을 시작해야 한다고 판단하여 제1차 경제개발 5개년계획을 작성하였다.

이런 측면을 볼 때, 그는 과제를 수행할 때 어떻게 접근해야 하는지 문제해결 접근법을 알았다. 이것은 그 전의 공학도로서 엔지니어링 교육, 라디오조립, 기술장교로 항공창 관리, 공장장 등에서의 역할수행과 과제수행을 통해 터득되었을 것으로 판단된다. 어쨌거나 오원철은 엔지니어링 어프로치를 실행하고 있었다. 타고 났든 경험에 의해 익혀졌든지 간에 그는 시스템적인 사고방식과 기획력, 분석 및 판단력, 미래에 대한 통찰력을 지닌 인물이었다.

그렇게 5개년계획이 공표되고 미 국무부는 그 계획이 실패할 것이라고 평가했고, 많은 경제 관료들은 미친 짓이라고 반대했지만, 오원철은 그 평가에서 지적된 부분을 고려하여 한국적인 현실에 맞게 실용적 해결책을 찾아내어 추진함으로써 우리나라에 중화학공업을 구축해냈다. 이런 측면에서 오원철의 창의적 문제해결력과 추진력을 엿볼 수 있다.

이와 같이 전쟁으로 폐허가 된 나라에서 제대로 밥도 못 먹고 사는 국민들에 대한 안타까움과 애국심, 그리고 시스템적 접근법, 분석력, 기획력, 통찰력, 창의적 문제해결력과 추진력은 모든 리더와 공무원들이 갖추어야 할 기본역량이다. 더불어 이러한 역량은 성공적인 협상을 하기 위한 협상가로서도 꼭 갖추어야 할 기본적인 역량이다. 이러한 기본적인 역량은 협상가의 협상력 중 개인적인 파워에 해당된다.

또한 오원철은 박정희 대통령의 머릿속을 이해하기 위해 동일한 책을 읽었던 명민한 판단력, 앞으로 비전을 그리는 상상력과 미리 준비하는 준비성, 박정희 대통령 앞에서 자신의 의견을 당당하게 밝히는 당당함은 협상의 상대가 누구이든지 간에 탁월한 협상가가 갖추어야 할 개인적 자원이다.

3) 협상의 성공 요인

오원철의 다양한 협상 사례 중 우리가 다룬 두 가지 협상의 성공 요인을 분석해보면 다음과 같다.

(1) 석유화학공장 설립에 대한 외국 석유회사들과의 교섭

① 철저한 협상 시나리오 준비 / 창의적인 옵션 개발

후진국에서는 단일공장 하나를 건설해서 자생시키는 일도 무척 어렵다. 석유화학은 10여 개의 공장이 하나의 공동운명체처럼 동시에 건설되고 서로 유기적으로 운영되어야 한다. 석유화학공업은 계획 당시부터 품질과 생산비가 국제적인 수준에 맞지 않으면 실패하기 때문에 세계 최신 기술과 공법으로 지어야 하고, 국제적인 규모로 지어야 한다.

이와 같은 우리나라의 상황에서 석유화학공장을 건립하는 것은 미친

짓이었지만 오원철은 탁월한 기획력, 추진력, 협상 능력으로 이 국가적 과업을 해냈다. 또 해외 기업의 투자 유치 협상에 앞서 그들을 설득할 수 있도록 온갖 방법으로 준비를 하기 시작했다.

일단 상정된 6만 톤으로 30만 톤을 이길 수 있는 전략으로 생산 단가를 줄이기 위한 모든 방법을 동원하였다. 누구나 쉽게 포기할 만한 불리한 상황에서도 오원철은 포기하지 않는 뚝심과 끈기, 그리고 창의적으로 솔루션을 찾아내는 창의적 문제 접근법과 해결 능력이 있었다.

또한 산업단지화 정책으로 울산 석유화학단지를 조성하고 공장들을 계획적이고 합리적으로 배치할 뿐만 아니라 외국 합자회사나 차관을 주는 기관과의 협상에서 정부의 의지를 강하게 피력할 수 있는 준비를 함으로써 설득력을 높였다. 본 협상에 앞서 합자회사 선정원칙을 명확하게 정한 부분도 그의 철저한 준비 능력을 입증한다.

② 논리와 감성의 효과적 사용

2015년부터 하버드 협상 과정에서도 감정을 사용하여 상대의 마음을 건드리거나 상대의 감정 자극에 휘둘리지 말고 잘 대응하도록 훈련을 시키고 있다.[215]

투자 계약이 점점 지연이 되고 철회되는 분위기에 불안하고 초조해진 오원철은 혼자 미국으로 가서 협상을 진행했다. 오원철 자신도 왜 혼자 갔는지 이유를 모르겠다고 회상했다. 하지만 오원철이 혼자서 미국행 비행기를 타고 간 것은 그러한 교착된 상황을 해결하고자 하는 그의 마음이 얼마나 절박하였는지, 일 진행에 대한 집념과 열정이 얼마나 강한지를 보여주고 있다. 하지만 오원철은 이러한 자신의 감정을 협상의 원동력으로 활용했을 뿐 이에 휘둘리지 않았다.

본 협상에서 오원철은 협상대상자로서 걸프의 책임자인 굿맨 씨를 매우 잘 파악하였고, 걸프와 산업은행의 합작회사인 대한석유공사에 석유화학공장을 맡기는 것이 유리하다는 것을 간파하고 대한석유공사 사장인 박원석과 기술이사 전민제에게 개별적인 설득작업을 펴도록 하는 등 네트워크 자원을 충분히 활용하였다. 오원철은 굿맨 씨에게 한국에서의 석유화학 건설의 필요성과 당위성을 설명하고 나서 석유화학공장 건설을 성공하지 못하는 경우 겪을 개인적인 상황도 얘기하면서 굿맨 씨의 감정에도 호소도 하는 등의 융통성을 보였다.

여기에서도 오원철은 상대의 인정과 감정에 호소하는 면을 보이면서 상대의 감성적인 측면을 잘 활용하였다.

그리고 석유화학에서의 손해를 유류 판매가 상향 조정으로 보상하겠다는 등 석유 판매가를 지렛대로 사용하여, 주요 쟁점이 아닌 다른 이해관계를 만족시킴으로써 설득을 해내는 윈윈 협상의 표본을 보여주었다. 그와 동시에 6만 톤은 너무 적어서 채산이 안 맞으니 10만 톤으로 늘려 달라는 걸프의 요구는 오원철의 예측이 매우 정확했다는 것을 의미한다. 이렇게 오원철은 분명하고 명확한 분석 능력으로 모든 상황을 예측하는 능력이 탁월했다.

이러한 사례는 이성적인 측면과 감성적인 측면을 유연하게 잘 활용한 것이 돋보인다.

③ 협력적 관계를 구축하기 위한 접근

폴리에틸렌, VCM, AN, 카프로락탐의 합작사를 위한 협상을 할 때도 이와 같은 협상능력은 빛을 발했다.

다우케미컬사의 런던 부사장은 한국의 경제에 대해 소상히 알고 있었고 많이 칭찬까지 했다. 오원철과 런딘은 서로의 전문분야인 플라스틱에 관한 얘기를 많이 주고받으면서 신뢰를 쌓았다. 그 이후 오원철은 대한민국 정부가 사업 파트너라는 것과 원료 값을 국제수준으로 공급을 해주겠다는 것을 자세히 설명하여 다우 측의 의심을 거두게 하여 설득에 성공하였다. 더 나아가 오원철은 다우측이 말을 빙빙 돌리며 남아도는 EDC를 처리하고 싶은 속내(interest)까지 파악하였다. EDC를 수입하면 한국에 에틸렌이 남게 되니 결국은 VCM과 폴리에틸렌 규모가 커야 에틸렌을 모두 소비할 수 있다는 것을 파악하고 오원철은 이것들의 규모를 늘려서 건설하자는 제의까지 하여 합의를 이끌어 냈다. 이렇게 창의적인 방안들로 오원철은 또 하나의 윈윈 협상을 이끌어내었다. 끝으로 오클라호마의 탈사에 있는 스켈리오리사에서는 사장이 조선의 고가구들을 사랑하고 한국 사람들의 예술성을 높이 찬양하고 인정하는 덕에 쉽게 AN투자건 협상이 되었다.

　다우와 스켈리오리사의 협상 사례는 독특하게 협상 상대방이 우리나라의 경제상황을 잘 알고 있거나 예술, 문화와 그 잠재력과 가치를 인정하는 경우 협상이 성공할 가능성이 높다는 것을 보여주고 있다. 결국 호의와 인정, 신뢰는 성공적인 협상의 중요한 요인이라는 것을 다시 한 번 확인할 수 있었다.

④ 협상에 대한 자료 축적과 평가 능력

　오원철의 훌륭함은 협상 이후 그것에 대해 정리하고 스스로 평가하는 측면에서도 나타난다. 오원철은 협상에 있어서 교섭대상자를 잘 선택할 것, 즉 한국에 찾아오는 실무자급을 상대하는 것은 초기 교섭에서는 필요하지만 어느 정도 일이 진척된 후에는 꼭 미국 본사로 찾아가서 책임 있는 사람과 만나야 한다는 것을 강조하였다. 또한 오원철은 그 책임자가 한국을 방문했을 때 충분히 준비된 상황을 보여줌으로써 신뢰를 쌓을 것, 마지막으로 한국식 접대를 통해 단숨에 가까워진다는 점을 자신의 저서에 기록하여 둠으로써 서양인들도 합리적이고 물질적인 성과적인 측면만 아니라 감정과 관계적 측면에서도 영향을 받는다는 점을 알려주고 있다.

(2) 제1차 오일 쇼크 당시 외국 석유회사들과의 교섭

① 철저한 협상 시나리오 준비

석유를 구해 오라는 대통령의 단 한마디의 명령으로 김광모 비서관과 단둘이 석유를 구하러 미국행 비행기를 탔던 오원철은 앞이 캄캄했지만 비장한 마음으로 작전계획을 세웠다. 미국으로 떠나기 전에 원유공급 결정권자를 직접 만나되 그가 만남을 피하지 못하도록 박정희 대통령의 친서를 준비하는 등의 철저함을 보였다. 또한 미국 석유 3사의 회사 사장들과 한국에 파견되어 온 미국 부사장들을 불러서 함께 협상을 준비하였다. 또한 협상 순서를 우리나라 정유공장 점유율 순서를 기준으로 정하는 등의 치밀함을 보였다. 또한 서양 사람들과의 교섭에서는 법과 이론으로 정면승부를 해야 한다는 것을 경험에서 알고 있었기에 석유를 우리에게 주어야 하는 논리와 정당성을 준비하였다.

② 논리와 감성의 효과적 사용

걸프 회장 앞에서 석유 20%의 공급 감축이 한국 경제에 미치는 심각성을 설명하였다. 그러고 나서 세계 원유 상황에 미리 대비하지 못한 책임을 미국인 부사장에게 추궁함으로써 걸프 측의 무책임을 우회적으로 따져 원래 계약대로 석유를 공급해야 한다고 주장하면서, 걸프 회장의 감정을 자극했다가 다시 달래는 식의 방식으로 협상 상대방의 감정을 활용한 측면은 협상의 달인 중의 달인이라고 할 수 있다.

③ 최종 의사결정권자, 당당함, 논리와 감성

굿맨 씨가 오원철의 협상이 성공한 이유에 대해 언급한 부분을 보면, 의사결정권자를 제대로 접촉한 것, 원유를 얻기 위해 굽신거리지 않은 당당함, 원유를 주어야 하는 당위성에 대한 탄탄한 논리와 감정 활용이라고 할 만큼 오원철은 정말 불리한 상황에서도 상대가 수긍할 수밖에 없는 논리와 정당성을 뽑아냈다.

그렇게 석유협상을 성공하고 나서 그 성공에 취하는 것이 아니라 바로 돌아오는 비행기 안에서 대통령에게 보고할 준비를 하고, 그 공로를 인정받지 않아도 묵묵히 일하며 충분히 국내 정치적 상황을 꿰뚫어 알고 있는 상황인식력과 통찰력. 그리고 수용력이 훌륭했다.

이와 같은 국가적 위기 상황을 오원철은 탁월한 협상능력으로 극복하고 더 나아가 미래를 위한 대안적 시스템을 구축함으로써 국가의 발전과 성장에 기여하였다.

4) 오원철 협상 사례의 교훈

프랑스의 루이 14세 시대에 유명한 협상가 켈리에(Francois De Callieres)는 외교무대에서 한 나라를 대표하는 협상가의 말과 행동은 그 나라를 평가하는 중요한 기준이 되며, 협상가는 공익이라는 무대에서 활동하는 배우와 같다고 하였다. 켈리에는 협상가가 지녀야 할 능력과 자질에 대해 14가지를 제시하였다.216)

① 위기와 돌발변수에도 당황하지 않는 용기
② 자신을 낮출 줄 아는 겸손함
③ 상대를 속이지 않는 정직함
④ 어떤 유혹에도 흔들리지 않는 단호함
⑤ 원하는 것을 얻을 때까지 기다리는 인내심
⑥ 다양한 상황에 유연하게 대처하는 융통성
⑦ 부족한 자질을 보충하려는 열정
⑧ 말을 하기보다 잘 듣는 경청
⑨ 수준 높고 품위 있는 칭찬기술
⑩ 협상능력 못지않게 중요한 관찰능력
⑪ 어떤 편견도 갖지 않는 열린 마음
⑫ 사람과 사물을 비교하고 분석하는 능력
⑬ 자기생각을 다른 나라 말로 표현하는 외국어 능력
⑭ 국민의 삶을 유익하게 하는 책임감과 사명감

또, 원창희는 성공하는 협상의 10가지 핵심역량에서 인식역량, 목표역량, 전략역량, 협상파워역량, 절차역량, 준비역량, 소통역량, 스타일역량, 위기대처역량, 성공법칙역량을 제시하였다.217)

위 두 협상전문가의 분석틀을 기준으로 볼 때, 오원철은 대부분의 역량을 갖춘 것으로 판단된다. 오원철의 협상 사례분석을 통해 몇 가지 교훈을 도출하면 다음과 같다.

(1) 상대와 정세를 분석하고 철저히 준비하라!

국제관계와 투자유치를 위한 협상이 국가의 존망에 얼마나 중요한지를 알았고 협상의 목표를 매우 명확하게 수립하였다. 갑자기 주어진 협상 임무에도 바로 평정심을 찾고 협상을 철저히 준비하는가 하면, 국제관계 속의 우리나라의 위치와 국내 정세를 정확히 관찰하고 분석하여 전략적으로 접근하였다. 또한 석유화학공업, 석유파동에 의한 회사들의 내외적 정치 및 상황을 정확히 통찰하였고, 특히 협상 파트너를 선정하는데 있어서 최종 의사결정권이 있는 회장 및 상위 임원들을 선정하였다. 또한 그들이 협상을 피하지 않도록 대통령의 친서를 준비하는 등 그들이 핑계 댈 만한 상황을 모두 차단시켰다.

협상 파워를 올리기 위해 미리 석유화학단지를 조성하는 한편 각종 법과 정책, 규제를 풀거나 기반시설을 모두 정부가 책임지는 등의 정부주도, 정부지원 산업으로 육성하겠다고 약속함으로써, 후진국에 투자하는 것을 망설이거나 의심하는 상대방을 안심시키고 투자 결심을 하게 했다.

(2) 융통성과 위기대처 능력을 발휘하라!

서양 사람과의 협상에서는 법과 논리, 이론으로 강경책을 써야 한다는 것을 알고 적절하게 잘 준비하지만 본 협상에 들어가서는 다양한 상황에 대해 유연하게 대처하는 융통성과 탁월한 위기대처 능력을 발휘하였다. 게다가 직접적으로 말을 하지 않고 돌려서 말하거나 간접적으로 표현하는 이해관계, 숨은 의도와 필요를 잘 캐치해 내는 등의 무형의 요소에 대한 인식력이 있었다.

(3) BATNA가 없으면 집념과 창의성을 발휘하라!

하지만 오원철은 BATNA가 있는 협상을 하지는 않았다. 석유화학공업 합작사를 선정하는 협상이나 감축된 석유 공급을 정상화시키기 위한 협상 모두 벼랑 끝이었고, 그 협상을 성공시키는 방법 외에는 다른 대안이 없었다. 그런 점에서 볼 때 오원철은 반드시 협상을 성공시키고야 말겠다는 집념과 열정, 끈기를 가지고 있었고, 창의적인 아이디어로 상대방을 설득해내는 타고난 협상가라고 평가해야 할 것으로 판단된다.

(4) 상대방 협상스타일을 파악하고 정서적 교감을 하라!

또한 서양 협상가들의 협상 스타일을 잘 파악하고 있었던 점과 그 전의 협상에서 신뢰관계를 잘 형성해두었던 점 또한 성공하는 협상가의 역량이라 할 수 있는데 오원철은 이 모든 것을 갖추고 있었다. 더불어 다우케미컬의 협상과 스켈리오리사와의 협상에서 볼 수 있듯이 협상 상대가 우리나라의 경제나 문화에 대한 이해와 애정이 있는 경우에는 협상이 용이했다는 점이다. 그러므로 협상 당사자들끼리 서로를 잘 이해시키고 정서적으로 교감하는 것과 신뢰감을 주는 것은 매우 중요한 요인이라고 할 수 있다. 특히 오원철은 켈리에가 제시한 역량 중에 국민의 삶을 유익하게 하고자 하는 국가적인 애국심과 사명감에 있어서는 단연 뛰어났음을 알 수 있다.

(5) 감정과 관계형성 기법을 극대화하라!

이와 같이 오원철의 삶과 협상 사례를 살펴본 결과, 협상을 공부하고 연구하는 우리들은 외국인이 평가절하하고, 국내 연구자들이 문제점으로 지적하는 한국인의 협상특성과 협상능력에 대해 다시 검토해 볼 필요가 있다고 하겠다.

하버드 비즈니스 리뷰에서 앨리슨 우드 브룩스(2015)가 밝힌 것처럼 협상가들은 일반적으로 전략, 전술, 제안과 역제안에만 집중하느라 감정이 협상 테이블에서 일어나는 일에 주의를 기울이지 못하는 면이 있다. 협상 과정에서 자신이 느끼고 표현하는 흥분, 불안, 실망, 분노 등 감정을 제대로 통제할 수 있다면 더 나은 거래를 할 수 있다. 그러한 이유로 2015년부터 하버드 협상 과정에서도 상대가 감정을 자극할 때 휘둘리지 말고 잘 대응하도록 훈련을 시키고 있다.[218]

오원철은 자신의 감정을 잘 통제할 뿐만 아니라 상대방(굿맨 씨, 걸프 회장)의 감정을 잘 활용하는 측면을 보여주었다. 협상을 하는데 있어서 이러한 측면을 절대 간과해서는 안 된다. 인간은 이성적이고 합리적일 것 같지만 다분히 감성적이고 비합리적인 측면이 많다. 특히 한국인의 경우에는 감정에 의한 비합리적인 결정을 많이 한다. 또한 체면과 잦은 개입, 관계 중심성은 협상의 불확실성을 높이기도 한다. 이것은 협상의 장애요인이기도 하지만 일단 동일 문화권, 아시아 문화권에서는 유용하게 활용할 수 있을 것으로 판단된다. 단, 오원철이 지적하듯이 서양 사람들은 법률과 규칙, 논리적 설득을 더 선호하는 측면이 있기에 이 점을 잘 대비해야 할 것으로 보인다.

왕하이산(2016)이 「하버드 협상 수업」에서 밝힌 것처럼 상대의 자존심을 세워주는 것은 동서양을 막론하고 중요하다. 원만한 인간관계를 위해 지켜야 할 태도는 바로 상대의 가치를 진정으로 인정하고 그것을 상대도 느끼게 하는 것이라고 한다.[219] 서양에서도 탁월한 협상가들은 상대의 체면을 올려주라고 조언하고 있다. 선행연구들이 한국인의 협상장면에서 장애요인으로 지적하고 있는 '체면중시'가 일으키는 모욕감이나 굴욕감에 대해 올바르게 이해하고, 상대에게 잘 사용하면 협상의 성공요인이 될 수도 있다.

즉, 한국인의 협상의 특징인 '체면', '감정' 그리고 '관계중심' 등에 관한 깊이 있는 연구를 통해 잘 활용할 수 있는 방법을 찾아낸다면 장애요인인 동시에 훌륭한 성공요인으로 변화될 수 있음을 알아야 한다. 오원철의 협상 사례에서 적절한 감정 활용, 관계형성, 상대방에 대한 호감도와 공감대 형성 등이 신뢰형성에 중요한 영향을 미칠 수 있음을 엿볼 수 있었다. 그러므로 오원철의 사례는 향후에는 협상에서 성공요인으로 작용하는 한국인의 특성과 효과적인 활용에 관한 학습과 연구가 필요함을 깨닫게 되는 계기가 되었다.

 **협상가 6**

현대그룹 회장 정주영
-조선·건설·자동차 산업을 부흥시킨 경제지도자-

화보 2.6.1 현대그룹 회장 정주영

화보 2.6.2 정주영 가계도

화보 2.6.3 조선소 투자 유치에 사용된 오백원 지폐

정주영은 선박 컨설턴트 회사의 회장인 롱바텀에게 500원짜리 지폐에 그려진 거북선을 보여주며 "우리는 영국보다 300년 앞서 1500년대에 철갑선을 만들었다."고 설득하고 추천서를 받았다.

화보 2.6.4 1981년 서울올림픽 유치확정서 서명
정주영은 1981년 서울올림픽 유치위원장으로 유치확정서에 서명하고 있다. 중앙에 서 있는 사람은 전두환 대통령이고 오른쪽은 IOC 사무총장 모니크 베를리우(Monique Berlioux)이다.

화보 2.6.5 1989년 정주영과 소련 프리마코프 협상
1989년 1월 12일 정주영은 협상단을 이끌고 소련 동방학연구소 소장인 프리마코프를 만나 합작투자 협상을 하고 있다. 정주영은 "나는 프롤레타리아입니다." 라고 소개해 프리마코프를 놀라게 했다.

화보 2.6.6 정주영의 소떼 방북

1998년 6월16일 소 500마리가 트럭 50대에 실려서 군사 분계선을 지나갔고, 오전 10시쯤 정주영은 판문점 공동경비구역 내 군사분계선을 걸어서 통과했다.

화보 2.6.7 정주영과 김정일

정주영이 2차 '소떼 방북'을 한 1998년 10월 김정일 북한 국방위원장과 만나 악수하고 있다.

1. 정주영의 성장과 생애[220]

정주영은 호는 아산(峨山)이며 1915년 11월 25일 강원도 통천군 답전면 아산리[221]에서 아버지 정봉식과 어머니 한성실 사이의 슬하 6남 1녀 중 첫째로 집안의 장남이자 장손으로 태어났다. 정주영의 호 아산도 탄생지인 아산리에서 따온 것이다. 현대가 관리하는 아산병원 등에 그의 흔적이 남아 있다.

8세에 통천송전공립보통학교에 입학하여 13세 졸업하였으며, 그와 함께 졸업한 동창생은 27명이고 그의 정식 최종학력은 소학교 졸업이다. 즉, 지금의 초등학교 졸업이 학력의 전부다. 다만, 당시는 초등의무교육이 없고 1920년대 초 보통학교 취학률이 약 4%[222]였던 시절이라 학력 인플레가 심하게 일어난 2000년대 이후는 물론, 그래도 고등학교는 보내려고 했던 1970~1980년대와도 크게 학력의 괴리가 있다.

1929년 기준 조선인의 초등학교 취학률은 19.9%밖에 되지 않았으며, 한반도에 거주하는 일본인의 초등학교 취학률이 99%에 달했던 것과 극히 대조된다. 이를 고려하면 정주영은 일제강점기 조선인 기준 상위 20%의 교육을 받았던 셈이다. 최소한 비율만 따졌을 때, 2022년 기준 고졸은 물론이거니와 어지간한 대학 학력과도 비견할 만한 수준이 된다. 그럼에도 정주영의 학력이 자꾸 부각되는 것은 다른 재벌가 총수보다 학력이 처졌기 때문으로 보인다.[223]

표 2.6.1에서 주요 그룹 회장의 학력을 참고로 비교해볼 수 있다. 이병철 회장과 김우중 회장은 대학졸업이나 중퇴의 학력을 보이고 구인회 회장과 신격호 회장은 고등보통학교 졸업이나 중퇴의 학력이지만 정주영 회장만 소학교 졸업으로 되어 있어서 정주영은 상대적으로 학력이 낮은 것은 사실이다.

표 2.6.1 주요 그룹 회장 학력

1. LG그룹 구인회 회장(1907년생) : 고졸(고등보통학교 3학년 중퇴)
2. 삼성그룹 이병철 회장(1910년생) : 와세다대학 중퇴
3. 현대그룹 정주영 회장(1915년생) : 소학교 졸업
4. 롯데그룹 신격호 회장(1921년생) : 고등보통학교 졸업
5. 대우그룹 김우중 회장(1936년생) : 연세대학교 졸업

정주영은 젊은 시절에는 농사일에 질려서 집안의 돈을 훔쳐서 가출한 적도 있었는데 그 돈은 부친이 소를 판 70원이었다. 후에 소 떼를 몰고 방북했던 것도 이 때문이다. 원래 소 한 마리에 이자를 1,000배로 쳐서 두 차례에 걸쳐 총 1,001마리를 올려 보냈다. 이후 얘기가 나온 바로는 모두 암소인데다가 새끼를 밴 소여서 정확히는 1,001마리가 아닌 것으로 확인되었다. 이후 정주영은 서울에서 주산, 부기(경리업무) 공부를 하다가 아버지에게 도로 잡혀 끌려간 적도 있었다.

이후 다시 가출해 인천 부둣가에서 막노동 일을 해 돈을 벌며 서울에 정착했다. 성북구 고려대학교 본관 공사장, 용산역 근처 풍전 엿공장(현재의 오리온) 등지에서 닥치는 대로 일했다.

가출 후 이일 저일 하면서 자리를 잡아갔다. 신당동의 쌀가게 '복흥상회(福興商會)'에서 점원으로 일하다가, 노름에 빠진 외아들에게 실망한 쌀가게 주인이 성실하게 일해 온 정주영에게 가게를 매도하였다. 복흥상회 단골들을 물려받아 정주영은 쌀가게 간판을 '경일상회(京一商會)'로 바꾸면서 3년 만에 홀로서기에 성공했다.[224] 아들을 제치고 후계자가 될 정도니 그의 성실성을 엿볼 수 있다.

하지만 얼마 후 일제가 쌀 배급제를 시행하면서 자연스레 가게가 문을 닫았다. 이후 '아도 서비스'(ART SERVICE)라는 자동차 수리공장을 세워 직원이 80명에 달할 정도로 크게 운영하였다. 이 중에는 조선총독부 중추

원 부의장 윤덕영, 조선총독부 경무총장 미쓰하시 고이치로, 화신백화점 사장 박흥식의 차도 있었다.225) 때문에 후일 아도 서비스에 불이 나 입고됐던 차들이 모두 타버렸을 때 정주영이 윤덕영의 자택인 벽수산장과 조선총독부에 직접 찾아다니며 차 값을 갚겠으니 시간을 달라고 빌러 다녔다고 한다. 박흥식은 자신을 찾아온 정주영에게 화신백화점이 전소되었다 재건했던 이야기와 사업상의 조언을 해주며 격려를 해줬다고 한다. 그리고 박흥식은 오히려 화신백화점의 자동차는 모두 정주영의 공장으로 보내 수리하도록 배려했다.

아도 서비스 화재로 건물과 수리 중인 자동차들이 전소해 버리는 일이 발생했을 때 다행히 평소에 그의 행동을 눈여겨보았던 후원자 오윤근이 거금을 빌려줘 재기에 성공했다. 여기에도 재미있는 일화가 있다. 정주영이 쌀가게를 하면서 알게 된 오윤근은 사람 보는 눈이 좋아 돈을 빌려주고 떼인 적이 없는 사람이었다. 그러나 처음 그에게 빌린 돈으로 세운 공장이 날아가자 정주영이 그를 찾아가 다시 돈을 빌려달라면서 말했다.

"여기서 내게 빌려준 돈을 떼이면 당신 이력에 흠이 생기지만 다시 빌려주면 그 돈으로 재기해서 갚겠습니다."

이 말에 후원자도 자신이 돈을 떼인 적이 없다는 기록을 유지하기 위해서라도 돈을 빌려줘야겠다고 하며 선뜻 빌려주었고, 정주영은 약속대로 돈을 갚았다. 둘 다 보통 비범한 인물이 아닌 셈이다. 벌써 이때부터 정주영은 상거래 협상상대의 이해와 요구를 파악하는데 뛰어난 재능을 보이기 시작했다.226)

정주영은 미군정 말기인 1947년에는 서울에서 건설 회사를 차렸다. 지금 현대그룹의 토대가 되는 현대토건사이다. 당시 은행에서 큰 돈을 빌리는 사람들을 봤더니 건설업자가 많은 것을 보고 자동차 수리공장 사업을 접고 순식간에 건설사를 세운 것이다. 정주영 본인의 성실함과 근성에 한국전쟁 시기에 주한미군 통역장교로 복무한 손아래 동생 정인영의 도움으로 주한미군 관련 공사를 거의 쓸어이하면서 창립 10년 만에 전국 10대 건설사로 성장하였다.

그렇게 승승장구하던 정주영의 가장 큰 시련은 바로 전후에 수주했던 고령교 공사였다. 1935년에 처음 개통됐지만 6.25전쟁 때 폭파되어 1953년부터 현대건설이 복구에 나서게 되었다. 사실상 말만 복구 공사지 실제로는 신축 공사에 가까웠다. 당시 복구 비용은 5,478만 환(현재 약 547억 원)에 달했다.227) 이는 당시 정부에서 발주한 공사 금액 중 역사상 최대 규모의 금액이었다. 현대건설은 당시까지만 해도 큰 공사를 한 일이 전무할 뿐 아니라 건설 장비도 부족했다. 애써 박은 교각은 급류에 휘말려 사라져 버리는 사고까지 일어났고 물가도 자꾸 뛰어올라 인부들에게 줄 월급마저 부족하여 인부들이 파업을 하는 시련이 닥쳤다.

그럼에도 불구하고 정주영은 '사업하는 사람은 첫째도 신용, 둘째도 신용'이라 말하며 막대한 사채를 쓰고, 동생 정순영의 20평짜리 기와집과 매제 김영주의 20평짜리 집, 옛 자동차 수리공장 자리까지 팔아가면서 그 모든 자금을 공사에 쏟아 부어 1955년에 어렵게 고령교를 완공하였다. 정주영은 그렇게 점점 사업 규모를 확장하여 오늘날의 현대그룹을 만들어 냈다.228)

이후 정주영은 정계 진출을 시도했지만 잘되지 않았다. 국회의원 선거에서 떨어진 그는 90년대에 정치와 경영 일선에서 물러나 대북 사업에 관심을 기울이면서 금강산 관광, 통일 소 후원 등을 주관했고 판문점을 넘기도 했다.

정주영은 폐렴으로 2001년에 사망하였다. 그가 이룬 업적은 조선소 건설(현대조선중공업), 자동차 산업 진출(현대자동차), 경부고속도로 건설과 중동 건설 진출(현대건설) 등 셀 수 없이 많았다.229) 정주영은 1987년

제1회 한국경영대상, 1988년 국민훈장 무궁화장, 1998년 IOC훈장과 노르웨이 왕실훈장을 수상하였다. 정주영은 2005년 5월 90세가 되었을 때 현대 명예회장직에서도 물러났다. 사후에는 2001년 5월 제5회 만해상 평화상이 추서되었고 이후 5년 뒤인 2006년 11월에 미국 타임(TIME)지에 아시아의 영웅으로 선정되었으며, 2008년 DMZ 평화상 대상이 특별히 추서되었다.230)

2. 정주영의 협상사례

1) 조선소도 없이 배 건조 계약하다

1971년 정주영 회장은 미포만 해변 사진과 축척 지도, 외국 조선소에서 빌린 유조선 설계도를 들고 조선소 건립에 필요한 차관을 받기 위해서 유럽을 돌았다. 조선소 건립은 정주영 본인의 투자 결정이 아니라 박정희 전 대통령의 엄명이었다. 정주영 회장은 조선소를 짓기 위해 여러 가지 방법을 강구해 봤지만 이번만은 해결책이 없어 불가능하다고 이야기하자 박정희 전 대통령은 불같이 화를 내며 "무조건 해내라."라고 했다. 아래의 일화는 박정희 전 대통령의 지시로 해외 온갖 곳을 돌며 허풍을 쳐서라도 어떻게든 조선소 지을 돈을 빌리고자 했던 정주영 회장의 눈물겨운 스토리이다.231)

정주영은 영국에서 바클리스은행과 4,300만 달러 차관 도입을 협의했지만 은행의 최종입장은 거절이었다. 그 뒤 정주영은 1971년 9월에 바클리스에 영향력을 행사할 수 있는 선박 컨설턴트 회사의 회장인 롱바텀을 찾아갔다. 롱바텀의 추천서가 있으면 영국의 은행에게 쉽게 투자를 유치할 수 있다는 것이었다. 여기서 그 유명한 거북선 이야기가 나온다. 정주영은 롱바텀에게 500원짜리 지폐에 그려진 거북선을 보여주며

"우리는 영국보다 300년 앞서 1500년대에 철갑선을 만들었습니다."

라며 우리는 할 수 있으니 믿어달라고 설득하여 추천서를 받아냈다.232)

롱바텀 회장을 설득해 그의 주선으로 영국 은행에 차관 심사를 받을 수 있게 됐지만 아직 마지막 관문이 남아 있었다. 은행 부총재를 만나 최종 승인을 받는 일이었다. 바클리스은행은 까다롭기로 유명했다. 물론 최선을 다해 몇 달 동안 사업 계획서를 만들었지만 그가 어떤 꼬투리를 잡을지 몰라 마음을 놓을 수 없었다.233) 부총재가 이렇게 말했다.

"조선소와 배를 동시에 만든 경우는 세계 어느 곳에도 없습니다. 그런데 우리가 과연 돈을 빌려드리는 게 맞는지 아직도 확신이 서지 않는군요. 모두가 말리는데 말이죠."

정주영은 기다렸다는 듯이 말했다.

"그들은 할 수 없다고 생각했기 때문에 당신들을 찾아오지 않았습니다. 그러나 나는 할 수 있다고 생각했기 때문에 당신들을 찾아왔습니다. 할 수 없다고 생각하는 사람과 할 수 있다고 생각하는 사람, 둘 중 누구에게 돈을 빌려줘야 하겠습니까? 이것이 바로 당신들이 제게 돈을 빌려주어야 하는 이유입니다."

"재미있는 논리로군요."

"왜 다 지어진 조선소에서만 배를 만들 수 있다고 생각하십니까? 도크(선박 건조 시설)가 없어도 할 수 있는 작업부터 하고, 그동안 땅을 파서 도크를 만들면 됩니다. 도크가 만들어지면 그때 배를 도크 안으로 옮겨서 필요한 작업을 완성하면 되는 것이지요."

"정 회장님 전공이 뭡니까?"

"그 사업계획서가 내 전공입니다. 사실 내가 어제 옥스퍼드 대학교에

그 사업계획서를 보여주며 학위를 달라고 했더니 두말없이 학위를 주더군요. 그래서 나는 어제 경제학 박사학위를 받았습니다. 그러니까 그 사업 계획서가 내 학위 논문입니다."

순간 경직됐던 회의실이 웃음바다가 됐다.

"내가 보기에 당신의 전공은 유머로군요. 우리 은행은 당신의 유머와 함께 이 사업계획서를 수출보증기구로 보내겠습니다."

정주영 회장은 초등학교를 마친 것이 학력의 전부였지만 전공이 경영학이냐, 건설관련 공학이냐를 따지는 것보다 더 중요한 것이 지금 자신이 들고 있는 사업계획서라는 것을 재치 있게 짚어 준 것이다. 우문현답이었던 셈이다.234)

그럼에도 불구하고 바클리스은행에서는 이렇게 말했다.

"배를 구매하겠다는 사람을 먼저 찾아와라. 배 주문서를 가져오면 차관을 빌려주겠다."

정주영은 롱바텀에게 그리스의 선박왕 아리스토틀 오나시스의 처남인 리바노스가 값싼 배를 구하고 있다는 소식을 접하고 그를 찾아갔다. 그리고 그에게 26만 톤짜리 선박 수주계약을 따냈다. 약속을 지키지 못하면 계약금에 이자를 얹어주고 배에 하자가 있으면 원금을 돌려준다는 파격적 조건이었다. 리바노스도 그의 말을 듣고 조선소도 없는 사람에게 일종의 도박을 건 것이다. 정주영은 그에 대해 "나보다도 미친 사람"이라고 표현했다. 그리고 한국 정부도 보증을 서줘서 바클리스은행에서 차관을 빌리는데 성공하였다. 결국 정주영은

"우리가 지금 조선소는 없지만 배를 계약해주면 그걸로 돈을 빌려 조선소를 지은 뒤 배를 만들어 주겠다."

라는 말도 안 되는 일을 놀랍게도 실현하였다.235)

그 뒤 정주영은 1972년에 울산 조선소 건설에 들어갔다. 리바노스가

주문한 배 2척을 만들면서 동시에 방파제를 쌓고, 바다를 준설하고, 안벽을 만들고, 도크를 파고, 14만 평의 공장을 지었다. 최대 배 건조능력이 70만 톤, 부지 60만 평 70만 톤 급 드라이 도크 2기를 갖춘 국제 규모의 조선소 1단계 준공을 1974년 6월에 완성하였다.236) 기공식 후 세계 최단시일인 2년 3개월 만에 조선소를 건설하면서 유조선 2척을 건조해냈다. 이렇게 하여 1975년 현대조선은 최대 배 건조능력을 갖춘 세계 최대의 조선소가 되었다.237)

2) 상대 맞춤형 서울올림픽 유치 전략

정주영은 1988년 서울 올림픽을 유치에 중요한 역할을 한 인물로도 유명하다. 박정희 대통령은 당시 사격연맹 회장이었던 박종규 경호실장에게 우리도 일본처럼 올림픽을 유치하면 어떠냐고 불쑥 제안했다. 또 1978년 10월 10일 정상천 서울시장이 국내외 기자회견을 열면서 1988년 서울올림픽 유치에 대해 직접 발표했다. 하지만 1979년 10월 26일 박정희 대통령의 갑작스러운 서거로 정치 상황이 급변하자 당시 최규하 대통령은 올림픽 유치 계획을 포기했다.238)

이후 군사쿠데타로 정권을 잡은 전두환 대통령은 최규하 정권이 포기한 올림픽에 대한 관심을 표방하고 1980년 11월 30일 IOC에 공식적으로 대한민국의 서울올림픽 유치 의사를 전달했다. 당시 신군부의 5공화국은 스포츠를 크게 장려(프로야구단 설립 등)해서 국민들의 정치 불만을 다른 각도로 돌리고 싶어 했다. 특히 올림픽에 대한 합당한 사유는 올림픽 유치가 서울시 차원을 넘어선 국가 차원의 숙원사업이었기 때문에 당시 정권의 2인자 노태우 정무장관이 전면에 나서서 적극적인 유치를 강조했다.239)

그러나 즉각적으로 올림픽 개최 회의론이 여론에서 나타나기 시작하였다. 그 당시만 해도 대한민국이 일본을 이기고 올림픽 개최권을 따낼 수 있을 것으로 믿는 사람들이 거의 없었다. 심지어는 한국의 IOC 위원이 단 한 사람 있었으니, 총회투표에서 고작 한 표만 확보할 수 있을 것이라는 회의적인 비판 여론이 있었고 차라리 일본에 양보하고 86아시안게임을 유치하자는 의견도 있었다. 나아가 국무회의 주관자인 남덕우 총리는 올림픽 망국론까지 내놓았다. 왜냐하면 1976년 캐나다 몬트리올 올림픽이 10억 달러 적자를 낸 상황을 고려하면 당시 돈으로 약 2조원 상당의 자금이 투자돼야 했기 때문이다. 뿐만 아니라 88올림픽 경쟁상대는 1964년 동경올림픽을 개최한 경험이 있는 경제 대국 일본의 나고야시인데다 일본은 1977년부터 일찌감치 준비를 차근차근히 해왔다.[240]

그렇지만 5공화국은 IOC에 신청서를 냈기 때문에 철회하면 국가적인 망신을 당할 수 있었고, 경쟁해 봐야 가능성이 전혀 없다는 생각에 정부 핵심 관계자는 투표 결과에 대한 책임을 민간인에게 떠넘기기로 작정했다. 그리고 망신 대역으로 전경련 회장인 아산 정주영을 선정하고 '올림픽 민간추진위원장' 사령장을 그에게 전달했다. 정주영에게 수여된 위촉장에는 '무에서 유를 창조한 강인한 추진력과 번뜩이는 기지로 현대그룹을 세계적인 대기업으로 키운 저력과 갖가지 신화를 남기면서 해외에 한국 기업의 위상을 높인 능력을 높이 평가해서 위촉장을 수여한다.'라고 적혀 있었다.[241] 요즘 풍자로 보면 독이 든 잔을 받은 정주영은 88서울올림픽 유치에 어쩔 수 없이 나섰다.

당시 올림픽 유치위원장 자격으로 정주영이 서울을 떠날 때 받은 정부 지시 훈령이 "창피만 당하지 마라."였다. 더구나 북한에서도 '올림픽 유치 방해단'이 대거 현지로 파견돼 직·간접적으로 일본을 도왔다. 정주영은 유치단 대표로 한국을 떠날 때 영어 및 독일어에 능숙한 정몽준 아산재단 이사장을 현대중공업에서 차출해 같이 유럽으로 갔다. 정주영은 "시련은 있어도 내 사전에 실패는 없다."는 판단 하에 유럽 출장 전에 현대그룹 수출 창구인 현대종합상사 전 세계 파견주재원들에게 미리 파악한 전 세계 IOC 위원들의 명단을 주면서 그들의 성향과 취미 생활에 대한 파악을 지시했다. 그리고 현지 주재원 부인들이 직접 IOC 위원의 집을 방문하고 집 안 청소는 물론 가사를 도우면서 친분을 쌓는 등 사전에 익혀갔다.

특히 정주영 특유의 뚝심 있는 행보가 '군계일학'이었다. 유치위원들이 서독의 바덴바덴에 도착한 와중에 짬을 내서 영국 런던으로 출장 간 정주영은 영국의 IOC 위원들을 만나 식사할 때의 일화를 소개하면 다음과 같다. 당시 식사하는 자리에서 영국의 IOC 위원 중 한 명이 정주영 회장에게 물었다.242)

"체육계에서 얼마나 일했습니까?"

"올림픽 유치를 위해서 처음 일합니다."

정주영이 이렇게 대답하자 영국의 그 IOC 위원은 정주영에게 냉소적인 반응을 보였다.

"초보자를 대한민국이 내보냈군."

그렇게 어색한 분위기가 계속되던 와중에 정주영 회장은 대뜸 이렇게 직언하였다.

"일본은 이미 1964년 동경올림픽과 같은 엄청난 세계적인 행사를 개최한 이후 경제 대국으로서 발돋움했고, 전 세계에 경제적인 영향력을 끼치고 있는데 만약 이번에도 나고야 유치가 결정된다면 일본의 경제발전은 일본이 자랑하는 신간선 고속열차처럼 더 가속화되는 계기가 될 것입니다."

이 말을 들은 영국 IOC 위원들이 갑자기 관심을 갖고 정주영의 말에 귀를 기울이면서 한국에 대한 호기심을 높였다고 한다. 이 말 한마디가 일본의 급부상에 신경이 쓰였던 경제 대국 영국의 IOC 위원들의 마음을 한국으로 돌리게 했다.

　9월 하순의 제11차 IOC 총회를 앞두고 한국의 유치단은 9월 20일경 바덴바덴에 결집해 정주영이 구심점이 돼 막바지 유치 활동을 펼쳐갔다. 평소 검소하게 살아온 정주영은 특유의 돌격 정신력으로 최소한의 돈으로 큰 성과를 내는 아이디어를 내놨다. 당시 일본은 자국의 유명한 상표인 세이코 최고급 시계를 세트로 IOC 위원들에게 선물하면서 물량으로 공세를 했다.

　하지만 정주영의 생각은 이와 반대로 돈(물질)으로 사람 마음을 사는 것보다 정성으로 사람 마음을 움직이게 만드는 것이 이기는 전략이라고 판단했다. 그리고 한국 IOC 위원들의 반대에도 불구하고 매일 밤 IOC 위원들이 숙박하는 호텔 방에 현지 현대그룹 주재원 부인들이 밤새우며 정성으로 만든 고급 수제꽃다발 생화를 매일 바꿔가면서 준비해서 호텔 방 입구에 메모와 함께 놓고 갔다. 이 전략은 함께 투숙한 IOC 위원 부인들의 마음을 사로잡게 했고 남편인 IOC 위원들에게 직·간접적으로 대한민국을 지지하도록 압박했다.[243] 꽃바구니의 위력은 대단했다. 다음날 각국 IOC 위원들이 회의를 끝내고 로비에 모였을 때 그들은 정주영을 보고 반가워하며 아름다운 꽃을 보내주어 고맙다는 인사를 하기 바빴다. IOC 위원들은 시계에 대한 말은 한마디도 없이 꽃 선물 얘기로 화기애애했던 것이다. 역시 값비싼 선물이 능사는 아니고 정성을 담은 작은 선물이 오히려 훨씬 효과적일 수도 있음을 확인하는 순간이었다.

　이렇게 정주영은 물량보다는 성의로써 친밀해지자며 과감히 밀어붙였고, 결국 최종 투표에서는 서울이 나고야를 52:27로 누르고 1988년 하계 올림픽을 유치하는 데에 성공하였다. 80년대 초만 하더라도 대한민국이 올림픽을 유치할 수 있을 거라고 믿는 사람은 아무도 없었다. 복병 북한이 있는데다가 일본이라는 커다란 장애물이 버티고 있었기 때문이다. 그러나 승리의 여신은 정주영에게 미소를 보냈다. 그의 기발한 꽃바구니 전략이 불가능을 가능으로 만든 것이다.[244]

3) 독자적 현대자동차를 만든 협상결렬

대한민국이 자동차를 조립 생산하게 된 것은 1960년대 초반부터다. 1940년부터 정비소를 운영하며 자동차의 구조와 기계적인 원리를 터득하고 있었던 정주영은 당시 2차 경제개발 계획에 따른 고속도로 건설이 이뤄지자 영국 자동차회사 포드가 한국 진출을 고려한다는 소식을 듣고 빠르게 움직여 제휴 협상을 맺었다.[245]

1967년 12월 현대자동차가 설립된 이후 이듬해 현대자동차는 울산에 조립 공장을 짓고 영국 포드의 코티나 2세대 모델을 들여와 생산하기 시작했다. 코티나는 경쟁 모델인 신신 코로나보다 큰 차체와 넉넉한 출력으로 이목을 끌었지만 자주 고장이 나는 문제가 있었다.

그런데 포드가 파견한 조사단은 고장 원인을 '차를 험하게 굴리기 때문'이라고 파악하고 비포장 도로에서 운행을 자제하라는 현실에 맞지 않는 해결책을 내놓았다. 비포장도로가 대부분인 당시의 대한민국에 맞지 않는 해결책에 현대자동차는 자체 기술력 없이 외국 기업에 의존하는 조립 생산자의 한계를 느꼈다.

현대자동차는 이에 단순 조립을 넘어 독자 제조 단계에 진입해야 한다는 목표를 세우고 제휴사인 포드와 새로운 합작사를 세우기로 합의했지만, 중국 진출을 위해 한국에서 철수한다는 도요타의 행보에 따라 포드는 현대자동차와의 합작사 계약 이행을 계속 미뤘다가 결국 협상은 결렬됐다. 현대자동차는 이 같은 상황에서 독자적으로 대한민국 첫 대량 양산형 고유 모델을 개발하겠다는 결단을 내렸다. 이는 고유 모델을 자체적으로 개발할 뿐 아니라 차량을 대량 생산할 수 있는 완성차 공장을 새로 지어야 한다는 것을 의미했는데 당시 제조업 기반이 없는 한국에서 자동차 개발 경험이 없는 현대자동차가 고유 모델을 개발한다는 계획에 회의적인 시각이 팽배했다.246)

당시 많은 자동차 전문가들이
"현대자동차가 고유 모델을 개발하면 내 손가락에 장을 지져라."
고 비웃었다는 이야기는 이 계획이 얼마나 어려운 일이었는지 가늠할 수 있는 일화다. 현대자동차는 많은 우여곡절 끝에 포니 개발에 성공했고 울산에 완성차 공장을 준공해 1975년 12월부터 양산을 시작했다. 그리고 이듬해 1월 26일부터 계약을 받기 시작한 포니는 2월 29일부터 고객에게 출고됐다. 이는 오늘날의 기술력을 기준으로 생각해도 매우 짧은, 불과 3년 이내에 이뤄진 것이었다. 정주영은 우리나라 기계 공업이 발전하기 위해서는 자동차 생산이 100% 국산화 돼야 한다고 생각하고 각별한 노력과 빠르고 담대한 결단으로 고유 모델 개발을 성공시켰다.247)

4) 소련 고위층 회담 중 나는 돈 많은 프롤레타리아248)

1989년 정주영은 자원의 다변적인 확보야말로 산업국가의 필수적인 요건으로 생각하고 러시아의 시베리아에 대해서 깊은 관심을 가졌다. 우선 시베리아는 목재와 천연가스, 기름, 석탄에서부터 바다의 생선까지 무한한 자원의 보고이기 때문이다. 그 당시 우리나라는 모든 자원을 멀리 태평양을 건너 미국, 캐나다 그리고 남태평양 한가운데의 호주나 아프리카 등지에서 실어오고 있었다. 그나마 그 자원도 일본을 위시한 선진국들이 차지하고 있어 웃돈에 웃돈을 얹어 구입할 뿐 아니라 막대한 운반비를 들여 실어오는 실정이었다. 또 시베리아에 관심을 갖는 이유는 러시아의 영향력과 도움으로 남북통일의 지름길을 만드는 것이다. 상업성을 생각하면 물론 중국이 더 나았으나 러시아에 전력을 다해서 남북통일을 이루는데 물꼬를 트는 역할도 하고 자원 확보로 자손만대의 성장의 원동력이 되는 기반을 마련해 주는 것이 정주영이 할 일이라고 생각했다. 물론 동토를 개발한다는 것이 결코 쉬운 일이 아니었으나, 정주영은 사막의 나라 중동에서의 경험이 있었기 때문에 자신감을 가진 듯하다.[249]

한국인에게 붉은 색은 공산주의를 떠올리는 색깔로 그다지 유쾌한 이미지는 아니다. 하물며 소련 국기에 그려진 낫과 망치, 그리고 바탕색의 붉은 빛은 섬뜩할 정도라고 말하는 사람도 있었다. 1989년 1월 12일 정주영은 소련으로 날아가 소련 최고 권력자 가운데 한 사람인 동방학연구소 소장 프리마코프를 만났다. 그는 소련 KGB의 대외 총책과 러시아 외무장관과 총리를 지낸 사람이었다.[250]

"저는 한국에서 온 프롤레타리아 정주영입니다."

간단히 악수를 나눈 뒤 자리에 앉자마자 상기된 얼굴의 정주영의 입에서 튀어나온 첫말이었다. 이때 통역은 작가인 겐나지 리였는데 정주영의 첫말에 그만 당황하고 말았다. 한국에서 가장 부자인 것으로 알려진 정주영이 프롤레타리아라니 어안이 벙벙했던 것이다. 경제학사전에서 '프롤레타리아(proletariat)'를 찾아보면 '생산수단의 소유·비소유의 관점에서 유산계급에 대비하여 정치적·사회적·문화적 권력을 소유하지 못한 무산계급을 말한다.' 라고 되어 있지 않은가?

통역인 겐나지 리는 순간 정주영의 말을 잘못 들었나 싶었다. 정주영은 분명히 말해 프롤레타리아는 아니기 때문이었다. 겐나지 리는 조용히 정주영의 귀에 대고 작은 목소리로 말했다.

"회장님은 무산계급 프롤레타리아가 아니고 유산계급 부르주아(bourgeoisie)입니다. 회장님은 한국에서 가장 돈이 많으시니까 부르주아 가운데서도 상층 부르주아이십니다."

순간 정주영은 역정을 냈다.

"내가 지금 당신과 이야기 중이야? 당신은 그저 통역이야. 통역은 그저 충실하게 통역만 하면 된다는 거 몰라? 내가 그걸 몰라서 프롤레타리아라고 한 줄 알아?"

이렇게 호통을 들은 겐나지 리가 어쩔 수 없이 그대로 통역을 하자 이번엔 프리마코프가 역정을 내 통역만 곤욕을 치르고 말았다. 프리마코프는 프리마코프대로 통역이란 사람이 프롤레타리아와 부르주아도 구분하지 못하고 있는가 싶어 야단친 것이었다.

순간 통역의 등줄기엔 진땀이 흘렀다. 장내는 잠시 긴장감이 돌고 침묵이 흘렀다. 자칫 회담이 시작도 못하고 파탄이 날 수도 있는 상황인 것이다. 그때 정주영은 조금은 당당하면서도 정중하게 말을 꺼냈다.251)

"내가 왜 프롤레타리아인지 그 증거를 말씀드리지요. 먼저 나는 가난한 농부의 자식으로 태어났습니다. 그리고 나는 동창생이 없습니다."

통역은 답답한 나머지 또 끼어들었다.

"아니 동창생이 없다는 것이 프롤레타리아와 무슨 관계가 있습니까?"

"없긴 왜 없어. 나는 가난해서 소학교도 제대로 못 나왔으니까 동창생이 없고 프롤레타리아일 수밖에 없잖아? 당신은 통역이나 제대로 하란 말이야."

겐나지 리는 얼굴이 벌개졌고, 정주영은 말을 계속 이어갔다.

"그뿐만 아니라 나는 노동으로 돈을 벌었습니다. 이 같은 내가 프롤레타리아지 누가 프롤레타리아입니까?"

그러자 프리마코프가 반박했다.

"그러나 정 회장은 무산계급 프롤레타리아가 아니라 돈이 많은 유산계급이지 않습니까?"

"물론 나는 한국에서 가장 돈이 많은 사람입니다. 그런데 돈이 많다는 것이 무슨 잘못입니까? 우리 자본주의도 사회주의와 마찬가지로 그 목적은 세계가 평화롭게 살고 인류가 행복하게 사는 데 있습니다. 단지 방법만 다를 뿐 추구하는 목적은 같다는 말입니다. 한 가지 더 말씀드리면 저는 소학교도 졸업하지 못하고 5학년으로 끝을 냈지만 명예박사학위는 한국과 미국에서 경제학은 물론 정치학과 문학으로 5개나 받았습니다. 이런 나는 절대 프롤레타리아지 부르주아일 리가 없습니다."

이러니 프리마코프도 손을 들 수밖에 없었다.

"동감입니다. 전적으로 옳은 말씀입니다. 말씀을 들으니 정 회장님은 태어날 때부터 그저 평범한 돌이 아닌 빛나는 보석으로의 자질을 가지고 태어나신 듯합니다. 그러나 보석으로서의 자질뿐만이 아니라 스스로 경험으로 갈고 닦아 더욱 빛나는 보석이 되신 것입니다. 그러니 박사학위를 다섯 개나 받으신 것도 당연한 일이지요. 그리고 말씀을 듣고 나니 정 회장님은 프롤레타리아가 맞다는 생각이 듭니다."

감동을 받은 프리마코프의 입에서 극찬이 쏟아져 나왔다. 정주영은 드디어 본론을 꺼냈다.

"소련과 한국이 합작 사업을 합시다."

우리나라의 합작사업은 원목과 펄프의 공동개발, 임산가공업 및 석탄개발관련사업, 수산물가공공장합작, 생활필수품수출 등이었다.252) 사실 정주영은 그 말을 하기 위해서 왔고, 프롤레타리아란 말도 그 말을 하기 위한 전주곡이었던 것이다.

"우리는 서로 경제제도부터가 다른데 그게 가능하겠습니까?"

프리마코프가 걱정스러운 얼굴로 물었다. 그때 정주영은 프리마코프를 설득했다.

"그래서 합작을 하자는 것 아닙니까? 우리 자본주의도 장점은 많지만 단점도 적지 않습니다. 아마도 공산주의도 그럴 것입니다. 서로 욕심을 조금씩 접고 한 발짝씩만 앞으로 나와서 합작을 한다면 쌍방에게 모두 커다란 이익으로 돌아갈 것입니다."

그러자 프리마코프는 크게 반겼다.

"좋습니다. 한번 해보지요. 사실 우리는 그동안 자본주의 연구도 많이 했고, 특히 한국의 경제개발도 관심을 갖고 연구를 했습니다. 그러는 가운데 현대가 눈에 띄었고, 함께 사업하는 것도 좋겠다는 결론을 내리고 정주영 회장님까지 연구한 것입니다. 그 결과로 우리 연구소에서 현대와 정 회장 관련 연구서가 한권 나왔지요. 그뿐만 아니라 우리 연구원들이 울산 현대공업단지를 방문하기도 했습니다. 오늘 만남으로 역시 우리 판단은 정확했음이 증명되었습니다. 정말 잘 오셨습니다. 무얼 함께 할까요?"

이미 프리마코프는 결론을 내린 뒤 정주영을 만나고 있었다. 이날 두 사람의 대담은 큰 성과로 마무리 지어졌다. 그렇게 흡족한 상태에서 배웅하는 프리마코프에게 정주영은 또 한 번 긴장할 만한 말을 던졌다.

"귀국하면 우리 대통령께 오늘의 회담을 즉시 보고하겠습니다."

그 당시 현대와 정주영은 노태우 대통령으로부터 여러 가지로 압력을 받고 있을 때였기에 정치적으로 미묘한 사안이었고, 자칫 화를 불러일으킬 수도 있는 말이었다. 통역도 눈치를 채고 우물쭈물 하고 있는데 순간 이명박 회장이 끼어들었다.

"통역하지 마시오."

그러나 정주영은 단호하게 말했다.

"왜 자네는 쓸데없이 통역을 막아. 그대로 통역하시오."

그러자 프리마코프는 이심전심이었는지 웃음을 지으며 대답했다.

"나는 지금 크렘린 궁으로 갑니다. 사실 고르바초프 대통령께서 이 회담의 결과보고를 기다리고 계십니다. 당연히 양측의 대통령께서 아셔야 되는 것 아닙니까?"

이명박 회장은 계면쩍은 듯 혼잣말을 했다.

"역시 나보다 몇 수 위시네."

그 누구도 부르주아라고 여길 정주영은 이렇게 소련에서 프롤레타리아가 되었고, 돈 많은 프롤레타리아 정주영은 프리마코프와의 회담에서 큰 성과를 내고 마무리 지었다. 경제학 개념인 '프롤레타리아'와 '부르주아'란 용어마저도 나름대로의 잣대로 정의하고 이용할 줄 아는 정주영은 분명 남달랐고 그런 그의 번득이는 재치와 지혜는 타고난 천성이라고 말하는 이들이 많다. 합작 사업을 할 사람을 만나 그저 통성명만 하고 본론으로 들어가는 밋밋한 상황을 정주영은 자신의 인간됨을 알리는 절호의 기회로 잡을 줄 아는 민첩함을 지녔던 것이다. 그의 이러한 민첩함은 상대방에게 깊고도 강한 인상을 심어주어 사업 파트너가 정주영을 다시 보는 계기로 삼는 일석이조 효과로 돌아온 것이다.[253]

5) 군사분계선을 넘는 소떼 방북

1989년 1월6부터 12일까지 소련상공회의소 회장 프리마코프초청으로 시베리아 개발문제를 비롯한 소련의 경제 교류에 대한 제반 문제 협의를 목적으로 소련에 가서 바쁜 일정을 보내고 돌아온 후 1월 23일에 북한 노동당 서열 제4위의 허담 씨의 초청으로 북한에 가서 금강산 개발 관련하여 사전협의가 이루어졌다. 정주영은 북한과의 금강산 공동 개발 의정서를 만드는 과정에서 가장 중요하게 생각했던 부분은 금강산 개발에 관한 모든 인력이나 장비나 자재의 수송경로와 교통 문제였다. 해상과 육로로 하되, 육로로 할 경우 판문점이나 동부 군사분계선을 통과해야 한다는 주장을 끝까지 굽히지 않았다. 정주영은 육로가 아니면 가지 않겠다고 했다.[254]

당시엔 비행기로 베이징을 거쳐 북한에 들어갔고, 육로 방북은 유엔군과 북한 군부의 동의가 필요했다. 북한에서도 김용순 아시아태평양평화위원장이 군부를 설득할 명분을 만들어 달라고 했다. 그래서 정주영이 당시 서산에서 키우던 소를 몰고 가자는 아이디어를 냈다. 1년에 1,000마리씩 키워 북한에 보내는데 소를 하늘로 보낼 수 없으니 걸어서 가겠다고 했다. 그랬더니 북한 군부에서 좋다고 했다. 북한에서 소는 남한과 달리 보물 같은 존재다. 결국 정주영의 진정성이 받아들여진 것이다.

1998년 6월 16일 오전 9시 6분, 황소 8마리를 실은 트럭 1대가 판문점 군사 분계선에 잠시 멈춰 선 뒤 북으로 넘어갔다. 이렇게 소 500마리가 트럭 50대에 실려 차례로 군사 분계선을 지나갔고, 오전 10시쯤 정주영이 분단의 상징인 판문점 공동경비구역 내 군사분계선을 걸어서 통과했다. 남북 교류의 물꼬를 튼 '소떼 방북'은 이렇게 이뤄졌다.[255] 당시 84세였던 정주영은 아버지가 소 판 돈을 가지고 18세에 가출한 빚을 이제야 갚는다면서 소떼 500마리와 함께 판문점을 넘었다.

소는 큰 몸집과 강력한 힘을 가지고 있지만 가장 비폭력적이고 인내심이 강한 동물이다. 또한 근면과 희생정신의 상징이기도 하다. 정주영은 이데올로기를 떠난 순수한 한민족 민초의 상징을 소에 부여했다. 여생이 얼마 남지 않은 그가 소떼를 이끌고 휴전선을 넘은 것은 남북한 동포, 그리고 세계를 향해 통일의 열망을 알리기 위한 마지막 절규였으며, 세기의 시위였다.

프랑스 문명비평가 기소르망(Guy Sorman)은 '소떼 방북'을 두고 '20세기 최후의 전위예술'이라고 격찬했다.[256] 당시 정주영은 '세기의 목동'이 되어 소떼를 이끌고 철책과 지뢰로 가득한 분단의 상징 판문점을 넘었다. 소떼 방북은 판문점이 남북을 갈라놓는 자리인 줄만 알았던 사람들에게 그것이 남북을 이어주는 다리가 될 수 있음을 일깨워줬다. 경제협력 추진의 '승부수'였던 이 세기적 이벤트는 현대의 업종적 특성과 함께 대북 사업의 선점 효과를 과시할 수 있었다.

　방북한 정주영 일행은 7박 8일 동안 소 500마리 인계, 경제협력 협의, 고향 방문 등의 일정을 보냈다. 정주영은 북한의 김용순 아시아태평양평화위원장과 정운업 민족경제협력연합회(민경련) 회장 등과 경제협력에 대해 다음과 같이 합의하였다.257) 남북한 양측은 △금강산 관광 개발 원칙에 관한 의정서, △금강산 관광 개발추진위원회 설립에 관한 합의서, △금강산 관광을 위한 계약서를 체결했다. 그리고 양측은 △승용차 및 화물자동차 조립 공장 건설·수출, △자동차 라디오 20만대 조립, △20만t 규모의 고선박 해체 설비 및 7만t 규모의 압연강재 생산 공장 건설, △제3국 건설 대상에 대한 공동 진출 검토·연구, △공업단지 조성, △통신사업 검토·연구 등에 관한 합의서도 체결했다.258)

　이때 합의한 내용은 그의 첫 방북 때의 그것과 큰 차이가 없었다. 그가 1983년 실리적 북한 접근을 주창한 이래 북한의 저임금, 값싼 지하자원, 낮은 물류비, 관광 특수 등에 주목하고 냉전 해체의 상황을 자신의 사업 영역 확장에 활용하고자 한 오래된 구상이 15년 만에 비로소 실행의 길로 들어서게 된 것이다. 합의 내용은 당시 현대그룹 전 계열사가 대북사업 계획서를 짤 정도로 철저하게 현대의 필요에서 출발했다. 이는 경제협력의 업종 특성을 반영한다. 즉, 정주영은 자본의 생산력 저하라는 위기 앞에서 냉전해체라는 시대적 조건을 자신의 기업에 유리하게 활용하고자 한 철저한 실리주의자였다.

　정주영이 소떼 방북에서 돌아오기 전날 1998년 6월 22일 속초 앞바다에서 북한 잠수정 1척이 그물에 걸려 예인되는 사건이 발생했다. 20일 후 7월 12일에는 동해시 해변가에서 무장간첩 시체 1구가 발견되었다. 정부는 "북한의 사과가 있어야 현대의 2차 소 지원과 금강산 관광 사업이 시작될 수 있다."고 밝혔다. 이 와중에 8월 31일에는 북한이 '광명성 1호'를 발사해 동북아 정세가 급격히 냉각되었다.[259)]

계속 악재가 터지자 정주영은 1998년 10월 27일, 다시 소 501마리와 현대 승용차 20대를 몰고 판문점을 넘었다. 그리고 북측에 경제협력의 안정성을 확보하는 핵심 고리로 김정일 국방위원장 면담을 강하게 요구했다. 남북 관계가 경색될 때마다 불거지는 경제협력에 대한 반대 여론을 잠재우기 위해서는 일차적으로 김정일의 사업 보장이 필요했기 때문이다.

그러나 평양에 도착하자 북측으로부터 김정일이 지방 출장 중이라는, 사실상 면담이 어렵다는 통보를 받았다. "그냥 돌아가겠다."고 응답한 정주영의 뚝심에 마침내 10월 30일 밤 정주영이 머물던 백화원 초대소를 김정일이 방문함으로써 서로 만남이 이뤄졌다. 이 면담을 통해 정주영은 김정일로부터 금강산 일대 8개 지구의 독점개발권 및 사업권을 확실하게 보장받았다. 정주영은 자신의 사후에도 현대그룹이 통일 한반도 개발의 반석을 마련해야 한다는 신념을 갖고 대북 투자 독점권을 확고히 보장받아야 한다고 생각했다. 그 결과, 1998년 11월 18일 마침내 금강산 관광선의 첫 출항이 이뤄졌다. 분단 반세기 만에 철벽과도 같던 분계선을 오가는, '꿈 같은' 일이 실현된 것이다.[260)]

확실한 것은 소떼 방북으로 상징되는 정주영의 경제협력 의지와 추진력을 단순히 '순수한 열정' 또는 '고향 사랑'으로 이해하면 정작 중요한 의미를 놓치게 된다는 점이다. 정주영은 한국 기업의 경쟁력을 취약하게 하는 분단을 넘어 자유로운 경제활동을 줄곧 주장해왔다. 실제로 그는 분단 장벽을 넘어 시장과 자원의 보고인 동북아 대륙에서 자유기업이 활개를 펼 수 있는 경영 환경을 조성하고 장애 요인을 돌파하는 데 누구보다 창의적이고 열정적인 기업인이었다.[261)]

3. 정주영 협상의 분석과 교훈

1) 협상의 구조분석

표 2.6.2 정주영 협상의 구조분석

항 목	내 용
협상철학	-시련과 역경 속에서 실패를 두려워하지 않는 도전과 개혁정신 -최선을 다하는 실천 -상대를 설득할 수 있다는 신념
협상전략	-울산 미포만 흑백사진과 거북선 지폐, 단 2장으로 영국을 향한 두둑한 배짱 -황무지와 같은 한국사회에 새로운 분야를 하나하나 개척하는 끈기와 집념, 최선의 실천, 경험 중시, 대범함
협상력	-끈기, 집념, 실천, 노력 -담대함의 심리적 파워 -뛰어난 재치, 아이디어, 배짱 -위기대처역량
협상스타일	-최선의 노력을 다하는 성실성 -직접 현장 지휘하는 추진형
협상소통스킬	-실천형, 기지를 발휘한 설득형 -기지, 담대한 결정
협상성과	-영국에서 바클리스은행 차관도입 -서울올림픽유치 -현대자동차 -사업파트너로 인정한 소련고위층 회담 -소떼 방북
협상성공요소	-열정과 도전의식 -배짱과 뚝심, 경험 -임기응변
협상성공의 의미	-우리나라 기업계를 선도하고 세계적인 기업 집단으로 성장시킨 한국 경제발전의 주역 -대북사업 물꼬

정주영은 대한민국의 대표적인 기업인으로서 현재의 현대그룹을 만든 자수성가형의 신화적인 인물이었다. 정주영이 이루어낸 성과에 대해 협상의 구조를 분석하고자 한다. 먼저 협상을 이끌어간 철학은 시련과 역경 속에서 실패를 두려워하지 않고 도전하여 개혁하려 했고 상대를 설득할 수 있다는 신념을 가지고 끝까지 최선을 다하여 실천하면 좋은 성과가 있을 것이라고 확신하였다.

협상전략으로는 울산 미포만 흑백사진과 거북선 지폐, 단 2장으로 영국에서 투자 유치한 두둑한 배짱과 용기이다. 또한 황무지와 같은 한국사회에 새로운 분야를 하나하나 개척하는 끈기와 집념, "이봐, 해봤어?"라는 경험중시의 실천, 그리고 상대를 압도하는 대범함을 보여주고 있다.

정주영은 객관적으로 사실이 맞든 아니든 간에 협상테이블에서는 스스로 담대하다고 생각하면서 끝까지 최선을 다해 설득하였고, 그 과정 속에서는 언제나 뛰어난 재치와 아이디어, 배짱이 협상 때마다 빛을 발휘하여 협상력으로 작용하였다. 그래서 영국에서 바클리스은행 차관을 도입, 서울올림픽 유치, 현대자동차 탄생, 공산주의 소련의 사업파트너 인정, 긴장된 남북관계에서도 최초 남북정상회담이 성사될 수 있도록 물꼬는 트는 소떼 방북 등 현대사에 큰 협상성과를 이루어냈다.

협상 성공요소로 정주영이 지닌 열정과 도전의식, 배짱과 뚝심, 경험중시, 임기응변능력을 들 수 있다. 어떤 일이든 최선의 노력을 다하면서도 직접 현장을 지휘하는 정주영의 협상스타일은 우리나라 기업계를 선도하고 세계적인 기업집단으로 성장시키는 한국 경제발전의 주역 역할을 톡톡히 하였고 금강산방문과 개성공단유치와 같은 대북사업에 진전해 나갈 수 있도록 큰 의미를 가져왔다.

2) 정주영의 경영리더십과 협상가로서 특징

(1) 정주영의 경영리더십

① 끝까지 최선의 노력을 다하는 그의 성실성

정주영이 경영의 기본 원칙은 무엇인가? 앞에서 살펴본 협상사례와 같이 숱한 시련과 역경 속에서도 실패를 두려워하지 않는 도전과 개척정신이다. 현대를 창업한 그는 한국을 세계 10대 경제대국으로 이끈 신화적 존재 중 한사람이지만 1991년 10월 출간된 자서전「시련은 있어도 실패는 없다」에서 정주영은 스스로를 "확고한 신념과 불굴의 노력으로 열심히 살아가는 사람이지 특별한 사람은 아니다." 라고 하였다.262)

성수영은 자신의 어린 시절을 '농부의 자식으로 태어나 열 살 때부터 농사일을 거드는 것이 너무 힘들었고, 항상 배가 고픈 시절이었다.'고 회고하였다. 하지만 찢어지게 가난했던 어린 시절의 그런 고생 속에서 아버님과 어머님의 부지런하심은 평생 동안 자신을 뒷받침해준 부지런함과 검약정신 그리고 포기를 모르는 끈기와 집념의 근원이 되었다. 또한 부모님이 인간의 도리를 실천으로 가르쳐 주었다. 부모님의 부지런함과 인간 도리의 실천은 오늘의 정주영을 있게 한, 일생을 지배했던 교훈이었으며 곧 정주영의 유산이 되었다. 오늘날의 우리나라 기업 '현대(現代)'가 그 격랑의 시대를 거치면서 좌초하지 않고 버텨 모든 성공을 이루어낸 것은 그의 끝까지 최선의 노력을 다하는 실천의 결과이다.

정주영은 어린 시절 배움이 많고 적음이 아니라 노력의 많고 적음에 따라 삶이 결정된다고 믿었던 그는 꿈을 잃지 않고 찢어지게 가난하고 답답한 고향을 떠나 서울로 와서 이런저런 밑바닥 생활을 전전하다 쌀가게 <복흥상회>의 쌀 배달원으로 취직하였고, 결국 2여년이 지났을 때는 그 가게를 물려받아 경일상회로 가게이름을 바꾸었다.

물론 그가 주인으로부터 쌀가게를 물려받을 수 있었던 건 오직 '끝까지 최선의 노력을 다하는' 그의 성실함 때문이었다. 정주영은 비록 남의 집 배달원에 불과한 처지였지만, 매일 새벽이면 누구보다 일찍 일어나서 쌀가게 앞을 깨끗이 쓸고 먼지가 일지 않도록 물까지 뿌려놓았다. 그 뿐 아니라 정주영은 몸을 사리지 아니하고 열심히 배달했고, 뒤죽박죽 어지럽게 뒤섞여 있어 엄두조차 나지 않던 창고마저 말끔히 정리했다. 그는 쌀은 쌀대로 10가마씩 한군데로 모아 줄을 지어 쌓고, 잡곡은 잡곡대로 정리해 따로 쌓아놓아, 한눈에 창고의 재고를 파악할 수 있도록 성실히 일하였다.

② 불가능을 가능하게 바꾸는 현장지도자

정주영은 누구보다 현장을 잘 알고, 잘 이해하고, 사랑한 사람이었다. 정주영의 하루 일과는 따로 정해진 것이라곤 없었다. 어디로 튈지 모르는 럭비공과도 같이 동에 번쩍, 서에 번쩍 나타나선 회사 안은 물론 현장을 휘젓고 다녔다. 정주영의 이런 현장주의를 일컬어 하버드대 경제학자 마이클 포터는 미국 서부영화의 카우보이 총잡이 같다고 표현하고 있다.[263] 어설픈 이론보다는 현장에서 직접 체험한 지식과 경험이야말로 기업경영에 보다 더 절실한 것일 수도 있음을 두둔하는 발언이다.

1974년 현대중공업이 국내에선 처음으로 26만 톤급이나 되는 초대형 유조선을 수주 받아 울산 조선소 도크에서 한창 선박 건조 작업 중일 때 아직은 완전히 고정되지 않은 철 구조물들이 선체 위에 가득 올라가 있었는데 하필 여름 태풍이 울산만을 강타하였다. 현장 작업자들이 모두 도크에서 철수하여 태풍이 무사히 지나가기만을 기다리고 있었는데 가장 높은 곳에 위치하고 있는 브리지 부근에 올라가 있던 작은 강철 구조물 하나가 태풍을 이기지 못해 흔들거리기 시작하였다. 초대형 선박의 규모에 비하면 작은 철 구조물에 불과하다해도 자체 무게하나만도 수십 톤이 나가는 쇳덩이였고, 그 쇳덩이가 태풍을 이기지 못해 떨어지기라도 하는 날에는 선체에 큰 손상을 입혀 처음부터 다시 시작해야하는 지극히 위험한 상황이었다.264)

그때 정주영은 현장주의자답게 울산 현장에 내달려가 비바람 속에 무턱대고 선체 위로 올라가기 시작하더니 주변에 있는 와이어로프를 끌어당겨 흔들리는 그 쇳덩이를 고정시키려 안간힘을 다했고 그런 모습을 바라보던 현장 작업자들이 너도나도 결연히 따라 나섰다. 정주영은 모두가 두려워 망설이고 있을 땐 그가 기꺼이 앞장을 섰다.265) 도저히 불가능할 것만 같아서 모두가 멈칫거릴 때면 그는 여지없이 현장에 나타나 어떻게든 해결하는 지도자였다.

③ 두둑한 배짱과 뚝심

정주영은 누구도 넘볼 수 없는 두둑한 배짱의 소유자였으며, 또한 어느 누구든 아우르고 품을 줄도 아는 장부였다. 그리고 정주영은 자신의 무한한 역량을 확신하고 나아가 자신의 작은 경험을 극대화시켜 큰 현실로 만들어나간 리더였다. 우선 뛰고 나서 나중에 생각을 하는 타입으로 할 수 있다는 아주 작은 확신만 보이면 그저 앞뒤가리지 아니하고 일단 들이대어 냅다 밀어붙이는 스타일이다.

1950년 6·25전쟁이 발발하여 피난지 부산에 전쟁특수로 인한 건설 물량이 수없이 쏟아졌는데 무엇보다 끝없이 밀려드는 미군들의 숙소며 군사 물자 집하장, 군사 지원 사령부 건설이 시급한 실정이었다. 정주영은 미군사령부 건설담당 맥칼리스터 중위와 미군병사 10만 명의 임시숙소를 한 달 안에 만들 수 있다고 약속을 하였고, 하루에 3시간이나 눈을 붙일 수 있을까 말까한 강행군으로 약속한 한 달 만에 미군 병사 10만 명의 임시 숙소를 만들어냈다. 또한 아이젠하워 미국 대통령 당선자와 각국의 유엔 사절들이 부산 유엔군 묘지를 참배할 계획이 갑자기 세워졌는데 한겨울에 유엔군 묘지 전체에 푸른 잔디를 깔아달라는 주문에 정주영은 막연했지만 할 수 있다고 큰 소릴 치기도 하였다. 참배일이 기껏 닷새밖에 남지 않은 상황에서 고심 끝에 '빈대의 교훈'으로 중도 포기란 있을 수 없었고, 어떻게든 끝까지 최선의 노력을 다해야만 했다. 그리고 어릴 적 가난한 고향의 겨울 들판에서 보았던 보리밭을 떠올리며 곧바로 트럭 30대를 동원해서 부산 인근 낙동강 근처의 보리밭에서 파랗게 자란 보리 포기들을 떠다가 유엔군 묘지에 옮겨심기 시작했다. 정주영이 아니고선 할 수 없었던 기상천외한 한겨울의 청보리 푸른 잔디였다.266)

(2) 협상가로서 특징

① 끈기, 집념, 실천

협상에서 힘의 원천은 매우 다양하다. 협상가로서 힘이 중요한 것은 자신이 상대방보다 유리한 점을 가지도록 힘을 사용하기 때문이다. 정주영의 성장과정과 기업경영에서도 보았듯이 부지런함, 검약정신, 끈기와 집념, 최선의 실천, 직선, 저돌성, 대범함, 우직함, 경험중시, 불같은 열정은 그 협상력의 원천이 되어 세계 속의 현대를 건설해냈다. 때로는 무모하고 저돌적이라는 비아냥거림을 들었을 만큼 그는 모험가, 정복자였지만 협상에서 유감없이 보여주었던 건 그가 불모지인 이 땅에서 현대조선소를 세우겠다며 울산 미포만 흑백 사진과 거북선 지폐 2장으로 영국으로 향한 두둑한 배짱과 물러설 줄 모르는 집념, 더불어 누구도 따를 수 없는 돌파력이었다. 황무지와 다름없던 한국의 공업사회에서 새로운 분야를 하나하나 개척하여 오늘날의 건설산업, 조선공업, 자동차공업의 활로가 된 것은 분명 그의 힘의 원천이 반영한 것으로 보인다.

② 담대한 결정

협상테이블에서 정주영은 담대한 결정을 하기도 했다. 정주영은 대한민국 자동차회사가 자체 기술력 없이 외국 기업에 의존하는 조립 생산자의 한계를 느껴, 영국 포드사와 합작사 협상을 결렬시키고 1976년 대한민국 지체적으로 첫 대량 양산형 고유 모델인 '포니PONY'를 탄생시켰다. 성수영의 이런 담대한 결정은 협상기로서 영국 포드사와 협력저 협상을 진행하면서도 경쟁적 협상을 진행했다는 사실이다. 선진 업체 영국 포드사가 제시하는 불리한 조건에 대한 입장 차이를 좁히지 못하고 협상이 거듭 실패하자, 이에 지친 현대자동차가 과감한 BATNA로서 독자적으로 대한민국 첫 대량 양산형 고유모델을 개발하겠다는 결단을 내렸다.

협상가는 협력전략을 준비하여 정보를 교환하고 상대방 욕구를 이해하려고 개방적이고 협력적인 태도로 시작하였지만 상대방이 완고하게 경쟁전략으로 일관한다면 본인도 경쟁전략으로 돌아가 협상을 해야 한다. 또한 상황에 따라 협상에서 나올 수 있는 협상 결렬 시 최선 대안(BATNA)을 찾는데 상당한 노력과 시간을 기울이고 실제 협상에서 이를 적극적으로 활용한다는 것이다. 포니의 합작사 협상이 결렬된 후 독자적인 생산까지, 포니 프로젝트는 수많은 반대와 우려 속에서 추진되었다. 정주영은 우리나라 기계 공업이 발전하기 위해서는 자동차 생산이 100% 국산화 되어야한다고 판단하고 빠르고 담대한 결단으로 포니를 탄생시켰다. 이후 정주영의 과감한 협상결렬 결정은 당시 걸음마 수준이던 국내 승용차 시장 성장의 견인 역할을 했으며, 자동차를 대한민국 주력 수출 품목으로 성장시켰고, 국내 자동차 산업의 위상을 끌어올리는 결과를 만들었다.

③ 뛰어난 기질과 아이디어, 배짱

정주영은 협상 고비 때마다 뛰어난 기질과 아이디어가 빛이 났다. 1962년 미국의 아이젠하워 대통령이 한겨울에 유엔묘지 참배 시 푸른 잔디를 깔아달라는 다소 황당한 주문에 청보리를 옮겨 심는가 하면, 1972년 조선소 건설자금을 위해 영국 버클레이은행에서 차관 심사 시 전공이 뭐냐는 질문에 사업계획서가 제 전공이며 어제 오는 길에 옥스퍼드대학교에서 그 사업계획서로 경영학박사학위를 받았다는 이야기는 꺾일 줄 모르는 의지와 재치 있는 임기응변이라 볼 수 있다. 또한 서산간척지 고철 유조선을 이용한 물막이공사, 세계 최대 건설공사라 일컬어진 사우디아라비아의 주베일 산업항 6개월 준공 단축을 위해 전대미문의 모든 기자재를 울산조선소에서 대양 수송한 작전 계획, 북한교섭과정에서 땅을 밟고 북한에 가고 싶다는 정주영의 강한 희망으로 판문점을 통한 소떼 방북 등은 정주영의 재치 있는 아이디어와 배짱이었다.

정주영은 상대방을 설득하여 협상에 성공하기 위해 어려울 때 마다 빛나는 결단과 아이디어를 볼 수 있다. 협상테이블에서는 무기가 없는데 배포가 큰 사람이 있다. 객관적인 파워를 가지고 있지 않아도 심리적 파워를 가질 수 있다는 것이다. 정주영이 이루어낸 업적은 모든 것이 상식적으로 가능했던 일이 하나도 없다. 뛰어난 창의력과 상상력의 무한한 힘을 신봉하고 철저히 긍정적인 생각을 가지고 실천함으로써 스스로 강력하다는 느낌을 가지는 협상가의 심리적 파워역량을 잘 사용한 것이다.267)

④ 위기대처역량

협상을 진행하다 보면 힘든 상대방을 만나 진척이 되지 않거나 협상자체가 파괴될 위기에 봉착할 경우가 있다. 특히 1989년 사회주의와 자본주의 이념관계에서 우리나라의 기업이 공산주의 소련으로 날아가 소련 최고 권력자를 만나 합작 사업을 꺼낸다는 것은 매우 까다로운 상황일 것이다. 협상에서는 상대방이 감정적이고 공격적일 때에는 긴장이 고조될 수밖에 없는데 이 긴장을 완화해야 한다. 어떤 사람은 위트나 농담으로 분위기를 시작하는가 하면 상대방의 감정을 그대로 인정하고 적극적으로 듣기도 한다. 그러나 상대방이 감정저이고 공격적일 때는 효과적인 듣기가 되지 않느냐. 갈등이 심화되면 듣지 않게 되어 서로 입장의 공통성이 있을 수 있다는 것을 깨닫지 못하는 것이다.

이때는 이를 개선하는 방법 중 하나가 이미징(imaging)이 있다. 나는 내 스스로를 어떻게 보는지 묘사해보고 나는 상대방을 어떻게 보는지 묘사해보는 것이다.268) 정주영은 소련 최고 권력자를 만났을 때 '나는 돈 많은 프롤레타리아'라고 소개했다. 정주영은 자신을 왜 이렇게 소개했을까? 노동자 계급이 주인이라고 믿는 사회주의 국가의 최고실력자 앞에서 상대와의 공통점을 강조해 호감을 얻어내기 위해서다. 두 사람은 이렇게 소개함으로써 명백한 차이점과 갈등영역이 실제가 아니라는 것을 알게 되고 실제가 무엇인지를 더 잘 이해하게 되었다. 서로 오해와 편견을 명확하게 하고 서로 상대방의 진정한 욕구를 더 잘 이해할 수 있게 협상테이블을 만든 것이다.

3) 정주영 협상의 교훈

  정주영은 우리나라 기업계를 선도하고 세계적인 기업 집단으로 성장시킨 한국 경제 발전의 주옥같은 인물이다. 젊은 시절 가난한 농부의 아들로 태어나 여러 번 가출하였지만 쉬지 않고 성실히 이일저일 하면서 쌀 소매업 복흥상회를 인수받아 경일상회 설립을 사업 시작으로 아도서비스, 현대자동차, 현대건설, 현대조선중공업, 현대미포조선소, 현대전자산업 등으로 사업을 확장하여 오늘날의 현대그룹을 설립하였다.
  현대그룹의 경제적 발전 여정 속에서 정주영의 인물을 따라가면 회자되는 유명한 에피소드들이 많아 이 책에 담기에는 부족할 정도로 협상가로서 다양한 면모를 찾을 수 있었다.

  ① 성실과 집념의 정신력

  정주영의 협상에서 무엇보다 중요한 교훈은 어떤 일이든지 간에 성실한 자세로 포기하지 않고 실천하는 정신을 보여주었다는 것이다. 협상테이블에서 의견 불일치로 몇 번에 제안을 주고 받다보면 빈약한 협상자원을 가질수록 빠른 포기에 다다른다. 그러나 정주영은 우리나라의 빈약한 자원 속에도 영국으로 날아가 바클리스은행 차관을 도입해왔다. 정주영의 매사 포기할 줄 모르는 집념과 함께 병행된 성실한 자세가 강력한 협상력으로 작용한 것이다.

  ② 상대방 욕구와 관심의 창조

협상은 어떤 가치가 있을까? 협상은 어느 한 쪽의 만족이 아니라 모두가 만족하고, 좋은 관계 속에서 협상당사자가 속한 조직, 더 나아가 사회를 발전시킨다. 정주영은 협상테이블에 앉기 전에 상대방의 욕구와 관심이 무엇인지 계속하여 생각하고 연구한 것으로 보인다. 양측의 욕구를 충족시키기 위한 것이 무엇인가? 아시아 한국이라는 알려지지 않은 동양의 정주영은 그리스 리바노스가 값싼 배를 구하고 있을 때 배에 하자 시 원금을 돌려준다는 파격 조건을 내걸어 상대방의 관심을 샀고, 서울올림픽유치 당시 일본의 급부상에 신경이 쓰였던 경제 대국 영국의 IOC위원 마음을 꿰뚫는 거는 물론, 위원 부인들에게 매일 밤 장미를 선물함으로써 마음을 움직이는 전략을 썼다.

또한 북한과의 금강산 공동 개발 당시에는, 모든 인력이나 장비나 자재의 수송경로와 교통문제를 해상과 육로로 하되, 육로로 할 경우 판문점을 통과해야한다는 주장을 굽히지 않았고 상대방의 명분을 위해 서산에서 키우넌 소를 몰고 가아하니 어쩔 수 없이 군사 분계선을 지나야 한다는 논리를 내세웠다. 이런 정주영의 협상은 상대방의 욕구와 관심이 무엇인지 정확하게 파악하여, 협상당사자 모두가 명분을 가지고 서로 만족한 결과를 가져왔다. 더 나아가 그의 협상은 1960-70년대 황무지와 같았던 우리사회가 경제의 여러 분야에서 발전을 가속화하는 결정적 역할을 하였다.

③ 미래 개발을 위한 열정과 투자

정주영은 모든 협상을 성공했을까? 일에 실패하더라도 열정을 가지고 적극적으로 새로운 기회를 만들고자 활용하고 투자하였다. 한 장소에서 사과를 따면 사과는 줄어든다고 한다. 그러나 다른 장소로 이동하면 수많은 사과가 순식간에 등장한다. 현대가 조선소 건설계획을 발표할 당시 경제학자들은 대다수가 부정했지만 지금은 전 세계 1위의 조선소가 되었다. 공산주의 이미지가 강한 소련 시베리아 벌판에 도전하고 개척을 시작한 사람도 정주영이다. 정주영은 우리의 모든 자원을 미국 캐나다 등에서 실어오지 말고 가까운 시베리아에서 가져오자며 혹한 영하 50도에서도 못할 것은 없다고 생각한 것이다. 할 수 있다는 아주 작은 확신만 보이면 앞뒤 가리지 않고 들이대고 밀어붙이는 정주영식 경제 협상은 결국 미래의 꿈이었던 조선소, 국산차 포니, 소련합작 등 많은 성과를 가져왔다.

④ 전략적 재치

정주영은 유머가 많은 사람일까? 협상에서 보이는 정주영의 대화는 창의성을 넘어 혁신적인 재치를 가지고 설득하는 스타일이었다. 영국보다 300년 앞서 만든 철갑선이 우리나라에 있다며 증명하는 500원짜리 지폐, 내 전공은 어제 받은 옥스퍼드대학 경제학박사 학위, 올림픽위원 마음을 사는 수제 꽃다발, 한국에서 온 프롤레타리아, 소를 하늘로 보낼 수 없으니 걸어서 가겠다는 정주영의 고집과 같은 재치 있는 설득력은 엄숙하고 긴장된 협상장을 웃게 하고 모두가 원원하는 협상을 만들어 내었다.

협상가 7

제15대 대통령 김대중

-IMF극복과 남북화해를 이끈 정치지도자-

화보 2.7.1 제15대 대통령 김대중

화보 2.7.2 김대중 대통령 가족(1992년)
앞줄 오른쪽 이휘호 여사, 뒷줄 중앙에서부터 오른쪽으로 홍일, 홍업, 홍걸.

화보 2.7.3 캉드쉬 IMF 총재, 올펜손 세계은행 총재와 미팅
1998년 6월 미국을 방문한 김대중 전 대통령中이 미셸 캉드쉬 IMF 총재左와 제임스 울펜손 세계은행 총재를 만나고 있다.

화보 2.7.4 IMF 극복 금모으기 운동

1997년 IMF 구제금융 요청 당시 국가의 부채를 갚기 위해 국민들이 자신이 소유하던 금을 국가에 자발적으로 내어놓고 있다.

화보 2.7.5 대통령 직속 노사정위원회의 노사정 대타협

1998년 1월 15일에 발족한 대통령 직속 노사정위원회에서 2월 6일 노사정 대표자들이 IMF 위기 극복을 위한 대타협을 한 후 기념촬영을 하고 있다.

화보 2.7.6 김대중 대통령과 김정일 위원장의 남북한공동선언 발표

2000년 6월 15일 평양에서 대한민국의 김대중 대통령과 조선민주주의인민공화국의 김정일 국방위원장이 정상회담을 통해서 6·15 남북 공동선언을 발표하였다.

화보 2.7.7 길위에 김대중 영화 상영

김대중 대통령 100주년 탄생일인 2024년 1월 6일을 기념해 영화 '길위에 김대중'이 1월 10일 국내 개봉에 맞춰 해외 15개국 30개 도시 동시 상영을 시작했다. '길위에 김대중' 영화는 남아공, 미국, 중국, 캐나다, 일본, 독일, 볼리비아, 칠레, 인도네시아, 네덜란드, 브라질, 호주, 뉴질랜드, 스페인, 필리핀 등 15개국에서 1~2월에 상영되었다.

1. 김대중의 생애와 활동269)

1) 탄생과 성장

김대중은 일제강점기인 1924년 1월 6일에 전라남도 신안의 작은 섬 하의도 후광리에서 아버지 김운식과 어머니 장수금(張守錦) 사이에서 3남 1녀 중 장남으로 태어났다. 그런데 아버지 김운식은 장수금 외에 광산 김씨 출신의 본처가 따로 있었다. 즉, 김대중은 서자였다. 이 때문에 어머니 장수금은 아버지 집이 아니라 다른 집에서 살았고, 김대중은 어린 시절을 후광리 어머니 집과 대리마을 아버지 집을 오가며 자랐다. 나중에 아버지가 본처와 이혼하면서 어머니가 본처 자리에 들어가고 김대중은 적자인 차남이 되었다.

그가 태어날 당시 하의도는 인구 1만 명 이내의 섬으로 대한제국 시기의 덕혜옹주가 일본으로 시집갈 때 이 섬을 일본 제국에 팔아넘기는 바람에 섬 전체가 동양척식주식회사의 소유가 되면서 주민들은 일시에 소작농으로 전락해 버렸다. 부친인 김운식은 당시로서는 일부러 일본어를 공부하지 않았을 만큼 항일의식을 지닌 지식인으로 이장을 지내고 암태도 소작쟁의 여파로 신안군 도서 지역에서 발생한 소작쟁의를 주도할 만큼 하의도에서 명망이 높은 인물이었다. 김대중은 그런 아버지와 같이 지내면서 정치의식과 역사에 대해 어깨너머로 배웠고 아버지의 영향을 많이 받았다.

친구들이랑 같이 놀던 어린 김대중은 나무그늘에서 낮잠을 자던 엿장수의 짐보따리에서 담뱃대를 훔쳤고, 그것을 어머니에게 자랑스럽게 이야기했는데 분노한 어머니가 김대중의 종아리를 걷은 뒤, 종아리 체벌을 한 적이 있었다. 먼 훗날 김대중은 그때 어머니로부터 옳고 그름, 선악의 구별에 대해 깊이 생각하게 되었다고 한다.

유년기에 하의도에 소학교가 없었기 때문에 덕봉강당이라는 서당에서 초암 김연에게 소학, 천자문 등을 교육받았다. 마을 이장이었던 아버지에게는 조선총독부의 기관지였던 매일신보가 무료로 배달됐는데 그는 8살 때부터 꼭 신문의 1면과 정치면을 주의 깊게 읽었다.

1935년부터 4년제 하의보통학교(현재의 하의초등학교)에 2학년에 편입하여 공부했고, 1938년 가을 김대중의 가족들은 목포로 이사하고, 김대중도 목포제1공립보통학교(현재의 목포북교초등학교)에 4학년으로 편입했다. 교육열이 남달랐던 어머니가 하의도의 집과 농토를 모두 다 팔면서까지 아들을 목포로 유학시킨 것이다. 부모는 여관을 운영하면서 공부 뒷바라지에 나섰다. 그 후 일본인 학생들의 어떠한 따돌림 속에서도 굴하지 않고 꿋꿋하게 학업에 전념하여 소학교 졸업을 할 때에는 수석으로 졸업하여 목포일보 사장상을 받았다.270)

이후 5년제(중·고등학제)인 전라남도 목포 소재 목포공립상업학교(현재의 목상고등학교)에 입학했다. 은행에 취직하는 것을 목표로 열심히 공부한 김대중은 학생의 절반가량이 일본인임에도 불구하고 입학해서 3학년 때까지 반장을 할 정도로 뛰어난 통솔력을 보였다. 그는 독서광이면서 정치와 영어에 관심이 많아 작문과 역사 성적이 뛰어났으며 웅변에도 소질을 보였다. 고교 시절(목포공립상업학교)의 학적부에는 김대중에 대하여 '언변은 늘 정확, 명료하다.' 라고 기재되어 있다. 이 탓인지 훗날 그는 서울에서 웅변학원을 운영하기도 하였다.

김대중은 만 16세인 상업학교 2학년 때 도요타 다이추(とよた だいちゅう[豊田 大中])로 창씨개명을 하였다.271) 3학년부터는 진학반으로 옮겼다. 일본의 대학 진학을 희망했지만 미국 해군의 해상 봉쇄 정책으로 인해 여행 허가가 어려웠고, 한국인들에게 문호를 연 대학 중 장학제도가

제일 나은 만주의 건국대학에 진학할 계획이었다. 그러나 1941년 겨울 태평양 전쟁이 시작되면서 병역자원이 모자랐던 일제가 학생들을 조기에 졸업시키고 바로 병력으로 동원하기 위해 전시 특별 조치를 실시하면서 포기했다. 대학진학을 포기한 김대중은 목포공립상업학교를 1944년 1월 일찍 졸업을 하게 되었고 일본군 징집을 피하기 위해 전남기선주식회사(목포상선회사)라는 해운회사에 경리사원으로 일하게 되었다. 하지만 이렇게 해운회사에 취업했어도 전쟁이 말기가 되면서 결국 징집은 시작되었고 신검을 받고 기다리다가 징집되기 직전 광복을 맞이했다.

광복 이후, 김대중은 목포상선 협동조합의 위원장을 맡았으며, 1945년 8월 19일 선정부구성론을 주장한 여운형의 조선건국준비위원회에 참여했다. 하지만 이후에는 공산주의에 관심을 가져 공산주의계열의 정당인 조선신민당에 활동했으나, 얼마 안가 탈당하게 되었다. 같은 해에 차용애와 만나 결혼하였다.272) 결혼 후 한국민주당원이었던 장인 차보륜의 도움으로 목포파출소 습격사건에서 풀려났다.

1946년 여름 좌익과 결별한 뒤에는 1947년 배 한척을 가지고 목포해운 공사로 사업에 뛰어들고, 50~70톤의 선박 여러 척을 보유, 운영하게 되었다. 1950년 6.25 전쟁이 발발하자 목포를 점령한 조선인민군들에게 자본가라는 이유로 붙잡혀 사형선고를 받고 처형 직전까지 갔다가 인천상륙작전으로 인민군들이 철수해 처형은 면했다. 하지만 공산당원들한테 감금되었다가 천신만고 끝에 탈출해 집에 은둔했다. 그의 인생에서 이때의 경험이 중요한 역할을 했고 크게 작용하였다. 민족 간 전쟁으로 학살을 하는 모습, 이념을 제대로 알지도 못하면서도 이념의 이름으로 서로 학살하고 증오를 뿜어대는 모습이 이후 그의 모토가 된 평화와 화해의 정신을 강화했다.273)

1950년 10월부터는 선박 두 척을 수리하여 사업을 재개하게 되었고,

목포일보를 인수해 1952년 3월까지 사장으로 재임하였다. 사장 직책으로 있었지만, 전쟁으로 인적, 물적 여건이 부족했던 만큼, 김대중도 직접 취재를 나가 중요한 내용을 적어 오곤 했으며, 사설을 직접 작성해 송고하는 일도 적지 않았다. 이때 길러진 습관은 그의 정치인생에 큰 영향을 미쳤다.

받아 적는 습관이나, 취재기술, 신문의 변두리 칸 소식까지 꼼꼼히 살피는 습관 등은 측근들에게까지 영향을 미칠 만큼 그의 정치인생을 형성하고 대변하는 바탕이 되었기 때문에, 김대중을 '사업가 출신'이라기보다 '언론인 출신'으로 간주하는 사람들도 있다.[274]

2) 김대중의 정치 활동

김대중은 1947년에 상인의 주선으로 한국민주당에 가입하여 시당 상무위원으로 선출되었다. 이 당시 해운 회사와 목포일보 사장을 맡으면서 사설을 즐겨 쓰곤 했는데, 특히 농민이나 근로자, 실업자의 구제문제에 대해 관심을 가졌다. 한국전쟁이 끝난 후 1954년 제3대 국회의원 선거에서 목포시 선거구에 무소속 후보로 출마했지만 낙선하였고, 이듬해 상경하여 야당 정치인들과 교류하면서 민주당 신파에 입당했다.[275]

1960년대에는 여러 차례 국회의원 선거에 출마하지만 낙선하였다. 이 와중에 아내 차용애 여사가 세상을 떠나는 아픔을 겪었지만, 그는 어려움에 굴하지 않았다. 이 모습을 지켜본 장면 전 국무총리가 발탁하여 대변인으로 활동하면서 본격적으로 정치활동을 시작하게 되었다.

1961년에는 인제군 선거구에서 최초로 국회의원으로 당선되었지만 5.16 군사정변이 발생해 국회가 해산되었다. 그러던 중 1962년 5월 김대중은 이희호를 만나 39세의 나이로 재혼하였다.[276] 1963년에는 목포시

민주당 국회의원으로 당선되어 처음으로 의정 활동을 시작하였다. 잘 알려지지 않았지만, 한일기본조약 협상 당시 모든 야당이 가두 투쟁과 반대 운동을 준비할 때 김대중은 실익을 따져 협상을 해야 한다고 협상의 필요성을 주장했다. 또한, 자유민주당 김준연 의원이 한일기본조약 협상 과정에서의 정치 자금 사용에 대해 폭로하자, 이에 공화당은 김준연 의원 구속 동의안을 상정했지만, 이때 김대중이 필리버스터 의사 진행 발언에 나섰다.277)

그는 5시간 19분 동안 원고 없이, 한일 협정의 잘못된 점, 김준연 의원 구속의 부당성 등을 조목조목 지적했고, 결국 구속동의안 처리는 무산됐다. 이 일로 초선임에도 정계의 주목을 받았으며, 분과 활동에서도 명문대학 출신의 동료 의원들에 뒤처지지 않고자 연구활동에 진력하며, 당의 중진인 유진오 고려대학교 총장에게 인정받아, 당내에서도 입지를 넓혔다.

1967년에는 신민당 창당에 참여하여 제7대 국회의원 선거에서 목포시 신민당 국회의원으로 출마해, 박정희 대통령이 목포에서 국무회의를 여는 악재에도 불구하고 국회의원으로 당선되었다. 이후 신민당 대통령 후보로 선출되어 제7대 대통령 선거에 출마하였으나 박정희 대통령에게 낙선하였다. 그 후에는 미국과 일본을 왕래하며 민주화운동을 전개했으며 1976년 3.1민주선언을 발표하여 정부전복 선동 혐의로 구속되었지만, 1978년 제9대 박정희 대통령이 취임하는 당일, 형집행정지로 석방되었다.278)

그 후에도 김대중은 민주화운동을 이어나갔으며 1979년 후반기 제2차 오일 쇼크가 발생하면서 국내 정치상황은 급변했다. YH사건과 부마민주항쟁 등의 사건들이 일어나면서 유신체제는 무너지기 시작했다. 1979년 10.26사건이 발생하여 박정희 대통령이 서거하고 그 후 최규하 대통령이 긴급조치 9호를 해제하면서 김대중은 78일 만에 가택 연금 상태에서 벗어났다. 김대중은 공화당 총재로 선출된 김종필과 신민당을 이끌고 있던 김영삼과 함께 유력한 대권 주자로 부상했다. 그러나 각 세력은 규합하지 못했고 12.12 군사반란을 통해 전두환 중심의 신군부 세력이 권력의 핵심으로 급부상하였다.279)

1980년 4월, 김대중은 한국신학대학과 동국대 강연에서 유신세력의 계략에 맞서고 군이 중립을 지켜야 함을 주장했으며 성급한 혼란을 일으키면 군부를 도울 뿐이라고 강조했다. 하지만 5월 13일부터 학생들의 거리 시위가 시작되었고,280) 5월 17일 비상계엄령이 선포되어 학생들이 신군부에 연행되었다. 육군본부 계엄보통군법회의에서 국가보안법 위반 등의 혐의로 관련자들이 기소되었고 김대중은 사형이 확정되었다.281)

그러나 전 세계에서 구명 운동이 벌어졌다. 특히 미국의 지미 카터-로널드 레이건 행정부는 김대중에 대한 사형이 집행될 경우 양국 관계에 파국이 올 것이라고 거세게 압박했고, 요한 바오로 2세 역시 서한을 보내어 선처를 호소했다. 신군부는 정당성을 세계적으로 인정받고자 했던 정권의 이해관계가 맞물려, 김대중이 무기 징역으로 감형되었다.282) 이후 김대중은 미국으로 추방되었지만 국내의 민주화운동을 지원하는 활동을 하며, 1985년에는 한국에 귀국하여 정계복귀를 선언했다. 김대중은 1988년 총선거에서 평화민주당을 이끌어 제1야당으로 만들었으나, 1992년 대통령 선거에서 패배하고, 정계 은퇴를 선언했다.283)

그러나 1993년에 새로 출범한 김영삼 문민정부의 인기 상승과 함께 김대중도 재조명을 받았다. 1994년에는 대북문제에 대해 미국 내셔널프레스클럽 연설에서 김대중은 이북에서도 신뢰할 만한 인물로 지미 카터의 중재 필요성을 역설하였고, 카터 전 대통령의 방북 및 남북정상회담이 성사 직전까지 가게 되어 국내 여론과 클린턴 정부의 주목을 받았다.284)

1995년 정계 복귀를 선언하고 본격적으로 대선에 출마하였다.285) 결국 김대중은 대한민국 제15대 대통령에 당선되었다.

　김대중 대통령의 당선은 한국사에서 5.16 군사정변이 일어난 이래로 권위주의통치와 경제 위기 등 수많은 일을 겪은 국민들에게 민주화 세력의 계승자가 우리나라 역사상 처음으로 평화적인 여•야 정권 교체를 실현시켜 주었다는 점에서 심대한 의미가 있었다.286)

2. 김대중의 협상 사례

1) IMF 구제금융과 노사정 고통분담 협상

(1) 협상배경

　김대중이 대통령 당선된 해 대한민국은 1997년 겨울에 불어닥친 외환위기 파장이 점차 전국으로 확대되는 위기 국면이었다. IMF가 한국에서는 단순히 IMF사태, 외환위기 등으로 지칭하는 경우가 많지만 세계적으로는 1997년 아시아 금융위기로 불린다. 이 시기에 한국만 위기를 겪은 게 아니라 아시아 전반에 파급효과를 일으켰기 때문이다. 인도네시아와 태국이 타격을 가장 많이 받은 국가였고, 한국은 단순 지표상으로 앞의 두 국가보다는 덜했으나 역시 엄청난 위기를 겪었다. 그리고 당시 아시아의 유일한 선진국이었던 일본에도 영향을 주었을 정도로 파급력이 엄청나게 큰 사건이었다.

　이러한 아시아 금융위기 속에서 무분별한 차입에 의존하던 한국 기업의 외국자본 단기부채 만료와 아시아 경제에 불안감을 느낀 외국 자본의 급격한 유출이 발생하면서 외환 보유고가 바닥나게 되었고, 충격을 극복할 수 없을 정도로 단기간에 기업의 파산이나 부도, 대량 실직이 일어나게 되었다. 또 경제 위기로 인하여 단기부채의 연장도 이루어지지 않았고 상환을 독촉 받았다. 한국은 이러한 충격을 극복하기 위해 IMF에 구제금융을 요청하였다.[287]

(2) IMF 플러스 협상과정

대한민국은 1997년 11월 21일 외환보유고 파탄으로 결국 이 기구로부터 외화를 조달받는 대가로 국내 경제 구조를 전반적으로 거의 재편하는 수준의 강도 높은 요구 사항에 순응해야 했다. 김영삼 임기 말에 재정 파탄 사태가 터지는 바람에 다음 대선에서 가장 유력한 후보였던 김대중과 이회창, 이인제 후보 모두 대통령에 당선되면 IMF의 요구사항에 순응하기로 문서에 서명하고 선거를 치렀다. 따라서 유력 후보 중 누가 대통령에 당선되었더라도 이때부터 대한민국 경제 구조는 IMF의 지시에 따른 신자유주의방식의 경제 구조 재편이 불가피한 상황이었단 얘기이다.[288]
1997년 12월 18일 빌 클린턴 미국 대통령이 김대중에게 대통령당선 축하전화를 걸어오며 IMF와의 합의를 성실하게 이행할 것을 촉구했다. 이어 한국 경제는 지금 매우 위험한 상태에 빠졌다며 미국의 협상단을 신속하게 보내겠다고 말했다. 그리고 데이비드 립튼 미국 재무부 차관 일행이 1997년 12월 22일 한국에 왔다. 클린턴 대통령은 미국 사회 최대 공휴일인 크리스마스를 앞두고 이들을 급파했다. 립튼이 오기 전날, 김대중은 립튼이 무엇을 요구할지 미국 경제통 유종근 전북지사에게 물었는데 아마 정리해고 문제를 거론하고 미국 측은 대통령 당선자의 의중을 탐색하려 테스트하러 오는 것이라 했다. 22일 아침, 김기환 대외협력 특별대사가 집으로 찾아왔는데 우리의 외환위기 실체와 미국정부의 분위기를 전했다. 김기환은 '연말 외환 보유액이 마이너스 6억 달러에서 플러스 9억 달러로 예상된다.'는 한국은행의 자료를 보여줬다. 연말이라면 열흘도 남지 않았는데 믿기지 않았다.

김대중은 어찌하면 미국이 우리를 돕겠냐고 물었다. 김기환 특별대사가 대답했다.

"미국은 IMF 플러스를 요구하고 있습니다."

그 핵심내용은 정리해고제 수용, 외환관리법 전면개정, 적대적 인수·합병(M&A)허용, 집단소송제 도입 등이었다. 모두 지난 12월 3일 IMF와 맺은 협약에는 없는 것이었다. 어느 것 하나 쉽게 받아들일 수 없었다. 특히 김대중은 정리해고제 도입에 대해서는 선거 기간 동안에 2년간 유예를 약속했었다. 만약 이를 수용한다면 노동계의 반발은 불 보듯 뻔했다. 하지만 몇 십만 명의 실업자를 구하려다 4천만 명이 살고 있는 나라 전체가 부도를 맞을 수는 없었다. 립튼 차관은 예상대로 앞으로 한국에서의 노동 유연성이 어떨 것인지를 거론했다. 김대중은 분명하게 말했다.

"지금 공공 기관이나 일반 기업 모두 구조조정을 통해서 인력을 감축시키지 않으면 재생할 수 없습니다. 이러한 사실을 우리 국민들이 잘 알고 있습니다. 때문에 노동자를 해고할 수밖에 없는 상황이라면 이를 실천하겠습니다. 노동자 10~20퍼센트를 해고하는 것을 주저하다가 기업이 망하면 노동자 100퍼센트가 일자리를 잃습니다. 노동자를 해고해서 기업이 살아나고 경쟁력을 갖추게 되면 해고된 노동자들은 다시 취업할 수 있는 기회가 생깁니다. 그리고 나는 민주주의와 시장 경제를 수레의 양축으로 삼아 경제 정책을 추진시켜 나가겠습니다."

미국 대표단의 표정이 밝아졌다. 김대중은 그들에게 확실한 믿음을 심었다. 립튼 일행은 의미 있는 미소를 남기고 돌아갔다. 1997년 12월 24일 크리스마스이브에 13개 선진국과 IMF로부터 100억 달러를 조기 지원하겠다는 통보가 왔다. 눈앞의 부도 위기를 넘겼다. 김대중의 확실하고 단호한 입장 표명이 IMF와 선진국의 신뢰를 얻는데 결정적인 역할을 하였다.[289]

(3) 노사 대타협 협상과정

외환위기의 급한 불은 껐지만 금융 시장은 여전히 불안했다. 한국을 보는 국제사회의 눈은 여전히 싸늘했다. 신인도 회복을 위해서 노동의 유연화는 피할 수 없었다. 그러나 노동계의 반발은 거셌다. 이를 극복하기 위해 사회적 합의가 필요했다. 김대중은 이미 노동계의 모든 현안을 협의하고 소정하기 위해 노사정협의회를 만들 것이라고 공약했었다. 노조와 사업주 모두의 희생과 협력 없이 외환위기는 극복힐 수 없다는 것을 이해하고 이를 위해선 노동계의 협조가 필요했다.

김대중은 12월 26일 박인상 한국노총 위원장을 만나 노사정위원회에 참여할 것을 촉구했다. 그러나 박 위원장은 재벌과 관료들이 먼저 솔선수범할 것을 요구하며 유보적인 태도를 보였다. 다음 날 만난 민주노총 위원장도 더 강경한 입장을 보였다.

노사정위원회 참여조건으로 경제 청문회 개최와 책임자처벌, 재벌 총수의 사과와 개인 재산 헌납 등을 내걸었다. 또한 정리해고 반대도 분명히 했다. 김대중은 간곡하게 설득을 시도했다. 정리해고의 입법화는 이미 IMF와 합의한 것이었고 기업과 금융의 구조조정을 위해서도 필요했다. 정리해고를 포함하여 모든 현안을 협의할 수 있도록 노사정위원회를 만들자고 했지만 꿈적하지 않았다. 김대중은 포기하지 않고 끈질기게 설득했다. 우리 경제가 어디에 와 있는지, 그 실상을 정확하게 알리면 노동계도 이해해 줄 것으로 믿었다. 노와 사, 어느 한쪽에 기울지 않고 공정한 중재를 하면 노동계의 피해의식도 불식시킬 수 있을 것으로 보았다. 그런데도 노동계의 저항은 완강했다. 김대중은 부단히 참고 끝까지 설득했다.

1월 13일에 그토록 버티던 한국노총, 민주노총이 노사정위원회 참여 의사를 밝혔다. 김대중은 노사정위원회가 출범과 함께 위원회에서 논의할 10개 의제에 합의했다.290) 이를 통해 노·사·정 3자가 고통을 분담하고 새로운 경제의 틀을 만드는 데 중심이 될 수 있었다.

마지막까지 정리해고 도입 법안에 대한 합의는 진통을 겪었다. 노동계는 공동선언문에 정리해고 입법화를 명시적으로 밝히는 데 반대했다. 결국 '노사정위원회에서 합의 채택한 의제들에 대해 2월 임시국회 일정을 감안해 조속히 일괄 타결하겠다.'는 우회적인 표현으로 피해 나갔다. 크게 만족스럽지는 않지만 대화와 타협을 통해 현안을 풀어 나갈 수 있다는 가능성을 대내외에 보여 주었다.

정리해고 도입 법안은 계속 겉돌았다. 취지에 공감은 하면서도 노조 지도부가 막상 현장의 노동자들을 설득하기는 쉽지 않았을 것이다. 노동계에도 무엇인가를 줘야 한다고 생각한 김대중은 정리해고에 버금갈 명분이 필요했다. 노조의 정치 활동을 허용하고 노동기본권을 대폭 확대했다. 이는 노동계의 숙원이었다. 공무원 직장협의회도 1999년 1월부터 설치할 수 있도록 하고, 4조4000억 원이던 실업 대책 재원도 5조 원으로 증액하여 실업자들을 지원하기로 했다. 대신 정리해고제를 즉각 시행하고, 근로자 파견제를 도입하기로 했다. 노·사·정이 핵심 쟁점을 주고받는 대타협이었다. 노사정위원회는 2월 6일 10개 의제, 90여 개 과제를 일괄 타결했다.291) 노사가 대타협을 통해 상생의 길을 열어 갈 수 있다는 저력을 세계에 보여 주었다.

(4) 재벌과의 합의 과정

외채 연장이나 외자 유치, IMF 등 국제 기관의 원조도 개혁 없이는 기대할 수 없었다. 그래서 기업, 금융, 공공, 노동 4대 부문을 전면적으로 쇄신하기로 했다.

그 중 기업의 개혁을 위해서는 '대마불사'의 속설을 깨야 했다. 김대중은 1998년 1월 13일 삼성 이건희, 현대 정몽구, LG 구본무, SK 최종현 회장 등 4대 그룹 총수들과 만나 5개항에 합의했다. 기업 경영의 투명성 제고, 상호 지급 보증해소, 재무 구조의 획기적 개선, 핵심 주력 사업으로의 역량 집중 및 중소기업과의 협력 강화, 지배 주주와 경영자의 책임성 강화 등이 그것이다.

여기에 덧붙여 총수들에게 '사재출연'을 요청했다. 완전한 시장 경제를 한다면서 개인 재산을 사회에 환원하라고 강요할 수는 없었다. 그러나 재벌들에게 쏟아지는 각계각층의 비난을 무시할 수 없었다. 당시 노동계는 재벌 총수들이 부정 축재했다면서 개인 재산을 환수하라고 요구했다. 김대중은 이런 사정을 재벌 회장들에게 솔직히 얘기했다. 대안으로 개인 재산을 자사에 투자하는 방안을 제시했다.[292]

그러나 재벌들의 저항은 거셌다. 자신을 IMF위기의 원흉으로 여기고, 지배구조 재편과 구조조정을 지시하고 있었기 때문이었다. 하지만 재벌은 김대중 정부가 요구하는 내용을 수용한다고 발표해야만 했다. 그 이유는 크게 두 가지로 정리할 수 있다. 첫째, 미증유의 위기를 관리하는 상황에서 권력은 필연적으로 위기관리의 주체인 정부로 쏠리게 되는데, 이때 재벌이 정부 방침에 노골적으로 반발할 경우, 자칫 그룹이 파산할 수도 있었기 때문이다. 둘째, 위기로 재벌의 정당성이 크게 손상되었기 때문이다. 재벌을 비판하는 논의는 전례를 찾기 어려울 정도로 다방면에서 쏟아져 나왔고, 부정적 인식이 광범위하게 펴져 있었다. 게다가 참여연대 같은 시민단체는 총수지배를 비판하며 소액주주 이익을 대변하는 운동을 펼치기도 했다. 재벌은 사회적 압력을 무시하고 정부의 방침을 나 몰라라 할 수는 없었다.293)

제일 먼저 LG와 현대가 구조조정 계획을 발표했으나 그 내용이 매우 실망스러웠다. 재벌들은 이번 기회에 적자 나는 계열사만 정리하려 들었다. 김대중은 30대 재벌의 구체적인 구조조정안을 제출받도록 비상경제대책위에 지시했다. 그리고 주거래 은행을 통해 그룹별 구조조정계획을 평가하도록 했다. 은행을 통한 재벌 개혁이었다. 정부가 재벌들에게 직접 구조조정을 압박하지 않고 은행이 '그릇된 관행'을 바로잡도록 했다. 정경 유착을 통해 엄청난 대출 특혜를 받은 기업은 다시 돈줄만 죄면 무너지게 되어 있었다. 구조조정을 하지 않으면 살아남을 수 없었다. 재벌들은 스스로 변하지 않을 수 없었다. 김대중은 5대 그룹이 앞장서서 구조조정을 해야 한다며 금감위를 질책했다. 퇴출 대상 기업이 55개로 늘어났고, 5대 재벌 계열사도 20개가 포함되어 있었다. 물론 크게 만족할 수는 없지만 은행이 기업을 한꺼번에 정리했다는데 의미를 두었다. 이 땅에 은행이 생긴 이후 처음 있는 일이었다.294)

그러나 이후에 경제가 회복할 조짐을 보이기 시작하자, 재벌들은 사회적 정당성을 확보하기 위해 노력했다. 또한 재벌들은 정부의 개혁방침을 비판하고 속도조절을 강조하는 한편, 경제회복을 위해서 필요한 것은 규제를 혁파하는 것이라 주장했다.295)

이런 가운데 김대중 대통령은 전경련 회장단과 간담회를 통해 대기업과 정부 간의 갈등을 해소하고 경제 현안에 대한 합의를 이끌어냈다. 재벌은 빅딜, 즉 대규모 사업교환에 박차를 가하기로 하고 정부는 이를 위해

제도적으로 뒷받침하는 것이 주요내용이었다. 이밖에도 정부와 재벌 간의 대화 창구를 만들어 현안이 있을 경우 협의하여 문제를 해결해 나가기로 했다. 김대중의 기탄없고 끊임없는 대화는 정부와 기업이 난국 극복을 위한 동반자적 관계를 강화하고 의혹과 불신을 청산하는데 중요한 의미와 기회를 만들었다.296)

2) 남북한 관계개선 협상

(1) 햇볕정책

1988년 7월 「민족자존과 통일번영을 위한 특별선언」을 통해 남북한은 분단의 벽을 헐고 교류를 추진하기로 선언하였다. 이는 과거 냉전시대에서의 대결구도를 청산하고 개방과 화해를 통한 남북교류협력시대를 열 것을 천명한 것이었다. 이러한 7.7선언에서 '남북한 간 교역의 문호를 개방하고 남북한 간 교역을 민족내부교역으로 간주하겠다.'는 기본 방침을 밝혔다.297)

그해 10월에는 「남북경제개방조치」를 통해 남북한 간 교역을 허용하고, 1989년 6월에는 「남북교류협력에 관한 지침」을 제정하여 남북교류를 지원하는 등 선언을 실천하기 위한 조치들을 취해 나갔다. 이러한 노력은 부분적이지만 제3국을 통한 북한과의 교역이 합법적으로 추진되었으며, 북한주민 접촉도 어느 정도 성사될 수 있었다.298)

이후 정부는 남북교류협력 관계를 보다 체계적으로 정착시키고 제도화하기 위해 「남북교류협력에관한법률」을 비롯한 관련 법령을 마련하여 이를 통해 남북교류가 우리 법의 테두리 내에서 안정적으로 이루어질 수 있도록 하였다. 또한 1994년 10월의 제네바 합의를 통해 핵 문제 해결의 실마리가 풀림에 따라 '남북 경제협력 활성화 조치'를 비롯한 실천적 후

속조치들을 통해 경제협력 추진 기반을 조성하였다.299)

　김영삼 정부에서 본격화되었던 북한 핵문제는 김대중 대통령 시대에도 이어졌다. 이전 정부는 북한과 대결하면서 여러 가지 강경정책을 써왔지만 북한을 변화시키지 못했다. 따라서 김대중은 북한이 개혁과 개방의 길로 나올 수 있도록 남북기본합의서에 따라 협력과 화해를 적극 추진하기로 결정하였다. 1998년 2월 대통령취임사에서 북에 대한 3대 원칙을 밝혔다. 북한의 어떠한 무력도발도 용납하지 않는다. 북한을 해치거나 흡수할 생각이 없다. 화해 협력을 적극 추진한다는 것이었다. 이러한 3대 원칙은 미국, 중국, 러시아, 일본을 포함하여 모든 나라의 지지를 받았다. 그리고 남북 간의 구체적인 협력 문제에 대해서는 세 가지 원칙을 세웠다. 첫째, 인도적 지원, 둘째, 정경 분리, 셋째, 상호주의이다.

　북한이 택할 수 있는 길은 세 가지였다. 첫 번째 길은 이판사판으로 남한에 무력 도발을 하는 것이다. 두 번째 길은 교류도 개방도 거부하며 스스로 고립을 택하는 것이다. 세 번째 길은 개방으로 나오는 것이다. '북한이 생존을 위해 권위주의 체제는 유지하면서도 경제 발전을 모색할 것이다.'라고 김대중은 믿었다. 결국 남북적십자회담에서 북은 의미 있는 신호를 보냈다.

　북한은 1998년 3월 베이징에서 열린 5차 남북적십자 대표 접촉에서 비료 20만 톤을 지원해 달라고 요청했다.300) 우리 대표단은 지원 규모로 볼 때 정부 차원에서 결정할 문제라며 당국자 간 회담을 제의하는 것이 좋겠다고 했다. 북한은 차관급 회담을 공식으로 제의해 왔다.

　남북 차관급 회담이 1998년 4월 11일부터 일주일동안 중국 베이징에서 열렸는데 북측은 인도주의적 차원에서 비료 20만 톤을 지원받기를 요청했다. 우리 측은 다음해 봄에 주겠다고 표명했다. 대신 인도적 문제인 이산가족 상봉을 올해 추석 때까지는 하자고 제안했다. 북측은 비료지원

문제를 우선적으로 협의하고 다른 문제를 다루자고 주장했다. 결국 회담은 결렬되었다. 이후 북한은 이런 상호주의적 접근을 격렬하게 비난하고, 평양방송을 통해 국민의 정부를 비난하고 햇볕정책에 대해서도 비난하기 시작했다. 김대중은 북측이 생각보다 자존심이 강하다는 것을 알았다. 우리가 더 가졌다면 베푸는 데 더 조심해야 한다는 것도 깨달았다.

김대중 정부는 출범하면서 정경분리원칙으로 남북경제협력을 적극 추진하는 것을 국정과제의 하나로 채택하였다.301) 이 원칙은 남북한 간 정치문제와 경제협력을 직접적으로 연계시키지 않고 민간이 주도하여 시장경제원리에 따라 경협을 추진하고 정부는 기업의 경영활동에 대한 규제를 완화하여 추진 여건을 조성해 나간다는 것이다.

정부는 1998년 4월 말에 「남북경협 활성화 조치」를 발표하여 정경분리원칙에 입각한 남북간 경제교류협력을 구체화하였다.302) 이에 따라 모든 기업인들이 방북할 수 있도록 규제를 풀었고, 생산 설비 반출도 무상 또는 임대를 허용하여 기업인들이 대북 경협 사업을 자유롭게 할 수 있게 되었다.303) 이러한 노력의 결과로 1998년 6월 북한과 금강산관광, 개발 사업에 합의했고 단독 사업자로 정주영 현대그룹회장이 선정되었다.304)

대북정책의 결과로 금강산 개발사업, 유전공동개발, 체육교류, 경제협력사업 등에 합의했다. 금강산 관광선이 11월 18일 출항하기로 한 것이 도드라져 보였다. 대북 사업에 김정일 위원장이 직접 나선 것은 매우 의미 있는 변화였다. 김대중은 정경분리와 '선 민간 경협, 후 당국 대화'를 일관되게 추진한 것이 북한을 움직이기 시작했다고 보았다. 그리고 임기 중에 김 위원장을 만날 기회가 있을 것으로 생각했다.305)

(2) 남북 정상회담 협상과정306)

북이 남과 정상회담을 원했다. 북측이 송호경 아시아태평양평화위원회

부위원장을 대표로 정해 놓고 싱가포르에서 비밀접촉을 하자고 제의해 왔다. 3차례 특사 접촉을 통해 남북정상회담이 2000년 6월 12일부터 14일까지 평양을 방문한다는 내용으로 합의되었다. 김대중도 준비할 것이 많았다. 우선 김정일이 어떤 인물인지 정확하게 알아야했다. 그래서 북한과 김정일 위원장 개인에 관련된 많은 책을 읽었으나 대부분 부정적인 내용이었다. 이런 정보가 사실이라면 김 위원장과 마주앉아 회담할 수가 없어 정확한 정보가 필요했다. 임동원을 대통령 특사로 정상회담을 위한 예비회담으로 평양에 보냈다. 김정일 위원장을 만나 첫째, 어떤 인물인지 알아오고 둘째, 정상회담에서 협의할 사안들을 사전에 충분히 설명하고 북측의 입장을 파악하기 셋째, 정상 회담 후 발표할 공동 선언 초안을 사전에 협의하기 위해서였다.

임 원장은 임동욱 노동당 통일전선부 제1부부장을 만났는데 그가 남쪽 대통령이 금수산궁전 방문을 안 할 경우 김 위원장과 상봉할 수 없다고 했다. 금수산궁전에는 김일성 주석의 유해가 안치되어 있었다. 임 원장은 그것은 남북 관계 특수성 때문에 수용할 수 없다고 해도 전혀 먹히지 않았다고 했고 김용순 비서조차 만나지 못하고 돌아왔다. 6월 3일 김대중은 임 원장 편에 김정일 위원장 앞으로 친서를 보냈다. 정상회담에서 다뤘으면 하는 의제내용이었다. 새로운 남북 관계를 위한 실천적 조치들이 들어 있는 '공동 선언'도 발표하자고 했다. 그리고 금수산궁전 방문은 정상회담을 성공적으로 마치고 난 후 검토할 수 있다고 했다. 이 친서를 지니고 임 원장은 김정일 위원장을 만났다. 임 원장은 김 위원장이 개인적으로 김대중 대통령을 존경한다고 했으며 상대방의 말을 경청하며 말하기를 즐기고 두뇌가 명석하며 판단력이 빠르다는 느낌을 받았다고 했다.[307]

6월 6일 현충일에는 청와대 충무실에서 모의 남북정상회담을 열어 예행연습을 했다. 김대중은 남북정상회담과 관련하여 무엇을 얼마나 합의하느냐도 중요하지만 만난다는 사실, 하고 싶은 얘기를 해서 무엇을 생각하고 있는지 알게 되는 것 자체가 중요하다고 생각했다.

정상회담이 하루 미뤄져 열렸다. 사실 북과는 정리되지 않은 몇 가지 일이 있었다. 공동 선언문이 합의가 되지 않았고, 금수산궁전 참배문제도 매듭을 짓지 못했다. 첫날 일정은 김정일 위원장이 따뜻하게 환영해 주었고 북한의 국가 원수인 김영남 최고회의 상임위원장을 예방하고 만찬을 즐겼다. 평양에서의 이틀째 아침 첫 일정은 만수대의사당에서 김영남 상임위원장을 만나는 것이었다. 이때 나는 1차 회담을 통해 북의 의견을 듣고 김대중은 그들이 어떤 입장을 가지고 있는지 가늠할 수 있었고 오후에 있을 김정일 위원장과의 회담에 많은 참고가 되었다. 오후 3시 백화원에서 김정일 위원장과 2차 정상회담을 가졌다. 어제의 인민복과 달리 김 위원장은 차이나칼라 풍의 엷은 회색 상하복을 입고 있었다. 본격적인 회담이 시작되었다. 그런데 갑자기 긴 위원장의 얼굴에서 웃음기가 사라졌다. 김 위원장은 어젯밤 텔레비전을 보면서 기분이 상했다고 했다.308)

"남조선 대학가에 인공기가 나부낀데 대해서 국가보안법 위반이니 사법처리를 하겠다는 겁니다. 이건 뭐 정상회담에 찬물을 끼얹겠다는 것 아닙니까. 그래서 어제 김영남 위원장과 회담하고 만찬 대접도 했으니 헤어지면 되겠다고 생각했는데 주위에서 만류해서 오늘 제가 나온 것입니다."

김대중으로서는 예상치 못한 반격이었다. 김대중은 처음 듣는 얘기이니 돌아가서 알아봐야 하겠다며 우리 쪽에는 여러 부류의 사람이 있으니 너무 신경 쓰지 마시라고 말했다.

이런저런 이야기로 30분이 지났다. 김대중은 계속 듣는 편이었다. 이번에는 김대중 보고 먼저 발언할 것을 요청했다. 김대중은 먼저 환대에 사의를 표하고 차분하게 임동원 특사를 통해 전달한 것, 즉 화해통일의 문제,

긴장 완화와 평화정착문제, 교류협력 활성화문제, 이산가족 문제 등 준비한 자료를 보면서 족히 30분 동안 차분하게 설명했다. 김 위원장은 줄곧 경청했다. 그런 후에 이렇게 말하였다.

"훌륭한 말씀에 감사드립니다. 그리고 지난번 임동원 특사를 보내 설명해 주시고, 친서를 보내 주어 많은 도움을 받았습니다. 이렇게 다시 자세한 설명을 들으니 김 대통령의 구상이 무엇인지 잘 알게 되었습니다. 남북 간에 여러 문건이 합의되었는데 하나도 실천된 것이 없다는 데 동의합니다."

김 위원장은 합의문과 관련해서 큼직한 선언적 내용만 넣고 나머지는 당국 간 장관급 회담에 위임하자고 했다. 김대중 생각은 달랐다. 통일의 원칙이나 남북 관계 발전방향은 7.4공동성명이나 남북기본합의서에 들어 있으니 당면한 실천적 과제를 합의해야만 겨레에 희망을 줄 수 있고 서로 신뢰를 쌓을 수 있다고 보았다. 따라서 이산가족 상봉, 경제·사회·문화교류, 김정일 위원장의 서울 방문 등을 합의 문건에 포함시켜야한다고 주장했다. 그렇지 않으면 빈손으로 돌아가는 것이나 마찬가지라고 말했다.

김 위원장은 첫째, 민족 자주 의지를 천명하고, 둘째, 연방제 통일을 지향하되 당면하게는 '낮은 단계의 연방제'부터 하자는 데 합의하고, 셋째, 남북 당국 간 대화를 즉각 개시하여 정치·경제·사회 문제를 풀어 나가는 것으로 합의하자고 제의했다. 김대중은 '2체제 연방제' 통일 방안은 수락할 수 없다고 말했다. 우리가 주장하는 '남북 연합제'는 통일 이전 단계에서 2체제 2정부의 협력 형태를 말하는 것이라고 설명했다. 그러나 김 위원장은 '연합제' 방식이 곧 '낮은 단계의 연방제'라며 연방제라는 표현을 고집했다.

임동원 원장이 연합제와 연방제의 다른 점을 설명했다.

"연방제와 연합제는 개념이 다른 것입니다. 연방제는 연방정부, 즉 통일된 국가의 중앙정부가 군사권과 외교권을 행사하고, 지역 정부는 내정에 관한 권한만 행사하게 됩니다. 연합제는 이와 달리 각각 군사권이나 외교권을 가진 주권 국가들의 협력 형태를 말합니다."

김 위원장이 자신의 생각을 다시 말했다.

"대통령께서는 완전 통일은 10년 내지 20년은 걸릴 거라고 하신 것으로 알고 있습니다. 그런데 나는 완전 통일까지는 앞으로 40년, 50년이 걸릴 것으로 생각합니다. 그리고 내말은 연방제로 즉각 통일하자는 것이 아닙니다. 그건 냉전시대에 하던 얘기입니다. 내가 말하는 '낮은 단계의 연방제'라는 것은 남측이 주장하는 '연합제'처럼 군사권과 외교권은 남과 북의 두 정부가 각각 보유하고 점진적으로 통일 추진하자는 개념입니다."

김대중이 나섰다.

"통일 방안은 여기서 합의할 수 있는 성질의 것이 아닙니다. 우리가 주장하는 '남북 연합제'와 북측이 '낮은 단계의 연방제'에 대해 앞으로 계속 논의하기로 하면 될 것입니다. 그러면 이렇게 합의합시다. 남측의 '연합제'와 북측의 '낮은 단계 연방제'가 뜻은 같은 것이니까, 낮은 단계의 연방제로 남북이 협력해 나가자고 합시다."

김 위원장은 연방제라는 용어에 집착했다. 김대중은 다시 이를 절충하여 대안으로 이렇게 제안하여 매듭 하나를 풀었다.

"북이 낮은 단계 연방제를 제의했고 남이 남북 연합제를 제의했는데 말씀하신 대로 양자 간에는 공통점이 많습니다. 그러니까 앞으로 함께 논의해 나가는 것으로 합의합시다."

김대중은 남과 북이 합의해야 할 것을 5가지 정리해서 내놨다. 거기에 김 위원장의 서울 방문과 '제2차 정상회담개최'를 아예 합의문에 명시하자고 제의했다. 그러나 김 위원장은 부정적이었다. 김대중은 할 수 있는 마지막 설득을 해보기로 했다. 그것은 인간적인 호소였다.

"김 위원장께서 동방예의지국 지도자답게 연장자를 굉장히 존중하는 것은 천하가 다 아는 사실이고, 내가 김 위원장하고 다른 것이 있다면 나이를 좀 더 먹은 건데, 나이 많은 내가 먼저 평양에 왔는데 김 위원장께서 서울에 안 오면 되겠습니까. 서울에 반드시 오셔야 합니다."

김 위원장은 한참 동안 말이 없었다. 망설이고 있음이 분명했다. 임 원장이 말을 받았다.

"김대중 대통령이 김정일 국방위원장의 서울 방문을 정중히 요청했으며, 김정일 위원장은 앞으로 편리한 시기에 서울을 방문하기로 합의했다고 말입니다. 일단 이 정도로 합의하고 방문 날짜는 다시 협의하면 되지 않겠습니까."

김 위원장은 다시 깊이 생각하고는 알겠다는 시늉을 해보였다. 정상회담은 막바지에 이르렀다. 서로의 의견이 많이 좁혀졌다. 누구 명의로 선언문에 서명할 것인지, 언제 발표할지 정해야 했다. 김대중은 발표 시점을 당기자고 했다. 김 위원장이 서명은 상부의 뜻을 받들어 조선노동당 중앙위원회 비서 김용순과 대한민국 국정원장 임동원이 하는 걸로 하자고 했다. 김대중은 정색하고 반대했다.

"김 위원장과 내 이름으로 서명해야 합니다. 그렇지 않으면 용을 그려 놓고 눈을 그리지 않은 것이나 마찬가지입니다."

김 위원장은 그렇다면 서명은 상임위원장과 하고 합의내용을 제가 보증하는 식으로 하자고 했다. 김대중은 절대 그럴 수 없다고 했다. 김 위원장도 양보할 기색이 보이지 않았다. 김용순 비서가 절충안이라고 두 분의 존함만 표기하시는 것이 어떻겠냐고 했다.

김대중은 직함을 안 쓰고 이름만 쓰면 여러 가지 오해가 생긴다고 했다. 김 위원장이 갑자기 이런 농담을 하였다.

"대통령이 전라도 태생이라 그런지 무척 집요하군요."

"김 위원장도 전라도 전주 김씨 아니오. 그렇게 합의합시다."

"아예 개선장군 칭호를 듣고 싶은 모양입니다."

"개선장군 좀 시켜 주시면 어떻습니까, 내가 여기까지 왔는데 덕 좀 봅시다."

그러자 비로소 김 위원장이 웃었다.

그림 2.7.1 남북공동선언문

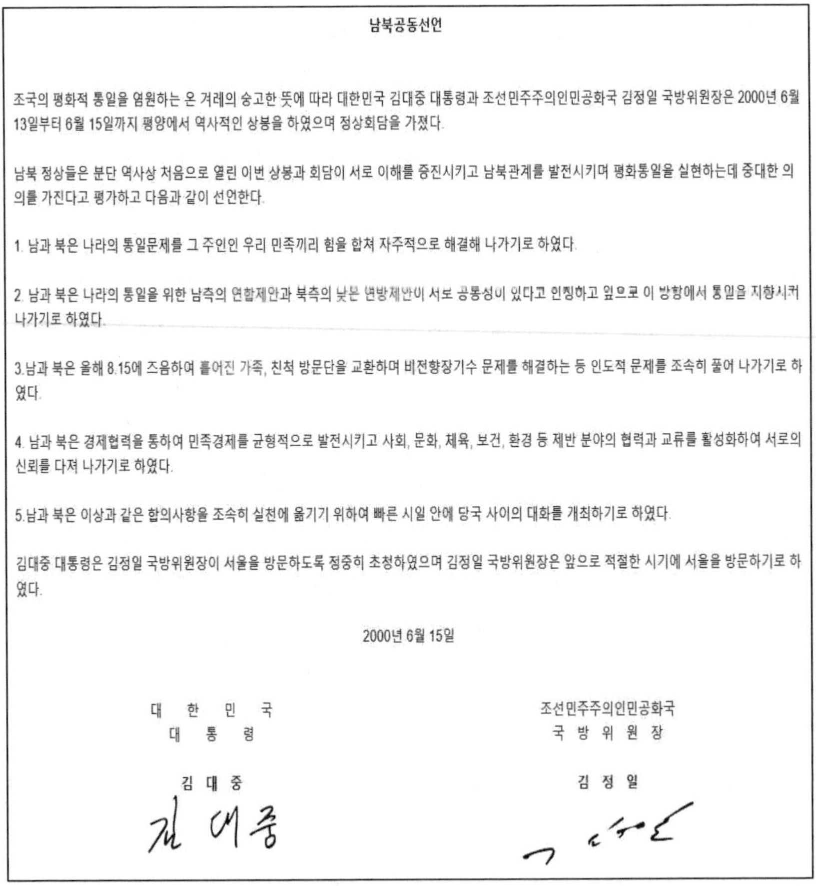

남북공동선언

조국의 평화적 통일을 염원하는 온 겨레의 숭고한 뜻에 따라 대한민국 김대중 대통령과 조선민주주의인민공화국 김정일 국방위원장은 2000년 6월 13일부터 6월 15일까지 평양에서 역사적인 상봉을 하였으며 정상회담을 가졌다.

남북 정상들은 분단 역사상 처음으로 열린 이번 상봉과 회담이 서로 이해를 증진시키고 남북관계를 발전시키며 평화통일을 실현하는데 중대한 의의를 가진다고 평가하고 다음과 같이 선언한다.

1. 남과 북은 나라의 통일문제를 그 주인인 우리 민족끼리 힘을 합쳐 자주적으로 해결해 나가기로 하였다.

2. 남과 북은 나라의 통일을 위한 남측의 연합제안과 북측의 낮은 단계 연방제안이 서로 공통성이 있다고 인정하고 앞으로 이 방향에서 통일을 지향시켜 나가기로 하였다.

3. 남과 북은 올해 8.15에 즈음하여 흩어진 가족, 친척 방문단을 교환하며 비전향장기수 문제를 해결하는 등 인도적 문제를 조속히 풀어 나가기로 하였다.

4. 남과 북은 경제협력을 통하여 민족경제를 균형적으로 발전시키고 사회, 문화, 체육, 보건, 환경 등 제반 분야의 협력과 교류를 활성화하여 서로의 신뢰를 다져 나가기로 하였다.

5. 남과 북은 이상과 같은 합의사항을 조속히 실천에 옮기기 위하여 빠른 시일 안에 당국 사이의 대화를 개최하기로 하였다.

김대중 대통령은 김정일 국방위원장이 서울을 방문하도록 정중히 초청하였으며 김정일 국방위원장은 앞으로 적절한 시기에 서울을 방문하기로 하였다.

2000년 6월 15일

대 한 민 국　　　　　　　　　조선민주주의인민공화국
대 통 령　　　　　　　　　　　국 방 위 원 장

김 대 중　　　　　　　　　　　김 정 일

이렇게 정상회담은 종료되었다. 또한 남쪽 국민들의 70퍼센트 이상이 금수산궁전의 참배를 반대하고 김 대통령의 지도력이 상처를 받으면 정상회담의 의미가 퇴색하고 합의사항 이행이 어려워질 수 있다며 임동원, 박지원 장관 등의 헌신적인 설득으로 금수산궁전 참배 문제는 풀렸다.[309]

3. 김대중의 협상의 분석과 교훈

1) 협상의 구조분석

김대중은 자국의 위기상황을 극복하고 새 시대를 열어간 대통령으로 남북정상회담을 개최하여 남북관계의 진전을 가져온 공로로 노벨평화상을 수상하였다. 김대중이 이루어낸 성과를 협상의 구조로 분석하였다. 먼저 협상전략으로는 IMF 구제금융 극복을 위해 확실하고 단호한 입장표명을 하였고 끈질긴 대화와 타협을 통해 기업의 개혁, 노사정과의 합의 등 이끌어 국가부도위기를 극복하고 노사가 함께 살 수 있는 길을 구체적 방안으로 제시하였다. 또한 북한이 개혁과 개방의 길로 나올 수 있도록 북한체제를 인정하고 느리더라도 화해 협력하여 북한경제에 개입하는 햇볕정책과 정경분리원칙에 따라 선 민간 경협, 후 당국 대화를 일관되게 추진하여 남북관계의 발전을 추구하였다.

김대중은 성장과정과 대통령이 되기까지의 인고의 세월을 살펴보았을 때 비전과 용기, 고난 극복하는 인내와 확고한 신념, 내적 강인함, 타고난 언변과 의사소통 능력이 강한 협상력으로 작용한다. 협상을 이끌어간 철학은 수많은 고비 앞에서도 절대 보복하지 않고 화합과 용서, 민주화를 위해 통합하려고 했다.

표 2.7.1 김대중 협상의 구조분석

항목	내용
협상철학	-민주화를 위해 평생을 바침 -수많은 고비 앞에서도 절대 보복하지 않고 화합과 용서, 통합을 추구
협상전략	-IMF 구제금융 극복을 위해 기업의 개혁, 노사정과의 합의 등 국가부도위기를 극복하고 노사가 함께 살 수 있는 길을 구체적 방안으로 제시 -햇볕정책과 정경분리원칙으로 남북관계발전 추구
협상력	-타고난 언변, 의사소통능력 -고난 극복하는 확고한 신념과 내적 강인함 -일본, 미국 등 우호적인 대외관계
협상스타일	-추진형 -확고한 신념과 강인함
협상소통스킬	-설득형 -발 빠른 수용
협상성과	-IMF 구제금융 극복 -분단 역사상 처음으로 남북정상간 회담 개최 -대북외교에 운신의 폭 넓힘
협상성공요소	-기업개혁을 위해 기업주거래은행을 통해 구조정계획을 평가하도록 하는 등 강력한 BATNA로 금융기관 활용 -노사합의를 위한 노사정협의회 설치 -남북간 긴장완화를 가져온 햇볕정책
협상성공의 의미	-IMF 극복 3년 앞당김 -6.15 정상회담으로 남한을 동등한 대화상대로 인정, 공존과 협력대상으로 인정

협상이 성공할 수 있었던 요소는 기업개혁을 위해 기업주거래은행을 통해 구조조정 계획을 평가하도록 하여 재벌들에게 직접 구조조정을 압박하지 않고 돈줄만 죄면 무너지게 되어있는 은행을 통한 재벌 개혁을 하였으며 다양한 정책에서 합의를 위한 협의회를 설치하여 원활한 의사

소통을 할 수 있도록 하였고 협상상대에게 대화로서 기다리면서 끈질긴 설득력을 들 수 있다.

협상스타일은 강한 추진력과 확고한 신념과 강인함을 가졌다. 협상소통스킬은 발 빠른 수용, 설득력이다. 김대중의 협상성공은 국난 위기 상황인 IMF사태에서 극복을 3년 앞당겼으며 남북정상회담을 개최하여 남북관계의 진전을 가져왔다.

2) 협상가의 특징

(1) 위기 극복 능력

김대중은 오랜 민주화투쟁 과정에서 수많은 위기를 겪었다. 그중에는 군사독재 정권의 혹독한 탄압을 이겨내고 네 번째 도전 끝에 대통령이 되었던 것은 일제 강점기 하의도 소작쟁의 운동 당시 마을 이장을 지내고 일부러 일본말을 배우지 않을 정도로 반일감정이 강하고 정치에 관심이 많았던 아버지로부터 집념과 투지, 투쟁의식을 이어받은 것으로 보인다.

김대중은 여러 번의 죽을 고비를 넘기면서도 위기에 처할 때 마다 균형감각을 잃지 않고 실천을 이어갔다. 또한 김대중은 대통령으로 당선된 직후 한국전쟁 이후 최고의 국란으로 불리운 IMF 위기를 극복하기 위해 총력을 다 해야 했다. 이와 같은 위기극복능력으로 한국경제의 국가부도 위기를 넘겼으며, 노사정이 대화를 통해 대타협을 이루고 4대 분야 구조개혁에 성공해 한국 경제의 새로운 발전과 도약의 기반을 마련했다.

특히 당시 김대중이 국가위기 상황에서 배제와 혐오의 정치를 동원하지 않고 자유, 민주, 개방적인 리더십과 전략을 동원했다는 사실은 대단히 인상적인 지점이다. 구조조정 과정에서 전례 없는 대규모 실업사태가 발생하는 상황 속에서도 노사정위원회 등을 통한 민주적인 방식으로 갈등을 치유하고 문제해결을 도모했다. 이와 같은 방식이 효과를 내 한국은 사회적 갈등과 비용을 최소화하면서 국가적 위기를 극복할 수 있었다.

(2) 시대적 상황 인식과 비전 제시 능력

김대중은 1997년 말에 외환위기가 닥친 상황에서 대통령으로 당선되자마자 국내외적인 여건에 대한 냉철한 분석을 통해서 경제위기의 극복, 노사정협력, 복지사회 건설, 평화통일 기반 마련, 공공부문 개혁 등의 내용이 담긴 국정 100대 과제를 국민에게 제시하였다. 김대중은 국정 전반에 대한 해박한 지식을 갖추고 정치적 비전과 가치를 실현해나가는 데에 능숙한 대통령이었다.

진체적으로 볼 때 김대중은 막스 베버가 정치인에게 필요한 윤리로 강조한 책임윤리와 신념윤리, 그리고 정치인에게 필요한 소양으로 강조한 열정, 책임감, 균형 감각을 모두 갖춘 뛰어난 정치가다. 또한 마키아벨리가 정치가의 중요한 자질로 강조한 사자와 같은 용기와 여우와 같은 지략(꾀)을 갖춘 유능한 정치가였다. 김대중은 망원경을 통해 거시적인 흐름을 파악하고 현미경을 통해 미시적이면서도 세부적인 전략을 세우면서 용기와 인내를 갖고 이를 관철시키는 전략가이자 실천가였다.310)

(3) 외교의 달인

외교에 있어서는 세계적인 지명도를 바탕으로 미국, 중국, 일본 등과 협력관계를 유지하였다. 대북 외교에 있어서 운신의 폭을 넓혔고, 결국 현대그룹 회장 정주영을 앞세워 남북 민간 교류의 물꼬를 트는 데 성공했다. 특히 1998년 6월, 83살의 정주영 회장이 500마리의 소떼를 몰고 판문점을 넘어 육로로 강원도의 고향까지 간 일은 당시 김대중 정권의 햇볕정책이 드디어 남북 간에 본격적으로 전개되기 시작했음을 상징적으로 보여주었다.311) 김대중은 외교의 달인이라고 할 수 있을 정도로 한국 외교의 최고 전성기를 이뤄냈다. 한반도는 지정학적으로 예민한 곳에 위치한 관계로 국제정세가 크게 요동칠 때마다 큰 영향을 받곤 했다. 그래서 우리의 지정학적 조건, 숙명을 감안하면 외교는 우리의 생사를 좌우할 수 있을 정도로 매우 중요하다.

이러한 위기상황에서 김대중의 뛰어난 점은 미국, 중국, 일본, 러시아 등 대국에 둘러싸인 중견국가인 한국의 정치지도자로서 한국을 넘어선 국제적 차원의 지역발전 전략을 구상하고 이것의 실현을 위한 활발한 외교활동을 전개했다는 사실이다. 이는 국익위주의 현실주의적인 실용외교의 위대한 성과였다. 김대중의 실용적 면모는 정치적으로 반북주의와 반일주의 모두를 배격한 것에서도 확인된다.312)

3) 김대중 협상의 교훈

김대중은 우리나라가 한국전쟁이후 급속도로 경제 발전하는 과정 속에 정치에 한평생을 바치고 오늘날의 현재를 이끌었던 영웅적인 인물 중 한 명이다. 여러 차례 선거출마와 낙선이 되풀이되는 정치적 시련 속에서도 굴하지 않는 그의 정신과 신념은 여러 협상과정에서 좋은 성과를 가져왔다.

(1) 대화와 설득으로 합의 도출

대통령선거 당시에는, 김영삼 정부 말년에 발생한 외환위기를 극복해야하는 숙제를 떠안게 되었고, 노동계의 정리해고제 도입을 2년 유예하는 선거공약 중 일부를 내세우며 당선되었다. 그러나 당선 직후 미국이 IMF 플러스 협상을 요구하자 김대중은 현실적 감각으로 실리를 추구하며 정리해고제를 수용하였고 기업을 개혁해야 시장경제가 살아날 수 있다고 분명하고 단호하게 말하며 협상 과정에서 미국 지도자들의 마음을 움직였다. 그리고 노사 대타협 과정에서는 노동계의 완강한 저항에도 포기하지 않고 노조의 정치활동 허용을 담보로 끈질기게 대화하고 설득하여 노사 상생의 길을 열었다.

(2) BATNA를 이용한 기업의 구조조정

기업의 개혁을 위해서 주거래 은행을 통해 그룹별 구조조정계획을 평가하여 직접 구조조정을 압박하지 않고도 은행이 그릇된 관행을 바로잡도록 하였다. 정경 유착을 통해 엄청난 특혜를 받은 기업을 다시 돈줄만 죄면 무너지게 되어있는 구조를 잘 이해하고 그것을 강력한 BATNA로 사용한 것이다. 이 나라의 수장으로서 국난극복을 위한 그의 넓은 경제적 시야와 협상능력이 한국 경제위기를 이겨내고 대한민국이 재도약하는 기틀을 마련하였다.

(3) 남북 간 화해와 협력 정신

한국전쟁 이후 남북한의 관계는 오랜 냉전 상태를 겪고 있었다. 김영삼 정부에 본격화했던 북한 핵문제는 북한과 대결하면서도 여러 가지 강경정책을 써왔지만 북한을 변화시킬 수는 없었다. 그러나 김대중의 햇볕정책은 한국이 북한을 해치거나 흡수할 생각은 없다는 것을 알려 북한을 안심시키면서도 북한 경제에 개입하고 느리더라도 화해와 협력을 적극 추진한다는 것이었다. 이러한 김대중의 유연하면서도 민주화 신념과 전략, 외교력은 분단 역사상 처음으로 6.15 남북정상회담 개최를 가져왔다.

(4) 상호 차이점 인정과 공동의 합의점 모색

김대중은 북한의 김정일 위원장과의 만남을 준비하면서 북한과 김정일에 대한 연구에 많은 노력을 기울였고, 국내외 정세에 대한 깊은 이해와 협상력으로 북한과의 대화를 이끌어 나갔다. 또한 남북 간의 실질적인 합의와 협력을 위해 노력하는 그의 모습은 역사적으로 큰 의미를 가지고 있다. 정상회담에서는 남북한이 해결해야 할 핵심 사항을 여러 가지 다뤘다. 그 중에서도 연방제와 연합제에 대한 의견 차이가 대두되었을 때, 서로의 입장을 이해하고 공동의 합의점을 찾기 위하여 김대중은 적극적으로 노력하였다.

공동의 합의점을 찾기 위한 노력의 결실은 바로 공동선언문이다. 6.15 공동선언문은 '나라의 통일문제를 그 주인인 우리 민족끼리 서로 힘을 합쳐 자주적으로 해결해 나가기로 한다.'는 남북한 최초의 공동 선언이었다. 이 선언은 남한을 동등한 대화상대로 여기는 것조차도 거부하던 북한이 드디어 남한을 동등한 대화상대로 받아들임과 동시에, 남한 역시 북한을 공존과 협력의 대상으로 받아들인다는 의미를 담고 있었다.

【현대 시대-21세기】

협상가 8. 환경부 장관 김명자
-4대강 수질개선을 견인한 과학기술인-

협상가 9. UN 사무총장 반기문
-한국인 최초의 국제연합 지도자-

협상가 10. 외규장각 의궤 협상팀
박흥신·유복렬
-민족의 자존심을 되찾은 외교협상팀-

 **협상가 8**

환경부 장관 김명자
-4대강 수질개선을 견인한 과학기술인-

화보 2.8.1 김명자 환경부 장관
여성으로서 3년 8개월의 '헌정 사상 최장수 여성 장관'의 기록을 세웠다.[313]

화보 2.8.2 김대중 대통령 '3대강 특별법' 공포 서명식

3대강 특별법은 상수원의 수질관리에 새로운 장을 열었다.314)

화보 2.8.3 김명자 장관 업무보고

2000년대 초반 서울의 대기오염은 세계적으로 악명이 높았다. 미세먼지오염도가 파리와 런던보다 3배 높고, 도쿄보다도 2배 이상이었다. 이에 환경부에서는 2002년 월드컵을 계기로 대기오염물질 배출허용총량제를 실시하였다.315)

화보 2.8.4 저공해 천연가스버스 운행 개시

2002년 월드컵을 앞두고 환경부는 대기오염 문제를 해결하기 위해 천연가스버스를 적극적으로 도입하였다.316)

화보 2.8.5 대기개선을 위한 천연가스버스 시승식하는 김명자 장관

'개발과 보전의 갈등'은 대화로 풀어야 한다고 역설하는 김명자 장관은 진심과 끈질긴 대화와 설득이 가장 강력한 무기라고 하였다.317)

화보 2.8.6 2019 대한민국과학기술연차대회 강연 장면

김명자는 한국과학기술단체총연합회 최초 여성 회장이었다. 김명자 회장은 2019년 대한민국과학기술연차대회에서 '산업혁명과 테크노휴머니즘'을 주제로 오프닝 스피치를 진행했다.318)

화보 2.8.7 2020 과학기술유공자 선정

사전예방 환경정책기조를 확립하고 과학기술계의 미래 지향적 역할 강화와 과학기술정책 대안 추진의 리더십을 발휘한 공로가 인정되었다.319)

1. 김명자의 생애와 활동

1) 성장과정과 활동320)

김명자는 1944년 7월 13일에 일제 강점기 경기도 경성부에서 태어났다. 1959년 2월 경기여자중학교를 졸업하였고, 1962년 경기여자고등학교를 졸업하였다. 1966년 2월에 서울대학교 문리과대학 화학과를 졸업하고, 1971년 8월 미국 버지니아대학교 대학원에서 이학박사를 취득하였다. 이후에 1972년 서울대 자연대 강사를 시작으로 1974년부터 1999년까지 숙명여대 이과대학 교수와 이과대학장을 역임하였다.

김명자는 교수 재임시절에 과학기술과 환경, 여성단체, 소비자보호 등 다양한 방면에 활발한 활동을 하였다. 그중 과학과 환경 분야의 활동을 살펴보면, 1994년 이후 현재까지 (사)한국과학기술한림원 종신회원, 창립정회원, 정책연구위원이었고, 1994년 3월부터 1995년 12월까지 2010 과학기술처의 과학기술장기계획위원회의 위원으로 활동하였다. 1996년부터 1999년 6월까지 경제정의실천시민연합 환경정의시민연대 이사, 지도위원, 중앙위원으로 활동하였고, 1996년 7월부터 1998년 10월까지 녹색소비자연대 공동대표와 이사를 역임하였다.

1997년 5월부터 1999년 6월까지 대통령 자문기구인 국가과학기술자문위원을 역임하였고, 1999년 6월부터 2003년 2월까지 제7대 환경부 장관직을 수행하였다. 김명자는 여성으로서 3년 8개월(44개월)의 '헌정 사상 최장수 여성 장관'의 기록을 세웠다. 김명자의 활동 내용을 보면 '여성 최초'라는 수식어가 많다. 17대 비례대표 국회의원(2004-2008)으로 여성 최초로 국회윤리특별위원장을 역임하고, 여성이 드문 국방위원회 상임위원회에서 최초로 여성의원으로 간사를 지냈고, 한미의원협회 회원, 한일

의원연맹 고문, 최초의 여성의원으로 아시아정당국제회의 공동조직위원장을 지냈다.

2016년에는 한국과학기술단체총연합회 50년 역사상 최초의 여성 회장으로 선출되어 조직 개편과 300여회의 정책 포럼 개최 등 공공과 민간을 아우르는 탁월한 리더십을 발휘했다. 과학분야의 선도적인 리더십을 발휘한 공로를 인정받아 1994년 대한민국 과학기술상진흥상 대통령상, 2002년 제1회 닮고 싶고 되고 싶은 과학기술인상, 2004년 청조근정훈장, 2015년 과학기술훈장 창조장(1등급), 2015년 제25회 자랑스러운 서울대인상 등을 수상했다. 특히 2015년에 국가 환경기술보존 분야에서 낙동강 물 관리 종합대책을 비롯하여 영산강, 금강 등 3대강 보존에 관한 특별법 제정을 추진하고, 수도권 대기질 개선 특별대책 마련, '후쿠시마 원전 사고 이후 국내외 여론 추이와 원전정책의 당면과제' 연구 보고서를 발표하여 국가 환경기술보존 분야의 정책을 지원 한 공로로 한국과학기술단체총연합회에서 2015년 과학기술훈장 창조징을 수여 받았다.321)

김명자는 재임기간 동안 환경부를 제1회, 2회 연속 최우수 부처로 이끌었다. 또한 3대강 수계 특별법 제정은 설득과 협상의 성공 사례로 손꼽힌다.322)

2) 가치와 철학

김명자의 좌우명은 '진인사대천명(盡人事待天命)'으로 하루하루 주어지는 크고 작은 일에 정성과 최선을 다하고 그 결과는 받아들이겠다는 자세를 가졌다. 또한 일에 있어서 '조화'와 '균형'을 중요하게 생각하고 상황에 자신을 맞추는 성향이 강하며 결과에 대해서는 다른 사람들의 많은 은덕을 입고 있었다고 하면서 겸허함을 유지하였다.323)

김명자는 조선일보와의 인터뷰(2003. 3. 1)에서 이렇게 언급했다.
"모든 일은 결국은 사람이 하는 일이라서 어려움에 처해 있는 사람을 남의 일인 양 외면하지 말고 나의 일로 여겨 함께 대처하고, 민원 업무도 내 자신, 내 가족의 일처럼 정성을 가지고 일하는 것입니다."

이처럼 김명자는 모든 일은 사람이 하는 것인 만큼 주체적이며 호혜적인 행동을 통한 인간관계를 중요하게 여겼다.[324]

또한 그녀는 조직에 있는 사람은 어떤 일을 하든지 공평하면서도 사사로움이 없이 처리하는 것이 중요하다고 생각하여 '공평무사(公平無私)'의 원칙을 지키고자 했다. 인사에 있어서 혈연, 학연, 지연 등에 입각한 부탁을 철저하게 배제하고 능력과 성과 중심의 인사 관리에 중점을 두었다.[325]

당시 남성이 직장에서 대다수를 차지하는 남성 중심의 문화에서 계속 생활해 왔던 김명자는 남자들과 잘 어울릴 수 있었다. 다른 한편으로 결국 일에 있어서 '실력'이 문제이지 '여자가 약점'이라고 생각하지 않았다.[326] 하지만 그녀는 남성들이 주류인 사회를 인식하고 있었고, 공직에 진출한 여성이 적었고 그만큼 조그만 일에도 이목이 집중되고 구설수에 오르기 쉽다는 것을 알고 있었다. 따라서 '두텁고도 높은 차별의 벽을 돌파하기 위해서는 권리 주장이 아닌 실력 쌓기'[327]로 업무에 임하고 상황에 대응해야 한다고 생각했다.

더 나아가 김명자는 지식정보화 사회에서는 중앙집중화된 권력이 분권화되고 조직의 소통방식은 수직적이 아니라 수평적으로 변화될 것이라고 예측했다. 그러므로 조직문화가 기존의 가부장적인 문화에서 조화와 화합이 중시되는 문화로 빠르게 전환될 것이라고 생각했다. 이렇게 수평적이고 화합이 중요해지는 조직의 운영과 관리에서 있어서 여성적 자질과 특성이 유용해지고 장점이 될 수 있음을 알고 있었다.

결과적으로 김명자의 이러한 가치와 철학, 안목은 장관직 수행 시에 능력과 성과에 따른 공정하고 철저한 인사관리와 함께 관행을 존중하지만 여성적인 유연함과 부드러움, 호소력으로 갈등을 해결하고 조화로운 조직 운영을 해냈다.

3) 주요 업적

환경부의 업무는 개발을 주장하는 부서들에 맞서 환경 보존을 주장해야 하는 만큼 정치적 속성이 높고, 상반된 주장을 조정하여 갈등을 해소하고 반대 주장을 설득하거나 이해 당사자들과의 협상을 요하는 업무가 대부분이다.

환경부의 핵심 업무인 측정과 규제를 수행하는 영역에 여성 공무원의 비율이 평균 17%로 다른 부처의 23.3%에 비해 낮았다. 기존에 환경부는 정부 내에서 각종 개발 정책에 태클을 거는 조직으로 인식되었고, 국민들에게는 환경오염과 국토 난개발을 막지 못하는 무능한 집단으로 인식되었다. 또한 기업들에게는 생산 활동을 위축시킨다는 비난을 받았다. 이러한 상황에서 행정 경험이나 정치적 인맥이 없는 여성 장관의 임명은 환경부는 힘이 없는 부서라는 인식을 강화시켰다.328)

환경부의 장관이라는 자리는 권력은 낮은 반면에 부하 직원들은 전문성이 높고 기술고시 출신이었다. 따라서 부하 직원들은 학자이면서 외부 전문가, 힘도 없고 행정 경험도 없는 여성인 김명자에게 더욱 냉담하고 회의적인 태도를 보였다. 남성 중심의 복잡하고 견고한 관계망 속의 관료 조직 속에서 장관직을 수행해야 하는 여성 장관들은 역할 수행에 대한 불신과 조직 내 고립감은 초기에 극복해야 할 문제였다. 27년 간 대학에서 교수로 일하고 환경단체와 환경 관련 정부위원회에서 활동을 했던 김명자 장관도 임명 초기에 "행정 경험이 없다.", "환경에 대한 전문성이 없다."는 말을 들었다.329) 그럼에도 불구하고 김명자는 취임 6개월 후에 환경부 내부 관료들로부터 "조직이 정비되어 있다. 조직을 완전히 장악한 것 같다."는 평을 들었고 환경부를 정부 부처 업무 평가에서 2년 연속 최우수 부처로 만들었다.330)

또한 그 당시 사회문제로 부각되었던 영월댐 백지화, 한강수계 물이용부담금 합의, 3대강 특별법 제정, 천연가스(CNG)버스 도입, 물 절약 종합대책 등의 성과를 냈고 환경 정책의 기조를 사후관리 중심에서 사전 예방적이고 통합적인 환경 관리로, 그리고 직접 규제에서 자발적인 환경 관리 체제로 전환시켰다.331)

이러한 김명자의 성과와 업적에 대해 김대중 대통령은 물관리 대책을 수립하는 과정에서 상·하류 지역 간 대립된 의견을 대화와 타협을 통해 원만하게 풀어낸 것은 우리나라 환경 행정사에 자랑스러운 모범사례로 기록될 것이라고 말하고, 특별법이 제정되기까지 수고해온 관계자들의 노고에 감사를 표했다.332)

2. 김명자의 협상 사례

1) 협상·조정의 배경

1993년 '맑은 물 공급 종합대책', 1996년 '물 관리 종합대책' 등 수질 개선사업의 지속적인 실시에도 불구하고 상수원 지역 수질은 오히려 악화되었다. 그동안 상수원 보호구역, 자연보전권역, 특별대책지역 등의 지정을 통해 오염원 규제와 환경기초시설의 확충이 이루어졌으나 수질개선은 기대에 못 미쳤다. 이에 반해 재산권 행사의 제한과 불편에 대한 불만은 고조되었고, 상수원에 대한 국민의 불신은 더욱 커졌다.333)

예컨대, 한강수계의 경우 수도권 2천만 인구의 유일한 상수원인 팔당호의 수질개선을 위하여 1975년 '상수원보호구역', 1982년에는 '자연보전권역', 1990년에는 '특별대책지역'으로 지정하여 수질개선 노력을 기울였으나 가시적인 성과가 나타나지 않았다. 이러한 상황은 다른 주요 수계의 경우에도 비슷하였다. 이에 김대중 정부는 1998년부터 추진한 4대강 물관리 종합대책을 뒷받침할 목적으로 1999년「한강수계 특별법」을 제정했다. 이 법은 팔당호 상수원의 수변구역 지정 및 관리, 오염총량관리제 시행, 물이용부담금 부과 징수 등의 규정을 담고 있다.334)

1999년 초, 환경부는 전년도에 마무리한 한강 대책에 이어 두 번째로 낙동강 종합대책 수립에 착수하였다. 한강 대책을 수립하면서 상당한 경험과 노하우를 축적하고는 있었다. 한강과 마찬가지로 낙동강 역시 상류의 공장이나 음식점, 숙박업소에서 배출하는 오폐수의 문제가 심각하였는데, 운문댐, 임하댐, 남강댐, 밀양댐, 영천댐 등 5개 댐으로 유입되는 물의 상류지역 하천을 대상으로 수변구역을 지정하고자 하였다. 금강은 대청댐, 용담댐의 상류 하천이 수변구역 지정 대상이고, 영산·섬진강의 경우는 주암댐, 동복댐, 상사호, 수어호 등의 상류 하천이 수변구역 지정 대상이 되었다.335)

특히, 낙동강 수계는 수량 부족에 따른 댐 건설 논쟁, 위천공단 개발을 둘러싼 지역 간 갈등, 언제 터질지 모르는 수질 오염사고의 위협 등 그 형상은 첨예함을 넘어 부딪히면 곧바로 깨질 수밖에 없는 유리잔과도 같았다. 행정 경험이 전무한 학자 출신인 여성 장관이 과연 이 난제를 풀어낼 수 있을까 하는 의구심이 많았다.336)

그림 2.8.1 3대강 수변구역 지정범위

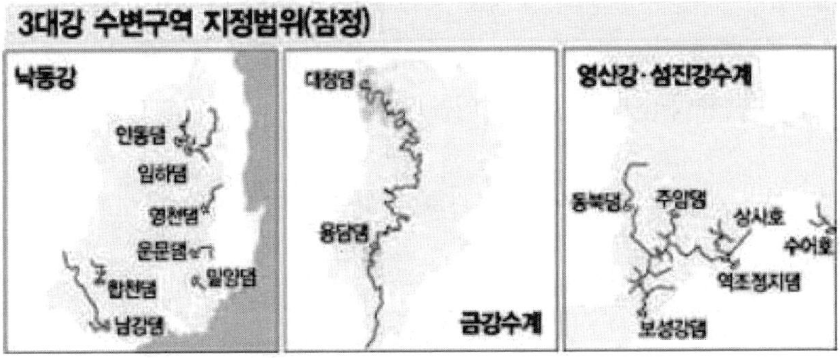

출처: 동아일보 2001. 11. 30일자 기사[337]

특히, 낙동강 수계는 수량 부족에 따른 댐 건설 논쟁, 위천공단 개발을 둘러싼 지역 간 갈등, 언제 터질지 모르는 수질 오염사고의 위협 등 그 형상은 첨예함을 넘어 부딪히면 곧바로 깨질 수밖에 없는 유리잔과도 같았다. 행정 경험이 전무한 학자 출신인 여성 장관이 과연 이 난제를 풀어낼 수 있을까 하는 의구심이 많았다.

2) 협상·조정의 과정과 결과[338]

환경부는 전통적으로 부처 간 협의에서 경제 부처에 밀려 수세적인 입장이었다. 김명자 장관은 환경 관련 시민단체의 도움을 받아 협상력을 높이는 동시에 직접 지역주민을 설득하기 위해 발로 뛰었다.[339] 성사가 어려울 것이라는 예상 속에 김명자는 전국을 다니며 각계각층과의 대화를 통해 협력을 이끌어냈다. 그리고 최종적으로 국회에서 만장일치로 3대강 특별법을 통과시켰다. 그 과정을 보면 매우 험난했던 것으로 전해진다. 그 중에서 가장 첨예했던 낙동강 특별법 제정의 사례를 살펴보자.[340]

협상가 8. 환경부 장관 김명자 253

본 내용은 2003년에 있었던 제16차 여성정책포럼에서 김명자의 자료에 실려 있는 곽결호 실장의 글에서 발췌하여 요약하였다.341) 그리고 당시 언론 보도들을 추가하였다. 낙동강 상류 주민들과 하류 주민들의 첨예했던 주장을 요약하면 다음과 같다.

그림 2.8.2 낙동강 상류와 하류 주민들의 주장

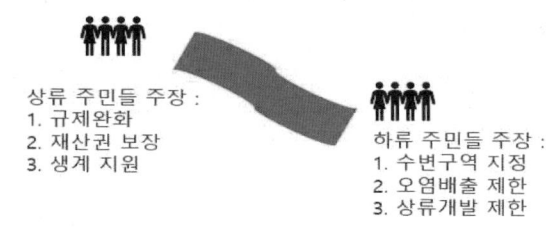

(1) 지역공청회 무산

김명자가 1999년 6월 환경부 장관으로 임명된 후, 낙동강 특별법 대책 시안을 마련하기 위해 개최하기로 한 지역별 공청회인 진주(1999년 10월 25일), 부산(1999년 10월 27일), 대구(1999년 10월 29일) 공청회가 모두 무산되었다. 특히 진주에서는 5천 명의 성난 주민들이 운집한 가운데 환경부에 대한 화형식까지 발생하였고, 공권력은 그저 큰 불상사로 이어지지 않도록 노심초사하고 있었다. 진주에서는 부산지역에 깨끗한 수돗물을 공급하기 위해 계획되었던 지리산 식수댐 건설 반대를 주장했고, 부산에서는 위천공단건설 반대를 외쳤고, 대구에서는 경북 북부지역 댐 건설을 반대하였다.

그림 2.8.3 낙동강 지역 간 쟁점

쟁점	진주(하류)	부산(하류)	대구(상류)
	지리산 식수댐 건설 반대	대구 위천공단건설 반대	경북 북부지역댐 건설 반대

한강이 2천만 수도권 주민의 젖줄이라면 낙동강은 1천 3백만 영남주민의 생명선이었다. 한강 수계에는 소양강댐(29억 톤), 충주댐(27억 5천만 톤) 등 2개의 다목적댐 이외에 대규모 발전댐이 8개나 들어서 있어 저수량이 항상 풍부한 유량을 자랑한다. 하지만 낙동강 수계에는 안동댐, 임하댐, 합천댐, 남강댐 등 4개의 다목적댐이 건설되어 있으나, 그 저수량은 모두 합쳐도 27억 7천만 톤 정도로 한강의 약 4분의 1밖에 되지 않아 하천으로서 자정능력을 상실하였다.

이러한 상황에서 정부 정책 시안에 들어있던 낙동강 유역에 5~6개소의 갈수조정 댐을 건설하여 갈수기에 유량을 현재보다 두 배가량 늘린다는 내용이 잘못 이해되면서 공청회가 무산되고 만 것이다. 즉, 대구에는 위천공단이라는 선물을 주고,342) 부산에는 지리산으로부터의 맑은 물 공급이라는 혜택을 주기 위해서 힘없는 서부경남을 희생양으로 삼겠다는 의도가 낙동강 물관리 대책에 깔려 있다는 주장이 진주와 부산지역에서 널리 퍼졌다.

(2) 지역 댐 건설안 재검토와 지역주민 설득

김명자는 이 문제를 풀기 위해 고심한 끝에 대책 시안에 들어 있었던 5~6개 지역 댐 건설안에 대한 재검토에 들어갔다. 해당 지역의 주민 입장에서 보면 아주 중요하고도 민감한 정책을 정부가 일방적으로 결정해서 밀어붙이는 것은 적절하지 않다고 판단하여 재검토를 요구하였다. 그리하여 지역전문가 등을 포함하는 조사단을 구성하여 현지 조사를 바탕으로 다음의 사항을 검토하고 실천방안을 모색하였다.

① 물이 얼마나 모자라는가?
② 현 체제에서 물을 더 얻을 수 있는 방법은 없는가?
③ 방법이 있다면 어떤 것들인가?
④ 대형댐 건설 이외의 새로운 대안은 없는가?

김명자는 낙동강을 살리기 위해서는 물이용조사단을 통한 대안을 찾아가는 것이 불가피하다는 내용의 간절한 마음을 담은 호소문을 직접 작성하여 1999년 11월 1일 2만 2천여 영남지역 주민에게 보냈다. 그리고 발이 부르트도록 자주 지방자치단체, 전문가, 시민단체, 언론계와 접촉하였다.

공청회가 무산된 이후 김명자가 직접 쫓아다닌 토론회, 좌담회, 간담회, 설명회가 무려 70여 차례였다. 그 가운데 1999년 12월 23일 MBC영남권 3사, 즉 대구, 창원, 부산총국이 주관한 지역시민단체 대표들과의 2시간 동안의 생방송 심야토론회는 결정적인 역할을 했다. 김명자는 토론자로 직접 나서서 대책안이 담고 있는 낙동강을 살리고자 하는 정부의 진심을 있는 그대로 설명하고, 영남주민 모두가 마음과 뜻을 모아줄 것을 간곡히 호소하였다. TV토론회가 끝난 후 김명자는 낙동강을 지키는데 앞장서서 활동하면서 정부 대책안에 비판적이었던 지역시민단체 대표들과 부산 청사포 방파제 앞 포장마차에서 곰장어와 소주잔을 앞에 놓고 새벽 4시까지 난상토론을 계속하였다. 그렇게 어렵사리 시민단체의 지지를 이끌어냈다.

(3) 물관리정책조정위원회에서 정부대책 확정

결과적으로 1999년 12월 30일 국무총리주재로 물관리정책조정위원회가 열리게 되었고 관계부처 장관과 낙동강 수계의 6개 시·도지사가 참석하기로 하였다. 하지만 당시 문희갑 대구광역시장이 위천공단 개발을 뺐다고 물관리정책조정위원회 회의에 참석하지 않겠다고 버텼다. 김명자는 곽결호 수질보전국장을 대구시로 보내 대구시 환경국장실과 부시장실 그리고 시장실을 오가며 문 시장의 회의참석을 설득하도록 했다. 한편 김명자는 문 시장에게 전화로 회의에 참석할 것을 간곡히 요청하였다. 그리고 김명자는 서울에서 열린 다른 회의에 동석한 문 시장에게 오늘 대구로 함께 내려가 내일 회의에 나란히 같이 올라오자며 문 시장을 붙잡고 늘어져서 마침내 회의에 참석하게 하였다. 물관리정책조정위원회 자리에서 낙동강 생명찾기 대장정, 낙동강 물관리종합대책이 정부합동대책으로 확정되었다. 김명자는 정부대책 확정 후 지난번에 편지를 보낸 영남지역 2만 2천여 주민들께 다시 감사편지를 보냈다.

(4) 물이용조사단의 구성 및 조사 착수

해가 바뀌어 2000년이 되자 환경부는 물이용조사단 구성에 착수하였고, 낙동강물관리종합대책 중 수변구역 지정, 오염총량관리제도입, 물이용부담금제도, 산업단지 완충저류조 설치 등 법적 뒷받침이 필요한 시책을 담는 낙동강 특별법 제정 작업에 들어갔다. 물이용조사단은 낙동강의 발원지인 강원도를 포함한 낙동강수계 6개 광역자치단체로부터 추천받은 지역전문가와 환경부와 건교부가 추천한 전문가 등으로 반별 8명 총 24명으로 많은 협의를 거쳐 신중하게 구성되었다.

2000년 2월 18일에 낙동강환경관리청에서 개최된 <낙동강물이용조사단> 발단식에 김명자 환경부장관이 직접 참석하였다. 이날 지역시민환경단체는 물이용조사단의 모든 회의가 공개되지 않는다면 조사단이 어떤 결론을 내리더라도 이를 인정하지 않겠다고 강하게 주장하였다. 여기에는 조사단이 댐 건설이 필요하다는 결론을 내리지 못하도록 사전에 막겠다는 의도가 깔려 있었다.

이에 김명자는 전문적, 중립적, 객관적인 타당성 있는 결론을 도출하기 위해서는 회의 결과는 공개하기로 하되 회의 자체는 기탄없는 논의와 결론 도출을 위해 비공개리에 진행토록 하자는 절충안을 제시하였다. 그로써 조사단과 시민환경단체의 상충되는 입장을 모두 수용하였던 것이다.

(5) 규제개혁위원회 심의·의결 및 국회 제출

낙동강을 살리기 위한 기본 틀로서 정부 차원의 낙동강 대책은 확정되었고, 환경부는 낙동강 수계를 공유하는 강원도, 경상북도, 대구광역시, 경상남도, 울산광역시, 부산광역시 담당 국·과장들과 법률안이 내용을 성안하는 한편 경북의 봉화, 안동, 그리고 경남의 진주, 부산 등 영남 곳곳을 다니며 주민들과 시민단체들을 만났다. 상황에 따라 여관에서 숙박을 하며 필요할 때는 함께 술자리를 가지면서 법률안의 내용을 설명하고 이해를 구하는 일에 정성을 쏟았다.

하지만 21종의 신설 규제를 담고 있는 「낙동강수계 물관리 및 주민지원 등에 관한 법률안」(이하 낙동강특별법안)에 대하여 규제개혁위원회의 심의·의결을 받아내는 일은 쉬운 일이 아니었다. 2000년 5월 26일 본 위원회가 열리는 날, 김명자는 위원회에 직접 출석하여 지역마다 이해를 달리하는 영남지역 주민들 간에 어렵게 도출된 합의를 바탕으로 성안된 낙동강특별법안에 대하여 그 어느 조문 하나라도 지금 빼게 되면 훗날에는 더 강한 규제 없이는 낙동강을 되살릴 수 없다는 논리를 전개하였고 원안대로 심의·의결되었다. 그리고 2000년 6월 23일 드디어 낙동강특별 법안이 국회에 제출되었다.

(6) 낙동강 상·하류 국회의원들의 반대

결국 낙동강의 생명력을 되살리기 위한 최후의 방법이자 필수불가결한 방법이라는 지역 주민들 간의 의견에 합의가 이루어졌다. 따라서 환경부는 이제는 국회에서의 법률안 통과가 어렵지 않으리라 믿고 있었다. 하지만 정부가 낙동강특별법안을 만들 당시는 15대 국회였고, 2000년 5월 30일 16대 국회가 새롭게 출범하였다. 낙동강 중상류지역인 경북 구미의 김성조 의원과 하류지역인 부산 남구의 김무성 의원이 환경노동위원회의 위원으로 새롭게 합류하였다. 16대 국회의원 중 영남지역의 지역구 국회의원 65명 중 1명을 제외하고 모두 야당 의원들이었다. 따라서 환경부 장·차관은 한나라당과 당정협의와 조찬간담회를 거치면서, 지역 간에 어렵게 도출된 합의가 깨어지지 않도록 정부입법안대로 심의·의결해줄 것을 계속 요청하였다. 한나라당과의 당정협의 결과 정부 입법안대로 갈 수밖에 없다는 것에 이해를 얻어내었다.

하지만 2000년 10월 24일 부산지역 의원들을 중심으로 낙동강 본류에 수변구역을 지정하고 상류지역 개발을 동결하는 것 등을 골자로 하는 의원 발의 낙동강특별법안이 국회에 제출되는 일이 벌어졌다. 이러한 부산지역 의원 발의안에 대해 경북지역의 모든 시장·군수들이 격하게 반발하고 나섰다. 한 걸음 더 나아가 그동안 양보해서 인정해 왔던 정부입법안 내용을 완화해 줄 것을 공식적으로 요구하는 사태까지 벌어졌다. 안동지역에서는 대규모 법제정 반대시위가 벌어졌고, 이어서 반대시위는 봉화지역으로 번지고, 반대투쟁이 다시 구미지역으로 확산되어 나갔다.

설상가상으로 건설교통부가 7월 들어 가뭄대책의 일환으로 낙동강유역에 7개의 댐을 건설하겠다는 발표를 하는 바람에 불난 집에 기름을 붓는 상황이 되고 말았다. 1999년 진주, 부산, 대구에서 열릴 예정이던 공청회가 난장판이 되었던 그때 상황으로 되돌아가고 말았다. 2000년 11월 8일 김명자 장관은 부산지역 시민단체와 간담회를 개최하여 환경단체들의 의견을 청취하고 정부안이 상당히 선진적인 안이라고 설득하였다.343)

(7) 국회환경노동위원회 심사 지연

그러던 와중에 금강특별법과 영산강·섬진강특별법, 낙동강특별법안이 함께 묶였다. 2001년 6월 22일 드디어 국회환경노동위원회의 법안심사소위원회에서 3개 법안에 대한 심사가 시작되었다. 그러나 김성조 의원이 경북지역의 요구사항인 3개 특별법 간 규제 내용을 같게 해야 한다면서 동일규제를 주장하면서, 소위 위원들 간에 의견일치를 보지 못한 채 정회되고 말았다.

부가적으로 설명하면, 부산지역의 상수원지역인 낙동강유역에는 수많은 공단이 산재해 있고 크고 작은 도시가 입지하고 있어 다른 수계와 달리 오염부하량이 매우 크다. 수계 간에 오염원의 분포와 오염부하량이 크게 다르고 하천유량조건도 매우 다름에도 불구하고, 모든 수계에 동일한 규제가 들어가야 한다는 김성조 의원의 주장은 상대측 부산지역으로는 매우 수용하기 어려운 것이었다. 결국 동일규제 주장은 국회의 법제정 과정을 지연시키게 되었다.

(8) 언론, 시민환경단체의 3대강 특별법 제정 촉구

이처럼 국회에서 3대강 특별법안이 지역의 반발로 발목이 잡히자, 법

제정을 주목하고 있던 언론과 시민환경단체에서 문제를 제기하기 시작하였다. 신문에서는 '3대강 특별법, 올해 넘기면 기약없다.'는 등의 사설을 연일 실었다. 그동안 실패를 거듭한 물살리기 정책 끝에 현 정부 들어와 특단의 대책으로 수계별로 현지 사정에 맞춰 물관리대책을 세우고 그 대책을 뒷받침하기 위해 만들어진 수계별 특별법이 정치논리 때문에 표류되면 안 된다며 국회의 행태를 비판하는 것이 기조를 이루었다.

2001년 10월 22일에는 전국의 172개 시민사회단체 등이 3대강 특별법 제정을 촉구하면서 그 대표단이 한나라당사를 방문, 항의하기도 하였다.344)

(9) 상류 주민들에게 오염총량제, 수변구역지정 재설득

경북 주민들의 요구는 낙동강 수계도 한강 수계와 같이 규제를 완화해 달라는 것이었다. 환경부가 그토록 심혈을 기울여 만들고 정성을 쏟아온 3대강 특별법은 이렇게 표류하고 있었다. 환경부 본부, 지방청 할 것 없이 장관 이하 모든 직원들은 3대강 특별법 국회 통과를 위한 최후의 전방위 작전에 나서 봉화, 구미, 주암의 주민들을 차례로 만나 오염총량제와 수변구역지정에 대한 설득에 나섰다.

김명자는 2001년 10월 26일에 경상북도 봉화군 봉화읍으로 가서 환경부 실국장, 건교부 관계관, 주민 등 150여명이 참석한 '낙동강특별법제정 관련 경북도민 대토론회 및 환경부장관과의 간담회'에서345) 쉬는 시간도 없이 4시간 동안 200여 명의 지역대표 및 주민들과 마음을 튼 대화의 시간을 가졌다.

11월 26일, 구미지역 대표들이 환경부장관과의 면담을 위해 장관실을 찾았다. 김명자는 오염총량관리제가 결코 구미지역의 산업발전을 가로막는 제도가 아니라는 것과 강 건너 불에서 발등의 불로 다가오고 있는 국제

적인 환경규제에 미리 대응하기 위해서도 꼭 필요한 제도임을 논리적으로 설명해 나갔다. 시간이 지날수록 장관과 구미대표들 간의 대화가 부드러워지기 시작하였다. 드디어 구미대표단과 오염총량제반대대책위원회 위원장은 그간 여러 번 중앙부처를 방문해 봤지만 이렇게 장관과 차관 그리고 부처의 주요 간부가 모두 나와서 장시간 진지하게 또 성의 있게 지역의 의견을 들어준 예는 없었다면서 낙동강법제정에 협조하겠다는 뜻을 표하기에 이르렀다.

(10) 드디어 국회환경노동위원회 통과

2001년 11월 30일 드디어 3대강 특별법이 국회환경노동위원회를 통과하였다.346) 바로 다음 날인 12월 1일, 김명자는 약속대로 주암호 방문에 나서고자 했으나 전날부터 지역 분위기가 매우 험악하므로 장관이 내려오지 않는 것이 좋겠다는 상황 보고가 들어왔다. 하지만 김명자는 주민들과 한 약속은 반드시 지켜야 한다며 주암호 지역으로 이동하였다.347) 전남 화순군 남면소재 사평초등학교에 운집한 500여 명의 주민들과 계속된 토론회는 오전 10시부터 점심도 거른 채 3시간 반 동안 계속되었다. 중간 중간 사납고 험악한 분위기가 발생하기도 하였으나 마지막에 김명자는 "오늘 대화는 대단히 유익했고 앞으로 제정될 하위규정에 지역의 의견이 최대한 반영되도록 하는 한편 대통령께서도 특별한 관심을 가지고 계신 사항인 낙후지역을 우선 배려하는 환경부 장관이 되겠다."
라는 인사말로 토론회를 마무리했다. 이에 주민들은 김명자 장관에게 큰 박수를 보냈다.

이렇게 1999년 6월부터 낙동강 주민을 만나는 일을 100여 차례 계속하고 금강수계와 영산강수계 주민과의 대화 노력도 각각 40여 차례 계속하면서 결국 3대강 특별법은 제정되었다. 험난한 바닷길 풍랑을 헤치며 선장 역할을 한 김명자는 국회환경노동위원회에서 법안이 통과되던 날 이 모든 공을 다른 사람들한테 돌렸다.

이러한 험난한 과정을 거쳐 3대강 특별법이 제정되면서 한강에 이어 맑은 물 공급 등 수질개선에 획기적 전기를 맞게 되었다.348) 김명자는 국회에서 만장일치로 3대강 특별법이 통과되었을 때의 감격을 잊지 못할 것이라고 하였다.349)

김명자가 환경부장관으로 부임한 이래 3대강 특별법 제정과정을 요약하면 그림 2.8.4와 같다.

그림 2.8.4 3대강 특별법 제정과정

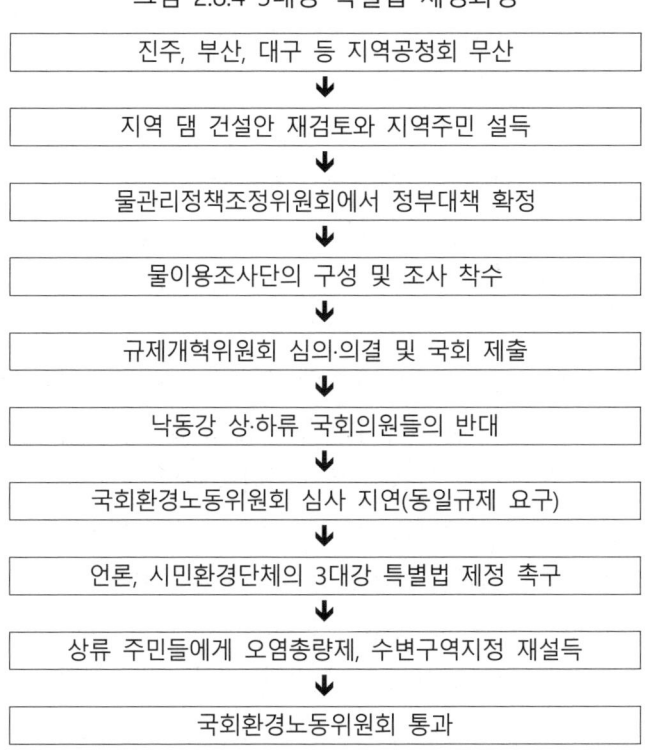

3. 김명자 협상·조정의 분석과 교훈

1) 협상·조정의 구조분석

(1) 김명자 협상 사례 구조 분석

우리나라의 수질관리 정책의 일대 전환을 가져온 3대강 특별법의 제정에 있어서 각 정부 부처, 지역시민단체, 주민들 간의 첨예했던 갈등을 조정하고 다양한 대안으로 합의를 이끌어 낸 김명자의 협상·조정가로서의 특성과 협상의 사례를 표 2.8.1과 같이 분석하였다.

김명자의 협상 철학은 다른 이해관계로 인한 갈등에서도 협상과 조정으로 상생과 공존공영할 수 있다는 신념, 진솔함과 끈기, 노력으로 당사자들을 설득할 수 있다는 믿음으로 판단된다.

김명자의 협상 사례의 전략은 경제개발을 중점적으로 추진했던 한국이 수질오염과 대기오염 등의 환경문제가 심각해지는 상황에서 개발과 환경의 상생관계로 발전시키기 위해 정부 부처, 지자체, 시민단체, 주민들에 대한 끈질긴 설득과 조정을 통한 합의를 도출하는 것이었다.

김명자가 가진 협상력은 환경문제에 대한 전문성, 다각적인 대화채널 보유, 창의적인 대안 도출과 유연한 설득 방식, 합리성과 감성의 조화로운 접근 방식, 끈기, 진솔함, 공정 등의 심리적 파워 등이었다. 또한 협상 스타일은 합리적으로 사고하고 적극적으로 행동하는 스타일로 자신의 책무에 최선을 다하고 결과는 하늘에 맡기는 '진인사대천명'의 행정가였다.

주로 사용하는 협상 소통스킬은 각 정부부처, 단체, 주민들의 입장과 요구를 반복하여 듣고 공감하는 소통방식, 이성적으로 설명하고 감성적으로 설득하는 소통, 끈기와 진솔한 대화로 감동시키고 신뢰를 구축하는 소통, 부드럽고 유연한 소통방식을 취했다.

표 2.8.1 김명자 협상의 구조분석

항목	분석내용
협상철학	- 다른 이해관계로 인한 갈등에서도 협상과 조정으로 상생과 공존 공영할 수 있다는 신념 - 진솔함과 끈기, 노력으로 당사자들을 설득할 수 있다는 믿음
협상전략	- 경제개발을 중점적으로 추진했던 한국의 수질오염과 대기오염 등의 환경문제가 심각해지는 상황에서 개발과 환경의 상생관계로 발전시키기 위해 정부 부처, 지자체, 시민단체, 주민들에 대한 끈질긴 설득과 조정을 통한 합의 도출
협상력	- 환경문제에 대한 전문성 - 다각적인 대화채널 보유 - 창의적인 대안 도출과 유연한 설득방식 - 합리성과 감성의 조화로운 접근 방식 - 끈기, 진솔함, 공정 등의 심리적 파워
협상스타일	- 합리적으로 사고하고 적극적으로 행동하는 스타일 - 자신의 책무에 최선을 다하고 결과는 하늘에 맡기는 '진인사대천명'의 행정가
협상소통스킬	- 각 정부부처, 단체, 주민들의 입장과 요구를 반복하여 듣고 공감하는 소통 - 이성적으로 설명하고 감성적으로 설득하는 소통 - 끈기와 진솔한 대화로 감동시키고 신뢰를 구축하는 소통 - 부드럽고 유연한 소통
협상성과	- 3대강 특별법 제정
협상성공요소	- 과학적 합리성과 감성적 설득을 통한 통합적인 접근 방식 - 상생의 중요성에 대한 설득과 이해기반 조성 - 위기를 기회로 활용하는 사고전환과 창의적인 대안 제시 - 끊임없이 듣고 함께 공감하는 소통능력 - 진솔함과 끈기의 심리적 파워
협상성공의 의미	- 사전 예방적이고 통합적인 환경 관리, 자발적 환경 관리 체계 구축 - 개발과 환경의 상생, 공존공영의 환경협력 메커니즘 구축 - 환경행정사, 환경운동사의 획기적 사례가 됨

김명자의 협상 성공요소는 과학적 합리성과 감성적 설득을 통한 통합적인 접근 방식으로 상생의 중요성에 대한 설득과 이해기반을 조성하고 위기를 기회로 활용하는 사고 전환과 창의적인 대안 제시, 끊임없이 듣고 함께 공감하는 소통 능력, 진솔함과 끈기의 심리적 파워라고 할 수 있다.

(2) 다자간 협상 구조 비교

가장 큰 쟁점은 ① 오염총량제 실시, ② 수변구역 지정, ③ 물이용부담금 부과 등이었다. 상류와 하류, 농촌과 도시, 지류와 본류 지역 간에 규제 완화와 규제 강화를 두고 끝없는 논란과 갈등에 대해 낙동강을 사례로 하여 다자간 협상의 구조를 표 2.8.2와 같이 분석하였다.

표 2.8.2 환경부와 낙동강 상·하류 주민이 다자간 협상 구조비교

분류	환경부	상류(경북 지역)	하류(부산 지역)
쟁점	오염총량제, 수변구역지정, 물이용부담금		
입장	낙동강특별법 통과를 위한 주민 합의 도출	오염물질 배출 및 개발에 대한 규제 완화	오염물질 배출 및 개발에 대한 규제 강화
이해 관계	-죽어가는 강을 살리고 낙동강특별법을 제정	-상류지역 토지이용 규제로 인한 재산권 침해 문제	-맑은 물 이용에 대한 욕구 -적절한 물이용부담금 산정
대안 옵션	-수변구역 지정: 기존의 음식점 숙박시설 목욕탕 등 오수배출 시설은 수변구역 지정 후 3년이 경과한 날부터 현재보다 2배 강화된 오수처리 기준이 적용 -수변구역의 토지 중 소유자가 매도를 원할 경우 물이용부담금으로 정부가 매입한 뒤 녹지 등을 조성함		
합의	-2002. 1. 14일 낙동강특별법 제정		

상류의 입장은 오염물질 배출 및 개발 규제를 완화해달라는 것이었고,

하류의 입장은 오염물질 배출 및 개발에 대한 규제를 강화시켜달라는 것이었다. 상류의 이해관계는 수변구역 지정에 따른 지나친 오염배출규제에 대한 불만과 재산권 침해에 대한 불만이 컸고, 하류의 이해관계는 맑은 물 이용에 대한 욕구가 컸다.

이에 환경부는 대안 옵션으로 수변구역 지정에 대한 건은 기존의 음식점, 숙박시설, 목욕탕 등 오수배출 시설은 수변구역 지정 후 3년을 유예하여 3년 경과한 날부터 현재보다 2배 강화된 오수처리기준이 적용되고, 수변구역의 토지 중 소유자가 매도를 원할 경우 물이용부담금으로 정부가 이 땅을 매입한 뒤 녹지 등을 조성하도록 하였다.

오염총량제는 현재 수질관리 체제는 오염물질의 양이 아무리 많아도 정부가 정한 수질기준에만 맞으면 제재를 받지 않는 농도관리 시스템이다. 그러나 낙동강과 같이 오염원이 밀집된 지역에서는 농도 기준 이하의 폐수라도 너무 많이 배출되기 때문에 목표수질을 달성하기가 어려운 문제점이 있었다. 이에 따라 도입되는 것이 총량관리제로 이는 발원지에서 바다에 이르기까지 지천과 본류의 각 구간별로 목표수질을 설정하고 이를 달성할 수 있는 범위 내에서 오염배출량을 지자체 및 기업체에 할당하는 것이다. 총량관리제는 낙동강의 경우 준비기간을 거쳐 2004년 7월부터, 나머지 수계에서는 2005년 7월부터 각각 시행되었다.

요약하면, 주민들의 반발과 어려운 상황을 고려해서 환경부는 오염총량제 시행시기를 지역별로 6개월~1년 정도 늦추고 오염총량제의 시 군별 할당권을 시·도지사에게 위임해 주민 불만을 누그러뜨렸다. 또 낙동강 지역에만 의무화된 공단폐수 처리를 위한 완충저류조 설치비는 국고에서 전액 지원하기로 했다.

더불어 상수원보호구역 수변구역 특별대책지역 등 상수원 보호로 인해 규제를 받는 주민과 경남 김해의 대포천과 같이 자발적인 노력으로 수질을 개선시킨 지역주민을 대상으로 매년 수계별로 주민지원 사업을 실시하기로 하였다. 주민지원 사업은 소득증대사업, 육영사업, 복지증진사업 등 일반지원 사업과 장학금, 주택개량사업 등 직접 지원사업으로 구분되어 실시하기로 하였다.350)

이 법이 제정되면서 오염사고가 터질 때마다 임기응변식으로 대처해 온 정부의 수질관리 정책이 과학적·체계적·계획적으로 수립되고 추진될 수 있는 토대를 마련하게 되었다. 특히 새로 도입되는 오염총량관리제도는 물관리에 있어서 가장 선진적인 제도로 평가된다. 정확한 오염원 조사와 과학적인 오염부하량 할당, 정밀한 오염배출량 측정·평가를 통해 목표 수질이 달성·유지되도록 뒷받침하게 되었다.351)

2) 협상·조정가로서의 특성

(1) 조직의 리더십

① 끈기와 열정

삶의 좌우명이 '진인사대천명(盡人事待天命)'이었던 것과 같이 김명자는 3대강 특별법 제정을 위한 협상과 조정의 과정에서도 정성과 최선을 다하였다. 여성이라는 편견과 실무경험 부족이라는 부정적인 인식 속에서 자신에게 주어진 임무를 끈기와 열정을 가지고 너무나 훌륭하게 해냈다. 해당 지역 주민들의 입장을 충분히 이해하려고 노력하였고, 그들의 이해관계를 집단 이기주의로 비난하기보다 그 자체는 인정하면서도 환경을 위해 우리가 더 나은 선택을 해야 하는 이유를 100여 차례 주민들을 직접 만나 지속적으로 설득하였다. 이러한 끈기와 열정, 진심과 신의는 상류와 하류 주민들은 물론 이 지역의 환경단체, 언론, 국회의원들의 마음을 누그러뜨리고 양보를 촉진하여 살얼음판과 같이 여차하면 깨질 듯한 균형을 맞추어 낸 탁월성을 보여주었다.

② 관료 조직에서의 유연한 대처능력

김명자는 정부 관료 조직에 뿌리 깊게 자리 잡고 있던 여성에 대한 부정적인 시각과 비하의식을 극복하기 위한 전략적인 행동을 하였다. 남성편향적 공직문화에 대해 김명자는 먼저 변화와 혁신을 주장하기보다는 수용하는 행동을 취했다. 남성들처럼 신중하고 과묵하게 처신하면서 남성들과는 달리 부하들의 잘못에 언성을 높이는 것을 삼갔고 당시의 장관이 출근할 때 차관과 기획관리실장이 엘리베이터 앞에서 예의를 표하는 관행이나 여자 직원들이 차를 대접하는 관행을 거부하기보다는 존중하면서 조용하고 튀지 않는 처신으로 남성중심의 공직문화를 거스르지 않았다.

③ 여성적인 역량의 적극적 활용

업무수행에 있어서 여성의 특징으로 여겨지는 부드러움, 호소력, 꼼꼼함을 적극적으로 활용하여 갈등 상황에서 예기치 못하게 발생할지도 모르는 문제를 미연에 방지했다. 환경부는 다른 부서보다 조정, 설득 작업이 많기 때문에 여성의 유연성과 설득력을 잘 사용하였다. 실제로 한 시민단체 대표들과의 격론장에서 남자 장관이었더라면 난장판이 되었을 것이라는 평가도 있었다.[352]

④ 공명정대한 인사

김명자는 자신에게 비우호적인 조직에서 인사권을 잘 행사했다는 평가를 받는다. 먼저 명분이 있고 객관적인 기준에 의한 설득력 있는 인사가 될 수 있도록 능력과 실적에 근거한 신중하고 공정한 인사를 했다. 그리고 문제를 야기한 관료에 대해서는 냉정하리만큼 단호하게 처벌했다. 업무 미숙으로 무리를 일으키는 경우 확실하게 좌천을 시켰고, 온정주의나 외부 청탁에 의한 인사를 철저하게 배제하였다. 반면에 암암리에 존재했던 직원들 간의 파벌을 타파시켰고, 실력 있는 젊은 국장은 관행적인 지방청 근무 없이 곧바로 본부국장으로 발탁하기도 하는 등 조직을 잘 정비하고 장악하였다.

⑤ 원칙과 신뢰의 운영

김명자는 국기 운영에는 원칙과 신뢰가 가장 중요하다고 강조하였고 비우호적인 부하들의 신뢰를 받기 위해, 화학 전공 교수라는 전문성에 근거한 업무수행을 하였고, 원칙에 입각하여 성실하게 업무를 수행하고 외부의 간섭과 비난으로부터 부하직원들을 보호하며 부하직원들의 생일이나 야근하는 경우 식사를 챙기고, 월드컵 때 고생하는 환경미화원들에게 시루떡을 돌리는 등 직원들에 대한 특별한 배려, 민주적이고 신중한 결정과 일관된 정책 추진 등으로 직원들의 신뢰를 쌓아 갔다. 이러한 조직 장악력과 신뢰는 다른 부처와의 협상이나 시민단체, 지역주민들과의 협상 상황에서 협상력을 높였다.

(2) 사례에서 보여준 협상·조정가의 특성

① 설득을 위한 통합적 접근

김명자는 낙동강 상류지역의 수변지역 지정을 통한 개발 제한과 오염총량제의 당위성을 설득하기 위해 이성과 감성, 행동을 통한 통합적인 접근을 하였다. 진주지역의 주민들이 자신이 장관으로 부임하기 전에 결정된 정부의 갈수조정댐 건설안에 반대하자 물이용조사단을 구성하여 부족한 물의 양을 조사하고, 댐 건설 외의 다른 대안들을 모색하는 등의 합리적인 절차를 다시 시행하였다. 그러한 조사를 통해 데이터를 충분히 수집한 이후 데이터 기반으로 정책의 논리와 정당성을 만들어 주민과 시민단체, 국회의원들을 이해시켰다.

그와 동시에 댐 건설로 영향을 받게 되는 영남지역 주민들에게 간절한 마음으로 직접 호소문을 작성하여 댐 건설이 낙동강을 살리기 위한 불가피한 결정임을 설명하였다. 또 정부대책이 확정된 이후에도 감사의 편지를 다시 보내는 등의 감성적인 접근을 하였다.

그리고 각 지역의 주민들, 시민단체들과 약 100여 차례에 이르는 토론회, 좌담회, 간담회 등에 직접 나서서 설명하고 설득하였다. 밤이 새도록 술자리도 피하지 않고 주민대표들과 토론하고 논쟁하고 지지를 얻어내는 과정을 거듭하였다.

이와 같이 김명자는 낙동강특별법 제정의 필요성을 머리로 이해시키고, 가슴으로 호소하며 몸으로 직접 설득하는 통합적인 설득법을 자주 사용하였다.

② 유능한 이해관계 조정

3대강 특별법의 이해관계는 첨예하였다. 하류지역 주민들은 맑은 물의 사용을 위해 상류의 수변구역 지정을 통해 오염총량제는 물론 추가적인 개발이 제한되어야 한다는 것이었다. 하지만 상류지역에 대한 강한 규제는 이미 조성되어 있는 공장의 생산이나 추가적인 개발을 막아 지역 경제 활성화에 장애가 되니 상류 지역 주민들은 이에 반대할 수밖에 없었다.

이런 첨예한 이해관계를 조정하기 위해서는 정책 시행에 따라 영향을 받는 당사자들의 속내, 즉 본심을 잘 살펴야 한다. 또한 당사자들이 그것들을 모두 표출할 수 있게 해야 한다. 김명자는 수변구역으로 지정되어 개발이 제한되는 봉화, 주암, 구미지역의 주민들과의 장시간 대화를 통해 그들의 화나고 아쉬운 심정과 진정한 본심을 모두 들어줌으로써 지지를 얻어내었다. 또한 국회에 법안이 제출된 이후, 법안 통과에 반대하는 경북지역과 부산지역의 의원들 모두에게 규제 강화와 완화 주장에 대해 낙동강을 살리기 위한 정책에 대한 정부의 진정성을 설명하고 각자의 이해관계를 바탕으로 하여 이성적으로 함께 모색하도록 조정하였다.

③ 상생적인 대안 제시

사례와 같이 수변구역지정으로 인한 오염물질 배출을 금지하는 것과 이로 인한 재산권 침해, 개발 제한에 대한 규제를 강화할지 완화할지 등의 첨예한 쟁점에 대해서는 창의적인 대안이 제시되지 않으면 합의에 이르기가 쉽지 않았다.

김명자의 사례에서는 하류지역 주민들이 맑은 물을 사용하기 위해 물이용부담금을 내기로 하고, 이것을 강화된 규제로 인해 생계에 문제가 되는 상류 지역 주민들의 토지를 매입하거나 주민지원사업에 사용하겠다는 방안은 참으로 양 당사자 모두를 살리는 대안이었다.

정책 시행에 반대하는 것을 개인 혹은 지역 이기주의로 몰고 가서는 서로 감정의 골만 깊어지고 해결이 나지 않는다. 그러므로 정책 시행에 따라 발생하는 개인 혹은 지역의 문제를 면밀하게 파악하여 어떻게 해결할 수 있는지에 초점을 맞추어야 한다. 김명자는 반대를 하는 각 지역주민들의 삶의 애환을 이해하고 공감하며 낙동강뿐만 아니라 상하류 주민들도 모두 살리기 위한 방법을 찾고자 노력했고 그 결과 3대강 특별법은 제정될 수 있었다.

④ 객관적이고 타당한 의사결정법 선택

효과적인 조정을 하려면 언제나 객관적이며 중립적이야 한다. 또한 타당한 절차를 거친 의사결정이어야 신뢰가 높아지고 설득력이 높아진다. 그리고 그러한 절차와 내용이 이해당사자들에게 투명하게 공개되면 더욱 수용적일 것이다. 하지만 회의 장면이 모두 공개가 되면 하고 싶은 말을 적나라하게 하지 못할 위험성도 있다.

김명자는 낙동강물이용조사단 발단식에서 모든 회의를 공개할 것을 요구하는 지역시민환경단체의 의도를 잘 알면서도 그것을 수용하는 동시에 기탄없는 논의를 위해서 회의 결과는 공개로 하되 회의자체는 비공개로 진행토록 하자는 절충안을 제시하였다. 이러한 의사결정법 역시 투명성에 의한 장점과 열린 논의를 촉진하는 장점 둘 다를 취한 묘안이 아닐 수 없다.

이렇듯 김명자는 환경부 장관으로 일하는 동안 자주 민관합동기구를 만들어 투명하게 접근한 동시에 열린 논의를 촉진함으로써 신뢰를 쌓아 이를 협상력의 지렛대로 활용하였다.[353]

이러한 우수한 협상과 조정의 특성을 가지고 전국조직 시민사회 네트워크를 구축하여 김명자는 복합적인 사회시스템 속에서 최대한의 협력을 이끌어낸 메커니즘을 형성하는데 성공하였다. 그 결과 3년 8개월 동안 130여 개의 환경 관련 법령을 제정하는데 기여하였다.[354]

뿐만 아니라 김명자는 우리나라의 환경 정책의 기조를 사후관리 중심에서 사전 예방적이고 통합적인 환경관리로, 그리고 직접 규제에서 자발적인 환경관리체제로 전환시켰다.

3) 김명자 협상·조정의 교훈

현재 우리나라는 민주적인 리더십이 요구되고 있으나 급격한 사회변동 속에서 지역 간 갈등, 세대 간 갈등, 남녀 간 갈등, 진보와 보수의 갈등, 정부 부처 간 갈등 등이 심화되고 있다. 이러한 다양한 갈등을 해소하고 통합시키기 위해서는 각 분야에 유능한 협상가와 조정가가 필요하다.

환경부는 전통적으로 부처 간 협의에서 경제 부처에 밀려 수세적인 입장이었는데, 김명자는 환경 관련 시민단체의 도움을 받아 협상력을 높이면서 수질오염 문제와 대기오염 문제를 해결하기 위해 지역주민과 다른 부처를 설득하기 위해 직접 발로 뛰었다.

'낙동강물관리종합대책'은 상하류 간에 얽히고설킨 복잡한 이해관계를 조정하는 것이 관건이었다. 김명자는 유연성을 가지고 혼신의 힘을 다해 설득하였다. 그리고 신뢰를 바탕으로 진솔한 태도로 이해 당사자들과 대화하고 협조를 이끌어냈다. 김명자의 협상 및 조정 사례에서 배울 수 있는 교훈은 다음과 같다.

(1) 하향식 의사결정이 아닌 대화와 협의의 상향식 의사결정

김명자는 신뢰를 바탕으로 한 인간관계를 잘 활용하였다. 특히 중앙정부의 하향식 의사결정 방식에서 벗어나 문제해결 방안을 찾는 과정에서 지자체, 지역주민, 시민사회단체, 전문가 등과 꾸준히 이견을 줄이면서 무려 300여 회의 대화와 협의를 통해 합의에 이르게 하였다. 반대가 심한 지역주민들에게 2만 2천여 통의 편지를 보냈고, 못 마시는 막걸리도 마셔 가며 직접 주민을 만나 설득했다.[355]

(2) 이성과 감성의 통합적 설득

김명자는 갈등 조정을 위해 논리와 근거자료를 가지고 냉철한 논리와 합리성에 근거하되, 일정 부분 감성에 호소하여 협조를 이끌어 내었다. 김명자는 항상 과학적인 데이터를 가지고 논리적 근거를 만들고 환경문제 개선에 대한 합리적 당위성과 명분을 협상력으로 하여 훌륭하게 협의를 이끌어내는 협상가적 특성을 가지고 있었다.

사회적 쟁점에 대하여 사전에 인터넷 등을 통해 과학적인 자료를 제공하고, 정보의 왜곡과 혼란을 차단하는 노력을 하였고, 방송언론계를 망라한 이메일 서비스를 강화하였고, 정기적인 정책설명회와 협의회는 물론 국제회의를 통해 해외에도 우리나라의 환경정책을 홍보하는 등의 적극적이며 능동적인 활동을 통해 협상력을 강화시켰다.

또한 김명자는 관련 부처를 설득하기 위해 먼저 정확한 과학적 사실을 바탕으로 대중적인 이해를 이끌어내는 노력을 하였다. 그리고 관련 부처 사이의 고유기능과 기본적인 인식, 일하는 방식의 차이를 이해하려고 하였다. 대화와 타협을 중시하지만 그 과정에서 원칙을 지키고 신뢰를 얻음으로써 합의를 도출하였다.

(3) 다자간의 이해관계의 균형 조정

3대강 특별법 사례뿐만 아니라 그 외 환경부가 진행한 다양한 업적에서 김명자의 맡겨진 소임에 대한 열정과 전문성을 바탕으로 하여 창의적인 대안 발굴을 통한 문제해결능력과 추진력, 그리고 진솔함과 부드러움을 무기로 현장에서 직접 설득해가는 협상력, 정부의 각 부처, 지방자치단체, 관련 기관, 각 지역주민 등 다자간의 이해관계의 균형을 맞추려는 끊임없는 조정능력이 두드러졌다.

김명자는 첨예하게 대립하는 단체들의 이해관계를 조정하는 유능한 조정자로서 다각적인 대화채널을 가지고 성의 있는 의사소통으로 갈등을 조정하였다. 의견충돌이 있는 곳은 어디라도 직접 찾아가 합리적인 근거로 최선을 다해 설득하였다. 그와 동시에 진솔하면서도 부드러운 대화, 감성에 호소하는 '편지쓰기'로 이해와 지지기반을 확보하는 등 다원적이며 전인적으로 접근하여 합의를 도출하는 등 합리적이면서도 감성적인 조정자의 탁월함을 보였다.

(4) 상생과 공존공영을 위한 모범적인 협상·조정 접근법

김명자의 사례는 지속 성장 발전이 가능한 우리나라를 위해 첨예한 각 부처의 입장 차이를 극복하고 환경부와 지방자치단체, 시민사회단체와 종교계, 지역의 전문가 그룹과 주민대표들이 죽어가는 강, 죽어가는 공기를 살려야 한다는 공동의 명제 앞에서 미래를 향한 준비 차원에서 많은 모임과 대화를 통해 상생의 길을 찾았다는 것에서 의미가 크다.

3대강 특별법 제정 사례는 환경 문제에 있어서 다양한 집단과 개인의 이해관계를 아주 훌륭하게 조정하고 협상을 이끌어 낸 우수한 사례이다. 현재 전 세계가 기후 위기를 겪으면서 탄소 중립이나 극지방의 빙하 유실에 대해 고민하고 다양한 정책들을 내고 있지만 서로의 이해관계가 첨예하여 어떤 유의미한 효과를 보지 못하고 있다. 이에 우리는 김명자의 사례를 통해 환경 문제에 있어서 상생과 공존공영의 모범이 되는 또 하나의 접근법을 가지게 되었다.

협상가 9

UN 사무총장 반기문
-한국인 최초의 국제연합 지도자-

화보 2.9.1 반기문 UN 사무총장

화보 2.9.2 반기문과 존 F. 케네디 미 대통령
1962년 백악관을 방문한 고등학생 반기문이 케네디 대통령을 바라보고 있다.

화보 2.9.3 유엔 사무총장의 취임에 선서하는 반기문
2006년 12월 14일 반기문이 뉴욕 유엔본부 총회장에서 유엔 사무총장의 취임 선서를 하고 있다.

화보 2.9.4 유엔 사무총장의 연임에 선서하는 반기문
2011년 6월 21일 반기문이 유엔 사무총장에 연임하는 취임식에서 요제프다이스 유엔총회 총장 앞에서 선서를 하고 있다.

화보 2.9.5 버락 오바마 부부와 반기문 부부
2009년 9월 반기문·유순택 부부와 버락 오바마·미셸 오바마 부부가 기념 촬영을 하고 있다.

화보 2.9.6 반기문 유엔 사무총장의 남수단 방문과 내전중단 촉구

반기문 유엔 사무총장이 2014년 5월 6일 아프리카 남수단을 방문해 살바 키르 대통령 등 유엔 평화유지군 기지 안으로 피신한 난민 수만 명을 대표하는 지도자들을 만나 내전 중단을 촉구했다.

화보 2.9.7 파리협정 합의 후 환호하는 반기문과 각국 정상

2015년 12월 15일 195개국의 합의로 역사적인 파리 협정이 성사되자 각국 정상들과 반기문이 환호하고 있다.

1. 반기문의 성장과 생애

1) 반기문의 조상 이야기

반기문의 뿌리는 중국의 남당(南唐) 시기로 거슬러 올라간다. 중국 남당 시기에 태사(太師)를 지낸 62세손 판여우(潘佑)가 그의 가장 오래된 선조로 확인된다. 현재 허난성 싱양(滎陽)현의 가오산(高山)진 판야오(潘窯)촌이 판씨의 집성촌이다. 판야오촌에 남아있는 '세계 판씨 종보(宗譜)'엔 주(周)나라 성왕(成王)이 문왕(文王)의 셋째 아들인 계손(季孫)을 싱양후(候)로 봉한 이후 판씨의 역사가 시작됐다고 전하고 있다.356) 판씨 종보에 의하면 판여우의 셋째 아들 원제(文節)와 넷째 아들 원장(文壯)이 흉노족과 전쟁 중 포로로 잡혔다가 고려 사신과의 인연과 추천으로 거제도에 내려와 뿌리를 내렸다.

반기문의 직계 조상으로 조선 중중 때 형조판서를 역임한 반석평(潘碩枰, 1472-1540)은 청백염검(淸白廉儉: 청렴하고 결백하고 검소함)으로 세상에 이름이 높았다.357) 반석평은 원래 참판집안의 종이었는데 형조판서로 우뚝 선 신분사회에서 기적 같은 신분상승을 하였다. 공부하고 싶은 노비의 열망이 높은 신분의 장벽마저 뛰어 넘었던 것이다.

반석평의 내력은 참 재미있는 이야기로 전해진다. 반석평은 아버지 반서린과 노비인 첩 회미 장씨 사이의 둘째 아들로 태어났으니 노비의 신분이었다. 그의 13세 때에 반서린이 죽고 어머니 회미 장씨가 3형제를 데리고 한양으로 가서 자식을 공부시키기 위해 삯바느질 등 온갖 고생을 하였다. 노비의 신분으로 한양의 이 참판집에서 가노(家奴) 노릇을 했지만 본래 영리했던 반석평은 얼마나 공부가 하고 싶었던지 주인집 아들 '이오성'이 방에서 글을 배우고 있을 때 밖에서 '도둑공부'를 했다.358) 석평이 도둑공부를 하는 걸 알게 된 이 참판은 자식과 함께 공부하도록 했다. 석평이 집을 나가 공부를 더해 과거시험을 보게 해달라는 간청을 하자 이 참판은 그의 청을 들어주어 노비문서를 불태우고 친척양반집의 양자로 보냈다. 석평은 반석평의 이름으로 과거를 보았으니 이 참판은 성씨의 뿌리까지 배려하였다.

1507년 석평은 식년문과 병과에 급제하였고 1516년 경흥부사, 이후 함경남도 병마절도사를 역임했고, 1531년 성절사(聖節使: 임금의 생일을 축하하러 사신)로 명나라에 다녀왔으며 형조판서(正二品 지금의 법무부 장관)를 지냈다. 조선시대 때 조선 팔도 감사(觀察使)를 모두 역임한 인물이 단 2명이 존재했는데 함부림(1360~1410)과 반석평이다. 석평이 형조판서일 때 길에서 옛 주인집 아들 이오성이 거지꼴이 되어 다니는 것을 보고, 임금에게 자신의 원래 신분을 밝히고 자신의 벼슬을 깎아 이오성에게 수기를 청했나. 조정에서는 이를 기특히게 여겨 이오성에게 사용원(司饔院: 조선 때 임금에게 음식을 올리는 관청) 벼슬을 내리고 석평의 관직도 그대로 유지 했다.359) 반석평의 내력은 반기문의 민첩하고 순수하고 인자하고 성실한 성품과 세계적 인물로 성장한 내력에 유사한 점이 많아 흥미롭다.

2) 반기문의 성장과 외교경력

반기문은 일제강점기의 막바지인 1944년 6월 13일에 충청북도 음성군 원남면 상당리에서 아버지 반명환과 어머니 신현순 사이에 3남 2녀 중 장남으로 태어났다. 예전에 흔히 그랬듯이 출생 후 영아로서 살아남을 수 있을지 확인하려고 출생신고를 늦게 하는 경향이 있었는데 반기문도 호적상 생일은 실제 생일보다 한 달이 늦다.360)

반기문은 6~8살 유년기에 동족상잔의 한국전쟁을 경험하였다. 가족과 함께 피난보따리를 들고 음성을 떠나 증평의 외가로 피신하였다. 마침 어머니의 출산일이 가까운데도 피난을 가면서 피난길에 출산을 하고 3일 쉬었다 다시 느릿느릿 걸어야 하는 고통스러운 피난길이었다. 그해 봄 맥아더 사령관이 이끌던 유엔군이 한반도 남쪽을 해방한 뒤에야 가족들은 집으로 돌아갈 수 있었다.

그 당시 유엔군은 16개국에서 파견된 다국적 군대인데 아이들에게 사탕이나 초콜릿을 던져주곤 했다. 어린 기문은 유엔이란 존재에 한 가닥 희망을 걸 수 있었고 전 세계에 걸쳐 우리를 돕는 친구라고 생각하였다. 유엔은 전쟁으로 고통 받는 한국의 어린이들을 위해 학교를 세워주고 교사도 충원해주었다. 또한 유엔은 분유와 음식, 옷, 교과서 등 원조물자도 지원해주어 유엔에 대한 기억이 반기문에게 오래 남아 있었다.

이러한 유엔의 기억이 자극이 되어 충주교현초등학교 6학년 때 반기문은 다그 함마르셸드 유엔 사무총장에게 헝가리 혁명에 대한 탄원서를 제출했다. 소련군이 헝가리를 무력으로 침공했기 때문이었다. 반기문은 당시 "헝가리 사람들이 자유를 위해 공산주의에 맞서 싸우고 있으며 세계의 평화를 위해 일하는 유엔에서 그들을 도와야 한다."는 내용의 편지를 보냈다.361)

반기문은 충주중학교에 진학한 후 영어를 열심히 하였는데 영화 속 영어대사도 공부하고 문장도 익히며 즐거워하였다. 그는 충주고등학교를 진학해서도 영어문장을 외우고 열심히 공부했을 뿐 아니라 외국인 방문자를 안내하는 역할도 맡으며 영어에 대한 관심을 더 키웠다. 이런 영어에 대한 관심과 열정으로 그는 충주고등학교 2학년 때 미국 적십자사에서 주최하는 영어경시대회에서 최고 점수를 받았다. 부상으로 외국 학생의 미국 방문 프로그램인 청소년적십자국제대회(VISTA)에 선발되어 1962

년 고등학교 3학년 때 미국을 방문할 수 있는 소중한 기회를 얻었다.362) 이 국제대회는 워싱턴에서 열렸기 때문에 반기문은 샌프란시스코로 건너가서 1주일간 '미국의 어머니'라 부르게 된 리바 패터슨 여사를 만나 숙식을 하며 즐거운 시간을 보냈다. 리바 패터슨 여사와는 55년간 연락하며 가족같이 지냈으며 2004년 유엔사무총장이 되었을 때 유엔으로 초대할 정도로 사이가 돈독하였다.363)

반기문은 패터슨 여사 집에 1주일 지낸 후 드디어 워싱턴 DC에 도착하여 존 F. 케네디 대통령을 만날 수 있었다. 케네디 대통령은 세계 각지에서 모인 학생들 앞에서 각국의 이름을 외쳤는데 '한국(Korea)!' 라고 외치는 순간 심장이 멎을 듯한 감동을 느꼈다고 반기문은 회고하였다.364) 이렇게 한 달간 미국 연수 및 봉사활동에서 외교관의 꿈을 키우게 되었다. 미국 연수 경험은 장래의 꿈만 선사한 것이 아니고 인생의 반려자인 아내(유순택)와의 만남의 계기도 만들었다. 미국으로 연수를 떠날 당시 충주여고 학생회장이 선물용 복주머니를 만들어 전달했는데 바로 훗날 반기문의 아내가 되었다.365)

반기문은 1963년 충주고등학교를 수석으로 졸업하고 서울대학교 외교학과에 진학했다. 그는 대학 2학년을 마치고 1965년 4월부터 약 2년 6개월간 육군 병장으로 군 복무를 마쳤다. 1970년 2월 서울대학교 외교학과 졸업과 동시에 제3회 외무고시에 차석으로 합격해 그 해 3월 외무부에 들어갔으며 신입 외교관 연수를 마칠 때는 수석을 차지했다. 그는 특히 외국어에 능통했는데 UN 국제 영어, 프랑스어, 독일어, 일본어로 소통이 가능하다.366)

반기문은 오랜 기간 대한민국 정부에서 외교관으로서 업무를 수행하였다. 1970년 외무부 여권과 1972년 주 인도대사관 부영사, 1974년 주 인도대사관 2등 서기관 등을 지냈고, 주로 국제 조직을 거쳐 1980년 외무부

국제조직조약국 과장이 되었다.

이후 외무부 지원으로 하버드 케네디 행정대학원으로 유학하였으며, 1985년 4월에 졸업하여 석사 학위를 취득했다. 당시 펠로우(Fellow) 신분에 참사관으로 미국의 학계 인사 등 130명으로 구성된 '김대중 안전 귀국 보장 운동'이 김대중의 안전 귀국을 요청하는 연명 서한을 전두환 당시 대통령 앞으로 1월 10일 보낼 예정이란 정보를 주미대사에게 보고하여 그 내용이 외교부에 전달된다.367)

반기문은 1994년 제1차 북한 핵위기 때 주미 대사관 정무공사로 재직하면서 한국과 미국 사이의 대북정책을 조율하는 실무총책을 맡았으며 그해 10월 북미 제네바 기본합의 체결과정에 기여했다. 김대중 정부 시절에 반기문은 2000년 1월 외교통상부 차관을 지내다가 2001년에 물러났다. 뒤이어 2001년 9월 제56차 유엔총회의장 비서실장, 2002년 외교통상부 유엔본부 대사를 맡았다. 노무현 참여정부 집권기인 2003~2008년 사이에, 반기문은 2004년 1월 외교통상부 장관으로 취임하여 2006년 11월까지 장관직을 수행하였다.368)

2006년 2월 14일에 유엔 차기 사무총장 선거에 공식적으로 출마 선언을 하여 선거운동을 시작했다. 반기문은 대한민국의 외교통상부 장관으로서 유엔 안전보장 이사회의 모든 나라를 순방할 수 있었다. 2006년 10월 14일에 한국인으로서는 최초로 유엔 사무총장에 당선되었다.

2. 반기문의 협상 이야기

1) 국가신용등급 유지 협상

2003년 2월 새로 취임한 노무현 대통령이 반기문을 외교 보좌관으로 선임하였다. 반기문은 대통령 취임식 당일에 임명장을 받았는데 그 때까지 노 대통령을 만난 적이 없었다. 노무현 대통령이 취임식 날 오후 식사 자리를 마련하여 신임 비서실장, 안보 보좌관, 외교 보좌관을 초대하였을 때 반기문은 노 대통령을 처음으로 만나게 되었다. 식사를 하면서 노 대통령은 반기문에게 외교 보좌관 임명한 배경을 이렇게 밝혔다.369)

"외교장관으로 추천하는 분들이 많았어요. 그런데 이미 마음에 둔 다른 사람이 있어서 말이죠, 열심히 일해주세요. 또 어찌 될지 누가 압니까?"

반기문은 자신은 보수성향이라 생각하는데 진보성향의 대통령의 보좌관을 하게 된 사실에 놀랐고 몇 사람만 모여 대통령과 긴밀한 대화를 나누는 자리에 있다는 사실을 신기해했다. 또한 반기문은 노 대통령의 격의 없는 화법에 놀라서 내심 기분이 좋아서 식사 후에 바로 부인에게 전화를 길있다고 회고히었다.370)

노 대통령이 취임하고 한 달 후인 2003년 3월 무디스는 한국의 국가신용등급을 2단계 낮추겠다고 우리 정부에 통보해 왔다. 김진표 부총리 겸 재정경제부 장관은 갑작스러운 신용등급의 강등을 막아보려고 여러모로 애썼지만 무디스를 설득하지는 못하였다. 이렇게 되자 반기문에게 외교적 역량을 동원해 한국의 등급이 내려가지 않도록 무디스를 설득하고, 나아가서 스탠더드 앤드 푸어스와 피치까지 설득하라는 임무가 주어졌다. 한국대표단에는 국방부 정책실장 차영구 중장, 재정부 권태신 국제금융국장, 최종구 국제금융과장이 포함되었다. 반기문은 한국대표단을 이끌고 급히 뉴욕으로 날아가 무디스 경영진을 만났다.371)

반기문은 경제가 어려운 상황 속에서 분투하고 있는데 국가신용등급까지 하향 조정한다면 한국 경제의 회복력이 더 나빠질 뿐이라고 무디스 경영진에게 열렬히 설명했다. 또한 신용등급의 강등은 한국의 대외신용도와 국가안보역량에도 타격을 줄 것이고 나아가 결국 한미 간의 전략적 동맹 관계를 훼손할 것이라고 무디스를 설득하였다. 무디스에서 바로 즉답을 듣지 못하고 대표단은 곧바로 방향을 돌려 스탠더드 앤드 푸어스 경영진과 만나 설득하는데 온 힘을 쏟았다. 대표단은 리먼 브러더스와 골드만 삭스의 최고경영자도 만나 신용등급의 강등을 막아줄 것을 요청하였고 심지어 홍콩을 방문하여 피치를 설득하고자 애를 썼다.372)

반기문이 이끄는 대표단의 노력의 결실이 생기기 시작하였다. 대표단이 홍콩에 있는 동안 무디스 측으로부터 한국의 신용등급을 하향하는 조치는 추진하지 않겠다는 연락이 왔다. 대표단은 서로를 얼싸안고 펄쩍펄쩍 뛰었고 안도의 한숨을 쉬었다. 대한민국이라는 함대가 다시 한 번 회생할 기회를 얻는 것에 대해 대표단은 무척 기뻐했다.

반기문과 대표단의 노력이 노 대통령에게 깊은 인상을 남긴 것이 분명해 보였다. 이러한 성과가 있고난 다음 10개월 후인 2004년 1월 16일에 노 대통령은 반기문을 외교부장관으로 임명하였다. 반기문은 노 대통령에게 직보할 기회를 얻으려고 노력하고 민감한 사안에 관해 자주 독대하여 보고를 하였다. 장관이 되고 한 달쯤 되었을 때 노 대통령은 반기문에게 개인교사가 되어 달라고 하였다. 반기문은 대외관계를 설명하면서 상세한 역사적 배경과 향후 전망을 보고했다. 노 대통령은 특히 한반도를 둘러싼 열강 사이에 한국이 차지할 위치에 관심이 컸다.373)

2) 다르푸르 분쟁해결

유엔 평화유지군(United Nations Peace Keeping Force, UNPKF)은 유엔의 유사 상태 시 평화와 회복을 유지하기 위해 각국의 정부에서 자발적으로 파병한 부대이다. 평화유지활동이란 평화의 지속을 위해 필요한 조건을 조성하는 활동을 말한다. 유엔(UN)의 다양한 국가와 주 정부, 조직 내 국제적 수준에서 평화유지군은 분쟁지역을 감시하고 관찰하며 평화 협정 이행을 위해 모든 전투원을 지원하는 역할을 한다.

어떤 나라가 평화유지활동으로 평화유지군을 파견하는 경우라도 자국 병력이 전쟁 위험지역에 배치되는 것을 원치 않는 국가도 있다. 다르푸르든 남수단이든 위험한 지역으로 가기는 가겠지만 자국 병사들에게 도보로 순찰시키는 임무 등을 거부하는 국가도 있다. 모든 임무를 수행하되 병력을 1년 이상 주둔시키지 않겠다는 국가도 있다. 어떤 파병국 정부는 병사 1인당 추가 요금을 요구했다.374)

다르푸르(Darfur)는 수단의 서부지역에 위치한 분쟁지역이다. 다르푸르 분쟁은 2003년 2월부터 2010년까지 수단의 다르푸르 지역에서 발생한 인종과 종족 간에 종교 문제 및 경제 문제가 얽혀 발생한 분쟁이다. 2003년 2월 다르푸르 지역에 대한 수단 정부의 '아랍화 정책'으로 인한 차별을 견디다 못한 다르푸르 지역의 비 아랍 아프리카계 민족들은 수단해방군(Sudan Liberation Army: SLA)과 정의평등운동(Justice and Equality Movement: JEM) 등 무장투쟁단체의 반군을 만들어 2003년 2월부터 전투에 들어갔다. 그러자 수단 정부는 잔자위드, 즉 '말등에 탄 악마(devil on horseback)'라 불리는 북부 아랍계 이슬람 민병대에 자금을 제공하고 도움을 주며 반군이 자원을 조달하는 종족을 공격할 때 합동작전을 전개하였다.375) 유엔은 2003년에서 2006년까지 최소 40만여 명이 숨지고 250만여 명이 난민생활을 하고 있는 것으로 추정하였다.376) 난민들의 대다수는 차드 국경과 인접한 지역의 캠프로 피난을 했고 중앙아프리카 공화국으로 피난을 한 사람들도 있다.

오마르 알바시르(Omar Hassan al-Bashir) 수단 대통령은 4년 동안 수단의 다르푸르 지역의 비무장 민간인을 상대로 유혈극을 벌였다. 20년간 걸쳐 가뭄으로 수단 전역은 먼지투성이가 되었다. 수단에서 그나마

경작 가능한 땅은 대부분 서부 국경 지역의 다르푸르에 있었기 때문에 거주 민간인들을 몰아내려고 하였다. 알바시르 대통령은 자국민 학살에 관한 국제사회의 고발을 부정하고 명백한 사실조차 인정하려 들지 않는 성마르고 잔혹한 지도자라는 악명을 얻었다.

2007년 1월 반기문은 에티오피아 아디스아바바에서 열린 아프리카 연합 정상회의로 최초 외부 순방을 하였다. 반기문 유엔 사무총장이 아프리카연합 정상회의에 참석하는 것은 Group of 77이라는 77개 개발도상국을 만나기 위한 목적의 일환으로 이루어졌다.[377] 정상회의에서 반기문 총장은 수단의 다르푸르 분쟁 해결이 그의 임기 중 최우선 목표 중 하나라는 것을 천명하였다. 반 총장은 오마르 알바시르 수단 대통령을 오랜 시간 동안 직접 만나 대화를 하였고 분쟁 지역에 유엔 평화유지군이 들어갈 수 있도록 요청하였다. 유엔의 평화유지군과 자산을 다르푸르로 보내서 그곳의 소규모 아프리카연합 임무단을 보강하는 문제는 4년에 걸쳐 수단과 유엔 사이에 언제나 폭발성이 큰 주제였다. 알바시르 대통령과 개인적 독대로 평화유지군 배치에 필요한 헬기 등 자산의 반입에 관해 생산적인 대화를 나누었다.

2007년 7월 31일 유엔 안전보장이사회는 26,000명의 유엔 평화유지군(UNAMID)을 창설했으며 이 평화유지군 병력을 아프리카 연합군 7,000명과 합세해 분쟁 지역으로 진입하는 것을 승인하였다.[378] 해당 지역에서 유엔 평화유지군의 활동은 2007년 10월부터 시작되었다. 미국은 다르푸르 갈등을 집단학살(genocide)로 규정하였으나 유엔은 그렇게 규정하는 것을 거부하였다.

2007년 9월 6일 반기문은 다시 수단으로 방문한 후 다르푸르를 갔다가 뉴욕으로 귀환하는 길에 수도 라크툼을 거쳐야 했다. 알바시르 대통령은 밤늦게 반기문을 만찬에 초대하였다. 알바시르는 화를 내지 않고 차분하고 정중했다. 알바시르는 즉석에서 동의하지 않았지만 몇 달 뒤에는 유엔이 제안한 중무장지원 패키지를 받아들였다. 이렇게 여러 차례에 걸친 반기문의 알바시르와의 개인적 독대와 대화는 알바시르가 반대해온 국제사회의 개입이 성사되고 다르푸르 분쟁 상황이 해결되는데 중요한 돌파구가 되었다.379)

2011년 7월 9일 남수단공화국이 탄생하는 날이었다. 유엔총회는 남수단공화국을 유엔의 193번째 회원국으로 승인하였다. 반기문은 공식 축하 행사에 참석하였다. 남수단공화국의 독립과 탄생은 반기문의 열정적인 관심과 알바시르 대통령과의 협상, 그리고 유엔 차원에서의 지원에 의해 가능하였다. 반기문은 민병대 지도자들이 이제 더는 민중의 삶과 미래를 파괴하지 말고 새 국가 건설을 위해 일하기로 마음을 바꾸었으면 하는 희망을 가졌다.380)

3) 중동 평화협상

팔레스타인 분쟁은 유태인들이 제2차 세계대전 이후 성서의 기록을 근거로 이 지역에 대한 권리를 주장하면서 이스라엘 국가를 건립한 데서 비롯되었다. 1947년 11월 29일 제2차 유엔 총회에서 표결을 통해 다수안을 채택함으로써 팔레스타인 지역을 아랍인 구역과 유태인 구역으로 분할시켰다. 유태인들은 이를 기꺼이 수락한 반면 아랍 측은 거부하였다. 마침내 유태인들은 1948년 5월 14일 텔아비브에서 다비드 벤구리온(David Ben-Gurion)을 수상으로 하는 이스라엘 국가를 수립하였다.381)

그러나 이스라엘 국가 수립은 아랍 측이 거부한 상태에서 이루어졌기 때문에 1948년부터 1973년까지 4차례에 걸친 중동전쟁이 발생하였고 그 이후로도 이스라엘과 아랍국가들 간의 유혈충돌이 줄곧 발생하였다.

그림 2.9.1 팔레스타인 서안 지구와 가자 지구

출처: shooting star(2018). 이스라엘 팔레스타인 여행 #3. 팔레스타인 여행을 계획할 때 알아야 할 것들. 네이버블로그 **행복을 찾는 여행자.** 2018.7.1.

표 2.9.1 가자 지구와 서안 지구의 집권과 대외적 성향

가자 지구	서안 지구
강경파(하마스) 집권	온건파(파타) 집권
급진적, 이슬람 근본주의 반이스라엘 & 반서방주의가 강함	이스라엘의 존재 용인 서방세계에 대한 온건한 입장

출처: shooting star(2018), 전게서.

2007년 3월 22일 반기문이 중동 여행의 첫 번째 방문지에 들렀을 때 그가 서 있는 곳으로부터 80미터에 몰타르 공격이 있었다. 이 공격은 이라크 바그다드의 그린 존에 있는 기자회견을 방해하려는 것이었는데 반

기문과 수행원들은 흔들릴 정도의 충격을 받았지만 아무도 다치지는 않았다.382) 2003년 8월에 이라크 바그다드 사령부가 폭탄 공격을 받아 22명이나 사망자를 낸 후 이라크에서 유엔의 역할이 제약을 받고 있었다. 그럼에도 불구하고 반기문은 이라크의 사회 정치적 발전을 위해 유엔이 뭔가 더 해야 할 길을 찾을 희망을 가지고 있다고 말했다.383)

반기문은 2008년 3월 10일 이스라엘이 요르단 강 서안정착촌(West Bank settlement)에 주택을 건설하려는 계획에 대해 이 결정이 중동평화를 위한 로드맵 하의 이스라엘의 의무조항과 충돌한다고 말하면서 이스라엘을 비판하였다.384)

2009년 1월 7일 유엔 안전보장이사회 회의기간 동안 반기문은 가자지구(Gaza Strip)에서 전투의 즉각적 종식을 요구했다. 그는 이스라엘에 대해서는 가자에 폭탄 투척을, 하마스에게는 이스라엘로 로켓발사를 각각 비난하며 모두를 경고하였다.

2011년 10월 31일에는 팔레스타인이 유네스코 정회원국 지위를 얻었으나 유엔 정회원국 가입 신청은 이사국들의 만장일치 합의를 얻지 못해 실패하였다. 그러나 팔레스타인은 2011년 5월에 압바스 팔레스타인 수반과 하마스 최고지도자 간에 정파간 반목 청산과 단일 정부 출범에 대한 합의를 이루어 내부결속을 다졌고, 2012년 11월 29일 팔레스타인이 유엔 총회에서 비회원 옵저버 국가 자격을 취득해 사실상 희망해왔던 국가 지위를 받았다.385)

2016년 1월 26일 반기문은 안전보장이사회의 중동 관련 토론에서 이스라엘이 최근 요르단 강 서안에서 유대인 정착촌을 확대하는 건 팔레스타인의 증오를 부추기고 국제사회를 모욕하는 행동이라고 지적하였다.386) 반기문은 억압받는 민족이 시대를 걸쳐 보여줬듯이 점령에 저항하는 건 인간의 본성이며, 이는 증오와 극단주의의 강력한 인큐베이터가

된다고 강조하면서 이스라엘의 조치를 강한 어조로 비판하였다.387) 이후 2016년 6월 이스라엘과 팔레스타인을 직접 방문하여 베냐민 네타냐후 이스라엘 총리와 마흐무드 압바스 팔레스타인 자치정부 수반을 각각 만나 분쟁 해결을 위한 중재를 하였다.388) 반기문은 이스라엘과 팔레스타인 양측 모두 이 땅에 역사적, 종교적 연결점이 있음을 강조하면서, 유엔이 분쟁 해결책으로 제시해 온 평화 협상에 기반한 2국가 해법(two-state solution)을 다시금 상기시켰다.389)

그림 2.9.2 팔레스타인 영토의 변천

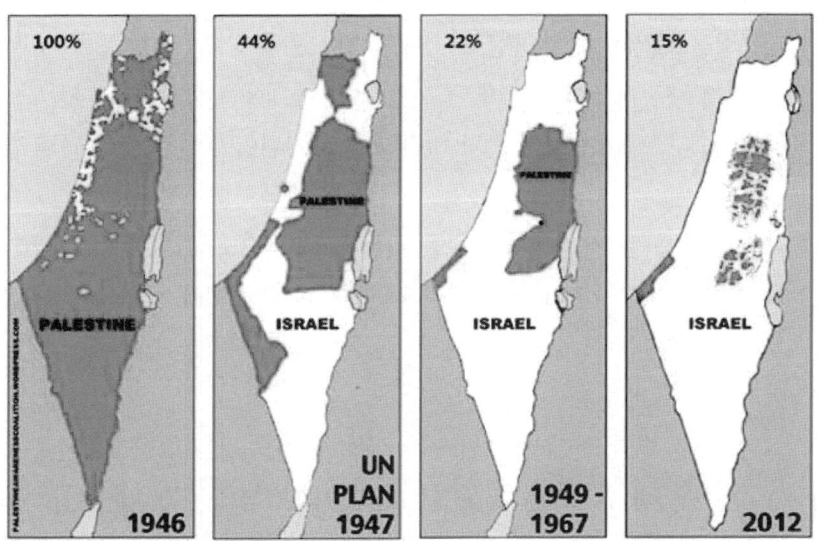

출처: 홍성민(2020). 도널드 프럼프의 '중동평화구상안,' 이-팔 분쟁의 평화로드맵 인가? **EMERiCs**. 2020.02.20.

2국가 해법이란 이스라엘과 팔레스타인이 각각 독립된 국가로 존재하면서 평화롭게 공존하는 방안으로 1967년 제3차 중동전쟁 이전의 국경선을 기준으로 각각 이스라엘과 팔레스타인 국가를 건설하여 더 이상 2국가의 분쟁을 방지하자는 해법이다.390) 1967년 이스라엘은 서안 지구와 가자를 점령(제3차 중동전쟁)한 후 점령지를 군사적으로 통제하고 있다. 현재 UN은 500만 명의 팔레스타인 사람들을 난민으로 분류하고 있다. 팔레스타인 영토의 변천은 그림 2.9.2와 같다.

4) 파리기후협정

반기문은 유엔 사무총장의 임기 초반에 지구 온난화를 주요 문제로 인식하였다. 2007년 3월 1일 온실 가스 감축을 위해 조지 W. 부시 미국 대통령을 백악관에서 만난 자리에서 반기문은

"과거 냉전이 절정에 달했던 시기 우리 세대에는 핵겨울이 가장 큰 위협이었으나, 지금 인류에 그와 비견될 정도로 위협이 되는 것은 기후 변화입니다."

라고 지구 온난화 문제 해결을 위한 노력을 강조하였다.391) 2009년 9월 3일 스위스 제네바에서 열린 세계 기후 회의에서

"우리의 발은 가속 페달을 밟고 있고, 우리는 나락을 향해 가고 있습니다."

며 기후 변화 문제에 대한 범국가적 협력을 거듭 촉구하였다.392)

2014년 9월 반기문은 뉴욕에서 열린 기후변화행진(People's Climate March)에 참가하여 기후 변화에 대한 대책을 촉구하는 시민운동에 동참하였다.393) 이어서 2015년 프랑스 파리에서 열리는 유엔 기후 변화 회의 준비를 위해 세계 지도자들을 유엔 기후 정상회의(UN Climate Summit)에 불러 모았다.394)

파리 유엔 기후 변화 회의에서 반기문은 주관자로서 역사적인 파리 협정을 이끌어내는 데 크게 기여하였다. 미국 등 주요국이 빠지고 연장에

실패한 교토 의정서와 달리, 파리 협정은 2015년 12월 12일 195개국이 채택하여 체결이 성사되었다.395) 기후 변화 회의의 주최국 프랑스의 외무장관 로랑 파비위스는 야심차고 균형 잡힌 이 계획이 지구 온난화에 있어서 '역사적 전환점'이라고 평가하였다.396)

나아가, 반기문은 이 협정을 법적인 구속력이 있는 국제법으로 만들기 위해 세계 온실가스 배출의 55% 이상 책임이 있는 55개국에 활발한 로비 활동을 펼쳤다.397) 그 같은 노력에 힘입어, 미국, 중국, 브라질, 인도, 유럽 연합 등 주요 기후 변화 당사자들이 파리 협정을 비준하였고, 2016년 11월 4일부터 기후 협정으로서는 최초로 포괄적인 구속력이 적용되는 국제법으로서 효력이 발효되었다.398) 버락 오바마 미국 대통령은 유럽 의회가 비준을 마무리 하여 파리 협정의 국제법 발효가 확정되자, 즉각 환영 성명을 발표하며 '지구에 있어서 전환점이 되는 날로 역사가 평가할 것'이라고 의미를 부여했다.

3. 반기문 협상의 구조분석과 교훈

1) 협상의 구조분석

반기문이 외교부 공무원으로서 시작하여 유엔 사무총장을 역임할 때까지 실시했던 협상 사례들을 구조적으로 분석해봄으로써 협상가로서의 면모를 이해할 수 있다. 먼저 그의 협상철학은 진실과 열정으로 협상에 임하고 인간을 존중하고 상대를 직접 만나서 대화하고 설득하는 모습에서 찾아볼 수 있다. 또한 반기문의 협상전략은 수단 알바시르 대통령과의 협상에서와 같이 직접 대면하여 끈기 있게 설득하는 전략과 파리협정 체결과 같이 활발한 대화와 로비를 활용하였다.

반기문의 협상력은 상당 부분 개인적 특성에서 나온다. 진실, 열정, 휴머니즘이나 친화력으로 관계를 창조하는 능력 같은 개인적 특성이 협상력을 만들어내고 정보, 평판, 직위에 의한 설득력도 협상력으로 작용한다.

표 2.9.2 반기문 협상의 구조분석

항목	내용
협상철학	-진실과 열정으로 협상에 임하고 인간을 존중하고 상대를 직접 만나 대화하고 설득
협상전략	-직접 대면하여 끈기 있게 설득 -활발한 대화와 로비로 파리협정 체결
협상력	-진실, 열정, 휴머니즘 등 개인특성 -정보, 평판, 직위에 의한 설득력 -친화력으로 관계를 창조
협상스타일	-분석형+추진형의 협상스타일 -열정과 휴머니즘의 설득과 조정
협상소통스킬	-상대를 직접 만나 대화와 설득 -진실로 상대를 대하고 소통 -합리성과 인간존중의 대화
협상성과	-신용등급 강등 방어 -남수단 공화국 탄생 -파리기후협정 체결
협상성공요소	-진실과 열정의 협상자세 -직접 만나 끈기 있는 설득 -상대를 인정, 존중하는 휴머니즘
협상성공의 의미	-2003년 국가신용등급 강등 예방 -수단의 내전 종식과 평화유지 -지구의 온난화 문제를 해결하기 위한 온실가스 배출 억제의 기후협정에 전세계적 참여

반기문의 협상 스타일은 유능한 리더의 공통적 스타일이라고 볼 수 있는 분석형과 추진형의 혼합 스타일로 분류된다. 또한 열정과 휴머니즘의 설득과 조정도 그의 협상 사례에서 발견되는 스타일이다.

반기문이 협상에서 사용하는 소통 스킬은 상대를 직접 만나 실행하는 대화와 설득, 진실로 상대를 대하는 소통, 합리성과 인간존중의 대화로 요약될 수 있다.

반기문이 이루어낸 협상성과는 신용등급 강등 방어, 남수단 공화국 탄생, 파리기후협정 체결로 요약되고 이렇게 성공할 수 있었던 성공요소는 진실과 열정의 협상자세, 직접 만나 끈기 있는 설득, 상대를 인정, 존중하는 휴머니즘를 포함하고 있다.

반기문이 협상을 성공하여 얻은 성과는 2003년 국가신용등급 강등 예방, 수단의 내전 종식과 평화유지, 지구의 온난화 문제를 해결하기 위한 온실가스 배출 억제의 기후협정에 전 세계적 참여 등 국가와 세계 인류 관점에서 큰 의미를 발견할 수 있다.

2) 반기문의 인생철학

앞에서 기술한 반기문의 조상과 성장과정을 살펴보면 쉽게 그의 살아가는 인생의 철학과 가치관을 엿볼 수 있다. 시골에서 농사를 짓는 농부집에서 태어나 농사일과 아버지의 곡식 매입과 매출 일을 돕는 착한 아이로 성장하는 과정을 보면 그의 성실성을 알아볼 수 있다. 반기문은 매사에 힘을 다하여 일을 처리할 뿐 아니라 약속을 지키는 진실함을 보인다. 그는 공무원이 되어 결혼을 할 때도 고등학교 때부터 오랫동안 사귀어 온 여성을 아내로 맞이하기 위해 모 국회의원이 다른 국회의원 딸과의 혼처를 강권하여도 거절하며 결국 원래 여성과 결혼을 하였다. 또한 반기문은 고등학교 3학년 때 미국 워싱턴에서 개최되는 국제청소년적십자대회에 참가하기 위해 처음으로 미국을 방문했을 때의 일이다. 먼저 샌프란시스코에 도착하여 리바 패터슨 댁에서 1주일 간 기거하면서 인연이 된 패터슨 여사를 '미국의 어머니'로 받들며 여사가 작고할 때까지 인연을 이어간 사실에서 그의 진실함과 성실함을 엿볼 수 있다.

반기문은 1950년 한국전쟁이 발발했을 때 7세였다. 전쟁이 한창 진행되어 중공군과 북한군이 남쪽으로 밀고 내려올 때 어린 반기문은 가족과 함께 피난보따리를 들고 100리도 넘는 외가로 피신하였다. 피난 길에 마침 어머니의 출산일이 되어 출산을 하고 3일 쉬었다 다시 느릿느릿 걸어야 하는 고통스러운 피난길이었다. 전쟁의 참상과 고통을 경험한 반기문은 더 이상 전쟁이 일어나서는 안 된다는 생각을 깊이 하게 되었다. 그리고 자유평화를 수호하기 위해 전 세계 각국에서 파병해온 유엔군의 지원에 대해서도 깊은 인상을 받았다. 이러한 어릴 때의 전쟁 경험에서 반기문은 자유와 평화가 소중함을 깨달았고 훗날 유엔 사무총장이 되어서도 그 마음은 변함이 없었다.

한국전쟁 당시 유엔군은 전투를 참전했음은 물론이거니와 전쟁에서 발생한 고아와 굶주리는 아이들에게 사탕과 초코릿을 나누어 주고 음식, 옷, 교과서 등 원조물자도 제공해 주었을 뿐 아니라 학교를 세워서 교육도 지원하였다. 반기문은 전쟁 참화에 고통 받는 인간에 대한 남다른 연민의 정을 느끼는 휴머니즘을 가지게 되었다. 인간과 평화를 사랑하는 그의 박애정신은 유엔 사무총장으로서 세계 곳곳에서 발생하는 갈등과 분쟁을 종식시키기 위해 온 힘을 쏟은 행적에 나타나곤 하였다.

3) 반기문 협상의 특징

(1) 자유, 평화, 인간애의 신봉

협상가를 움직이게 하는 것의 가장 원초적인 동력은 바로 자신의 가장 깊은 곳에서 잡고 있는 뜻일 것이다. 반기문의 성장과정과 외교경력에서도 보았듯이 국가와 사회의 평화, 인간의 자유와 복지, 인간에 대한 존중의 휴머니즘이 자신의 살아가는 근간을 이루고 있다. 협상에서도 분쟁의 당사자들이 자유, 평화, 인간애를 실현할 수 있도록 이끌고 행동하는 실천적 모습을 볼 수 있다. 수단의 다르푸르 분쟁지역에서 평화를 유지하기 위한 혼신의 노력을 기울였고 팔레스타인 가자지구에서 전쟁종식과 평화 정착을 위해 당사자들을 적극 만나서 설득한 점들은 이러한 그의 신념을 반영한 것으로 보인다.

(2) 진실과 열정의 협상

반기문은 협상할 때나 중재할 때 진실한 마음으로 상대를 대하지 않을 때가 없었다. 또한 그는 협상이 성공할 때까지 깊은 관심을 가지고 열정적으로 협상에 임하고 있어서 상대방이 회피하기 힘들게 한다. 공무원 시절 반기문이 이끄는 대표단은 무디스와 스탠더드 앤드 푸어스 경영진들을 만나 설득하는데 온 힘을 쏟았고 리먼 브러더스와 골드만 삭스 그리고 홍콩의 피치도 직접 방문하여 설득하였다. 남수단의 독재자 알바시르는 악명도 높아 만나기를 꺼려할 수도 있었으나 다르푸르의 평화를 위해 기꺼이 알바시르 대통령을 만나 진솔한 대화를 나누고 요청하여 다르푸르 분쟁해결에 돌파구를 마련하였다. 또한 2015년 프랑스 파리에서 열리는 유엔 기후 변화 회의 준비를 위해 세계 지도자들을 유엔 기후 정상회의에 불러 모았고 파리 협정 체결 후 세계 온실가스 배출의 55% 이상 책임이 있는 55개국에 활발한 로비 활동을 펼치는 등 지구를 온난화로부터 보호하기 위해 적극적이고 열정적으로 각국을 설득하였다. 상대방을 설득하여 협상에 성공하기 위해 진심과 열정을 임하는 반기문의 면모를 볼 수 있다.

(3) 상대방을 직접 만나 대화와 설득

그의 세 번째 협상 특징은 아무리 어려운 협상의 상대방이라도 직접 만나서 대화를 하고 설득하는 작업을 한다는 점이다. 국가 신용등급 하향의 위기에서 반기문은 무디스, 스탠다드 앤 푸어스, 리먼 브러더스, 골드만 삭스, 피치의 경영진을 직접 찾아가 만나서 한국의 사정을 설명하고 하향조치를 하지 못하도록 간곡히 요청하였다. 또한 다르푸르 분쟁해결을 위해 반기문은 악명 높은 알바시르 수단 대통령을 직접 만나 요청하였다. 중동 평화를 위해서 반기문은 이스라엘과 팔레스타인을 직접 방문하여 베냐민 네타냐후 이스라엘 총리와 마흐무드 압바스 팔레스타인 자치정부 수반을 각각 만나 분쟁 해결을 위한 중재를 하였다. 협상을 성공하기 위해 상대방을 직접 만나 친분을 쌓고 진솔한 대화로 상대에게 요청하는 방법만큼 좋은 방법이 없는 것 같다.

(4) 상대를 인정, 인간 존중 휴머니즘

세계의 지도자들 중에 따뜻한 가슴을 가진 지도자는 많지 않다. 반기문은 성장기의 성품에서도 보았지만 인간을 존중하고 사랑하는 휴머니즘을 발견할 수 있다. 협상에서 상대방을 인정하고 인간을 존중하는 휴머니즘은 마치 반기문의 트레이드마크 같이 나타난다. 다르푸르의 민중의 삶과 미래를 파괴하지 말고 평화 속에 번영하기를 기원하는 그의 염원에서도 휴머니즘을 볼 수 있다. 반기문은 팔레스타인 가자지구에서 폭탄을 투척한 이스라엘과 로켓을 발사한 하마스에게 전투의 즉각적 종식을 요구하며 억압받는 민족이 점령에 저항하는 건 인간의 본성이며, 이는 증오와 극단주의의 강력한 인큐베이터가 된다고 강조하면서 이스라엘의 조치를 강한 어조로 비판하였다. 반기문은 분쟁이 발생할 경우 어느 편에 치우치지 않고 평화와 인류애를 위해 양측 모두 노력해줄 것을 요청하며 서로의 인정과 존중을 주문하였다.

4) 반기문 협상의 교훈

(1) 대화와 협의의 상향식 의사결정

반기문의 의사결정은 하달식이 아니라 대화와 협의를 통한 상향식이고 매우 민주적 절차를 사용하고 있다. 타고난 품성도 있겠지만 합리적인 결정을 하기 위한 최선의 방법으로서 협의 결정방식을 선택하는 훈련이 되었다고 볼 수 있다. 특히 두 번 임기의 유엔 사무총장을 역임하면서 많은 유엔국가 간의 이해관계를 조율하고 공동의 합일점을 도출하는 절차가 기본적이다. 파리기후협정은 많은 국가들이 서로 다른 이해관계를 가지고 있었지만 반기문의 리더십에 의해 성공적으로 체결되었다. 조직을 이끌어가는 리더일수록 대화와 협의를 통한 의사결정을 도모할 필요가 있다.

(2) 이성과 감성의 통합적 대면 설득

반기문의 협상은 기본적으로 이성적 측면이 강하다. 그러면서도 온화한 심성을 바탕으로 한 감성의 활용도 엿볼 수 있다. 특히 반기문이 서신과 전화에 의한 협의보다는 직접 만나서 대면하여 대화하고 협의하여 상대를 설득하는 모습을 더 많이 볼 수 있다. 대면에 의한 친밀감의 형성과 감성적 호소는 상대를 설득할 수 있는 강력한 무기가 될 수 있다. 상대를 설득하고 할 때 건조한 이성적 접근에만 의존하지 않고 직접 대면하여 감성을 동원하는 설득이 효과적이다.

(3) 다자간의 이해관계의 균형 조정

협상의 직접 당사자가 아니라 중간자 또는 관리자의 역할을 해야 할 경우 당사자들 간의 이해관계를 균형 있게 조정하는 것이 매우 중요하다. 중동지역 분쟁에서 이스라엘과 팔레스타인이 전쟁을 하는 경우라든가 수단의 다르푸르 지역에서 알바시르 수단 정부아 반군 단체 간 분쟁이 발생했을 경우 반기문은 유엔 사무총장으로서 양측의 이해관계를 조정하여 평화를 달성하는 성과를 내었다.

(4) 상생과 공존공영을 위한 협상·조정

반기문은 분쟁이나 갈등을 해결하기 공격적인 방법을 사용하지 않았다. 반기문은 기본적으로 인간존중의 휴머니즘을 신봉하고 있어서 당사자들이 모두 상생하고 공존할 수 있는 방법을 모색하였다. 다르푸르 분쟁 해결, 중동지역 분쟁 해결, 파리기후협정 체결의 성과는 이러한 인류의 상생과 공존공영의 정신과 방법에서 얻어진 결실이다. 가장 견고한 협상과 조정의 결론은 참여한 당사자들이 상호 이익이 되고 공동으로 번영할 수 있도록 노력하는 것이다.

협상가 10

외규장각 의궤 협상팀
박흥신·유복렬

-민족의 자존심을 되찾은 외교협상팀-

화보 2.10.1 박흥신 주 프랑스 대사와 유복렬 참사관
외규장각 의궤 반환 협상의 주역으로 선정된 박흥신 주 프랑스 대사(왼쪽)와 유복렬 참사관

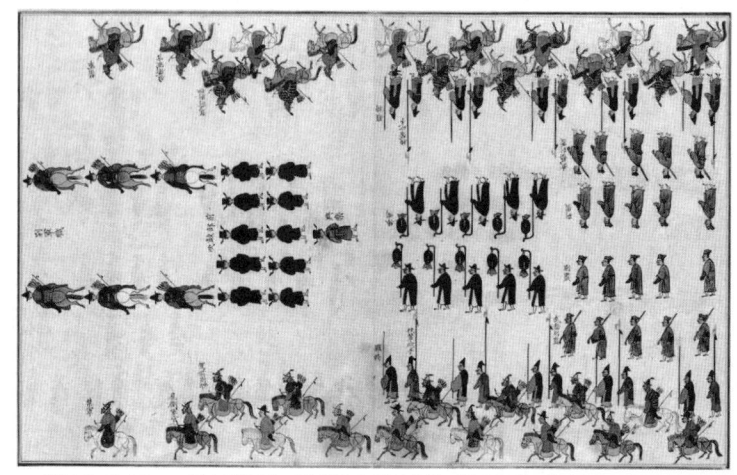

화보 2.10.2 외규장각 가례도감의궤 하권의 반차도(班次圖)
프랑스가 반환한 외규장각 의궤는 297권으로 궁중에서 시행되는 각종 의식과 행사를 그림으로 기록한 책자이다.

화보 2.10.3 외규장각 의궤 반환소송 기자회견
시민단체 문화연대는 2007년1월부터 2010년2월까지 프랑스 행정법원에 외규장각의궤 반환소송을 제기하였는데 2008년 9월 10일 프랑스 대사관 앞에서 이와 관련한 기자회견을 하고 있다.

화보 2.10.4 외규장각 도서 297권 반환 합의문 서명

2011년 2월 7일 박흥신 주 프랑스 대사와 폴 장-오르티즈 프랑스 외교부 아태국장이 프랑스 국립도서관(BNF)에서 외규장각 도서 297권을 2011년 5월 31일 이전에 한국으로 이관하기 위한 정부 간 합의문에 서명하고 있다. 박 대사 왼쪽에 서 있는 사람이 협상팀의 유복렬 참사관이다.

화보 2.10.5 한국-프랑스 간 외규장각 의궤 반환 합의

2010년 11월 G20 서울 정상회의 때 사르코지 프랑스 대통령은 이명박 한국 대통령과 외규장각 의궤를 5년 단위 대여갱신 방식으로 한국에 돌려주기로 합의했다.

화보 2.10.6 외규장각 도서 귀환 기념 이봉행렬
2011년 6월 11일 서울 광화문 광장과 경복궁에서 병인양요 때 약탈된 외규장각 도서의 귀환을 기념하는 이봉행렬이 재현되고 있다.

화보 2.10.7 국립중앙박물관의 외규장각 의궤를 관람하는 시민들
2011년 8월 국립중앙박물관에서 열린 '145년 만의 귀환, 외규장각 의궤' 특별전 전시장을 가득 메운 관람객들이 조선 왕실 의궤들을 살펴보고 있다. 오른쪽은 5년 후인 10일 상설전시관 조선4실에 마련된 외규장각 의궤 특별 전시관이다.

2011년 4월 14일 프랑스가 145년 동안 보관해 왔던 외규장각 의궤 297권 중 1차분 80여권을 우리나라로 반환하는 역사적인 순간을 우리는 잊을 수 없다. 외규장각 의궤는 191종 297권의 의궤였는데 의궤란 조선왕조 당시 왕실이나 국가의 각종 행사에 대한 시작과 준비 과정, 의식절차, 진행, 행사 유공자에 대한 포상 등의 사실을 정리한 기록을 의미한다. 그러므로 의궤가 한 나라의 문화유산으로서 귀중한 가치를 가지고 있음은 쉽게 짐작할 수 있다. 외규장각 의궤를 반환 받기 위해 정부와 온 국민은 35년 동안 갖은 노력과 인내를 가지고 협상하였는데 그 과정과 의미를 살펴보고자 한다.

1. 외규장각 의궤의 역사

  1864년에 집권한 흥선대원군은 천주교를 탄압할 생각이 없었으나 청나라에서 천주교를 박해하는 방향으로 정책을 전환한 후 이런 분위기에 편승한 반대세력들의 공세가 이어지자 정권 유지를 위해 1866년 천주교 박해령을 선포하였다.399) 1866년 병인양요(丙寅洋擾) 때 조선의 천주교도 8천여 명이 처형되고, 프랑스 선교사 12명 중 9명이 처형되었다. 박해를 피해 1866년 5월 8일 조선을 탈출한 리델 신부는 텐진에서 프랑스 극동함대(極東艦隊)사령관 로즈 제독을 만나 프랑스 신부들의 순교소식을 전하고 생존해 있는 다른 신부 두 명의 신변을 보호하기 위해 즉각 함대를 출항시켜줄 것을 요청했다.400)
  흥선대원군의 천주교 탄압을 구실로 삼아 로즈 제독은 프랑스 함대 7척을 이끌고 강화도를 점령하고 프랑스 신부를 살해한 자에 대한 처벌과 통상조약 체결을 요구했다. 흥선대원군은 로즈 제독의 요구를 묵살한 뒤 훈련대장 밑에 순무영(巡撫營)을 설치해 무력으로 대항했다. 문수산성 전투에서는 프랑스 군대가 총포화력을 앞세워 조선군을 압도하였으나 양헌수가 이끄는 정족산성 전투에서는 조선군이 매복 작전으로 프랑스군 6명의 전사자를 포함하여 60~70명의 사상자를 내어 승리하였다.401) 프랑스군 기록에는 3명만의 전사자가 발생한 것으로 되어 있어서 피해를 축소하려는 의도가 있어 보인다.

프랑스 해군은 40여 일 만에 물러나면서 은궤 19개(887.55kg)를 탈취하고 강화도의 외규장각에서 297종의 의궤와 지도 2점, 족자 7개, 옥책 3개 등을 약탈하였다. 병인양요 당시에 외규장각에는 1,042종 6,130권의 책이 보관되어 있었는데 프랑스군은 297권 약탈품을 제외한 나머지 5,800권을 모두 불태웠다.402) 이 때 297권의 외규장각 의궤들은 불법으로 반출되어 오랫동안 프랑스 파리 국립도서관에 보관되어 왔다. 당시 프랑스 본국의 허락을 받지 않고 로즈사령관이 단독으로 조선의 침공과 문화재 약탈을 명령한 장본인으로 법적 다툼에서 문제가 되기도 하였다.

그림 2.10.1 1866년 프랑스군의 강화도 점령

2. 외규장각 의궤 발견의 주역 박병선

프랑스가 약탈해간 외규장각 의궤를 반환받기 위해서는 그 소재를 정확하게 파악하는 것이 필요하였다. 그러나 정부에서 이에 대한 관심을 가지고 적극 나서지 않는 상황에서 오래 동안 외규장각 의궤의 행방을 추적하고 반환을 위한 평생을 노력해온 한 역사학자가 있었기에 외규장각 의궤 반환 움직임이 시작되었다.

외규장각 의궤를 파리 국립도서관에서 처음으로 발견한 사람은 재불(在佛) 역사학자 박병선 박사였다. 1975년 프랑스국립도서관의 촉탁 직원으로 일하던 역사학자 박병선 박사가 도서관에 조선시대의 도서가 보관되어 있음을 발견하고 목록을 정리하여 외규장각 의궤의 존재를 알렸다.

화보 2.10.8 박병선 박사

박병선 박사는 1975년 프랑스국립도서관에서 외규장각 의궤를 발견하고 반환운동에 평생을 바쳤다.

박병선 박사(이하 이야기 속에서는 병선으로 표기)는 1923년 3월 25일 서울에서 가톨릭 가정에서 3녀 2남 중 셋째로 태어나 위로 언니와 오빠, 아래로 남동생과 여동생이 있었다. 부모님은 매우 검소하고 이웃이나 어려운 사람들을 보살피는 마음 따뜻한 분들이었다. 병선은 그런 부모님의 검소함과 남을 대접하는 모습을 늘 눈으로 보면서 자라났다.[403]

병선은 몸이 약하고 아파서 자주 뛰어 놀지 못하고 혼자 있는 시간이 많았다. 구름과 풀과 꽃을 보며 상상력을 키웠고 학교에서 돌아오면 매일 책방을 들러 시간 가는 줄 모르고 책을 읽는 책벌레였다. 병선은 친척이 자기를 주어온 아이라고 놀리자 진짜 부모님을 찾는 주제로 글을 써서 담임 선생님을 놀라게 했다. 이를 안 어머니가 병선을 꼭 안고 너를 놀리느라 그런 거라며 자기가 진짜 엄마라고 안도를 시켰다.[404]

역사에 관심이 많은 병선은 서울대 사범대 사학과에 진학하였다. 공부를 하던 중 한국전쟁이 나자 부산으로 피난하여 학업을 계속했는데 뇌막염을 크게 앓았다. 오래 동안 병을 앓고 있던 어느 날 밤 꿈속에 성모마리아가 나타나 '꼭 낫고 싶니?' 물어보고 '네.' 하니 병선의 머리를 쓰다듬어 주었다. 병선이 꿈에서 깨어나 기적 같은 회복을 하여 식사도 하고 다시 건강하게 되었다고 한다.[405]

병선은 명동성당에서 성가대를 하면서 유럽의 문화와 교육에 대해 관심을 키워 오면서 프랑스나 벨기에에 가서 공부를 더 하고 싶다는 생각을 하고 있었다. 어느 날 병선은 프랑스에 가서 더 공부를 하고 싶다고 부모님에게 소원을 간곡히 말하니 건강을 우려하던 부모님도 유학을 허락하였다.

이제 병선은 1955년 프랑스로 유학을 떠나게 되었다. 병선은 떠나기 전 대학 은사인 이병도 선생을 찾아갔다.[406]

"병선아, 프랑스에 가거든 네가 꼭 해야 할 일이 있을 거 같다. 병인양요를 기억하지? 네가 프랑스에 가서 공부를 하게 됐으니 병인양요 때 빼앗긴 외규장각 의궤를 꼭 찾아봐라."

"네? 제가 그걸 찾을 수 있을까요?"

"물론, 할 수 있지. 넌 우리나라의 역사학도야. 꼭 찾아야 해."

병선은 스승의 두 손을 꽉, 힘주어 잡고 대답했다.

"네 알았습니다. 선생님."

병선은 스승의 말씀을 가슴에 꼭 담고 프랑스 유학길에 올랐다.

병선은 벨기에에서 동양사학을 공부하고 프랑스로 돌아와서는 석사과정과 박사과정을 입학하여 공부했다. 병선은 역사학, 종교학, 민속학, 교육학 등 여러 가지 과목을 넓게 공부하며 학문의 세계에 푹 빠져 행복한 젊은 시절을 보냈다. 공부벌레였던 병선은 틈만 나면 도서관에 가서 책에 파묻혀 살다시피 했다. 그런 와중에도 이병도 스승의 당부 말씀을 잊지 않고 틈이 나는 대로 외규장각 의궤를 찾으러 프랑스 곳곳의 도서관을 찾아 다녔다.

병선은 프랑스 소르본대학과 프랑스 고등교육원에서 각각 역사학과 종교학으로 박사 학위를 취득한 후 1967년 프랑스국립도서관에 동양고서원 연구원으로 취직하였다. 유네스코가 1972년 '세계 도서의 해'로 계획하면서 동양의 고서들을 정리하여 동양서적을 전시할 계획을 세우면서 이에 적합한 인물이 필요했는데 병선이 적격자로 발탁되었다. 병선은 1377년에 인쇄된 금속활자본 《직지심체요절》을 발굴하여 세계 최고의 금속활자인쇄본임을 스스로 고증하는 각고의 노력으로 학계로부터 인정을 받음으로써 세계적인 이목을 받았다.407)

직지를 세계에 알리고 난 병선은 이제 외규장각 의궤를 발굴하는 일이 급해졌다. 그러던 중 병선은 해군성 고문서 도서대장에서 '1866년 한국

강화도에서 책 345권을 기증받아 가져왔다.'라는 내용을 발견하고 희망의 빛을 보았다.

1999년 한국을 떠나온 지 22년이 흘렀고 그 사이에 5년간 직지를 고증하느라 심신이 피곤하였지만 외규장각 의궤 발견을 위해 쉬지 않고 온갖 도서관을 찾아다녔다. 그런데 행운이 찾아왔다. 도서관직원 중 한 사람이 프랑스국립도서관 베르사유 별관에 파손되었거나 파기 처분할 책들이 쌓여져 있다는 정보를 주었다.

드디어 병선은 먼지에 쌓인 푸른빛 책들 한 무더기를 발견하고 가슴이 뛰기 시작하였다. 바로 강화도 외규장각에서 도난당했던 그 의궤 책들을 발견하고 병선은 한 동안 넋이 나갔다. 병선은 눈물이 자꾸만 흘렀다. 20여 년 전 스승의 목소리가 바로 가까이 귓가에서 들리는 듯 했다.408)

"드디어 찾았구나. 병선아, 장하다! 대한의 딸아."

"선생님, 보세요. 찾았어요. 선생님도 기쁘시죠?"

이렇게 조선왕실 외규장각 의궤 297권이 박병선의 눈앞에 모습을 드러냈다. 외규장각 의궤를 발견한 사실을 프랑스국립도서관에 알리자 도서관으로서는 경사가 났다. 그러나 병선이 한국에 있는 기자들에게 의궤 발견을 알려서 기사화되면서 원래 도서관에 있던 책을 '발견'이라고 했냐며 도서관으로부터 문책을 받았다. 오해를 풀기 위해 한국 기자들에게 '발견' 대신 '고증'이라는 단어를 사용해줄 것으로 요청하였으나 수용되지 않았다.

병선은 의궤를 한국으로 반환하려는 노력을 기울였다. 한국 정부에 외규장각 의궤가 프랑스국립도서관 창고에서 파기할 책으로 취급되어 파기 처분을 기다리고 있는 상황이라고 하며 프랑스 측에 중요한 책으로 인식되기 전에 반환을 요청해야 한다고 간곡하게 뜻을 전했다. 그러나 한국에서는 관심을 가지지 않고 10년이 지난 뒤 병선의 의궤 해제작업이 완료되어 책으로 나오고 반환 운동이 일어나자 그 때서야 관심을 가지게 되었다. 프랑스국립도서관은 외규장각 의궤의 책이 어떤 책이고 얼마나 중요한 책인지 알게 되어 그간의 입장을 바꿔 소중히 다루려고 하였다. 의궤를 새로운 모습으로 단장하여 도서관에 다시 입고하였다.

병선은 프랑스 방송국에서 외규장각 의궤의 고서를 찾아낸 일들과 의미에 대해 인터뷰를 하게 되었다. 그 자리에서 병선은 의궤의 반환을 강조하였다.409)

"조선왕실 외규장각 의궤라는 책은 원래의 나라, 한국으로 돌아가야 마땅합니다. 프랑스 국민들도 협조해 주시고 응원해 주시길 바랍니다."

그러나 병선은 의궤의 존재를 외부에 알렸다는 이유로 1980년 프랑스국립도서관에서 오히려 해직되었다. 병선은 프랑스국립도서관과 정부의 방해 공작에도 불구하고 뜻을 굽히지 않고 프랑스국립도서관에 매일 빠짐없이 찾아가 10년 동안 297권 의궤의 목록과 내용을 정리하고 의궤 반환 운동을 전개하였다. 박병선 박사는 미혼으로 외규장각 의궤의 반환에 평생을 바치고 89세의 나이로 타계하였다.

3. 외규장각 의궤의 민간주도 반환 협상(한상진)

외규장각 의궤반환 협상은 1991년 서울대학교가 외규장각 의궤의 반환을 정부에 요청하였고 정부는 다음해 7월 프랑스에 외규장각 의궤반환을 공식 요청하면서 시작됐다. 1993년 9월 프랑수아 미테랑 프랑스 대통령이 고속철도 부설권을 수주하기 위해 방한해 한국·프랑스 정상회담에서 '상호교류와 대여'의 원칙에 합의하고 휘경원원소도감 의궤 1권을 돌려주며 외규장각 의궤 반환의 의지가 있음을 밝혔다. 그러나 프랑스가 고속철도 부설권을 수주한 후에 외규장각 의궤는 약속과 달리 반환되지 않았다. 결국 1994년 11월 영구대여 협상은 무산되었다.

양국의 정권이 바뀌고 1998년 4월 자크 시라크 프랑스 대통령과 김대중 대통령이 정상회담에서 민간 전문가 협상위임에 합의하였다. 1999년 4월 당시 한국정신문화연구원 한상진 원장이 한국의 협상대표로 선임되었고 프랑스의 협상상대는 살루아 위원이었다.410) 이들 사이의 통역을 하면서 실무자로 참여한 유복렬 참사관이 처음 관여하게 되었다. 이들 대표는 이틀간 서로 과거사의 잘잘못을 따지는데 모두 소모하여 협상의 진전이 없었다. 그해 가을에 프랑스에서 두 번째 협상을 하였으나 문제의 초점을 병인양요에 맞추어지면서 협상의 방향이 묘연해졌다.

해를 넘기고 2000년 7월에 한국정신문화연구원에서 세 번째 협상을 진행했다. 프랑스 측 살루아 위원이 역사적 책임론을 더 이상 하지 않고 교류와 대여, 등가등량의 교환민이 유일한 해결 방안이라고 선을 그었지만 한국 측 한상진 대표는 역사적 책임문세로 돌아가니 살루이 위원이 화를 내며 흥분하기 시작하여 그대로 결렬시키고 나갔다.411) 곧 정상회담이 열리는데 마음은 답답했지만 서로 기싸움에서 밀릴 수 없어 그대로 대통령에게 보고하였다.

2000년 10월 ASEM정상회의가 열리기 전 한불 정상회담에서 양 대통령은 민간전문가의 협상진척이 되지 않는 것을 확인하고 지겨워했다. 시라크 대통령은 이런 말을 했다.412)

"외규장각 의궤 문제가 지긋지긋해 신물이 난다. 우리가 임명한 민간전문가들이 저 방에서 묘안을 짜내기 위해 머리를 맞대고 있습니다. 난 이 문제가 지긋지긋합니다. 해결책을 찾아낼 때까지 저 둘을 방 안에 가둬둡시다."

2001년 7월 제4차 민간전문가 협상이 프랑스학사원에서 개최되었다.

여전히 한국은 한상진 원장과 프랑스는 살루아 위원이 대표로 참석하고 유복렬이 프랑스로 발령받아 실무자 및 통역관 역할을 하였다. 두 사람은 영어대신 자국 언어로 말하고 통역을 시키도록 하였으며, 과거사 문제는 완전히 배제하기로 약속하고 실질적, 구체적 방안에 대해 협의하기로 하였다.

양 측은 '교류와 대여' 원칙에 입각해서 프랑스가 가지고 있는 어람용(御覽用) 의궤와 한국이 여러 권 가지고 있는 분상용(分上用) 의궤를 맞교환하기로 합의하였다. 어람용 의궤 중에서도 한국에는 없는 유일본(唯一本) 의궤를 먼저 선별하고 한국은 유사한 연대에 제작된 분상용 의궤 중에서 골라 맞교환하는 방식이다. 여기서 어람용 의궤는 왕이 친히 열람하도록 제작된 책이고 분상용 의궤는 의궤가 분실되거나 파괴될 경우에 대비하여 미리 여러 권을 동일한 내용으로 만들어둔 의궤이다. 분상용 의궤는 전국 여러 서고에 나누어 보관하고 있는데 겉표지나 종이를 어람용에 비해 질이 낮은 것을 사용하였고 글씨나 그림도 수준이 떨어졌다.[413]

그러나 양측의 합의소식이 한국에 전해지자 언론에서 신랄한 비판이 쏟아졌다. 약탈당한 문화재를 찾아오면서 멀쩡한 한국의 다른 문화재를 대가로 준다는 발상 자체가 한심하다는 것이다. 급기야는 '인질로 잡혀간 장남을 구출하기 위해 차남을 대신 내준다는 말도 안 되는 짓거리' 라는 치명적인 화살이 날아왔다.[414] 이러한 들끓는 국내 여론은 민간전문가를 통한 돌파구를 마련할 수 있는 기대를 무산시켰다.

결국 이러한 '등가교환' 방식은 소장기관과 학계의 반발을 불러왔고, 정부는 민간의 협상안을 백지화시키기에 이르렀다. 약탈당한 문화재를 교환형식으로 돌려받는다는 것이 국민 정서에 맞지 않고 학계의 반발도 심하다는 이유에서였다.

4. 외규장각 의궤의 정부주도 반환 협상(박흥신·유복렬)

1) 한국대사관 박흥신과 유복렬의 협상과정

민간전문가 협상이 벽에 부딪히자 2004년 9월 다시 정부 간 협상 체제로 바뀌었다. 협상이 진척되지 않고 풀리지 않는 원천적인 문제는 바로 프랑스의 문화재법에 명시된 '문화재 불가양(不可讓) 원칙'이다. 이 원칙은 프랑스가 소장하고 있는 어떤 문화재도 임의로 타국에 양도할 수 없다는 규정이다. 외국의 문화재 반환 요청에 대해 양보하기 시작하면 나폴레옹 원정과 제국주의 시기에 약탈해온 이탈리아, 러시아, 이집트, 중국, 알제리, 인도차이나 등 수많은 문화재들로 채워 놓은 프랑스 박물관들이 텅 비게 된다는 프랑스 문화계의 우려가 작용하고 있다.

정부가 직접 협상에 나서 내놓은 첫 결과물은 2005년 유일본 30권에 대한 디지털 복사본 입수라는 잠정조치로 기존의 등가교환 방식보다도 오히려 한발 물러선 협상안이라는 평가를 받았다. 한국-프랑스 간 협상이 현실적으로 쉽지 않아서 반환에 앞선 우회로 협상한 것이라지만 일각에서는 반환 협상이 진행 중인 상황에서 30권의 디지털 복사본을 건네받을 경우 프랑스 정부는 협상 종결로 인식할 수 있다는 우려의 목소리도 나왔다.415)

한편 대한민국의 시민단체인 문화연대는 2007년 1월 프랑스 정부를 상대로 프랑스 행정법원에 외규장각 의궤 반환 소송을 제기하였다. 그러나 파리 행정법원은 2009년 12월 외규장각 의궤 반환소송에 대해 '기각한다'는 결정을 내렸다.416) 문화연대는 이에 불복하고 다시 2010년 2월에 행정법원에 항소를 제기하였다.417) 한국 시민단체의 법적 소송은 승소하지는 못하였지만 한국인의 반환 의지를 확인하는 사건임에는 틀림이 없었다. 오랫동안의 법적 소송은 향후 협상에 대한 일정한 정도의 영향을 미친 것으로 평가된다.

2009년 12월 박흥신 주 프랑스대사가 부임하였다. 외규장각 의궤 반환에 대한 국내 여론도 있고 해서 박 대사는 외규장각 의궤의 반환 협상에 의욕을 가지고 있었다. 박 대사는 당시 프랑스 대사관에 근무하던 유복렬 참사관에게 이 문제에 대해 집중하여 일하고자 하니 같이 일 해보자고 제안했다. 2010년 11월에는 G20 정상회의 의장국으로 한국이 맡고 이어서 2011년 11월에는 프랑스가 칸에서 열릴 G20 정상회의의 의장국을 맡을 예정이었다. 그래서 의장국들끼리의 협력관계가 외규장각 의궤 반환 협상의 절호의 기회로 활용하자는 확신을 내비쳤다.418) 박 대사가 프랑스로 부임하면서 이러한 맥락으로 모종의 미션을 받았을 것으로 보인다.419)

마침 프랑스도 니콜라 사르코지 프랑스 대통령이 2007년 취임한 뒤 프랑스 측의 태도가 적극적으로 바뀐 것도 좋은 신호였다. 사르코지 대통령은 한국과 외교관계를 발전시키려면 이 문제를 해결하지 않을 수 없다고 판단한 것으로 보인다.

그러던 중 2010년 3월 한국 정부는 프랑스에게 공식적으로 제안하였다. 한국 대사관은 외교통상부로부터 받은 제안서를 프랑스 외무부에 전달하고 프랑스 측의 반응을 기다렸다. 그 제안서에는 프랑스가 의궤 전부를 우리에게 양도하면 대신 우리 국내법에 어긋나지 않은 범위 내에서 해외 전시 문화재를 프랑스에 전시하는 방안을 제시하였다. 이 제안은 등가등량의 교환 원칙을 깨는 제안으로 문화재를 프랑스에 전시하는 대신 의궤를 들여오자는 것이다.

그러나 프랑스는 즉각 거절하였다. 모든 실권을 쥐고 있는 프랑스국립도서관은 외규장각을 내어 주면 도서관이 텅 비게 되고 전시는 도서관과는 무관하다는 것이다. 여기서 극구 반대의 목소리를 내는 도서관 사무장인 자클린 상송이 버티고 있었다. 프랑스의 협상대표인 장-오르티즈 국장이 제안서에 대해 거절의 뜻을 보이는 대신 민간전문가들이 일차적으로 합의했다가 한국 측의 반대로 무산된 바 있는 의궤 맞교환 방안을 다시 제안하였다.420) 협상의 물꼬를 다시 트는 데는 성공하였지만 갈 길은 멀었다.

그런데 놀랍게도 박흥신 대사는 분위기를 반전시키는 폭탄 선언을 하였다. 박 대사는 파리로 부임하기 전 한국에서 <도전! 골든벨>의 TV 퀴즈 프로그램에 프랑스가 1866년 병인양요 때 약탈해간 도서가 무엇인지 묻는 문제가 나왔다며 외규장각 의궤 문제가 풀리지 않으면 한국 청소년들이 프랑스를 어떤 나라로 생각할지 불 보듯 뻔하지 않느냐고 일침을 가했다.421) 그 후 국내여론에 대해 유복렬 참사관이 설명하도록 하였다.

프랑스에 있는 의궤의 가치가 더 크기 때문에 이걸 돌려받는 대신 한국에 있는 다른 의궤를 내준다는 발상은 장남을 구하기 위해 차남을 대신 인질로 내주는 것과 다를 바가 없다는 비난이 거세게 일었던 것이라 이 방안은 결코 제고될 수 없다고 강조하였다. 이어서 박 대사는 프랑스 측이 우리 국내 정서를 감안해주었으면 한다고 덧붙였다. 우리 국민들의 강한 반감은 소중한 왕실의 유산을 지키지 못했다는 자책감과 일제 강점기로 인해 받은 상처가 더해져 범국민적으로 각인되어 있다고 하였다. 박 대사가 쐐기를 박듯이 말했다.422)

"문화재를 맞교환한다는 생각 자체를 우리 국민들은 결코 받아들일 수 없을 것입니다. 그러니 대가를 받을 생각을 하지 말고 그냥 의궤를 돌려주고 대신 한국 국민들의 영원한 사의를 선물로 받으십시오. 그것이야말로 미래 양국 관계의 초석이 될 것입니다."

이후 박 대사와 유 참사관은 돌파구를 찾기 위해 프랑스 주요 인사들을 만나러 다니기 시작하였다. 프랑스 인사들 중 찬성파와 반대파 모두 만나 설득하였다. 그러나 기로스망과 자크아탈리는 지한파이지만 문화재문제에는 국내법 위반을 들어 반대의견을 내었다. 프랑스가 문화재 맞교환이라는 틀에 맞춰 문화재를 원 소유국으로 양도한 적은 있지만 일방적으로 돌려준 경우는 한 번도 없다. 그것은 프랑스 문화재법의 '교류와 대여' 원칙에 근거하고 있었다.

2010년 6월 초 두 번째 공식 협상이 한국 대사관에서 개최되었다. 박 대사는 인사말만 하고 유복렬 외교관이 과거 협상경위를 잘 알고 있어서 직접 실무적 협상을 주도하도록 위임을 받았다. 프랑스 측은 외규장각 의궤를 몇 묶음으로 나누고 그중 한 묶음을 한국으로 가져다 일정 기간 전시했다가 다른 묶음으로 교체하는 방식으로 계속 의궤를 회전하는 방식을 취하자고 제안하였다. 그러나 한국 측은 동의할 수 없다고 하고 국내 정서 상 한꺼번에 묶어야 한다고 하였다. 프랑스군이 한 시각에 약탈했기 때문에 포괄적인 방법으로 들여와야 한다고 하였다. 유복렬의 반론을 들어보자.423)

"외규장각 의궤는 297권을 하나로 묶어 그 방안을 마련해야 합니다. 그룹으로든 낱개로든 절대 분리할 수 없습니다. 모두 한 장소에서 한 시각에 프랑스군이 약탈했기 때문입니다. 우리는 외규장각 의궤 전체에 대한 포괄적인 해결 방안을 마련하길 원합니다."

프랑스는 대여의 형식을 고수하고 있었고 한국은 일괄적인 양도를 요청하는 입장을 고수하였다. 다행스럽게도 사르코지 대통령은 문제해결의 강한 의지가 있었다. 프랑스 측은 대여라는 형식은 국내법을 피하기 위한 포장에 불과하고 일단 외규장각 의궤를 한국에 내주고 나면 되돌려 받을 의사가 없음을 분명히 하였다. 그러나 국내에서는 대여 형식을 취하는 그 자체가 치욕스러운 일이며 명분도 형식 못지않게 중요하다는 비판이 거셌다.

2010년 10월 말 장-다비드 레비트 대통령실 외교수석보좌관이 박 대사에게 긴급 면담을 요청하였다. 뭔가 돌파구가 마련될 거라는 기대로 들떠 있었다. 레비트는 마담 상송의 투철하고 냉정한 직업의식에 막혀 교환형식으로 하되 작은 것이라도 한국이 내어주는 것을 고려해달라고 요청하였다. 등가원칙이 아니더라도 한국 문화재를 외규장각 의궤와 교환하는 모양새를 갖추어 달라는 것이다. 일방적 양도는 선례가 되어 다른 나라들의 반환요청이 쇄도할 것을 우려한다고 하였다.424)

말을 잇지 못하는 박 대사를 대신하여 유복렬은 국내 정서가 용납하지 않고 있다, 약탈당한 문화재를 돌려받는데 대가를 지불하는 것을 국민들이 결코 용납하지 않는다, 문화재 교환은 절대로 안 된다, 장남을 구하기 위해 치남을 인질로 내줄 수는 없다는 말을 하였다. 마담 상송이 목숨을 바쳐서라도 문화재를 보호하려는 것은 프랑스로서는 애국자이고 문화재의 '잔 다르크'와 같다.425) 우리나라도 유복렬 참사관은 외규장각 의궤의 반환협상의 모든 실무회의를 하면서 굳은 의지를 가진 애국자였다.

입장이 팽팽하게 맞선 상태에서 정상회의에 만나게 될 대통령에게 담판의 결정을 하도록 맡길 수밖에 없었다.

2) 외규장각 의궤의 반환 합의

2010년 11월 11일 이명박 대통령과 사르코지 대통령의 정상회담 하루 전날이 다가 왔다. 사르코지가 한국으로 비행기로 가는 중 양국의 긴밀한 실무적인 협의가 계속되었다. 박 대사도 정상회담에 배석하기 위해 서울을 떠나고 유복렬이 실무자로 대사관에서 일하고 있었다. 정상회담이 긴

박해지면서 프랑스는 5년 단위로 갱신되는 대여 형식으로 외규장각 의궤 전부를 우리 측에 일괄 양도하기로 하여 '교류와 대여' 형식을 벗어나 획기적인 진전을 보였다. 프랑스 정부는 문화계의 반발을 무릅쓰고 '등가등량의 교환'이라는 원칙을 포기하기로 하였고 한국 정부도 잠정적으로 대여 형식을 받아들이기로 일단락을 지웠다. 우리 정부도 실리와 명분 기로에서 일단 외규장각 의궤를 우리 땅에 가져다 놓는 것이 먼저라는 판단을 하였다.

드디어 11월 12일 이명박 대통령과 사르코지 대통령의 정상회담에서 외규장각 의궤의 반환협상의 합의가 이루어졌다. 두 대통령은 큰 정치적 결단을 내린 것이다. 프랑스는 '5년 단위로 갱신되는 대여' 형식으로 외규장각 의궤 전부를 우리 측에 일괄 양도하기로 하였다. 입장 차이로 오랜 협상 끝에 그야 말로 극적인 타결이었다.[426]

국내 언론은 비록 공식 반환은 아니고 5년 단위로 갱신되는 대여의 형식이지만 프랑스에 돌려줄 필요가 없는 사실상 영구 대여라는 점에서 실리를 얻고, 프랑스는 명분을 살리는 원원 협상이라고 평가하였다.

그러나 프랑스 언론의 분위기는 한국과는 정 반대였다. 프랑스국립도서관 직원들이 탄원서를 발표했고 살루아 감사원 최고위원도 인터뷰에서 반환 반대 운동을 공개적으로 지지하였고 보물급 문화재를 외교적 뒷거래의 수단으로 이용되는 것을 반드시 막아야 한다고 역설했다. 살루아의 입장과 맥을 같이 하는 언론들도 알제리 문화재 반환 요청을 거부했는데 한국 같은 경제력을 지니지 못했기 때문에 돌려주지 못했다고 설명해야 할 것이라고 비아냥거렸다. 또한 한국의 급부상하는 경제력이 두려워 프랑스가 저자세로 돌아선 것이라고 비난했다.

피에르 로젠베르 전 루브르박물관장은 '문화재 불가양 원칙을 사로코지 대통령이 제멋대로 위반하고 정치인으로서 자격 미달이다.'라고 비판하였다. 사태가 심각하게 변해갔다. 탄원서 서명자도 천명을 육박하고 문화계 인사들이 일제히 정부를 공격했고 프랑스 외무부가 몰매를 맞고 있었다.427) 프랑스 정부가 국내법을 위반했다는 비판은 피하기 어려웠다. 한국과의 관계를 중시한 정부가 문화재를 내줬다는 여론이 지배적이었다.

프랑스 국내 상황이 매우 불안한 분위기를 며칠 초조하게 지켜봐야 했다. 다행히도 프랑스국립도서관의 브뤼노 라신 관장이 박 대사에게 전화를 걸어 양국 간 합의한 외규장각 의궤 반환 약속을 지킬 것이라며 양국 정부 간에 진행할 구체적인 협의 과정에도 적극 협조할 것이라는 말을 전했다. 매우 안도를 주는 메시지였다. 라신은 사르코지가 임명한 만큼 대통령이 합의 사항에 반기를 들 수 없었다.

2011년 2월 7일 양국 협상대표가 프랑스 외무부 회의장에서 프랑스 주재 한국 특파원단이 모두 참석한 가운데 '외규장각 의궤 문제 양국 정상 간 합의 원칙 이행을 위한 정부 간 합의문'에 서명했다. 5월 31일까지 반환을 마무리하기로 합의하면서 20년 간 기나긴 협상에 마침표를 찍었다. 박흥신 대사와 폴 장-오르티즈 국장이 서명하는 서명식에 라신 관장, 로랑 주한 프랑스대사, 로르톨라리 대통령실 외교보좌관, 프랑스 문화부와 총리실 인사들도 참석했다.428)

이 협약 후속조치로서 2011년 3월 17일 양국 기관 간에 협정서도 체결하였다. '한국 국립중앙박물관과 프랑스 국립도서관 간 외규장각 의궤 이관에 관한 협력 약정'이 공식 명칭이지만 실무적인 문안 작성 협의는 유 참사관이 관여하였다. 마담 상송은 서명식이 끝난 다음 기념촬영에 사진 찍기를 사양하였다. 마담 상송은 1993년 대통령의 명령으로 마지못해 한국에게 의궤 한권을 빼앗긴 분노를 이기지 못해 사표를 던지고 프랑스국립도서관 총파업을 주동했던 장본인이었다. 한국 측이 외규장각 의궤를 디지털화하는 작업이 진행 중인 모습을 둘러보며 의궤를 조심스럽게 들춰보는 광경을 굳은 표정으로 바라보다가 상송의 눈에 눈물이 고였다는 것을 유 참사관이 알아차렸다. 마담 상송은 철통같은 사명감과 고지식한 직업의식 때문에 양국 간 협상을 어렵게 하였지만 그렇기 때문에 프랑스가 지금의 위상을 가질 수 있었다고 평가하고 있다.[429]

외규장각 의궤 297권은 2011년 4월 14일 1차분 75권의 반환을 시작으로 5월 27일까지 모두 4차례에 걸쳐 항공편을 통해 국내로 반환되어 국립중앙박물관에 소장되어 있다.

5. 외규장각 의궤 반환 협상의 평가

외규장각 의궤의 반환은 외교적 협상 차원에서 살펴보고 있지만 우리나라의 큰 역사적 의미를 가진 또 하나의 역사이고 자랑스러운 성과가 아닐 수 없다. 제국주의 시대에 강대국이 약소국을 침공하여 문호를 개방하고 약탈하는 시대에 조상들이 겪었던 아픈 역사를 후대에 와서 그나마 문화재를 반환 받은 경우는 극히 드물었기 때문에 더 자부심을 느끼기에 충분하다. 협상적 측면에서 도서반환 협상의 주역들은 누구인지, 어떤 점들이 협상성공에 기여하였는지 살펴보자.

1) 외규장각 의궤 발견과 협상의 주역들

외규장각 의궤를 완전히 반환 받기까지는 많은 분들의 땀과 노력이 배어 있다. 가장 큰 공을 세운 사람은 뭐니 뭐니 해도 재불 학자 박병선 박사이다. 대학교 스승 이병도 교수의 요청대로 외규장각 의궤를 찾기 위해 평생을 바친 박병선 박사가 없었더라면 외규장각 의궤는 세상에 빛을 보지 못하고 역사 속으로 사라졌을지도 모른다.

1978년 외규장각 의궤가 발견되었다는 소식이 우리나라에 알려진 이후에도 관심을 갖지 못하다가 1991년 한국 정부가 최초로 프랑스정부에게 외규장각 의궤의 반환을 요청하였으나 오랜 실무 협상에도 불구하고 프랑스 정부의 '등가등량'의 원칙으로 협상이 무산되었다.

김대중 대통령 때 민간전문가, 한상진을 협상대표로 협상하도록 하여 민간협상의 기회가 마련되었다. 한국과 프랑스의 민간대표가 수차례 협상을 한 결과 2001년 '교류와 대여' 원칙 속에서 프랑스 소장의 어람용 의궤와 한국 소장의 분상용 의궤를 교류하는 방식에 합의하게 되었다. 그러나 국내에서는 인질을 내주는 격이라며 학계와 여론이 반발하여 결국 무산되었다. 협상의 합의가 국내여론 반대로 무산되어 양 국가의 입장만 확인한 셈이 되었다.

노무현 정부 때는 현명한 해결방안 모색하자는 입장만 확인되었고 2009년이 되어 이명박 정부에서는 새 프랑스 대사로 박흥신을 임명하면서 새 돌파구를 만들려고 시도하였다. 2010년에 프랑스는 외규장각 의궤를 한국 내 영구 대여하는 대신 한국은 프랑스 내 문화재를 전시하는 대안을 제안하면서 협상에 불을 붙였다. 프랑스는 '교류와 대여' 원칙에 어긋난다며 즉각 거절하였으나 이후 한국의 대사관 팀과 프랑스 외무부 간의 긴밀한 실무협상이 진행되었다.

프랑스는 문화재 맞교환 방식만이 유일한 해결책이라며 계속 고수하고 있었다. 그런데 협상 자리에서 박흥신 대사의 대가 없는 문화재 반환을 강력히 요구하는 폭탄선언을 하였고 이에 대한 유복렬 참사관의 실무적 뒷받침 그리고 이들이 프랑스 정재계, 문화계 인사들을 만나 설득하는 운동이 주요하게 작동하여 프랑스가 외규장각 의궤를 영구대여 방식으로 반환하는 방향으로 가닥을 잡는 결정적인 계기가 되었다.

2010년 11월 이명박과 사르코지가 한국-프랑스 정상회담에서 '5년 단위로 갱신되는 장기 대여' 형식으로 한국 측에 사실상 반환하는 합의를 했는데 이에는 박흥신 대사와 유복렬 참사관의 협상이 토대가 되었다. 반환 형식은 일반 대여이지만 내용상은 영구 대여의 성격을 내포하고 있다.

2) 한국과 프랑스의 협상구조

외규장각 의궤 반환에 대한 한국과 프랑스 간의 20년 간 외교협상 결과 합의된 결과와 경과와 입장 등을 표에서 분석하였다. 협상 모델과 분석기법을 활용하여 쟁점, 입장, 이해관계, 합의 등의 요소들을 정리해볼 수 있다. 정부의 입장은 여러 번에 걸쳐 바뀌었다. 한국과 프랑스의 입장은 시대적으로 이렇게 변화하였다. 도서반환 대 도서반환 약속 -> 대등한 문화재 교환 합의(한국 국민 반발로 백지화) -> 영구대여 대 영구대여 불가 -> 5년 단위 일반대여 갱신 합의. 민간시민단체 문화연대의 프랑스 정부에 대한 소송제기와 소송기각의 결과가 있었고 다시 문화연대는 항소를 제기하여 법적 분쟁으로 끌고 갔다.

양 국가의 입장 변화는 표면상의 모습인데 이해관계를 들여다보면 좀 더 쉽게 이해할 수 있다. 한국의 경우 국민 정서상 교환은 어렵고 반환의 모양을 갖추어야 하지만 프랑스의 경우 기존 많은 강탈 문화재의 반환이나 영구대여의 선례를 남길 수 없다는 상반된 이해관계를 볼 수 있다. 프랑스는 한국과의 관계개선을 위해서는 외규장각 의궤의 반환의 성과를 보여줘야 하는데 자국의 법적 제약인 영구 대여라는 용어를 사용할 수 없기 때문에 이 조건을 충족하면서 반환하는 모양을 갖추는 것이 필요하였다. 한국은 완전 반환이나 영구 대여를 원하지만 프랑스의 이해관계를 고려하여 5년 갱신 일반 대여로 양보하여 실리를 취하게 되었다.

표 2.10.1 한국과 프랑스의 협상구조 비교

분류	한국	프랑스
쟁점	외규장각 의궤 반환	
입장 (정부)	의궤 반환 요청(1992.7)	의궤 반환 약속(1993.9) 영구 대여 불가(1994.11)
	대등한 문화재 교환 (2000.10)	대등한 문화재 교환(2000.10)
	어람용과 분상용 교환(2001.7) ->정부의 민간협상안 백지화	어람용과 분상용 교환(2001.7)
	유일본30권 디지털 복사본 요청(2005.7)	유일본30권 디지털 복사본 검토(2005.7)
	영구 대여 요청(2010.3)	영구 대여 용어사용 불가(2010.3)
입장 (민간: 문화연대)	파리 행정법원에 의궤반환 소송제기(2007.1) 의궤반환 항소제기(2010.2)	파리 행정법원 의궤반환 소송기각(2009.12)
이해관계	국민 정서상 교환은 어렵고 반환의 모양을 갖추어야 함	기존 많은 강탈 문화재의 영구 대여의 선례를 남길 수 없음
합의	5년 단위 일반 대여 갱신(2010.11)	
이행	외규장각 의궤 297권의 4차례 분할 반환(2011.4.14. ~ 5.27.)	

출처: 원창희(2021). 성공하는 공공갈등 사례. 파인협상아카데미. 크몽. 34-41.

여기서 민간단체의 소송제기는 어떤 의미를 가질까? 한국 정부에게는 협상력을 키우는 협상자원이 된다. 소송제기는 한국 국민들의 강력한 반환 의지를 가지고 있다는 파워를 보여주는 역할을 하였고 프랑스에게는 한국과의 관계개선에 해결하지 않으면 안 되는 걸림돌이 되는 것임을 인지하도록 하는 역할을 하였다. 그래서 민간단체의 소송제기가 양국으로 하여금 적극적인 합의를 이끌어내도록 촉진하는 배경 자원이 된 셈이다.

3) 협상의 성공 요소

우리나라에서 이번 외규장각 의궤 반환만큼이나 역사적으로 빼앗긴 문화재를 반환 받기 위해 오랫동안 온 국민의 관심과 여론 그리고 정부와 민간의 협상과 소송이 집중되어 성공을 거둔 사례는 이전에 없었다. 5년 갱신 일반 대여의 형태를 취한 영구 대여로 외규장각 의궤가 반환되는 성공의 요인을 몇 가지 언급할 수 있다.

첫째, 프랑스 군에 의한 외규장각 의궤의 강탈과 문화재 방화가 불법적이고 한국 국민의 분노를 사고 있어서 반환의 명분이 있었다. 프랑스 로즈 제독이 침공해 온 것은 프랑스 신부 9명이 순교한 때문인데 신부의 입국이 당시 불법이었고 수많은 신도들과 같이 신부들이 순교하였기에 전쟁의 명분이 되지 않았다. 또한 로즈 제독이 프랑스 본국의 명령을 받아 선전포고를 한 것이 아니라 자의적으로 판단하여 전쟁을 일으켰기 때문에 명분을 가지지 못했다. 이러한 상황에서 외규장각의 문화재를 불태우고 귀중한 왕실의 의궤들을 탈취해간 것은 불법이라는 역사적 고증이 의궤의 반환에 강력한 명분을 주고 있다.

둘째, 이 역사적 의식이 이병도 교수가 박병선 박사에게 프랑스에서 꼭 의궤를 찾으라는 미션을 주었고 박병선 박사가 평생 의궤를 찾는 일에 헌신하도록 일깨워주었다. 외규장각 의궤를 찾는 일에 역사적 사명감을 가지고 몸소 헌신적으로 그리고 어떤 역경도 극복하고 의궤를 찾아내고 반환운동을 벌인 박병선 박사의 공헌은 아무리 강조해도 지나침이 없다.

셋째, 민간 협상가의 합의가 무산된 원인이기도 하지만 교환이 아니라 반환이어야 한다는 국민의 역사적 의식과 여론이 협상에서 큰 압력으로 작용하였다. 프랑스의 국내법에 따라 '교류와 대여' '등가등량의 교환' 원칙이 민간 협상가의 합의로 귀결되어 프랑스에서 어람용 의궤를, 한국에서 분상용 의궤를 맞교환한다는 데 합의가 이루어졌다.

그러나 이 합의문이 국내에 알려지자 언론과 문화계의 신랄한 비판이 쏟아졌다. 약탈당한 우리 문화재를 찾아오는데 멀쩡한 다른 문화재를 대가로 준다는 발상자체가 용납되지 않았다. 급기야는 '인질로 잡혀간 장남을 구출하기 위해 차남을 대신 내준다는 말도 안 되는 짓거리'라는 치명적 화살이 날아 왔다. 이러한 국민의 거대한 여론이 넘을 수 없는 벽으로 자리 잡히는 순간이었다. 이후 협상이 마지막 합의로 이를 데까지 '의궤는 교환이 아니라 반환되어야 한다.'는 국민의 여망은 큰 바위 같은 압력으로 작용하였다.

넷째, 이러한 국민의 여망이 큰 버팀목으로 작용하였을 것이지만 한국 정부의 협상팀이 강력하고 적극적으로 프랑스 정부에게 협상을 재개하였다. 양 국가가 정상회담에서 '5년마다 갱신되는 장기 대여' 형식으로 합의하게 되었는데 이 과정에서 프랑스의 한국대사관에서 각고의 노력을 한 박흥신 대사와 유복렬 참사관의 공헌이 결정적이었다. 박 대사는 협상을 재개하면서 조건 없는 반환을 강력히 촉구하고, 유 참사관은 국민의 정서와 역사적 고증에 의해 교환 불가, 반환만이 해결책이라는 주장과 설득을 실무적으로 펼쳤으며, 박 대사와 유 참사관이 정재계, 문화계 인사들을 만나 설득하는 등 각고의 노력으로 대가 없는 대여의 형식으로 가닥을 잡는데 큰 역할을 하였다. 비록 영구 대여는 아니었지만 프랑스의 국내법의 어려움을 감안하여 5년 갱신 일반 대여로 실리를 챙기고 사실상의 영구 대여를 달성한 셈이다.

다섯째, 우리나라가 눈부신 경제발전과 경제대국으로 세계적인 영향력을 행사하는 국력이 외규장각 의궤의 반환에 영향을 미친 것은 분명해 보인다. 협상이 합의로 종료되고 난 후 한국에서는 자축의 분위기였지만 프랑스에서는 거센 반발의 여론이 들끓었다. 사르코지 대통령이 국내법을 위반했다는 비판과 한국의 급부상하는 경제력이 두려워 프랑스가 저자세로 돌아선 것이라는 비난이 일었고 탄원서 서명에 천명이 육박하면서 문화계가 일제히 정부를 공격하였다. 결국 한국과의 경제적, 외교적 관계를 중시하여 문화재를 내어주었다는 비판이 지배적이었음을 볼 때 우리의 국력 신장이 협상 결과에 근본적 힘으로 작용하였음을 엿볼 수 있다.

6. 외규장각 의궤 반환 협상의 구조분석과 교훈

1) 외규장각 의궤 반환 협상의 구조분석

외규장각 의궤의 반환은 한국 국민의 역사의식과 긴밀히 관련되어 있어서 협상팀의 철학은 역사의식에 부응한 애국심과 단호함으로 요약된다. 협상팀의 협상전략으로는 한국 국민들의 단합된 의궤 반환 요구를 등에 업고 프랑스에 강한 압박을 가하는 전략을 취하였다. 협상의 철학과 전략을 포함한 총 8가지의 구조분석 항목에 대해 정리한 내용은 표 2.10.2에 요약되어 있다.

한국 협상팀의 협상력은 세 가지로 요약되는데 한국이 경제대국으로 프랑스의 경제협력 필요성을 활용한 점, 한국 국민의 단합된 의궤 반환 여론, 그리고 협상팀의 끈기, 열정, 신뢰이다. 협상팀의 협상스타일은 명백히 추진형 스타일이고 열정, 애국심, 단호함으로 상대를 설득하는 스타일이다.

표 2.10.2 외규장각 의궤 협상의 구조분석

항목	내용
협상철학	-한국 국민의 역사의식에 부합한 협상팀의 애국심과 단호함
협상전략	-한국 국민들의 단합된 의궤 반환 요구를 등에 업고 프랑스에 강한 압박을 가함
협상력	-한국이 경제대국으로 프랑스의 경제협력 필요성을 활용 -한국 국민의 단합된 의궤 반환 여론 -협상팀의 끈기, 열정, 신뢰
협상스타일	-추진형 협상스타일 -열정, 애국심, 단호함으로 설득
협상소통스킬	-국민의 여망을 업고 단호한 소통 -협상실무자의 신뢰관계와 협의 -애국심에 찬 재치 있는 설득
협상성과	-5년 단위로 갱신되는 대여 형식의 외규장각 의궤 일괄 양도
협상성공요소	-한국의 경제력과 경제협력 -한국 국민의 단합된 의궤 반환 여론 -협상팀의 열정과 설득
협상성공의 의미	-약탈당한 외규장각 의궤의 반환 -프랑스 문화재법을 위반하면서 국민 여망 반영의 자긍심 고취 -프랑스와 우호, 협력관계 발전

협상팀의 소통스킬은 국민의 여망을 업고 단호한 소통, 협상실무자의 상호 신뢰관계에 토대한 협의, 협상팀 대표의 애국심에 찬 재치 있는 설득으로 요약되었다. 협상팀은 국민적 여망을 전달하면서 단호하고 재치 있게 설득하면서도 실무자들의 협력적인 협의가 뒷받침되었다.

이러한 노력에 힘입어 오랫동안 끌어왔던 협상은 5년 단위로 갱신되는 대여 형식의 외규장각 의궤 일괄 양도라는 성과를 거두었다. 외규장각 의궤 협상이 성공할 수 있었던 데에는 한국의 경제력과 경제협력이 무엇보다 뒷받침되었고 국내에서 한국 국민의 단합된 의궤 반환 여론이 압박이 되었으며 또한 협상팀의 열정과 설득이 힘을 보탠 복합적인 성공요소들을 발견할 수 있다.

한국이 프랑스를 대상으로 외규장각 의궤 반환을 성공시킨 의미는 지대하다. 외규장각 의궤는 제국주의 시대에 강대국 프랑스가 약탈해간 우리의 문화유산인데 이를 반환 받은 것은 국력의 신장과 대등외교를 상징하고 있으며 또한 프랑스 문화재법을 위반하면서까지 국민 여망을 반영했다는 민족적 자긍심이 고취된 점을 보여주고 있다. 더불어 한국과 프랑스가 더욱 우호적인 협력관계로 발전하는 계기를 마련하게 되었다.

2) 외규장각 의궤 반환 협상의 교훈

(1) 상대 필요성 충족과 대가 요구

"상대가 필요로 하는 부분을 파악하여 충족시키는 대가를 요구한다."

아무리 문화재를 강탈해 갔다고 하더라도 이쪽에서 내어줄 것이 아무 것도 없다면 반환 받기 어렵다. 한국의 경제규모가 커지고 프랑스가 필요로 하는 대형 프로젝트와 경제협력을 한국이 충족시켜줄 수 있는 여건은 프랑스에게 문화재 반환을 요구할 수 있는 거래조건을 성립시킬 수 있다. 분명한 물물교환의 거래라고 단정하기는 어렵긴 하지만 명시적, 묵시적 거래가 성립된다는 것은 쉽게 예측할 수 있다. 프랑스의 미테랑과 사르코지 대통령 모두 한국으로의 수출과 경제협력이 절실한 상황에서 문화재 반환은 넘어야 할 산이었다.

(2) BATNA 활용

"협상이 결렬되면 취할 수 있는 BATNA를 사용할 것을 암시한다."

프랑스가 한국으로 문화재 반환을 거부하고 협상을 결렬시킨다면 프랑스가 취할 수 있는 BATNA는 별로 없지만 한국이 취할 수 있는 BATNA는 프랑스를 문화재 강탈국이라는 오명을 씌우고 경제협력의 혜택을 제공하지 않는 상당한 카드가 있다. 그래서 프랑스가 협상을 결렬시킨다면 약탈한 한국의 문화재는 보유하지만 양국 간의 경제협력에는 문화재 반환이 항상 아킬레스건 같이 악재로 남게 될 것이다.

(3) 국민적 여론 활용

"외교에서 단합된 국민적 여론을 효과적으로 압박 카드로 활용한다."

외규장각 도서 반환을 둘러싸고 양국 정부의 입장이 있지만 각국 국민적 여론이 어떻게 형성되느냐가 중요 변수가 된다. 프랑스는 문화재 보호법에 의해 약탈한 문화재라도 등가의 교환 원칙을 고수하려는 방어적 논리의 여론이 부분적으로 나타났다. 이에 반해 한국은 프랑스가 약탈해간 선조들의 문화재를 환수 받지 못하는 죄인 같은 국민적 분노가 깔려 있는 단합된 여론이 분출되어 협상에서 강한 압박카드로 활용되었다.

제3부

위대한 협상가의 비교분석과 시사점

제1장 위대한 협상가의 비교분석

제2장 위대한 협상가의 교훈과 시사점

제1장
위대한 협상가의 비교분석

1. 위대한 협상가의 항목별 비교

2부에서 분석한 10개 사례 11명의 위대한 협상가를 시대 순서를 토대로 하여 다시 정리하면 다음과 같다.

[중세 시대]
협상가 1. 신라 사신 **박제상**
협상가 2. 고려 공신 **하공진**
협상가 3. 조선 승장 **사명대사 유정**

[현대 시대-20세기]
협상가 4. 초대 대통령 **이승만**
협상가 5. 청와대 경제수석 **오원철**
협상가 6. 현대그룹 회장 **정주영**
협상가 7. 제15대 대통령 **김대중**

[현대 시대-21세기]
협상가 8. 환경부 장관 **김명자**
협상가 9. UN 사무총장 **반기문**
협상가 10. 외규장각 의궤 협상팀 **박흥신·유복렬**

각 협상가의 협상사례를 효과적으로 횡단 분석하기 위해 사례별 공통의 항목을 설정하여 구조분석표를 만들었다. 표 3.1.1은 사례별 공통의 항목을 작성하여 하나의 표로 집대성하였다. 여기서 사용된 공통 항목은 다음과 같이 8가지이다.

협상철학
협상전략
협상력
협상스타일
협상소통스킬
협상성과
협상성공요소
협상성공의 의미

어떤 의미로 이 8개 항목이 실징되었는지 살펴볼 필요가 있다. 어떤 철학을 토대로 협상에 임했는지, 협상의 기본 이론에 따라 협상전략이 무엇인지를 조사하여 기본적인 접근방법에 대해 분석하였다. 그리고 협상을 진행하면서 사용된 협상력은 무엇인지, 협상가별로 각기 독특한 협상스타일이 무엇인지도 궁금하였고 다양한 소통방법과 스킬을 추출해내는 것은 더욱 관심 가는 항목이다. 협상의 결과로서 성과는 무엇인지를 조사하였고 협상이 성공하게 된 핵심요소도 살펴볼 필요가 있었다. 마지막으로 위대한 협상가들이 이루어낸 협상의 성공이 해당 역사적 배경에서 어떤 의미를 지니고 있는지도 살펴볼 필요가 있다. 우리는 협상 이야기를 하고 있지만 국가사회적으로 보았을 때 협상성공이 역사의 지대한 공헌과 영향을 미친 행적임을 발견한다면 국가경제사회 지도자들은 협상역량을 갖추어야 할 중요한 덕목임을 알 수 있을 것이다.

표 3.1.1 위대한 협상가 11인의 협상 구조분석 비교

제목	협상가 1. 신라 사신 박제상	협상가 2. 고려 공신 하공진
협상철학	-주어진 공적인 임무를 위해 자신과 가족을 모두 희생시킬 수 있는 신념과 결단력	-고려의 강성과 보존을 위한 애국심 -유배에서 복직시킨 고려 국왕에 대한 충성심 -지리정보, 상황정보를 이용하여 상대 기만하고 설득할 수 있다는 자신감 -강대국의 압박과 강탈로부터 약소국의 자기보호를 위한 지혜 발휘 -자신을 볼모로 하는 살신성인
협상전략	-신라 눌지왕의 자립국가 및 왕권강화를 위해 복호와 미사흔 구출을 위한 설득 및 기만전술	-몽진 중인 현종을 보호하기 위해 거란 성종에게 지리정보를 기만하고 현종의 친조와 자신의 볼모를 조건으로 철군을 요청
협상력	-당시 신라의 국내외 정세에 대한 상황판단력 -왜에 대한 정보와 전문성 -전략적 사고와 설득력 있는 언변 -충성심, 희생정신 등의 심리적 파워	-죽음을 무릅쓴 심리적 담대함 -고려의 지리정보에 대한 압도적 우위 -정보에 기반을 둔 기만전술 -언변을 통한 설득력
협상스타일	-치밀하게 계획하고 체계적으로 추진하는 스타일 -상대를 언변으로 설득 -자신의 희생을 불사하고 왕자들을 구출해내는 충신	-지리정보와 언변으로 상대를 기만하고 설득함 -죽음을 무릅쓴 담대함으로 당당하게 협상에 임함
협상소통스킬	-논리와 명분을 토대로 설득형 소통 -주의 깊게 듣고 무형의 요소를 빠르게 파악하는 통찰력 있는 소통 -자신을 신뢰하게 만드는 소통방식	-상대방이 신뢰가 갈 정도의 언변으로 현종의 몽진 위치를 은폐, 기만함 -현종의 친조와 자신의 볼모를 조건으로 철군을 요청하는 당당함
협상성과	-고구려로부터 복호 구출 -왜에서 미사흔 구출	-몽진 중인 현종의 보호로 고려사직 보존 -거란군의 철군
협상성공요소	-협상 당사자에 대한 정확한 파악 -철저한 협상 시나리오 준비 -강력한 신뢰구축과 효과적인 상황 전개 -자신의 감정을 잘 조절하고 신중하게 말하고 행동하는 자기통제력	-심리적 담대함, 정보력, 언변과 설득력 등 협상력 -거란군의 오랜 전투에 의한 피로감과 고려군의 퇴로차단 위험 인지 -고려의 BATNA가 상대적으로 강함. 협상이 결렬될 경우 현종은 계속 몽진하면서 피신할 것이고 고려군은 곳곳에서 몽고를 괴롭힐 수 있음
협상성공의 의미	-고구려의 간섭에서 벗어나고 왜와의 외교관계에서도 약점이 사라짐 -강력한 왕권을 다지기 위한 기반형성	-일촉즉발의 위기에서 현종을 은폐하여 고려사직을 보존 -거란군의 추적을 단념시키고 철군하여 전쟁을 역전시킬 계기 마련

제목	협상가 3. 조선 승장 사명대사 유정	협상가 4. 초대 대통령 이승만
협상철학	-목숨까지 내놓으며 적장에 가서 협상을 벌리는 애국, 애민정신, 평화주의	-한국의 독립, 통일 및 반공주의에 몰입하고 평생을 바침
협상전략	-고니시와 가토의 관계와 훌륭한 고승의 명성과 인품 이용	-공산주의로부터 한국방어를 획득하기 위해 미국과 방위조약체결을 목표로 모든 수단 동원
협상력	-외교력, 비범함, 대범함 -승병과 대중을 전투에서 지휘하는 통솔력 -학식과 명성이 높음 -가토가 불교신자, 사명대사에 대한 무안한 신뢰 -일본의 승려 존중 문화를 이용	-강력 BATNA: 휴전반대와 북진통일 -반공포로 석방의 벼랑 끝 전술 -한국과 미국 국민들의 지지 -자유주의 신봉과 심리적 파워 -국제정세의 정보와 전문성
협상스타일	-추진형	-추진형 협상스타일 -반공자유주의 신념과 철학을 실천하는 강인한 정치가
협상소통스킬	-승병 2000명 설득형 -한자 시로 필담	-논리와 전문성에 토대로 설득형 소통 -강한 자신감, 불굴의 정신으로 강한 이미지 표출 -국력 차이라도 상대 약점과 BATNA를 이용하여 미국과 대등한 소통
협상성과	-평양성 탈환에 활약하고 임진왜란 중 휴전협상 -명나라와 일본군 강화교섭 중 명나라 눈치를 보며 일본과 별도협상	-한미방위조약 체결
협상성공요소	-불교고승의 명성과 담대함 -억불숭유정책속에서 임진왜란 중 조선의 백성을 구하려는 애민정신	-강력 BATNA를 적극 활용 -휴전반대 궐기대회와 단독 북진 통보 -반공포로 석방의 벼랑 끝 전술 -자유주의 신봉과 심리적 파워 -미국국민 대상 방송연설
협상성공의 의미	-구국제민 -임진왜란이 끝난 뒤 1604년 일본에 포로로 끌려간 백성 3500명을 조선으로 귀국	-신생 한국의 반공 자유주의 국가 건설의 초석을 세움 -안정된 방위 위에 강력한 경제건설의 토대를 세움

제목	협상가 5. 청와대 경제수석 오원철	협상가 6. 현대그룹 회장 정주영
협상철학	-국민들의 빈곤 탈출을 위해 경제 발전에 헌신함 -최빈국 한국이 중화학공업의 발전으로 빈곤 탈출한다는 신념	-시련과 역경 속에서 실패를 두려워하지 않는 도전과 개혁정신 -최선을 다하는 실천 -상대를 설득할 수 있다는 신념
협상전략	-자원도 돈도 기술력도 없는 한국이 중화학공업을 일으키고 제1차 오일쇼크에서 국가 파산을 막기 위해 모든 수단을 동원한 절박한 외교협상	-두둑한 배짱과 용기로 설득하여 영국투자 유치 -개척하는 끈기와 집념, 최선의 실천, 경험중시, 대범함
협상력	-중화학공업에 대한 기술과 전문성 -통찰력 있는 상황 판단과 협상 전략 -효과적 협상기술과 철저한 협상준비 -임무에 대한 사명감과 당당함, 집념 등의 심리적 파워	-끈기, 집념, 실천, 노력 -담대함의 심리적 파워 -재치와 아이디어 -위기대처역량
협상스타일	-치밀하게 계획하고 체계적으로 추진하는 스타일 -가난 극복 위한 애국심과 집념으로 협상을 성공시킨 테크노크라트	-최선의 노력을 다하는 성실성 -직접 현장을 지휘하는 추진형
협상소통스킬	-논리와 전문성을 토대로 설득형 소통 -주의 깊은 듣기, 상대 심리를 신속 파악하는 통찰력 있는 소통 -공감대 형성과 감정의 적절한 사용 -상대의 책임감과 감정을 압박하고 풀어주는 유연한 소통	-실천형, 기지를 발휘한 설득형 -기지, 담대한 결정
협상성과	-국제 경쟁력을 가진 석유화학공장과 종합제철 설립 -미국 석유회사의 석유공급 확대	-영국에서 바클리스은행 차관도입 -서울올림픽유치 -현대자동차 -사업파트너로 인정한 소련고위층 회담 -소떼방북
협상성공요소	-최종 의사결정권이 있는 당사자 선정 -거절할 수 없는 협상 환경 조성 -창의적인 옵션 개발 -철저한 협상 시나리오 준비 -논리와 감성의 효과적 사용 -협력적 관계 구축 위한 접근	-열정과 도전의식 -배짱과 뚝심, 경험 -임기응변
협상성공의 의미	-석유화학, 종합제철, 전자, 자동차, 방위산업 등을 일으켜 '한강의 기적'을 만들어 냄 -제1차 오일쇼크 중 국가 파산의 위기를 넘김	-우리나라 기업계를 선도하고 세계적인 기업 집단으로 성장시킨 한국 경제발전의 주역(현대그룹의 글로벌 기업화) -대북사업 물꼬

제목	협상가 7. 제15대 대통령 김대중	협상가 8. 환경부 장관 김명자
협상철학	-민주화를 위해 평생을 바침 -수많은 고비 앞에서도 절대 보복하지 않고 화합과 용서, 통합 -대화와 타협을 실천	-갈등에서도 협상과 조정으로 상생과 공존공영할 수 있다는 신념 -진솔함과 끈기, 노력으로 당사자들을 설득할 수 있다는 믿음
협상전략	-IMF 구제금융 극복을 위해 대화와 타협으로 기업의 개혁, 노사정과의 합의 도출 -햇볕정책과 정경분리원칙으로 남북관계발전 위한 방북과 대화	-개발과 환경의 상생관계로 발전시키기 위해 정부 부처, 지자체, 시민단체, 주민들에 대한 끈질긴 설득과 조정을 통한 합의 도출
협상력	-타고난 언변, 의사소통능력 -고난 극복하는 확고한 신념과 내적 강인함 -일본, 미국등 우호적인 대외관계	-환경문제에 대한 전문성 -창의적인 대안 도출과 유연한 설득 방식 -합리성과 감성의 조화 -끈기, 진솔함, 공정의 심리적 파워
협상스타일	-추진형 -확고한 민주화, 평화 신념과 강인함	-분석형+추진형의 협상스타일 -'진인사대천명'의 행정가
협상소통스킬	-공존협력 설득형 소통 -IMF요구 발 빠른 수용	-정부부처, 단체, 주민들의 입장과 요구를 경청, 공감하는 소통 -이성적 설명과 감성적 설득 -끈기와 진솔한 대화로 신뢰구축과 부드럽고 유연한 소통
협상성과	-IMF 구제금융 극복 -분단 역사상 처음으로 남북정상간 회담 개최 -대북외교에 운신의 폭 넓힘	-3대강 특별법 제정
협상성공요소	-강력한 BATNA로 금융기관 활용 -노사와 대화와 합의를 위한 노사정협의회 설치 -북한에 대한 경제지원을 위한 미국 워싱턴 연설	-합리성과 감성적 설득의 통합접근 -창의적 대안과 상생의 믿음 -경청, 공감의 소통능력 -진솔함과 끈기의 심리적 파워
협상성공의 의미	-IMF 극복 3년 앞당김 -남북정상회담으로 북한이 미국의 괴뢰정도로 보았는데 남한을 동등한대화상대로 인정, 공존과 협력대상으로 인정	-예방적, 통합적, 자발적 환경 관리 체계 구축 -개발과 환경의 상생, 공존공영의 환경협력 메커니즘 구축 -환경행정사, 환경운동사의 획기적 사례 제공

제목	협상가 9. 유엔 사무총장 반기문	협상가 10. 외규장각 의궤 협상팀 박흥신·유복렬
협상철학	-진실과 열정으로 협상에 임하고 인간을 존중하고 상대를 직접 만나 대화하고 설득	-한국 국민의 역사의식에 부합한 협상팀의 애국심과 단호함
협상전략	-직접 대면하여 끈기 있게 설득 -활발한 대화와 로비로 파리협정 체결	-한국 국민들의 단합된 의궤 반환 요구를 등에 업고 프랑스에 강한 압박을 가함
협상력	-진실, 열정, 휴머니즘 등 개인특성 -정보, 평판, 직위에 의한 설득력 -친화력으로 관계를 창조	-한국이 경제대국으로 프랑스의 경제협력 필요성을 활용 -한국 국민의 단합된 의궤 반환 여론 -협상팀의 끈기, 열정, 신뢰
협상스타일	-분석형+추진형의 협상스타일 -열정과 휴머니즘의 설득과 조정	-추진형 협상스타일 -열정, 애국심, 단호함으로 설득
협상소통스킬	-상대를 직접 만나 대화와 설득 -진실로 상대를 대하고 소통 -합리성과 인간존중의 대화	-국민의 여망을 업고 단호한 소통 -협상실무자의 신뢰관계와 협의 -애국심에 찬 재치 있는 설득
협상성과	-신용등급 강등 방어 -남수단 공화국 탄생 -파리기후협정 체결	5년 단위로 갱신되는 대여 형식의 외규장각 의궤 일괄 양도
협상성공요소	-진실과 열정의 협상자세 -직접 만나 끈기 있는 설득 -상대를 인정, 존중하는 휴머니즘	-한국의 경제력과 경제협력 -한국 국민의 단합된 의궤 반환 여론 -협상팀의 열정과 설득
협상성공의 의미	-2003년 국가신용등급 강등 예방 -수단의 내전 종식과 평화유지 -지구의 온난화 문제를 해결하기 위한 온실가스 배출 억제의 기후협정에 전세계적 참여	-약탈당한 외규장각 의궤의 반환 -프랑스 문화재법을 위반하면서 국민 여망 반영의 자긍심 고취 -프랑스와 우호, 협력관계 발전

2. 위대한 협상가의 공통적 특징

위대한 협상가의 공통적 특징을 추출하기 위해 표 3.1.1에 요약한 분석항목별로 기본 특징을 정리하고 유사한 특징별로 묶어서 이들의 빈도를 조사하였다(표 3.1.2 참고). 공통점의 빈도순으로 분류, 정리함으로써 어떤 공통점이 더 많이 나타나는지 확인하여 분석하고자 한다.

표 3.1.2 위대한 협상가의 공통적 특징

제목	기본 특징	공통점
협상전략	설득 및 기만전술/기만전술과 친조 볼모 조건 철수/상호관계와 협상력 이용/반공 조건 방위조약/절박한 외교/집념 용기/대화와 타협/대화와 설득/집념과 설득/경제협력 관계 조건 반환	대화와 설득4, 집념과 용기3, 상호 필요성 이용 거래3, 정보기만2
협상철학	살신성인, 결단력/애국심, 상대설득 자신감, 살신성인, 약자보호지혜/애국, 애민정신/반공주의, 애국심/애국심, 경제발전, 빈곤탈출/도전, 개혁, 설득 신념/민주화, 화합과 용서, 대화와 타협/인간존중, 직접대화/상생과 공영, 설득 신념/애국심, 역사의식	애국심5, 설득 신념3, 살신성인2, 상생과 화합2, 대화와 타협2
협상력	정보, 전문성, 설득, 심리적 파워/심리적 담대, 정보, 설득/대범, 통솔력, 명성, 신뢰, 심리적 파워, 승려 존중 / BATNA, 벼랑끝 전술, 심리적 파워, 정보와 전문성/전문성, 통찰력, 협상준비, 심리적 파워/집념, 심리적 파워/소통, 신념, 강인함, 미일 우호관계/열정, 설득, 친화력/전문성, 설득, 심리적 파워/경제협력, 국민여론, 끈기, 열정, 신뢰	심리적 파워7, 정보와 전문성5, 설득4, 열정과 집념3, 명성과 신뢰2
협상스타일	추진형, 설득, 희생정신/기만과 설득, 심리적 담대함/추진형/추진형, 반공주의 실천가/추진형, 애국심과 집념/성실성, 추진형/추진형, 민주화와 평화 신념/분석형+추진형, 휴머니즘의 설득/분석형+추진형, 끈기와 열정/추진형, 단호한 설득	추진형9(이 중 분석형 혼합2), 상대 설득4
협상소통스킬	논리 기반 설득 소통, 주의 깊은 듣기/기만 설득 소통/불신 감성 설득 소통, 한자 시로 필담/논리 기반 설득 소통, BATNA 이용한 대등한 소통, 강한 자신감/논리 기반 설득 소통, 주의 깊은 듣기, 감정 활용한 소통/기지 발휘 설득 소통, 담대한 결정/공존협력 설득 소통, IMF요구 발빠른 수용/대면 대화와 설득, 진술한 소통, 인간존중 대화/경청, 공감 소통, 감성적 설득, 진술한 대화/단호한 소통, 실무자 신뢰 협의, 애국심 재치 설득	설득 소통10(논리3, 감성2, 진솔2, 기지2, 기만, 공존), 경청과 공감3, 강한 자신감2
협상성공요소	상대 파악, 협상준비, 자기감정조절/심리적 담대, 정보력, 설득력, BATNA 활용/명성, 담대함, 애민정신/BATNA 활용, 벼랑끝 전술, 심리적 파워, 미국민 여론 활용/창의적 옵션 개발, 협상준비, 상호관계구축, 최고 의사결정권자와 협상/열정과 도전의식, 배짱과 뚝심, 임기응변/BATNA 활용, 대화와 타협/진실과 열정, 설득, 상대인정 대화/창의적 대안, 상생, 소통능력, 진솔과 끈기/한국 경제력, 국민 단합 여론, 열정과 설득	심리적 파워4, 열정과 끈기4, BATNA 활용3, 대화와 타협3, 설득력3, 협상준비2

1) 협상철학

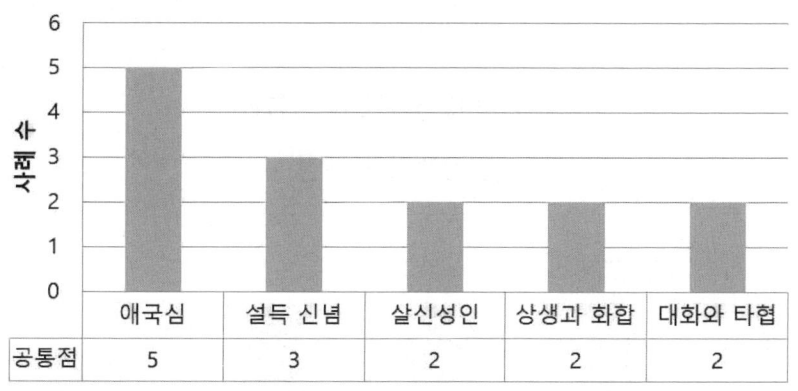

그림 3.1.1 협상철학 공통점

　협상을 진행하면서 어떤 정신과 철학을 가지고 임하고 있는지의 협상철학을 조사해본 결과 애국심이 가장 높았다. 나라와 백성을 사랑하는 마음이 협상에서 큰 작용을 하고 있다. 그리고 상대를 설득할 수 있다는 신념도 3개의 사례에서 나타났는데 설득할 수 없다면 협상에서 패한다는 생각을 했을 것이다. 그 외 살신성인, 상생과 화합, 대화와 타협이 각각 2개 사례로 조사되어 자기 희생정신과 상생, 타협의 정신이 작용하고 있음을 알 수 있다.

2) 협상전략

　10가지 사례에서 조사한 협상전략을 분류해본 결과 대화와 설득이 4개 사례에서 나타났고 집념과 용기, 상호 필요성 이용 거래가 각각 3개 사례에서 나타났다. 그리고 정보 기만이 2개 사례로 집계되었다. 이러한 결과를 볼 때 위대한 협상가는 힘이나 권력이 아니라 상대와 대화와 설득으로 협상하는 전략을 최우선시 하고 집념과 용기로 협상을 성공시키려고 노력하며 상대방 필요성을 적절히 이용하여 거래로서 성사시키는 전략도 사용하고 있는 것으로 평가된다.

그림 3.1.2 협상전략 공통점

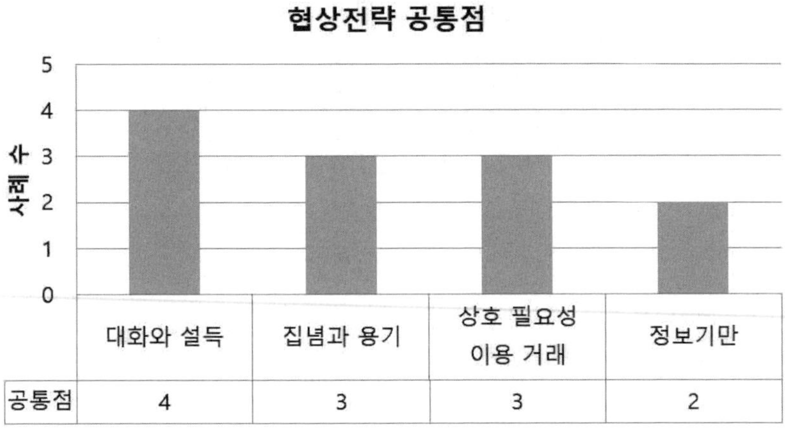

협상전략 공통점

	대화와 설득	집념과 용기	상호 필요성 이용 거래	정보기만
공통점	4	3	3	2

3) 협상력

협상이 성공하기 위해 사용한 협상력이 무엇이었을지도 상당히 궁금했다. 놀랍게도 담대하고 자신감에 찬 심리적 파워가 무려 7개 사례에서 협상력으로 나타났다. 국가사회 지도자로서 협상에 임할 때 심리적 자신감이 얼마나 중요한지 알 수 있다. 그 다음 협상에 필요한 정보와 전문성이 5개 사례에서 나타나서 협상력으로서 정보와 전문성이 매우 중요하다. 그 외 설득 4개 사례, 열정과 집념 3개 사례, 명성과 신뢰 2개 사례로 조사되어 협상력에서 이들 항목도 효과적으로 활용되고 있다.

그림 3.1.3 협상력 공통점

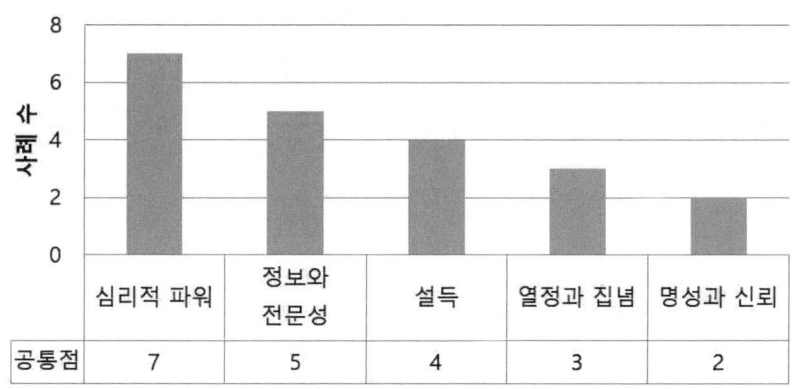

4) 협상스타일

그림 3.1.4 협상스타일 공통점

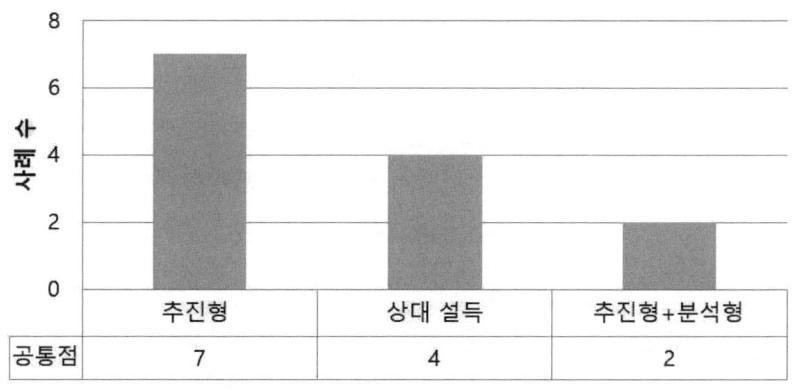

위대한 협상가의 협상스타일은 사회적 스타일, 즉 추진형, 분석형, 활달형, 온화형 중 추진형이 9개 사례에서 나타나는 놀라운 결과를 보인다. 이 중 2개 사례는 추진형이면서 분석형이 혼합된 스타일이다. 집념과 끈기로 협상을 성공시키기 위해 적극적으로 일을 추진하는 스타일이라는 점은 충분히 이해가 갈만 하다. 상대 설득이라는 특징이 4개 사례에서 나타났는데 상대를 설득으로 협상을 성공시키려는 스타일임을 볼 수 있다.

5) 협상소통스킬

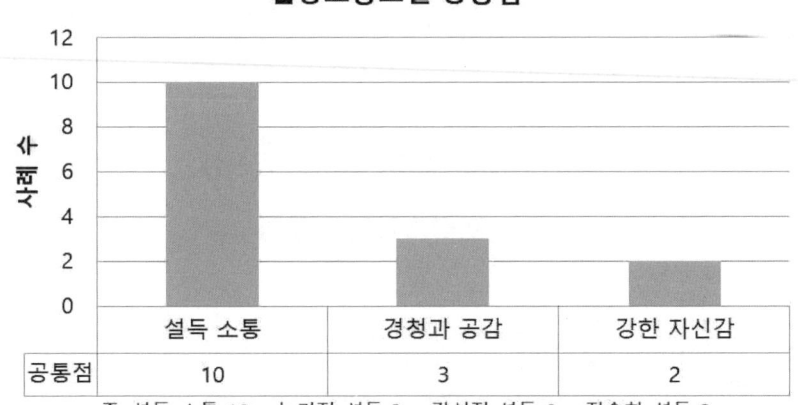

그림 3.1.5 협상소통스킬 공통점

주: 설득 소통 10 = 논리적 설득 3 + 감성적 설득 2 + 진솔한 설득 2 + 기지발휘 설득 2 + 기만 설득 1 + 공존 설득 1

협상에서 사용한 소통스킬은 놀랍게도 설득하는 소통이 10개 사례 모두에서 나타났다. 다만 설득의 방법상에는 차이를 보이고 있는데 논리에 의한 설득이 3개 사례로서 가장 많고 감성, 진솔, 기지에 이용하여 설득한 사례가 각각 2개씩이다. 기만을 이용하거나 공존을 강조하는 설득은 각각 한 개 사례에서 나타났다. 또한 소통에서 경청과 공감을 사용한 사례는 3개, 강한 자신감을 보인 사례는 2개로 조사되었다. 경청과 공감은 부드러운 소통으로 협력적 협상을 잘 이끌 수 있는 스킬이고 강한 자신감은 경쟁적 협상을 잘 이끌 수 있는 협상력일 것이다.

6) 협상성공요소

협상성공요소는 다양하게 나타났다. 담대함의 심리적 파워와 열정과 끈기가 각각 4개 사례에서 조사되어 성공요소로서 공통점이 높다. 그리고 BATNA 활용과 대화와 타협도 각각 3개 사례에서 나타나 성공요소로서 중요도가 높은 편이다. 4가지 성공요소가 서로 배타적일 필요는 없고 보완적으로 활용되고 있다.

그림 3.1.6 협상성공요소 공통점

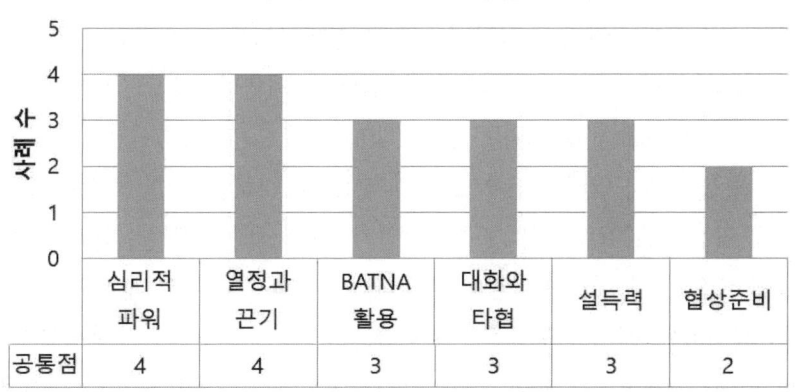

제2장
위대한 협상가의 교훈과 시사점

1. 위대한 협상가의 교훈 비교

위대한 협상가는 우리에게 어떤 교훈을 주는가? 먼저 2부에서 분석한 10명의 위대한 협상가의 연구에서 제시된 교훈을 정리해볼 필요가 있다. 협상가 별로 제시된 교훈을 요약하면 표 3.2.1과 같다. 협상가에 따라 많은 교훈을 제시한 경우도 있고 적은 교훈을 제시한 경우도 있지만 그대로 간단하게 요약하였다.

교훈의 빈도수를 조사하기 위해 최대한 유사한 항목끼리 묶어서 정리해 보면 표 3.2.2와 같은 통계를 얻을 수 있다. 공통적으로 나타난 교훈이 무엇인지, 공통적 교훈은 얼마나 많은 빈도를 가지는지를 이 표에서 확인할 수 있다. 가장 많은 빈도를 가진 교훈은 대화와 설득으로 4개 사례에서 나타났다. 3개 사례에서 나타난 교훈은 총 5가지로 집계되었다: 정보 분석, 활용; 책임감, 애국심, 희생정신; 담대함, 의연함, 심리적 파워; 신뢰, 교감, 관계형성; 인정, 존중, 평화, 박애.

2개 사례에서 나타난 교훈도 총 5가지로 집계되었다: 상호 만족 협상; 상대 약점, BATNA 이용; 융통성, 위기대처, 창의성; 성실, 끈기, 열정; 화해, 협력. 1개 사례에서만 나타난 교훈은 총 9가지이다: 경청, 통찰 소통; 감정조절, 자기통제력; 약자보호 최저양보; 벼랑 끝 전술; 예측불가능성 전술; 굿가이 배드가이 전술; 다자간 이해관계 조정; 국민여론 활용; 철저한 준비.

표 3.2.1 위대한 협상가의 교훈

사례	교훈
협상가 1. 신라 사신 박제상	위기협상은 정보분석과 판단능력 필요/통찰력 있는 소통/감정조절과 자기통제력/책임감과 희생정신/의연함과 기만전술
협상가 2. 고려 공신 하공진	살신성인 희생정신/신뢰줄 정도의 의연함과 기만전술/정보를 이용한 협상/약자보호 최저양보 거래
협상가 3. 조선 승장 사명대사 유정	애국심과 애민 정신/상대를 담대하게 대하는 심리적 파워/상대를 신뢰하고 인간적 교류
협상가 4. 초대 대통령 이승만	벼랑 끝 전술/예측불가능성 전술/굿가이 배드가이 전술/상대 약점과 BATNA 이용
협상가 5. 청와대 경제수석 오원철	상대와 정세를 분석하고 철저히 준비/융통성과 위기대처 능력을 발휘/BATNA가 없으면 집념과 창의성을 발휘/상대방 협상스타일을 파악하고 정서적 교감/감정과 관계형성 기법을 극대화
협상가 6. 현대그룹 회장 정주영	성실한 자세로 포기하지 않고 실천하는 정신/모두가 만족하고 좋은 관계 속에 협상/명분을 가지고 서로 만족
협상가 7. 제15대 대통령 김대중	대화와 설득으로 합의 도출/인간 존중의 화해와 협력 정신
협상가 8. 환경부 장관 김명자	자유, 평화, 인간애의 신봉/진실과 열정의 협상/상대방을 직접 만나 대화와 설득/상대를 인정, 인간 존중 휴머니즘
협상가 9. UN 사무총장 반기문	대화와 협의의 상향식 의사결정/이성과 감성의 통합적 설득/다자간의 이해관계의 균형 조정/상생과 공존공영을 위한 협상·조정
협상가 10. 외규장각 의궤 협상팀 박흥신·유복렬	상대 필요성 충족과 대가 요구/BATNA 활용/국민적 여론 활용

표 3.2.2 위대한 협상가 교훈의 공통점 빈도

빈도	교훈 공통점 항목
4회	-대화와 설득
3회	-정보 분석, 활용 -책임감, 애국심, 희생정신 -담대함, 의연함, 심리적 파워 -신뢰, 교감, 관계형성 -인정, 존중, 평화, 박애
2회	-상호 만족 협상 -상대 약점, BATNA 이용 -융통성, 위기대처, 창의성 -성실, 끈기, 열정 -화해, 협력
1회	-경청, 통찰 소통 -감정조절, 자기통제력 -약자보호 최저양보 -벼랑 끝 전술 -예측불가능성 전술 -굿가이 배드가이 전술 -다자간 이해관계 조정 -국민여론 활용 -철저한 준비

공통적 교훈의 빈도만으로 정리하기엔 체계화가 되지 못하여 표 3.2.3 에서는 교훈을 유사성 별로 분류하였다. 즉, 소통 관련 교훈, 감정, 심리 관련 교훈, 관계, 협력 관련 교훈, 전략전술 관련 교훈, 기타 교훈 등 5가지로 분류하였다. 말하자면 협상가의 언어, 심리, 상호관계, 전략전술, 기타로 분류함으로써 보다 명쾌하게 교훈을 정리할 수 있다.

교훈을 분류별로 관찰하면 감정과 심리 관련 교훈이 11개 빈도로 가장 높게 나타났다. 책임감, 애국심, 희생정신과 담대함, 의연함, 심리적 파워가 각각 3개 빈도를 보이고 융통성, 위기대처, 창의성과 성실, 끈기, 열정이 각각 2개 빈도를 보여 많은 교훈을 제시하고 있다.

표 3.2.3 위대한 협상가 교훈의 공통점 분류

항목 분류	교훈 공통점 항목	빈도 합계
소통 관련 교훈	-대화와 설득 **** -경청, 통찰 소통 *	5
감정, 심리 관련 교훈	-책임감, 애국심, 희생정신 *** -담대함, 의연함, 심리적 파워 *** -융통성, 위기대처, 창의성 ** -성실, 끈기, 열정 ** -감정조절, 자기통제력 *	11
관계, 협력 관련 교훈	-신뢰, 교감, 관계형성 *** -인정, 존중, 평화, 박애 *** -화해, 협력 **	8
전략전술 관련 교훈	-상호 만족 협상 ** -상대 약점, BATNA 이용 ** -약자보호 최저양보 * -벼랑 끝 전술 * -예측불가능성 전술 * -굿가이 배드가이 전술 * -국민여론 활용 *	9
기타 교훈	-정보 분석, 활용 *** -철저한 준비 * -다자간 이해관계 조정 *	5
합계		38

주: *는 사례의 빈도수이다.

전략전술 관련 교훈 항목도 많고 빈도 합계도 9개나 되어 많은 교훈을 보여주고 있다. 특이한 점은 상대 약점, BATNA 이용, 벼랑 끝 전술, 예측불가능성 전술, 굿가이 배드가이 전술의 4개 항목이 이승만 사례에서만 나타나서 편중 현상을 보이고 있다. 전략전술 관련 교훈 중 상호 만족 협상은 협력적 협상 전략인데 반해 다른 교훈은 경쟁적 협상 전략인 것을 보면 여전히 경쟁적 협상의 전략전술을 제시하고 있음을 알 수 있다.

이에 반해 오히려 관계, 협력 관련 교훈은 다양한 사례에서 제시되었다. 신뢰, 교감, 관계형성과 인정, 존중, 평화, 박애는 각각 3개 빈도를 보이고 화해, 협력은 2개 빈도를 보여 상대와 긍정적인 관계 형성이 중요함을 암시하고 있다.

비록 빈도 합계는 5개 밖에 안 되지만 공통점 단일 빈도로는 가장 높은 4개 빈도의 교훈이 바로 대화와 설득이다. 상대와의 대화와 설득이 협상에서 중요함을 보여주는 대목이다. 그리고 경청과 통찰의 소통도 제시되었다.

분류가 어려워 기타로 된 교훈으로서 정보 분석, 활용은 3개의 높은 빈도를 보이고 있어서 정보의 분석과 활용의 중요성을 제시하고 있다. 그 외 단일 빈도이지만 철저한 준비와 다자간 이해관계 조정도 제시되었다.

2. 위대한 협상가 사례의 시사점

앞에서 분석한 위대한 협상가의 교훈 분석을 토대로 하여 우리가 얻을 수 있는 시사점을 제시하는 것은 매우 의미 있는 연구이다. 크게 나누어 심리·관계적 측면에서의 시사점과 소통·협상스킬적 측면에서의 시사점을 구분하여 살펴보고자 한다.

1) 심리·관계적 측면의 시사점

(1) 품성

협상적 스킬 이전에 리더로서 애국심, 성실, 열정, 희생정신 같은 품성을 가지는 것이 가장 기본적이고 중요한 덕목이다. 위대한 협상가의 사례연구는 국가와 국민을 생각하는 마음과 희생정신, 그리고 열정으로 협상에 임하는 자세가 무엇보다 중요하다는 점을 제시하고 있다.

(2) 심리적 파워

두 번째 덕목은 심리적 파워(psychological power)이다. 사례의 분석에서 어떤 어려움에도 당당한 자신감을 갖고 임하는 담대함, 의연함, 자기통제, 위기대처와 같은 강인한 정신을 가지는 것은 협상을 유리하게 이끌어갈 수 있는 중요한 요소임을 제시하고 있다.

(3) 협력적 관계

상대를 경쟁의 상대로만 보지 않고 문제와 어려움을 해결해가는 파트너로서 상대를 인정하고, 존중하고, 협력하는 자세를 가지며 현재와 미래의 좋은 관계를 형성하는 것 또한 협상에서 중요한 성공적 덕목임을 사례연구에서 확인할 수 있다.

표 3.2.4 위대한 협상가 사례의 시사점 요약

분류	시사점	구체 항목
심리·관계적 측면	품성	애국심, 성실, 열정, 희생정신
	심리적 파워	담대함, 의연함, 자기통제, 위기대처
	협력적 관계	인정, 존중, 협력, 관계형성
소통·협상스킬적 측면	소통스킬	경청, 대화, 설득
	협상전략·전술	상호만족협상, 상대 약점 이용, 벼랑 끝 전술, 굿 가이 배드 가이
	협상력	BATNA 이용, 국민여론 활용, 정보분석 활용

2) 소통·협상 스킬적 측면의 시사점

(1) 소통 스킬

협상에서 소통은 매우 긴요한 요소이지만 생활의 모든 측면에서 보편적 스킬이므로 소통과 협상스킬을 병렬로 함께 다루고자 한다. 소통 스킬로서 기본적으로 대화를 이끌어가는 것 자체가 필요하고 대화로서 설득하는 것이 중요하다. 스킬적 측면에서 듣기에서의 경청이 가장 중요한 것으로 제시되었다. 그래서 협상에서 소통을 잘하려면 경청을 하고 객관적 근거를 바탕으로 설득하는 것이 중요하다는 점을 제시할 수 있다.

(2) 협상전략·전술

협상전략은 경쟁적 협상과 협력적 협상으로 구분되는데 사례연구에서 나타난 전략은 양측 모두 해당 된다. 필요에 따라 협력적 협상인 상호만족 협상을 할 수도 있고 경쟁적 협상인 상대 약점 이용, 벼랑 끝 전술, 굿가이 배드가이 전술을 사용할 수도 있다. 목적과 상황에 따라 전략과 전술을 구사할 것을 제시할 수 있다.

(3) 협상력

협상에 임하면서 협상력을 강화시키는 것은 협상을 유리하게 이끌어가는 데 매우 중요하다. 앞의 시사점들의 상당 부분은 협상력과 관련이 있지만 의식적으로 협상력을 강화하는 방법으로서 BATNA 이용, 국민여론 활용, 정보 분석 활용이 나타났다. 사례연구는 이 방법을 포함하여 협상력을 강화하는 방법을 구사하는 것이 매우 중요하다는 것을 시사하고 있다.

3. 위대한 협상가가 주는 금언(金言)

앞에서 우리나라의 위대한 협상가 11명을 조사, 분석하여 협상구조와 교훈 및 시사점을 얻었는데 이 책을 마무리하면서 미래의 협상가를 위해 보배와 같은 금언(金言, adage)을 감히 제안한다.

1) 위대한 협상가는 애국심과 열정으로 협상에 임한다.

2) 위대한 협상가는 담대하고 강인한 심리적 파워로 무장한다.

3) 위대한 협상가는 상대를 존중하고 협력적 관계를 형성한다.

4) 위대한 협상가는 상대를 경청하고 대화로 설득한다.

5) 위대한 협상가는 상황에 따라 협력적 또는 경쟁적 협상을 구사한다.

6) 위대한 협상가는 유리한 협상을 위해 협상력을 강화한다.

주석

제1부 한국의 위대한 협상가
제1장 한국의 위대한 협상가의 발굴

1) Program on Negotiation at Harvard Law School. Great Negotiator Award. https://www.pon.harvard.edu/category/the-great-negotiator-award

제2부 위대한 협상가 사례
협상가 1. 신라 사신 박제상

2) 한국민족문화대백과사전. 삼국사기.
3) 위키백과. 갈문왕. 갈문왕(葛文王)이란 신라 때 왕실에서 왕위에 오르지 못하고 죽은 왕족 및 왕의 근친 귀족에게 추봉하던 왕명이다.
4) 장한결(2022). **장한결의 부도지 강의**. 좋은땅. 8.
5) 위키백과. 이사금; 위키백과. 파진찬.
6) 황세웅, 임경호(2014). 한반도 최초의 위기협상가 신라 박제상의 위기협상 성과. **한국범죄심리연구**. 20(2). 259-283.
7) 고조선의 건국이념으로서 홍익인간은 '널리 인간세계를 이롭게 한다.'라는 의미이고, 재세이화는 '이치로써 다스리는 세계.'라는 의미이다. 위키백과. 홍익인간.
8) 장한결(2022). 전게서. 239-299.
9) 황세웅, 임경호(2014). 전게서.
10) 우리역사넷. 내물왕의 등장과 김씨 세습왕조의 성립.
11) 왕경이란 왕궁으로 왕경 출신이라고 하면 왕족을 의미한다. 양정석(1996). 신라 마립간기 왕권강화과정과 지방정책. **한국사학보**. 1.
12) 파미르고원은 중앙아시아 동남쪽에 있는 고원. 타지크(Tadzhik)를 비롯하여 중국, 인도, 아프가니스탄 등에 걸쳐 있다. 티베트고원과 히말라야, 카라코람, 쿤룬(崑崙), 톈산(天山) 따위의 산맥이 모여 이룬 것으로, '세계의 지붕'이라고 한다. 평균 높이는 6,100미터 이상이나 고원 밑바닥에서 잰 상대적인 높이는 대개 1,000~1,800미터를 넘지 않는다. 한국민족문화대백과사전. 파미르고원.
13) 한국민족문화대백과사전. 부도지.
14) 장한결(2022). 전게서. 14-23.
15) 한국민족문화대백과사전. 부도지.
16) 상게서. 이러한 「부도지」는 전수과정에 의문점이 남아 있지만 사라져 버린 한민족과 인류의 근원 문화의 한 모습을 간직하고 있으며, 한민족의 국통(임금의 혈통)이 어떻게 전수되어 왔는지를 보여주고 있다는 면

에서 일정한 의의를 발견할 수 있다.
17) 울주군 박제상기념관 내부에 전시된 설명.
18) 양기석(1981). 삼국시대 인질의 성격에 대하여. **사학지**. 15.
19) 황세웅, 임경호(2014). 전게서.
20) 상게서.
21) 상게서.
22) 장창은(2008). **신라 상고기 정치변동과 고구려 관계**. 신서원.
23) 황세웅, 임경호(2014). 전게서.
24) 주보돈(2002). 신라국가 형성기 김씨족단의 성장배경. **한국고대사연구**. 26.
25) 주보돈(1998). 박제상과 5세기초 신라의 정치 동향. **경북사학**. 21.
26) 황세웅, 임경호(2014). 전게서.
27) 상게서.
28) 양이문(2016). 망부석 전설 연구. 서울대학교대학원 석사학위논문. 박제상이 부인을 만나지 않고 이미 왜국으로 떠났는데 박제상이 어떻게 자신의 말을 부인에게 전했는지는 알려져 있지 않다.
29) 황세웅, 임경호(2014). 전게서.
30) 상게서.
31) 상게서.
32) 상게서.
33) 상게서.
34) 울주군 박제상기념관 내 자료.
35) 윤한주(2016). 충신이자 선도(仙道)의 대가, 박제상이 부활하다! **K스피릿**. 2016.6.8.
36) 양이문(2016). 전게서.
37) ㈜씨앤에스 홈페이지. 전문위기관리협상관 과정 설명에서 발췌.
38) 윤민우(2018). 해외에서 인질납치 사건에 대한 관리와 위기협상기법. **한국치안행정논집**. 15(3). 216.
39) 상게서.
40) 황세웅, 이주락(2009). **인질협상론**. 서울: 영진닷컴.
41) 조한정(2011). 박제상과 5세기 초 신라 정치. **동아시아고대학**. 25.
42) 황세웅, 임경호(2014). 전게서.
43) 윤민우(2018). 전게서.
44) 상게서.
45) 이덕희(2021). 해외 피랍사건 협상사례에 대한 비교연구 -테러단체와 해적단체 비교 중심으로-. 건국대학교대학원 박사학위논문.
46) 상게서.

협상가 2. 고려 공신 하공진

47) 진주(晉州)는 고려 태조 23년(940)에 강주(康州)로부터 개명되었다가 조선 태조 1년(1392) 진양대도호부(晉陽大道護府)로 승격되었다가 태종 2년(1402)에 진주목으로 강등되었다. 다시 일제강점기에는 진양군(晉陽郡)로 되었다가 1995년에 진주시가 되었다. 나무위키. 진주시/역사.
48) 한국민족문화대백과사전. 서희 (徐熙).
49) 진양하씨대종회. 시조.

http://www.jinh.or.kr/bbs/board.php?bo_table=m22
50) 목종은 고려 제5대 국왕인 경종과 헌애왕후의 아들로 태어났으나 경종이 붕어할 당시 나이가 한 살에 불과하여 경종의 사촌 동생이자 처남인 성종이 제6대 국왕으로 계승하였지만 병사하자 997년(성종 16년)에 제7대 국왕으로 왕위를 물려받았다. 나무위키. 목종(고려).
51) 상게서.
52) 나무위키. 강조의 정변.
53) 나무위키. 하공진.
54) 나무위키. 강조의 정변
55) 고려사의 고려열전을 인용한 나무위키. 강조의 정변 참조.
56) 나무위키. 강조의 정변.
57) 상게서.
58) 상게서.
59) 상게서.
60) 현종은 대조의 아들 안종과 헌정왕후 황보씨의 아들로서 대량원군의 작위를 받았다. 경종의 4비 헌정왕후는 3비 헌애왕후의 여동생이어서 현종은 목종의 이종사촌 동생이다. 위키백과. 현종(고려); 나무위키. 헌정왕후.
61) 나무위키. 강조의 정변.
62) 한국민족문화대백과사전. 유종(柳宗).
63) 김성철(2012). 충절신 하공진, 나는 고려인이다. **남해시대**. 20120927.
64) 나무위키. 현종(고려)/생애 및 업적.
65) 나무위키. 제2차 여요전쟁.
66) 나무위키. 현종(고려)/생애 및 업적.
67) 나무위키. 강조(고려).
68) 『고려사』 권127 「열전」 40 '반역' 1; 나무위키. 강조(고려).
69) 나무위키. 제2차 여요전쟁.
70) 상게서.
71) 상게서.
72) 상게서.
73) 김형민(2018). 나는 고려인이다 어찌 두 마음을 먹겠는가. **시사IN**, 2018.04.25.; 나무위키. 제2차 여요전쟁.
74) 나무위키. 제2차 여요전쟁.
75) 김형민(2018). 전게서; 나무위키. 제2차 여요전쟁.
76) 하공진이 현종의 친조를 조건으로 강화를 요청하면서 자신들이 볼모로 잡히겠다는 말을 했다는 설명은 최용범(2022). **하루밤에 읽는 고려사**. (주)다온피엔피. 100에서 확인할 수 있다. 그러나 나무위키, 제2차 여요전쟁 등에서는 하공진의 볼모 자청 표현은 없고 거란 성종이 친조 조건으로 철군을 결정하지만 하공진과 고영기는 인질로 잡았다고 달리 해석하고 있다.
77) 우리역사넷. 발해를 멸명시킨 거란, 고려를 넘보다.
78) 최용범(2022). 전게서. 101.
79) 나무위키. 제2차 여요전쟁.
80) 상게서.
81) 나무위키. 하공진.
82) 고려시대사료. 하공진, 고려사 > 列傳 卷第七 > 諸臣 > 하공진.
83) 상게서.
84) BATNA는 Best Alternative to a Negotiate Agreement의 약어로서

'협상 결렬 시 최선의 대안'으로 번역되며 협상이 결렬되었을 때 독자적으로 취할 수 최선의 대안을 의미한다. 원창희(2024). **성공하는 협상의 10가지 핵심역량(개정판)**. 한국협상경영원. xix.
85) 한국학중앙연구원. 하공진. **향토문화전자대전**.
86) 한국민족문화대백과사전. 하공진놀이 (河拱辰놀이).
87) 진양하씨대종회. 전게서.
88) Fisher, Roger, William Ury & Bruce Patton(1991). *Getting to Yes: Negotiating Agreement Without Giving In*. 2nd ed. New York. NY: Penguin Books. 97-106; Lewicki, Roy J., Joseph A. Litterer, John W. Minton & David M. Saunders(1994). *Negotiation*. 2nd ed. Burr Ridge, Illinois: IRWIN. 166-167.
89) 위대한 협상가 시리즈 1에서는 서양의 넬슨 만델라, 토니 블레어, 버락 오바마, 후안 산토스와 동양의 서희, 자우언라이, 모리타 아키오 등 7명의 협상가 이야기를 소개하였다. 원창희, 정주영, 권희범(2022). **역사 속 위대한 협상가 이야기**. 파인협상아카데미.
90) 서희와 하공진은 고려 거란 전쟁에서 위대한 협상가로서 같이 평가 받아야 한다는 주장들이 있다. James Morris Kang(2009). 고려 역사에서 하공진은 저평가되었다. James Morris의 블로그. 2009.09.03.; 김형민(2018), 전게서; 최정간(2020). 잊을 수 없는 진주 정신 뿌리 충절공 하공진. **뉴스 경남**. 2020.09.09.; 경남연합신문(2021). 충절공 하공진 장군의 구국 활양상 조명편(2). **경남연합신문**. 2021.01.09.

협상가 3. 조선 승장 사명대사 유정

91) 나무위키. 유정(조선) 중 일부를 발췌하고 편집하였다.
92) 장철균(2015). 인물로 본 한국 외교사 ⑪ 사명대사 유정. **월간조선**. 2015.08.
93) 나무위키. 유정(조선).
94) 두산백과. 유정을 일부를 발췌하고 편집하였다.
95) 나무위키. 유정(조선).
96) 오의(奧義)는 글자 그대로 깊은 뜻을 말하는데 그 단어, 문맥에 담긴 액면의 뜻이 아니라, 속에 숨겨진 깊은 뜻, 바로 진리를 의미한다. 나무위키. 오의; 네이버 지식iN. 불교의 '오의'란 무엇인가요?
97) 두산백과. 유정.
98) 나무위키. 유정(조선).
99) 상게서.
100) 네이버 지식백과. 사명대사를 일부 발췌하고 편집하였다.
101) 장철균(2015). 전게서.
102) 상게서.
103) 상게서.
104) 원래 사명당대사집의 한문은 '師以書勸其勿嗜殺'으로 되어 있다. 번역을 하면 '대사가 글로 문답하며 살생을 좋아하지 말라고 타이르다.'가 되어 의역한 부분은 바로 勿嗜殺(물기살), 즉 '살생을 즐기자 말라.'에 해당한다. 사명대사. 有明朝鮮國慈通弘濟尊者四溟 松雲大師石藏碑銘.

사명당대사집. 이상현 번역. 불교기록문화유산 아카이브.
105) 불교에서 계(戒)는 도덕, 바른 행동, 규율, 계율을 말하며 계를 받는 다는 말은 계율을 지키겠다고 승려 앞에서 형식을 갖추어 공적으로 서 약하는 수계(受戒)를 의미한다. 위키백과. 계(불교); 나무위키. 수계.
106) 황윤영(2022). Ⅱ. 通도, 구도(求道)의 길 (34) 사명대사와 조선통신사 (朝鮮通信使). **양산신문**. 2022.5.16.
107) tvn벌거벗은한국사제작팀(2023). 벌거벗은 한국사: 영웅편. 프런트페이지.
108) 황윤영(2022). 전게서.
109) tvn벌거벗은한국사제작팀(2023). 전게서
110) 노원평과 우관동은 현재 행정구역으로 우이동 일대를 말한다.
111) 황윤영(2022). 전게서.
112) 상게서.
113) 이기환(2019). 사명대사는 왜 "조선의 보배는 가토 기요마사의 목"이라 했을까. **경향신문**. 2019.10.17 일부를 발췌하고 편집하였다.
114) tvn벌거벗은한국사제작팀(2023). 전게서.
115) 이기환(2019). 전게서.
116) 상게서.
117) 상게서.
118) 이상현(역). 송운대사분충서난록(松雲大師奮忠紓難錄). 동국대학교 불교학술원의 저서를 소개한 구도(2024). 송운대사분충서난록. 네이버블로그 法門. 2024.6.3.를 참고하였다.
119) 홍다영(2015), '조선 최고 외교사절' 사명대사를 아시나요. **불교신문**. 2015.06.29. 중 일부를 발췌히고 편집하였다.
120) 상게서.
121) 상게서.
122) 상게서
123) 상게서.
124) 상게서.
125) 상게서.
126) tvn벌거벗은한국사제작팀(2023). 전게서
127) 홍다영(2015). 전게서.
128) 상게서.
129) 나무위키. 유정(조선).
130) 상게서.
131) 홍다영(2015). 전게서.
132) tvn벌거벗은한국사제작팀(2023). 전게서.
133) 홍다영(2015). 전게서.
134) 강혜란(2019). 한일 외교 400여년 전 주역 사명대사의 글과 넋. **중앙일보**. 2019.10.16 일부를 발췌하고 편집하였다.
135) 홍다영(2015). 전게서.
136) 이철헌(2018). 임진왜란 직후 조·일 갈등해결을 위한 승려들의 활약. **종교교육학연구**. 제57권. 55-78 에서 일부 발췌하고 편집하였다.

협상가 4. 초대 대통령 이승만

137) 한국민족문화대백과사전. 이승만[李承晩]의 생애와 활동사항 중 일부

138) 낙동은 중구 일대를 말하고 도동은 용산구 일대를 말한다. 한수당 (2015). 성공회 낙동선교본부의 1890년대 초기 사진들. 한수당연구원. 2025.8.20.; 나무위키. 도동.
139) 고종폐위음모사건은 박영효가 1898년과 1900년에 고종을 폐위하고 새로운 왕을 옹립하려 꾀한 정변으로 조선에서 독립협회 회원들을 중심으로 박영효의 귀국을 요청하거나 등용을 건의하는 움직임이 있어서 이승만이 사건연류 의혹을 받아 5년 7개월간 투옥되었다. 한국민족문화대백과사전. 박영효 국왕폐위 음모사건 (朴泳孝 國王廢位 陰謀事件).
140) 105인 사건은 1911년 일제가 저항적인 민족주의 및 기독교계 항일세력에 대한 통제를 위하여 데라우치총독 암살모의사건을 조작, 최후로 105명의 애국지사를 투옥한 사건이다. 신민회사건으로도 불린다. 한국민족문화대백과사전. 105인 사건(百五人 事件) 참조.
141) 한성정부는 1919년 4월 23일 24인의 13도 대표자들이 인천 만국공원에서 13도 대표 국민대회를 열어 '국민대회 취지서'를 발표하고, '임시정부 선포문'을 선언함으로써 수립되었다. 한성정부의 수장은 집정관총재이고 그 아래 국무총리가 별도로 존재하여 집정관총재를 consul로 하지 않고 president로 번역한 것이 안창호와의 갈등의 발단이 되었다. 그래서 1919년 9월 통합된 상해임시정부에서는 대통령 직책을 만들고 이승만을 대통령으로 추대하였다. 나무위키. 한성정부.
142) 일본내막기는 이승만이 1941년 6월에 출간한 영문판 저작이고 한글 번역본은 1954년 박마리아의 번역본이다. 천황을 신으로 숭배하는 '미카도이즘'과 군국주의로 무장한 일본은 머지않아 태평양을 놓고 미국과 전쟁을 할 것이라고 예측하였다. 출간 초기에는 전쟁을 도발하는 책이라며 혹평을 받았으나, 출간한 해 12월에 진주만 공격이 발생하면서 이 책은 일약 예언서로 불리며 베스트셀러가 되었다. 위키백과. 일본내막기.
143) '캄파'는 영어 '캠페인(campaign)'을 뜻하는 러시아말 '캄파니아'를 줄인 말로서 운동이라는 좌익 용어로 사용되었다. 극우세력이 근민당과 사민당 외 3당이 좌익정당이 아님에도 이들을 모두 좌익으로 몰아붙이기 위해 좌익 용어인 '캄파'라는 말을 사용하였다. 임영태(2021). 제4부 두 개의 분단정부(5) - 중도파 민족주의세력의 동향(2). **통일뉴스**. 2021.08.09.
144) 위키백과. 이승만.
145) 상게서.
146) 한국민족문화대백과사전. 이승만[李承晚].
147) 상게서.
148) 이승만기념관(2018a). 제8편 상호방위조약을 쟁취하다. 2018.05.22.
149) 이남규(2003). 친구로서 헤어지자. 자살도 우리의 특권이다. **월간조선**. [卷末秘錄] 1953년 李承晚의 여름. 2003년 7월호.
150) 상게서.
151) 상게서.
152) 상게서.
153) 상게서.

주석 361

154) 한만국경선은 한국과 만주의 국경선으로 북한과 중국의 국경선인 압록강, 두만강을 의미한다.
155) 이승만기념관(2018b). 제8편 상호방위조약을 쟁취하다. 2018.05.22.
156) 상게서.
157) 에버레디 계획(Plan Everready)은 미국과 유엔군사령부에 의한 이승만 대통령 축출을 목표로 했던 쿠데타 계획이다. 1975년 뉴욕 타임스에서 처음 공개함으로써 세상에 알려졌다. 나무위키. 에버레디 계획.
158) 이승만기념관(2018b). 전게서.
159) 상게서.
160) 상게서.
161) 상게서.
162) 인보길(2017). [연재] 이승만사(2) 한미동맹의 탄생 ⑮ 닉슨 방한과 미군 철수. **뉴데일리**. 2017.10.26.
163) 상게서.
164) 영어 원문은 닉슨회고록에 있는 내용이며 번역한 글을 소개한다. 인보길(2017). 전게서.
165) 인보길(2017). 전게서.
166) 이승만기념관. 제9편 협상의 귀재. 2018.05.22.
167) 상게서.
168) 상게서.
169) 상게서.
170) 상게서.
171) 상게서.
172) 상게서.
173) 나무위키. 벼랑 끝 전술.
174) 지킬박사(2020). 닉슨과 이승만의 만남 Madman Theory. kimji98님의 블로그. 2020.7.1.
175) 상게서.

협상가 5. 청와대 경제수석 오원철

176) 오원철(1996a). **한국형 경제건설 3권**. 기아경제연구소. 147.
177) 김은정(2014). [뉴스&분석]되풀이되는 울산공단 정전피해 대책없나. **경상일보**. 2014.7.9.
178) 신현주(2022). [꿀Bee경제 핫이슈] 西方<서방> 국가, 러시아산 원유 거래 금지 검토에 요동치는 국제 유가⋯ '3차 오일쇼크' 오나? **어린이조선일보**. 2022.03.11.
179) 국가기록원. 김종필 국무총리 서울시 유류대책본부 시찰 시 에너지 경지 절약실천 사항 설명 청취 2.
180) 국가기록원(1974). 석유는 돈이고, 무기다(석유파동).
181) 경향신문사(1979). 청와대에서 박정희 대통령과 악수를 나누는 지미 카터 미 대통령. **경향신문사**. 1979.6.30.
182) 이 부분은 한국형경제정책연구소에서 오원철수석과 10여 년간 스터디를 함께 하신 노진상님과 인터뷰를 하여 기록하였다.
183) 광석라디오는 전원을 사용하지 않고 전용 이어폰이나 헤드폰으로만 청취 가능해서 1~2인이 청취하여 개인용 라디오 수신기이다. 구리선 코

일의 간단한 회로가 방송국 주파수를 맞추어 수신된 전파를 광물로 만든 광석 검파기를 통해 오디오 신호로 검출되므로 광석 라디오라는 이름이 붙여졌다. 윤진사(2018). 광석 라이오 란 ~. 네이버 블로그 윤진사댁. 2018.11.22.
184) 오원철(1996a). 전게서. 288-297; 윤재석(2014). **조국 근대화의 주역들**. 기파랑. 16.
185) 시발(始發) 자동차는 'ㅅㅣ-ㅂㅏㄹ'로 상표를 표기하였는데 미군 지프를 가져다 만들고 엔진을 복제하여 제작한 한국 최초의 자동차이다. 시발은 시작이라는 의미인데 발음이 좋지 않아 기피하기도 했다. 나무위키. 국제차량제작 시발.
186) 오원철(1996a). 전게서. 288-297.
187) 오원철(1995). **한국형 경제건설 1권**. 기아경제연구소. 12.
188) 상게서.
189) 윤재석(2014). 전게서. 17.
190) 이 내용은 한국형경제정책연구소에서 오원철 수석과 10여 년간 연구를 함께 했던 노진상과 인터뷰를 하여 기록하였다. 인터뷰를 진행한 노진상은 이 부분에 대해 박정희 대통령과 오원철이 방위산업을 진행하는 과정에 캐나다 원자로 도입을 검토하는 등의 일들을 진행함으로써 미국의 주요 경계대상이었다고 언급하였다. 외교통상부 자료에 1973년부터 캐나다 NRX 중수로 원자로 도입에 관한 교섭 자료가 공개되어 있다. 이 내용에 관한 자세한 내용은 아래 URL을 통해 확인 가능하다. (http://opendata.mofa.go.kr/mofadocu/resource/Document/6597.page)
또한 오원철이 전두환 정권의 핍박과 감시를 받은 것은 다음의 일 때문이었다는 인터뷰 내용도 있었다. 박정희 대통령과 함께 방문한 군부대에서 제대로 된 보급품이 없어 추위에 떨고, 발에 동상이 걸려 있던 병사들을 보고 박정희 대통령과 오원철은 펑펑 울었는데 이 일을 계기로 군의 계급, 계급마다 보급품관련 부정과 비리를 알게 되었다. 이러한 군의 부정과 비리를 바로잡는 과정에서 군 장교들을 해임하고 압박하는 등의 심한 갈등이 있었다. 이것 역시 이유가 되었다고 노진상은 언급하였다.
191) 나무위키. 오원철.
192) 오원철(1999). **한국형 경제건설 7권**. 한국형경제정책연구소. 297-323.
193) 오원철(1995). 전게서. 11-17.
194) 오원철(1996a). 전게서. 170-178; 오원철(2006). **박정희는 어떻게 경제강국 만들었나**. 동서문화사. 46-51.
195) 방위사업청(2022). [대한민국 정책 브리핑] 2022년 방산수출 수주액 170억 불 규모 달성. 2022.11.4.
196) 오원철(2006). 전게서. 46-51.
197) 오원철(1996b). **한국형 경제건설 5권**. 기아경제연구소. 14-26.
198) 이 일화는 한국형경제정책연구소에서 오원철 수석과 10여 년 간 스터디를 함께 한 노진상과 인터뷰를 하여 기록하였다.
199) 윤재석(2014). 전게서. 16.
200) 오원철(1996a). 전게서. 87-105.

201) 상게서.
202) 상게서.
203) BTX는 나프타를 원료로 투입해서 벤젠(Benzene), 톨루엔(Toluene), 자일렌(Xylene) 등 향기와 색깔이 있는 화합물을 생산하는데 이것들은 향수, 물감, 의약품의 원료로 된다. 오원철(1996a). 전게서. 39.
204) Polyethylene; PE, 플라스틱의 일종으로, 일상 생활에서 가장 많이 보이는 플라스틱이다. 폴리에틸렌이 플라스틱의 하위부류이다. 나무위키. 폴리에틸렌.
205) 염화비닐(VCM)은 EDC를 열분해하여 생성되는 무색의 기체로 주로 PVC의 원료로 사용된다. (주)한화솔루션 홈페이지 참조.
206) 프로필렌과 암모니아의 산화반응을 통하여 제조되는 아크릴로니트릴은 아크릴섬유 및 ABS/SAN 수지의 원료뿐 아니라, NB-Copolymer, 아크릴아마이드 등 다양한 분야에서 사용되고 있다. (주)태광산업 홈페이지 참조.
207) 카프로락탐은 원유로부터 얻어지는 싸이크로헥산과 암모니아 및 유황 등을 주원료로 하여 만들어지며 의류를 비롯하여 타이어코드, 어망, 카펫트 등의 제조에 쓰이는 나일론 섬유와 기계부품 및 엔지니어링 플라스틱의 제조에 쓰이는 나일론 수지의 원료로 사용되고 있다. (주)카프로 홈페이지 참조.
208) EDC는 염소와 에틸렌을 반응시켜 만드는 무색 유상의 액체로, VCM과 각종 용제의 원료로 사용된다. (주)한화솔루션 홈페이지 참조.
209) 오원철(1996a). 전게서.
210) 오원철(1997). **한국형 경제건설 6권**. 기아경제연구소. 329-375.
211) 상게서.
212) 상게서.
213) 좌승희(2003). 평등주의 함정에 빠진 한국경제 살리는 길. 한국경제연구원 세미나자료. 3(4). 1-16.
214) 협상가의 특성과 협상역량에 대한 분석틀은 원창희(2024). 전게서를 기준으로 하였다.
215) 앨리슨 우드 브룩스(2015). 감정을 무기로 한 협상의 기술. **하버드비즈니스리뷰**. 2015. 12.
216) 프랑수아 켈리에(2020). **파리 최고의 협상가 켈리에**. 현영환 번역. 루이앤휴잇.
217) 원창희(2024). 전게서.
218) 앨리슨 우드 브룩스(2015). 전게서.
219) 왕하이산(2016). **하버드 협상 수업**. 이지북.

협상가 6. 현대그룹 회장 정주영

220) 나무위키. 정주영 중 일부를 발췌하고 편집하였다.
221) 현재는 북한 관할이며, 현행 행정구역상 강원도 통천군 로상리에 속한다.
222) 보통학교 취학률은 1920년 3.9%, 1935년 20%였고 1943년 국민학교 취학률은 60%였다. 초등교육의 의무교육이 처음 실시된 것은 해방 후 1950년이다.

223) 나무위키. 정주영.
224) 경일상회(京一商會)는 서울에서 제일 가는 가게를 만든다는 포부로 1938년 1월에 내건 간판이다. 김대연(2012). 근면성에 감복…쌀가게 주인, 종업원 峨山에 사업을 맡기다. **헤럴드경제**. 2012.07.06.
225) 나무위키. 정주영.
226) 상게서.
227) 상게서.
228) 상게서.
229) 상게서; 위키백과. 정주영; IT&경제연구소(2021), 현대정주영 회장 생애와 정주영 명언10선. 2021.4.30. 중 일부를 발췌하고 편집하였다.
230) 위키백과. 정주영.
231) 나무위키. 정주영.
232) 상게서.
233) 우은식(2013). [정주영 이야기①] 500원으로 영국은행을 움직인 사나이, **뉴시스**. 2013.04.20
234) 상게서.
235) 나무위키. 정주영.
236) 정주영(1998). **이 땅에 태어나서 나의 살아온 이야기**. 솔 출판사. 181-186에서 중 일부를 발췌하고 편집하였다.
237) 상게서.
238) 천지일보(2022). 현대이야기 24. 대한민국 울린 '88서울올림픽' 그 뒤엔 정주영의 뚝심 있었다. 2022.10.21.
239) 상게서.
240) 상게서.
241) 상게서.
242) 상게서.
243) 상게서.
244) 나무위키. 정주영; 김영조(2014b). 정주영 회장의 88올림픽 유치 스토리-새롭게 보는 한국경제 거목 정주영(1915~2001). 2014-10-03 중 일부를 발췌하고 편집하였다.
245) 뉴스핌(2023). 첫 국산차 포니의 탄생, 숱한 반대에도 정주영 강한 의지의 결실, 2023년 05월 19일 중 일부를 발췌하고 편집하였다.
246) 상게서.
247) 상게서.
248) 김영조(2014a). 소련 고위층 회담 중 나는 돈 많은 프롤레타리아. **글로벌이코노믹**에서 중 일부를 발췌하고 편집하였다.
249) 박상하(2011). **정주영 집념의 승부사 정몽구 결단의 승부사**. 무한. 205-208에서 일부를 발췌하고 편집하였다.
250) 김영조(2014a). 전게서.
251) 상게서.
252) 정주영(1998). 전게서, 347-353; 음용기·장우주 외(2006). **길이 없으면 길을 닦아라**. 아이스토리. 20-28.
253) 김영조(2014a). 전게서.
254) 정주영(1998). 전게서. 333-343.
255) 한준규(2015). 정주영 소떼 몰고 北으로경제교류 봇물 화해 모드로. **한국일보**. 2015년 8월 11일에서 일부를 발췌하고 편집하였다.
256) 채명석(2023). 정주영의 세기적 이벤트'소떼방북'25주년…더 경직된 남북관계. **글로벌이코노믹**. 2023.06.16.

257) 고광본(2000). [북한] 민경련 정운업회장 누구인가. 글로벌이코노믹. 2000.06.22.
258) 채명석(2023). 전게서.
259) 상게서.
260) 상게서.
261) 상게서.
262) 정주영(1992). **시련은 있어도 실패는 없다**. 현대문화신문사. 머리말.
263) 박상하(2014). **이기는 정주영 지지 않는 이병철**. 무한. 64-68에서 일부를 발췌하고 편집하였다.
264) 상게서. 102-103.
265) 상게서. 102-103.
266) 상게서. 121-123.
267) 원창희(2024). 전게서. 62.
268) 원창희(2024). 전게서. 157.

협상가 7. 제15대 대통령 김대중

269) 나무위키. 김대중/일생 문헌의 유년, 청년사업가, 정치입문 이후 중 일부를 발췌하고 편집하였다.
270) 상게서.
271) 창씨개명(創氏改名)이란 일본식 이름으로 바꾸도록 강요하는 것을 말하며 1940년 2월 11일부터 1945년 8월 15일 광복 직전까지 일본 제국이 조선인에게 일본식 성씨를 정하여 반강제적으로 쓰도록 강요하였다. 위키백과. 창씨개명.
272) 첫째 부인 차용애(車蓉愛)는 큰 인쇄소를 운영하던 재력가 차보륜과 부인 장점순의 딸로 1927년 4월 28일에 태어났다. 차용애는 오빠 차원식의 목포상업고등학교 동급생 김대중과 만나 연애하다가 1945년 4월 9일에 결혼했다. 차용애는 김홍일, 김홍업, 1녀를 낳고 1959년 6월 25일에 사망하였다. 위키백과. 차용애.
273) 나무위키. 김대중/일생.
274) 상게서.
275) 이때 김대중은 가톨릭 신앙을 갖게 되었다. 1957년 천주교 서울대교구청에서 세례를 받았다. 대부는 장면 박사였다. 세례명은 영국의 유명 정치철학자이자 성인 토마스 모어였다. 김대중은 "왜 하필 목 잘린 사람의 이름을 내 세례명으로 지어 주는가??"하고 심장이 내려앉았다고 자서전에 회고하고 있다. 그리고 그 세례명대로, 김대중은 목숨을 건 파란만장한 정치인생을 살게 되었다.
276) 둘째 부인 이희호(李姬鎬)는 1922년 9월 21일 경성부 수송정에서 아버지 이용기와 어머니 이순이의 딸로 태어났다. 1950년 서울대학교 사범대학 교육학 학사, 1958년 미국 스카릿 대학교 사회학 석사 학위를 취득하였다. 1951년 피란지 부산에서 김대중을 만났다가 유학을 다녀와서 1962년 5월에 41세 나이로 39세의 김대중과 결혼(초혼)을 하였다. 1963년 11월에 아들 김홍걸을 낳았다. 위키백과. 이희호.
277) 필리버스터(filibuster)는 의회 안에서 다수파의 독주 등을 막기 위해,

합법적 수단으로 의사 진행을 지연시키는 무제한 토론, 주로 소수파가 다수파의 독주를 막거나 기타 필요에 따라 의사진행을 저지하기 위하여 합법적인 수단을 동원해 의사진행을 고의적으로 방해하는 행위를 말한다. 장시간 연설, 규칙발언 연발 등의 방법이 이에 해당한다.
278) 한국민족문화대백과사전. 김대중 문헌의 주요활동 중 일부를 발췌하고 편집하였다.
279) 나무위키. 김대중/일생.
280) 상게서.
281) 한국민족문화대백과사전. 김대중.
282) 나무위키. 김대중/일생.
283) 한국민족문화대백과사전. 김대중.
284) 상게서.
285) 상게서.
286) 나무위키. 김대중/일생.
287) 나무위키. 1997년 외환위기 일부를 발췌하고 편집하였다.
288) 나무위키. 국제통화기금 일부를 발췌하고 편집하였다.
289) 김대중(2010). **김대중 자서전 2**. 삼인. 15-21에서 일부를 발췌하고 편집하였다.
290) 상게서. 54-58.
291) 상게서.
292) 상게서.
293) 김경필(2020). 1997년 위기 직후 재벌개혁: 계획과 절반의 실행. **1997외환위기아카이브**, 투명사회를 위한 정보공개센터에서 발췌하고 인용하였다.
294) 김대중(2010). 전게서. 58-59.
295) 김경필(2020). 전게서.
296) 이승열(1998). 빅딜 신속추진 등 9개항에 합의. **sbs뉴스**. 1998.7.4.
297) 김대중(2010). 전게서. 72-74; 김운근, 김형화, 류종원(2006). **남북농업협력 체제하의 북한의 비료부족 해결을 위한 남한 축분의 자원화 방안과 북한에서의 활용방안**. 통일농수산정책연구원 용역연구보고서에서 인용, 발췌하고 편집하였다.
298) 김대중(2010). 전게서.
299) 상게서.
300) 상게서.
301) 상게서; 김운근, 김형화, 류종원(2006). 전게서.
302) 통일부(2005). **남북교역 실무안내**.
303) 김대중(2010). 전게서. 75.
304) 위키백과. 김대중의 햇볕정책 일부를 발췌하고 인용하였다
305) 김대중(2010). 전게서. 125.
306) 상게서. 244-293.
307) 상게서.
308) 상게서.
309) 상게서.
310) 장신기(2023). 미중대립 속 혼란한 한국, 김대중 외교 배워야할 이유 외교로 얻을 수 있는 극대화된 국가 이익, 김대중에게 배우다, <김대중과 중국>. **오마이뉴스**. 23.7.11.
311) 나무위키. 김대중/일생.
312) 장신기(2023). 전게서.

협상가 8. 환경부 장관 김명자

313) 나무위키. 김명자.
314) e영상역사관(2002a). [국가기록사진] 김대중 대통령 '3대강 특별법' 공포 서명식. 2002.1.9.
315) e영상역사관(2002b). [국가기록사진] 김대중 대통령 환경부 업무보고 청취. 2002.3.27.
316) 에너지경제기자(2000). [섹션뉴스] 저공해 천연가스 버스 운행 개시. **에너지경제**. 2000.7.1.
317) 경제풍월(2010). [행정] 김명자 환경부장관, 일하다 시간감각 놓쳐요. **이코노미톡뉴스**. 2010.9.14.
318) 문병도(2019). [산업] 과총, 2019 대한민국과학기술연차대회 개최. **뉴스웍스**. 2019.7.4.
319) 대한민국과학기술유공자 홈페이지. [과학기술유공자] 과학과 사회의 융복합적 사고에 바탕하여 과학기술 및 환경정책을 이끌다.
320) 위키백과. 김명자.
321) 대한민국과학기술유공자 홈페이지. [자랑스러운 과학기술인] 김명자.
322) 김병희(2014). [과학기술계 원로와의 대화] 김명자 전환경부 장관. **사이언스타임즈**. 2014.4.8.
323) 김훈기(2002). [나노 갤러리] 닮고싶고 되고싶은 과학자④ - 김명자 환경부 장관. **동아일보**. 2002.9.22.
324) 박통희 등(2004). **편견의 문화와 여성리더십**. 대영문화사. 211.
325) 상게서. 212.
326) 상게서. 213.
327) 상게서. 213.
328) 상게서. 199.
329) 상게서. 209.
330) 상게서. 195.
331) 한국과학기술한림원(2021). 헌정 최장수 여성장관, 21세기 한국 환경 정책의 기틀을 세운 김명자 전 환경부장관. **한국과학기술한림원 대한민국 과학기술유공자 카드뉴스**. 2021.4.16.
332) 이원희(2023). [특별인터뷰] 김명자 카이스트 이사장 "車, 브레이크 없이 엑셀 만으로 못 달려… 경제·환경 함께 살 길 찾아야." **에너지신문**. 2023.6.1.
333) 김홍균(2008). 물이용부담금의 정당성에 관한 법적 고찰. **물정책경제**, 11. 3-5.
334) 워터저널편집국(2009). [정책] '제각각' 4대강 특별법, 한 법률로 통합. **워터저널**. 2009.7.15.
335) 서영아(2001). [3대강·특별법 내용] '오염총량제' 지자체간 갈등 우려. **동아일보**. 2001.11.30.
336) 김명자(2003). 여성 공직자의 성공하는 리더십. **제16차 여성정책포럼**.
337) 상게서.
338) 김명자(2003). 여성 공직자의 성공하는 리더십. **제16차 여성정책포럼**. 3대강 특별법 제정 과정의 자세한 협상 및 조정과정은 제16차 여성정

책포럼 자료집에 있는 곽결호 실장의 글에서 발췌하여 요약하였다. 이 자료 덕분에 3대강 특별법 제정과정에 대한 협상구조와 협상특성 등을 분석하고 협상교훈을 추출할 수 있었다.
339) 이진영(2003). [커버스토리] 김명자전환경부장관 '최장수 여성각료된 비결'. **동아일보**. 2003.3.20.
340) 김명자(2003). 전게서.
341) 상게서.
342) 달성군 논공면 위천공단 9만평에 염색공단이 포함되어 부산시민들은 낙동강의 수질악화를 우려해 강력히 반발하였다. 김재철(1995). 대구부산시 공단 폐수싸움, 대구 위천공단 조성 놓고 대립. **MBC뉴스**. 1995.04.27.
343) 환경부장관, 낙동강특별법 제정 간담회. **KBS뉴스**. 2000.11.8.
344) 부산광역시(2001). **낙동강조사월보**. 2001. 10. (58호).
345) 오공환(2001). "낙동강 특별법, 송리원댐건설 재검토 하라." **영주시민신문**, 2001.11.10.
346) 3대강 특별법 국회 환노위 통과. **KBS뉴스**. 2001.11.30.
347) 주암호는 전라남도 순천시에 있는 인공 호수로서 주암댐 건설로 인해 조성되었으며 광주시, 나주시, 목포시, 화순군 등 전라남도 서부 지역에 1일 64만톤의 생활용수를 공급하고 있다. 디지털순천문화대전. 주암호.
348) 워터저널편집국(2009). 전게서.
349) 이진영(2003). 전게서.
350) 정성희(2002). 3대강 특별법, 무엇이 달라지나. **동아일보**. 2002.7.9.
351) 워터저널편집국(2009). 전게서.
352) 박통희 등(2004). 전게서.
353) 김명자(2003). 전게서.
354) 상게서.
355) 오철수(2002). 최장수 여성장관기록 김명자 환경부 장관. **서울경제**. 2002.3.20.

협상가 9. UN 사무총장 반기문

356) 한겨레(2007). 반기문 총장 선출에 중국 '반'씨 집성촌도 '들썩'. 2007-01-12.
357) 김옥길(2014). 반기문 UN사무총장 선조 반석평. **울산매일**. 2014.08.04.
358) 유몽인의 '어우야담'에서는 나오는 이야기를 전한다. 김옥길. 전게서.
359) 김옥길(2014). 전게서.
360) 위키백과. 반기문; 반기문(2021). **반기문 결단의 시간들**. 21.
361) 문화일보(2006). <시대와 비전> 한국 글로벌 스탠더드 높이는 계기 됐으면. **문화일보**. 2006년 10월 16일.
362) 위키백과. 전게서.
363) 반기문(2021). 전게서. 32-33.
364) 상게서. 33-34.
365) 상게서. 34.
366) 위키백과. 전게서.
367) 상게서.
368) 상게서.

369) 반기문(2021). 전게서. 58.
370) 상게서. 58.
371) 상게서. 58-59.
372) 상게서. 59.
373) 상게서. 59-60.
374) 위키백과. 유엔 평화유지군.
375) 위키백과. 다르푸르 분쟁.
376) Washington Post(2006). African Union Force Ineffective, Complain Refugees in Darfur. *Washington Post*. 2006년 10월 16일.
377) The Economist(2007). Mission impossible?-The United Nations. *The Economist*. 6 January 2007.
378) 반기문(2021). 전게서. 240.
379) Maggie Farley(2007). Ban Ki-moon learns the hard way. *The Irish Times*. 11 April 2007; 반기문(2021). 전게서. 254.
380) 반기문. 전게서. 255.
381) DMZ(2011). 팔레스타인 분쟁. DMZ 정책자료. **KIDA 세계분쟁데이터베이스**. 2014.10.27.
382) Wikipedia. Ban Ki-moon.
383) 상게서.
384) 상게서.
385) DMZ(2011). 전게서.
386) SBS 뉴스(2016). 반기문 "저항 맞서는 건 인간본성"…이스라엘 '발끈'. **SBS 뉴스**. 2016년 1월 26일.
387) 상게서.
388) 연합뉴스(2016a). 빈기문, 임기 마지막 이-팔 방문…"평화정착 위해 최선 다할 것"(종합). **연합뉴스**. 2016년 6월 29일.
389) 상게서.
390) 홍성민(2020). 도널드 프럼프의 '중동평화구상안,' 이-팔 분쟁의 평화 로드맵인가? **EMERiCs**. 2020.02.20.
391) Colum Lynch(2007). U.N. Secretary General Calls Global Warming a Priority. *Washington Post*. 2007년 3월 2일.
392) UN News Centre(2009). Ban urges rapid progress in negotiations on new climate change pact. *UN News Centre*. 3 September 2009.
393) Foderaro, Lisa(2015). Taking a Call for Climate Change to the Streets. *The New York Times*. 2015년 6월 15일.
394) The United Nations(2015). UN Climate Summit. *The United Nations*. 2015년 6월 15일.
395) Sutter, John D. & Berlinger, Joshua(2015). Final draft of climate deal formally accepted in Paris. *CNN*. 2015년 12월 12일.
396) Doyle, Alliste & Lewis, Barbara(2015). World seals landmark climate accord, marking turn from fossil fuels. *Reuters*. 2015년 12월 12일.
397) 연합뉴스(2016b). 반기문, 포린 폴리시 '세계의 사상가 100인'에 선정돼. **연합뉴스**. 2016년 12월 13일.
398) ABC News(2016). Paris Climate Agreement Becomes International Law. *ABC News*. 2016년 11월 4일.

협상가 10. 외규장각 의궤 협상팀 박흥신·유복렬

399) 위키백과. 병인양요.
400) 상게서.
401) 한국민족문화대백과사전. 병인양요(丙寅洋擾).
402) 나무위키. 외규장각.
403) 공지희(2012). **박병선-직지와 외규장각 의궤의 어머니.** 글로연. 10-11.
404) 상게서. 17-18.
405) 상게서. 20-22.
406) 여기의 대화는 상게서. 22-23을 약간 정리하여 소개하고 있다.
407) 박병선은 직지를 고증하기 위해 연구했던 결과를 모아 2002년부터 4년간「한국의 인쇄」라는 책을 집필하였다. 상게서. 73.
408) 상게서. 84.
409) 상게서. 101.
410) 유복렬(2013). **돌아온 외규장각 의궤와 외교관 이야기-145년의 유랑. 20년의 협상.** 눌와. 26-29.
411) 상게서. 37-39.
412) 상게서. 41.
413) 상게서. 44.
414) 상게서. 45.
415) 경향신문(2005). 외규장각 도서 반환 정부협상 포기했나. **경향신문.** 2005.05.07.
416) 한인규 외 4인(2017). **한-프랑스 외규장각 의궤 반환협상 사례.** 국가공무원인재개발원. 나루컨설팅. 58.
417) 조선일보(2010). 외규장각 소송 계속된다. **조선일보.** 2010.02.25.
418) 유복렬(2013). 전게서. 109-110.
419) 박흥신이 주 프랑스 대사로 부임하여 외규장각 도서를 반환 받기까지 과정을 직접 책으로 출간하여 반환협상을 이해하는데 도움을 주고 있다. 박흥신(2014). **외규장각 의궤의 귀환: 반환 교섭 막전 막후.** 행복에너지.
420) 유복렬(2013). 전게서. 118.
421) 상게서. 120-121.
422) 상게서. 122.
423) 상게서. 166.
424) 상게서. 174-176.
425) 상게서. 177.
426) 상게서. 185.
427) 상게서. 191.
428) 상게서. 193.
429) 상게서. 203-207.

참고문헌

제1부 한국의 위대한 협상가
제1장 한국의 위대한 협상가의 발굴

Program on Negotiation at Harvard Law School. Great Negotiator Award.
(https://www.pon.harvard.edu/category/the-great-negotiator-award)

제2부 위대한 협상가 사례
협상가 1 신라 사신 박제상

양기석(1981). 삼국시대 인질의 성격에 대하여. **사학지**, 15.
양이문(2016). 망부석 전설 연구. 서울대학교대학원 석사학위논문.
양정석(1996). 신라 마립간기 왕권강화과정과 지방정책. **한국사학보**. 1.
우리역사넷. 내물왕의 등장과 김씨 세습왕조의 성립.
위키백과. 갈문왕.
위키백과. 이사금.
위키백과. 파진찬.
위키백과. 홍익인간.
윤민우(2018). 해외에서 인질납치 사건에 대한 관리와 위기협상기법. **한국치안행정논집**. 15(3). 211-232.
윤한주(2016). 충신이자 선도(仙道)의 대가, 박제상이 부활하다! **K스피**

릿. 2016.6.8.
이덕희(2021). 해외 피랍사건 협상사례에 대한 비교연구 -테러단체와 해적단체 비교 중심으로-. 건국대학교대학원 박사학위논문.
장창은(2008). **신라 상고기 정치변동과 고구려 관계**. 신서원.
장한결(2022). **장한결의 부도지 강의**. 좋은땅.
조한정(2011). 박제상과 5세기 초 신라정치. **東아시아古代學**. 25.
주보돈(1998). 박제상과 5세기초 신라의 정치동향. **경북사학**. 21.
주보돈(2002). 신라국가 형성기 김씨족단의 성장배경. **한국고대사연구**. 26.
한국민족문화대백과사전. 부도지.
한국민족문화대백과사전. 삼국사기.
한국민족문화대백과사전. 파미르고원.
황세웅, 이주락(2009). **인질협상론**. 서울: 영진닷컴.
황세웅, 임경호(2014). 한반도 최초의 위기협상가 신라 박제상의 위기. **한국범죄심리연구**. 10(2). 259-283.

협상가 2. 고려 공신 하공진

경남연합신문(2021). 충절공 하공진 장군의 구국 활양상 조명편(2). **경남연합신문**. 2021.01.09.
고려사 권127 「열전」 40 '반역' 1.
고려시대사료. 하공진, 고려사 > 列傳 卷第七 > 諸臣 > 하공진.
김성철(2012). 충절신 하공진, "나는 고려인이다" **남해시대**. 20120927.
김형민(2018). 나는 고려인이다 어찌 두 마음을 먹겠는가. **시사IN**. 2018.04.25,

나무위키. 강조(고려).

나무위키. 강조의 정변.

나무위키. 목종(고려).

나무위키. 제2차 여요전쟁.

나무위키. 진주시/역사.

나무위키. 하공진.

나무위키. 헌정왕후.

나무위키. 현종(고려)/생애 및 업적.

우리역사넷. 발해를 멸망시킨 거란, 고려를 넘보다.

원창희, 정주영, 권희범(2022). **역사 속 위대한 협상가 이야기**. 파인협상아카데미.

위키백과. 현종(고려).

진양하씨대종회. 시조.

　　http://www.jinh.or.kr/bbs/board.php?bo_table=m22

최용범(2022). **하루 밤에 읽는 고려사**. (주)다온피엔피.

최정간(2020). 잊을 수 없는 진주 정신 뿌리 충절공 하공진. **뉴스 경남**, 2020.09.09.

한국민족문화대백과사전. 서희 (徐熙).

한국민족문화대백과사전. 유종(柳宗).

한국민족문화대백과사전. 하공진놀이(河拱辰놀이).

한국학중앙연구원. 하공진, **향토문화전자대전**.

James Morris Kang(2009). 고려 역사에서 하공진은 저평가되었다. James Morris의 블로그. 2009.09.03.

Fisher, Roger, William Ury & Bruce Patton(1991). *Getting to Yes:*

Negotiating Agreement Without Giving In. 2nd ed. New York, NY: Penguin Books.

Lewicki, Roy J., Joseph A. Litterer, John W. Minton & David M. Saunders(1994). *Negotiation.* 2nd ed. Burr Ridge, Illinois: IRWIN.

협상가 3. 조선 승장 사명대사

강혜란(2019). 400년 전 '벼랑끝 외교' 주역, 사명대사가 일본에 남겼던 것은. **중앙일보**. 2019.10.15.

구도(2024). **송운대사분충서난록**. 네이버블로그 法門. 2024.6.3.

나무위키. 가토 기요마사.

나무위키. 수계.

나무위키. 오의.

나무위키. 유정(조선).

낭만도사(2023). 사명대사상세정보. 2023.08.04.

네이버 지식iN. 불교의 '오의'란 무엇인가요?

두산백과. 유정.

박덕규(2010). 사명대사 일본탐정기. **랜덤하우스**. 2010.04.30.

박원재(2009). '외교관' 사명대사 아시나요? **동아일보**. 2009.09.26.

사명대사. 有明朝鮮國慈通弘濟尊者四溟 松雲大師石藏碑銘. **사명당대사집(四溟堂大師集)**. 이상현 번역. 불교기록문화유산 아카이브.

위키백과. 계(불교).

이기환(2019). 사명대사는 왜 "조선의 보배는 가토 기요마사의 목"이라 했을까. **경향신문**. 2019.10.17.

이기환(2023). 사명대사는 "가토 기요마사, 그대의 목이 조선의 보배"라 했다. **경향신문**. 2023.3.20.

이동근(2019). 사명대사 지혜로 한일 관계 개선해야. **BTV뉴스**. 2019.09.11.

이상현(역). **송운대사분충서난록(松雲大師奮忠紓難錄)**. 동국대학교 불교학술원

이철헌(2017). 사명당 유정의 講和활동을 통해 본 한·일 갈등과 치유. **불교학보**, 제81집, 223-247.

이철헌(2018). 임진왜란 직후 조·일 갈등해결을 위한 승려들의 활약. **종교교육학연구**, 제57권, 55-78.

장철균(2015). 인물로 본 한국 외교사 ⑪ 사명대사 유정. **월간조선**. 2015년 8월.

조한규(2019). 사명대사의 '정일(征日)활동이 주는 교훈.' **중소기업신문**. 2019.07.29.

홍다영(2015). '조선 최고 외교사절' 사명대사를 아시나요. **불교신문**. 2015.06.29.

황윤영(2022). Ⅱ. 通度, 구도(求道)의 길 (34) 사명대사와 조선통신사(朝鮮通信使). **양산신문**. 2022.5.16.

tvn벌거벗은한국사제작팀(2023). 벌거벗은 한국사: 영웅편. 프런트페이지.

협상가 4. 초대 대통령 이승만

나무위키. 도동.
나무위키. 벼랑 끝 전술.

나무위키. 에버레디 계획.

나무위키. 한성정부.

네이버 지식백과, 이승만(李承晚)

위키백과. 일본내막기.

위키백과. 이승만.

이남규(2003). 친구로서 헤어지자. 자살도 우리의 특권이다. **월간조선**. [卷末秘錄] 1953년 李承晚의 여름. 2003년 7월호.

이승만기념관(2018a). 제8편 상호방위조약을 쟁취하다. 2018.05.22.

이승만기념관(2018b). 제9편 협상의 귀재. 2018.05.22.

인보길(2017). [연재] 이승만사(2) 한미동맹의 탄생 ⑮ 닉슨 방한과 미군 철수. **뉴데일리**. 2017.10.26.

임영태(2021). 제4부 두 개의 분단정부(5) - 중도파 민족주의세력의 동향 (2). **통일뉴스**. 2021.08.09.

지킬박사(2020). 닉슨과 이승만의 만남 Madman Theory. kimji98님의 블로그. 2020.7.1.

한국민족문화대백과사전. 105인 사건(百五人 事件).

한국민족문화대백과사전. 박영효 국왕폐위 음모사건 (朴泳孝 國王廢位 陰謀事件).

한국민족문화대백과사전. 이승만[李承晚].

한수당(2015). 성공회 낙동선교본부의 1890년대 초기 사진들. 한수당연구원. 2025.8.20.

협상가 5. 청와대 경제수석 오원철

국가기록원. 김종필 국무총리 서울시 유류대책본부 시찰 시 에너지 경지

절약실천 사항 설명 청취 2.

국가기록원(1974). 석유는 돈이고, 무기다(석유파동).

경향신문사(1979). 청와대에서 박정희 대통령과 악수를 나누는 지미 카터 미 대통령. **경향신문사.** 1979.6.30.

김은정(2014), [뉴스&분석]되풀이되는 울산공단 정전피해 대책 없나. **경상일보.** 2014.7.9.

나무위키. 국제차량제작 시발.

나무위키. 오원철.

방위사업청(2022). [대한민국 정책 브리핑] 2022년 방산수출 수주액 170억 불 규모 달성. 2022.11.4.

신현주(2022), [꿀Bee경제 핫이슈] 西方<서방> 국가, 러시아산 원유 거래 금지 검토에 요동치는 국제 유가… '3차 오일쇼크' 오나? **어린이조선일보.** 2022.03.11.

앨리슨 우드 브룩스(2015). 감정을 무기로 한 협상의 기술. **하버드비즈니스리뷰.** 2015. 12.

오원철(1995). **한국형 경제건설 1권.** 기아경제연구소.

오원철(1996a). **한국형 경제건설 3권.** 기아경제연구소.

오원철(1996b). **한국형 경제건설 5권.** 기아경제연구소.

오원철(1997). **한국형 경제건설 6권.** 기아경제연구소.

오원철(1999). **한국형 경제건설 7권.** 한국형경제정책연구소.

오원철(2006). **박정희는 어떻게 경제강국 만들었나.** 동서문화사.

왕하이산(2016). **하버드 협상 수업.** 이지북.

원창희(2024). **성공하는 협상의 10가지 핵심역량(개정판).** 한국협상경영원.

원창희, 정주영, 권희범(2022). **역사 속 위대한 협상가 이야기.** 파인협상아카데미.

윤재석(2014). **조국 근대화의 주역들**. 기파랑.

윤진사(2018). 광석 라이오 란 ~. 네이버 블로그 윤진사댁. 2018.11.22.

좌승희(2003). 평등주의 함정에 빠진 한국경제 살리는 길. 한국경제연구원 세미나자료. 3(4). 1-16.

프랑수아 켈리에(2020). **파리 최고의 협상가 켈리에**. 현영환 번역. 루이앤휴잇.

협상가 6. 현대그룹 회장 정주영

고광본(2000). [북한] 민경련 정운업회장 누구인가. **글로벌이코노믹**. 2000.06.22.

김대연(2012). 근면성에 감복…쌀가게 주인, 종업원 峨山에 사업을 맡기다. **헤럴드경제**. 2012.07.06.

김영조(2014a). 소련 고위층 회담 중 나는 돈 많은 프롤레타리아. **글로벌이코노믹**. 2014년 12월 5일.

김영조(2014b). 정주영 회장의 88올림픽 유치 스토리. **글로벌이코노믹**. 2014년 10월 3일.

나무위키. 정주영.

뉴스핌(2023). 첫 국산차 포니의 탄생, 숱한 반대에도 정주영 강한 의지의 결실. 2023년 05월 19일.

말센스연구소(2022). 협상과 설득의 전설, 정주영 회장의 부자되는 말습관. 2022년 1월 18일.

박광수(2022). 대한민국 울린 '88서울올림픽' 그 뒤엔 정주영의 뚝심 있었다. **천지일보**. 2022년 10월 22일.

박명훈(2009). **경제위기? 나 이길 수 있어?** 창조사.

박상하(2011). **정주영 집념의 승부사 정몽구 결단의 승부사.** 무한.

박상하(2014). **이기는 정주영 지지 않는 이병철.** 무한.

심규선(2006). 협상 고비마다 정주영의 기지가 번뜩였다. **신동아.** 2006년 12월 27일.

우은식(2013). 정주영 이야기①] 500원으로 영국은행을 움직인 사나이. **뉴시스.** 2013년 4월 20일.

원창희(2024). **성공하는 협상의 10가지 핵심역량(개정판).** 한국협상경영원.

위키백과. 정주영.

음용기·장우주 외 (2006). **길이 없으면 길을 닦아라.** 아이스토리.

정주영(1991). **나의 삶 나의 이상 시련은 있어도 실패는 없다.** 현대문화신문사.

정주영(1992). **시련은 있어도 실패는 없다.** 현대문화신문시.

정주영(1998). **이땅에 태어나서 나의 살아온 이야기.** 솔 출판사.

채명석(2018). (아산과 남북경협)색깔론·취약한 정부 리더십에 겉도는 경협. **뉴스토마토.** 2018년 8월 25일.

채명석(2023). 정주영의 세기적 이벤트'소떼방북' 25주년…더 경직된 남북관계. **글로벌이코노믹.** 2023년 6월 16일.

채송무(2023). 첫 국산차 포니의 탄생, 숱한 반대에도 정주영 강한 의지의 결실. **뉴스핌.** 2023년 5월 19일.

천지일보(2022). 현대이야기 24. 대한민국 울린 '88서울올림픽' 그 뒤엔 정주영의 뚝심 있었다. 2022.10.21.

최철규(2015). **협상의 신.** 한국경제신문사.

한준규(2015). 정주영 소떼 몰고 北으로경제교류 봇물 화해 모드로. **한국**

일보. 2015년 8월 11일.

홍하상(2006). **정주영 경영정신**. 바다출판사.

IT&경제연구소(2021). 현대정주영 회장 생애와 정주영 명언10선. 2021.4.30.

협상가 7. 제15대 대통령 김대중

김경필(2020). 1997년 위기 직후 재벌개혁: 계획과 절반의 실행. **1997 외환위기아카이브**. 투명사회를 위한 정보공개센터. https://97imf.kr/exhibits/show/ex-09/ex-09-p1

김대중(2010). **김대중 자서전 2**. 삼인.

김상웅(2010). **김대중 평전 I**. 시대의창.

김운근, 김형화, 류종원(2006). **남북농업협력 체제하의 북한의 비료부족 해결을 위한 남한 축분의 자원화 방안과 북한에서의 활용방안**. 통일농수산정책연구원 용역연구보고서.

나무위키. 국제통화기금.

나무위키. 김대중/일생.

나무위키. 개성공단.

대한민국 정책브리핑(www.korea.kr). 21세기 새로운 한일 파트너십 공동선언(전문).

위키백과. 김대중.

위키백과. 김대중의 햇볕정책

위키백과. 이희호.

위키백과. 차용애.

위키백과. 창씨개명.

이승열(1998). 빅딜 신속추진 등 9개항에 합의. **sbs뉴스**. 1998.7.4.
장상환(1998). 재벌개혁 아직 멀었다. **한국일보**. 1998.01.22.
장신기(2021). 지금 바로 김대중.. 재평가가 절실한 까닭. **오마이뉴스**. 21.08.18.
장신기(2023). 미중대립 속 혼란한 한국, 김대중 외교 배워야할 이유. **오마이뉴스**. 23.07.11.
최경환(2010). **김대중 리더십**. 아침이슬.
통일부(2005). **남북교역 실무안내**.
한국민족문화대백과사전. 김대중.

협상가 8. 환경부 장관 김명자

경제풍월(2010). [행정] 김명자 환경부장관, 일하다 시간감각 놓쳐요. **이코노미톡뉴스**. 2010.9.14.
김명자(2003). 여성 공직자의 성공하는 리더십. **제16차 여성정책포럼**.
김병희(2014). [과학기술계 원로와의 대화] 김명자 전환경부 장관. **사이언스타임즈**. 2014.4.8.
김재철(1995). 대구부산시 공단 폐수싸움, 대구 위천공단 조성 놓고 대립. **MBC뉴스**. 1995.04.27.
김홍균(2008). 물이용부담금의 정당성에 관한 법적 고찰. **물정책경제**. 11. 3-5.
김훈기(2002). [나노 갤러리] 닮고싶고 되고싶은 과학자④ - 김명자 환경부 장관. **동아일보**. 2002.9.22.
나무위키. 김명자.
디지털순천문화대전. 주암호.

문병도(2019). [산업] 과총, 2019 대한민국과학기술연차대회 개최. **뉴스웍스**. 2019.7.4.

박천오(1995). 기존 장관 임면 관행의 정책·행정상 폐단과 시정방안. **한국행정학보**. 94(4). 25-56.

박통희 등(2004). **편견의 문화와 여성리더십**. 대영문화사.

서영아(2001). [3대강 특별법 내용] '오염총량제' 지자체간 갈등 우려. **동아일보**. 2001.11.30.

에너지경제기자(2000). [섹션뉴스] 저공해 천연가스 버스 운행 개시. **에너지경제**. 2000.7.1.

오철수(2002). 최장수 여성장관기록 김명자 환경부 장관. **서울경제**. 2002.3.20.

워터저널편집국(2009). [정책] '제각각' 4대강 특별법, 한 법률로 통합. **워터저널**. 2009.7.15.

위키백과. 김명자.

이시원(2002). 행정개혁과 공공영역의 변화: 우리나라 역대 정부의 장관 임용실태 분석. 한국행정학회 2002년도 하계학술대회 발표논문집. 525-549.

이원희(2023). [특별인터뷰] 김명자 카이스트 이사장 "車, 브레이크 없이 엑셀 만으로 못 달려... 경제·환경 함께 살 길 찾아야." **에너지신문**. 2023.6.1.

이진영(2003). [커버스토리] 김명자전환경부장관 '최장수 여성각료된 비결.' **동아일보**. 2003.3.20.

정성희(2002). 3대강 특별법, 무엇이 달라지나. **동아일보**. 2002.7.9.

한국과학기술한림원(2021). 헌정 최장수 여성장관, 21세기 한국 환경정책의 기틀을 세운 김명자 전 환경부장관. **한국과학기술한림원 대한민**

국 과학기술유공자 카드뉴스. 2021.4.16.

e영상역사관(2002a). [국가기록사진] 김대중 대통령 '3대강 특별법' 공포 서명식. 2002.1.9.

e영상역사관(2002b). [국가기록사진] 김대중 대통령 환경부 업무보고 청취. 2002.3.27.

협상가 9. UN 사무총장 반기문

김옥길(2014). 반기문 UN사무총장 선조 반석평. **울산매일**. 2014.08.04.

문화일보(2006). <시대와 비전> 한국 글로벌 스탠더드 높이는 계기 됐으면. **문화일보**. 2006년 10월 16일.

반기문(2021). **반기문 결단의 시간들-세계를 하나로**. 박상은 옮김. 김영시.

연합뉴스(2016a). 반기문, 임기 마지막 이-팔 방문…"평화정착 위해 최선 다할 것"(종합). **연합뉴스**. 2016년 6월 29일.

연합뉴스(2016b). 반기문, 포린 폴리시 '세계의 사상가 100인'에 선정돼. **연합뉴스**. 2016년 12월 13일.

위키백과. 다르푸르 분쟁.

위키백과. 반기문.

위키백과. 유엔 평화유지군.

한겨레(2007). 반기문 총장 선출에 중국 '반'씨 집성촌도 '들썩'. **한겨레**, 2007-01-12.

홍성민(2020). 도널드 프럼프의 '중동평화구상안,' 이-팔 분쟁의 평화로드맵인가? **EMERiCs**. 2020.02.20.

DMZ(2011). 팔레스타인 분쟁. DMZ 정책자료. KIDA 세계분쟁데이터베

이스. 2014.10.27.

SBS 뉴스(2016). 반기문 "저항 맞서는 건 인간본성"…이스라엘 '발끈'. **SBS 뉴스**. 2016년 1월 26일.

shooting star(2018). 이스라엘 팔레스타인 여행 #3. 팔에스타인 여행을 계획할 때 알아야 할 것들. 네이버블로그 **행복을 찾는 여행자**. 2018.7.1.

ABC News(2016). Paris Climate Agreement Becomes International Law. 2016년 11월 4일.

Colum Lynch(2007). U.N. Secretary General Calls Global Warming a Priority. *Washington Post*. 2007년 3월 2일.

Doyle, Allister & Lewis, Barbara(2015). World seals landmark climate accord, marking turn from fossil fuels. *Reuters*. 2015.12.12.

Foderaro, Lisa(2015). Taking a Call for Climate Change to the Streets. *The New York Times*, 2015.06.15.

Maggie Farley(2007). Ban Ki-moon learns the hard way. *The Irish Times*. 11 April 2007.

Sutter, John D. & Berlinger, Joshua(2015). Final draft of climate deal formally accepted in Paris. *CNN*. 2015.12.12.

The Economist(2007). Mission impossible?—The United Nations. *The Economist*. 6 January 2007.

The United Nations(2015). UN Climate Summit. 2015.06.15.

UN News Centre(2009), Ban urges rapid progress in negotiations on new climate change pact. 3 September 2009.

Washington Post(2006). African Union Force Ineffective, Complain Refugees in Darfur. *Washington Post*. 2006년 10월 16일.

Wikipedia. Ban Ki-moon.

협상가 10. 외규장각 협상팀 박흥신·유복렬

경향신문(2005). 외규장각 도서 반환 정부협상 포기했나. **경향신문**, 2005.05.07.

공지희(2012). **박병선-직지와 외규장각 의궤의 어머니**, 글로연.

김창환(2011). 외규장각 의궤 145년 만의 귀환. **외교** 제99호. pp.150-154.

나무위키. 외규장각.

박병선(2006). **한국의 인쇄(Korea Printing)**. 지문당.

박흥신(2014). **외규장각 의궤의 귀환: 반환 교섭 막전 막후**. 행복에너지.

원창희(2021). 성공하는 공공갈등 사례. 파인협상아카데미. **크몽**.

위키백과. 병인양요.

유복렬(2013). **돌아온 외규장각 의궤와 외교관 이야기-145년의 유랑. 20년의 협상**. 눌와.

조선일보(2010). 외규장각 소송 계속된다. **조선일보**, 2010.02.25.

한국민족문화대백과사전. 병인양요(丙寅洋擾).

한인규 외 4인(2017). **한-프랑스 외규장각 의궤 반환협상 사례**. 국가공무원인재개발원. 나루컨설팅.

찾아보기

(1)
105인 사건　　　　105
12.12 군사반란　　216
1997년 아시아 금융위기 217
1차 고려 거란 전쟁 65

(2)
20세기 최후의 전위예술 191
2국가 해법　　　　293
2차 경제개발 계획 184
2체제 연방제　　　229

(3)
3대강 수변구역　　253
3대강 특별법　　　251, 260,
　　　268, 271, 275, 276
3차 적정 탐정기　　85

(4)
4대 분야 구조개혁 235
4대사화(四大士禍) 76

(5)
5.16 군사정변　　　214
5년 갱신 일반대여 321, 327, 328

(6)
6.15 공동선언　　　239
6.15 남북정상회담 239
6·25전쟁　　　153, 176, 198

(7)
7.4공동성명　　　　229

(8)
88서울올림픽 유치 181

(B)
BATNA　　　59, 64, 127,
　　　　　　165, 238, 331

(D)
DMZ 평화상 대상 177

(F)
FBI　　　　　　　　34

(I)
IMF 구제금융　　218, 233
IMF 위기 극복　　235
IMF사태　　　　217, 235
IOC 위원　　　　182, 183

(ㄱ)
가택 연금　　　　216
가토 기요마사　　80, 81, 82,
　　　　　　　　83, 94
갑오상소　　　　84
강감찬　　　　　53
강동6주　　　　47
강조　　　　　　48

찾아보기　387

강조의 정변	48	국가 신용등급	300
개경	55	국가보안법	228
거란 군	61, 62	국가보안법 위반	216
거란 성종	52, 55	국가신용등급	286
거북선 지폐	195	국가재건최고회의	136
거북선이야기	178	국립중앙박물관	323
걸프	145, 151	국민적 여론 활용	332
경영리더십	196	국민회	104, 105
경일상회	174, 197	국민훈장 무궁화장	177
경제개발 5개년계획	137, 156	국제연맹	105
경청 대화	355	국제청소년적십자대회	298
경험중시	195	국회환경노동위원회	260
고니시 유키나가(小西行長)	79, 80, 81	군사분계선	190, 191
		군축회의	106
고령교 공사	176	굿가이 배드가이 전술	127
고르바초프 대통령	189	굿맨	145, 159
골드만 삭스	287	권위주의통치	217
공무원 직장협의회	221	규제개혁위원회	258
공산주의	186	근로자 파견제	221
공산주의 방어선	127	금강산 공동 개발	190
공산주의자	117	금강산 관광선	193
공존공영	302	금강산 유점사	77
공통적 교훈	350	금수산궁전 참배	233
관계형성	96	금언(金言, adage)	355
관군(官軍)의 무능	80	기만전술	32, 58, 63
광개토대왕	24	기소르망(Guy Sorman)	191
광인이론	127	긴급조치 9호	216
교류와 대여	315	김광모	150
교류와 대여 원칙	319, 324	김구	31
구국제민(救國濟民)	88, 91	김기환 대외협력 특별대사	219
구조분석표	336	김대중	9, 207, 211, 217, 225, 236
구조조정	219, 223, 234, 238	김명자	9, 243, 247,

	251, 274	노사 상생	238
김시습	23	노사정 대타협	221, 235
김영남 최고회의 상임위원장 228		노사정위원회	220, 236
김영삼	216, 225	노원평(蘆原坪)	79
김운식	211	당상직(堂上職)	79
김응서 고니시 강화 조약 85		노조 정치 활동 허용 221	
김정일 국방위원장 193, 226, 227		눌지왕	21, 27
김종필	216	닉슨 부통령	115
김준연 의원 구속 동의안 215		닛신 스님	86
꽃바구니 전략	184		
		(ㄷ)	
(ㄴ)		다르푸르 분쟁	288, 299
나고야시	181	다우케미컬사	146, 159
나주	56	다자간 협상	266
낙동강	259	단군조선	21
남북 연합제	229, 230	담대함	93, 95
남북경제개방조치	224	당상직(堂上職)	79
남북경제협력	226	당신의 머리가 보배다 83	
남북공동선언문	232	대량 양산형 고유 모델 184, 200	
남북교류협력	224	대량원군	49
남북기본합의서	225, 229	대북사업 계획서	192
남북적십자회담	225	대화와 설득	238
남북정상회담	227, 233, 235	대화와 타협	221
남북통일	186	덕혜옹주	211
남수단공화국	290	데이비드 립튼 미국 재무부 차관 218	
낮은 단계 연방제	230	도요타 다이추(豊田 大中) 212	
내물왕	21, 24, 25	도요토미 히데요시 84, 86, 87	
네타냐후 이스라엘 총리 293		도전과 개척정신	196
넬슨 만델라	4	도쿠가와 이에야스(德川家康) 88, 89	
노동	187	독립협회	103
노동 유연성	219	동경올림픽	181, 182
노동기본권	221	동양척식주식회사	211
노벨평화상	233	동여진	51
		동지중추부사(同知中樞府事) 88	

찾아보기 389

등가등량의 교환	314, 321, 328	목포일보 사장상	212
		목포해운공사	213
(ㄹ)		몬트리올 올림픽	181
로즈 제독	307	몽진	56, 60
롱바텀	177	무디스	286
루즈벨트	104	무산계급 프롤레타리아	186
리먼 브러더스	287	문정왕후	76
리바 패터슨 여사	284	문화재 불가양 원칙	316, 321
리바노스	179	물관리정책조정위원회	257
		물이용부담금	266
(ㅁ)		물이용조사단	257
마담 상송	320, 322	물품 파진찬	21
마립간	21	미국의 소리	106
마이클 포터	197	미사흔	25, 28
마키아벨리	236	미소공동위원회	107
막스 베버	236	민족자결주의	105
반해상 평화상	177	민주화운동	215, 216
밍부석	31	민주화투쟁	235
매일신문	103		
매일신보	212	(ㅂ)	
명나라 군사	79	바덴바덴	183
명나라 심유경	80	바클리스 은행	179
명예박사학위	188	박병선	10, 309, 313, 324, 327
명일 강화 교섭	80, 83		
모리타 아키오	4	박애정신	298
목종	48	박정희	140, 141, 177, 215
목포공립상업학교	212		
목포북교초등학교	212	박제상	7, 17, 21, 27, 39
목포상선 협동조합	213		
목포상선회사	213	박흥식	175
목포시 민주당 국회의원	215	박흥신	10, 303, 316, 317, 318, 322, 324, 328
목포시 신민당 국회의원	215		
목포일보	214	반공 자유주의	122, 124

반공포로 석방	113		사회적 정당성	223
반기문	10, 277, 281,		사회주의	188
	289, 298, 301		산업혁명	139
반민족행위자특별조사위원회 108			산중승단불교	76
반석평(潘碩枰)	281		살루아 위원	314, 321
백화원초대소	193		살신성인	61
벼락 오바마	4, 295		삼국사기	21, 30, 35
벼랑 끝 전술	114, 124		삼국유사	30
병인양요(丙寅洋擾) 307			상거래 협상	175
복호	25, 27		상대 필요성 충족과 대가 요구 331	
복흥상회(福興商會) 174, 197			상대방의 진정한 욕구 202	
볼모	61, 64		상생	302
부도지	21, 22, 23		상서공부시랑(尙書工部侍郞) 57	
북진통일	108, 125		상수원보호구역	267
분상용(分上用) 의궤 315			상호교류와 대여	313
불교신자	77, 90		생존 외교	68
불교의 오의	95		서산대사	79
브뤼노 라신 관장 322			서산대사 휴정	8, 75
비변사	87		서생포	87
비상계엄령	216		서생포왜성	84
빅딜(대규모 사업교환) 223			서안정착촌	292
빈대의 교훈	199		서울올림픽	180
빌 클린턴	218		서희	4, 7, 65
			서희 협상	65
(ㅅ)			세이쇼 쇼타이(西笑承兌) 89	
사르코지 대통령	319		소떼 방북	190, 191
사명당대사집(四溟堂大師集) 73			소배압	55
사명대사 유정	8, 69, 73, 77,		소손녕	65
	81		소작쟁의	211
사실상 영구 대여 321			소통 스킬	354
사재출연	222		소통·협상 스킬적 시사점 354	
사절단	60		소학교	187
사회과학	6		솔선수범	63

수변구역	261, 266	얄타회담	107
숙종	31	어람용(御覽用) 의궤	315
숭유억불(崇儒抑佛)	79, 96	여운형	213
스켈리오리사	148, 160	여진족	50
스탠더드 앤드 푸어스	287	연경(燕京)	56, 60
승과(僧科)	74	연방제	229, 239
시발자동차회사	136	연산군	76
신묵 화상(信默和尙)	74	연합제	230, 239
신민당 대통령 후보	215	열정	355
신자유주의방식	218	영구대여의 선례	325
실리 외교	68	영국 바클리스은행	177
실리주의자	192	영국 수상 처칠	113
실성왕	22, 24	영국 포드사	200
실용외교	237	영국의 IOC 위원	182
심리·관계적 시사점	352	예교전투	87
심리적 파워	95, 201, 353, 355	예측불가능성	118, 126
		오염총량제	261, 266
심유경 고니시 상화교섭	86	오원철	8, 131, 135, 141, 153
쓰시마 번	88		
		오윤근	175
(ㅇ)		오일 쇼크	149
아도 갈문왕	21	옥스퍼드 대학교	178
아도 서비스(ART SERVICE)	174	올림픽 망국론	181
아산(峨山)	173	올림픽 민간추진위원장	181
아이젠하워 대통령	111, 112, 113, 116, 201	올림픽 유치	183
		왕조실록	84
아프리카 연합 정상회의	289	외교부장관	287
알렌(Horace. N. Allen)	103	외교통상부	317
알바시르 대통령	289, 299	외교통상부 장관	285
암묵지식	6	외규장각 의궤	303, 308, 311, 312, 323
압강도구당사	47		
압바스 팔레스타인 자치정부 수반	293	외규장각 의궤 반환 소송	316
애국심	355	외규장각 의궤 발견	309

외무부	284	의승병	75, 93
외환 보유고	218	이덕희	41
외환위기	217	이명박	189
용맹함	63	이미징(imaging)	202
울산 미포만	195	이병도 교수	310, 324, 327
울산 조선소	179	이사금	21
울산조선소	197	이산가족 상봉	225
원조협상단	119	이순신의 명량해전	87
원창희	163	이승만(李承晚)	8, 99, 103, 122, 136
위기대처	61		
위기협상	31	이해관계	302
위기협상가	34	인간 존중 휴머니즘	300
위대한 협상가	3	일괄적 양도	319
윌슨 대통령	105	일본 내막기(Japan Inside Out)	106
유니온오일	152	일본군	77
유배	51	임동원 대통령 특사	227
유복렬	10, 303, 314, 316, 317, 318, 319, 324, 328	임동원 특사	228, 229
		임시정부	105
유산계급 부르주아(bourgeoisie)	186	임응규(任應奎)	73
유신체제	215	임진왜란	75, 77, 86
유엔 기후 정상회의	294, 299		
		(ㅈ)	
유엔 사무총장	285, 298	자발적 행동파	59
유엔 안전보장이사회	289, 292	자본주의	188
유엔 평화유지군	287, 289	자연과학	6
유엔군	283, 298	자클린 상송	318
유종	51	장-오르티즈 국장	318
유종근 전북지사	218	장남 대신 차남 인질	315, 318, 320, 328
유진오 고려대학교 총장	215		
육식자(肉食者)	87	장면	214
의궤 맞교환 방안	318	장수금	211
의병	78	장수왕	24
의승군	78, 79	재벌의 정당성	222

찾아보기 393

저우언라이(주은래)	4		천주교 박해령	307
전경련 회장단	223		천추태후	50
전두환	216		청보리 푸른 잔디	199
전략적 동맹 관계	287		청소년적십자국제대회(VISTA)	283
전쟁 평화론	116		체험한 지식과 경험	197
정리해고	218		최규하 대통령	215
정리해고제	219, 221, 238		치산서원	18
정여립 역모사건	77		친조	63
정유재란	85, 86			
정조	31		(ㅋ)	
정주영	9, 169, 173, 195, 236		카우보이 총잡이	197
			칼텍스	152
제15대 대통령	217		케네디 대통령	284
제국신문	103		켈리에	162
조선 피로인(被擄人)	89		코티나	184
조선건국준비위원회	213			
조선인민군	213		(ㅌ)	
조선총독부	212		탐적사	90
조선통신사	93		탐적사(探賊使)	88
조지워싱턴대학	104		태평양잡지	105
중랑장	48		테크노크라트	138
지리정보	59, 63		토니 블레어	4
지역공청회	254		통신사	89
지채문	53		통역인 겐나지 리	186
직접 만나 대화와 설득	300		통천송전공립보통학교	173
직지사(直指寺)	74		트루먼 대통령	110
직지심체요절	311			
집정관총재	106		(ㅍ)	
징심록	22		파리 행정법원	316
			파리기후협정	294, 301
(ㅊ)			파사 이사금	21
창의력	201		판문점	190
천연가스(CNG)버스	251		판여우(潘佑)	281

팔공산성	86	한국경영대상	177
팔레스타인 분쟁	290	한국민주당	214
평양성	78	한국전쟁	109
평양성 탈환	75, 79, 91	한국정신문화연구원	314
평화민주당	216	한미방위조약	109, 124
평화와 화해의 정신	213	한미상호방위조약	114, 125
평화외교	94	한미협회	106
평화적 여·야 정권 교체	217	한상진	10, 314
포니 개발	185	한인중앙학원	105
포니PONY	200	한일기본조약	215
폴 장-오르티즈 국장	322	햇볕정책	226, 233, 237, 238
품성	352		
프랑스국립도서관	311, 313	현대건설	176
프랑스학사원	314	현대그룹	176, 193
프롤레타리아(proletariat)	186	현대자동차	184, 185
프리마코프	186	현대조선	180
프린스턴대학	104	현대종합상사	182
피치	287	현대중공업	197
필담(筆談)	77, 83, 90	현대토건사	175
필리버스터	215	현종	50
		현종의 몽진	59
(ㅎ)		현종의 친조	59
하공진	47, 53	협력적 관계	353, 355
하공진 놀이	62	협상 결렬 시 최선 대안(BATNA)	200
하공진 협상	65	협상가	3
하버드 로스쿨 협상프로그램	4	협상가 공통적 특징	341
하버드 케네디 행정대학원	285	협상가 교훈	348
하버드대학교	104	협상가(協商家, negotiator)	3, 57, 103, 281
하의초등학교	212		
하칙충(河則忠)	57	협상대표	81
한·일수교	119	협상력	59, 67, 336, 344, 354, 355
한강수계	252		
한국 국민의 분노	327	협상성공요소	67, 336, 347

협상소통스킬	67, 336, 346
협상스타일	336, 345
협상전략	67, 117, 336, 343, 354
협상철학	65, 336, 343
협상학	6
혼묘지(本妙寺)	86
화신백화점	175
환경부	250
효과적 듣기	202
후시미 회담	89
후안 마누엘 산토스	4
휘경원원소도감 의궤	313
휴머니즘	298, 302
휴전반대 궐기대회	110
휴전협상	91
휴전협정	112
흥선대원군	307

■제1저자 원창희 프로필

[학력]
고려대학교 경영대학 경영학 학사
고려대학교 대학원 경제학 석사
미국 오하이오주립대(The Ohio State University) 경제학 박사

[경력]
한국노동교육원 교육본부장, 교수
숭실대 노사관계대학원 겸임교수
한국노동경제학회 / 한국노사관계학회 부회장, 이사
서울지방노동위원회 / 경기지방노동위원회 공익위원
국회 환경노동위원회 전문위원
아주대학교 경영대학원 겸임교수
The 9th Asia Pacific Mediation Forum(APMF) Conference 준비위원장
단국대학교 경영대학원 협상론 강사
한국코치협회 인증코치
한국조정중재협회 부회장
한국갈등조정가협회 회장
미국 연방조정알선청 명예조정관(현)
서울중앙지방법원 / 서울가정법원 조정위원(현)
고려대학교 노동문제연구소 연구교수(현)
한국협상경영원 대표/원장(현)

[저서]
노사간 신뢰구축의 길(공저, 나남출판사, 2004)
노동분쟁의 조정: 이론과 실제(법문사, 2005)
사례로 배우는 대안적 분쟁해결: 협상조정중재(이지북스, 2009)
갈등관리의 이해(한국문화사, 2012)
직장인 행복서(인더비즈, 2014)
협상조정의 이해(한국문화사, 2016)
갈등코칭과 협상코칭(한국문화사, 2019)
함께 행복한 협상 이야기(네고메드, 2020)
역사 속 위대한 협상가 이야기(공저, 파인협상아카데미, 2022)
조직갈등해결의 실무와 사례(공저, 한국협상경영원, 2023)
성공하는 협상의 10가지 핵심역량(개정판)(한국협상경영원, 2024)
비즈니스 협상의 실무와 사례(공저, 한국협상경영원, 2024)

[연락처]
이메일 chwon77@hanmail.net
블로그 blog.naver.com/chwon77

■제2저자 백양숙 프로필

[학력]
아주대학교 공과대학 컴퓨터공학 학사
서울불교대학원대학교 심신통합치유학 석사
아주대학교 경영대학 경영학 박사

[경력/자격]
삼성SDS ERP사업팀
켈로그코리아 IT팀
요가라이프 가락지부 원장
마음챙김코칭센터 대표
아주대학교 경영연구소 연구원
심신치유사/MBSR지도자
한국코치협회 인증코치
한국조정중재협회 협상전문가
한국협상경영원 협상가
한국마음챙김교육원 원장(현)
마인드풀경영연구소 소장(현)
마인드풀중독회복연구소 고문(현)

[저서]
자유로운 삶으로 이끄는 일상생활 명상(공역, 학지사, 2011)
마인드풀 브레인(공역, 메타포커스, 2019)
마인드풀 리더십, 마인드풀 코칭(메타포커스, 2020)

[연락처]
이메일 ysbaek0707@gmail.com
홈페이지 https://kma.group
카카오톡채널 @한국마음챙김교육원

■제3저자 이혜경 프로필

[학력]
목포대학교 자연대학 한약자원학 학사

[경력]
전남 영암군청 팀장(현)
영암서울농장 총괄감독(현)
영암귀농귀촌지원센터장(현)
영암군 개발행위·농지전용허가협의 행정원
전남 장흥군청 행정원
농촌진흥청 국립식량과학원 바이오에너지작물센터 행정원
목포대학교 행정사무실 행정원
협상가 1급 자격증(한국협상경영원)
마스터협상가 자격증(한국협상경영원)

[연락처]
이메일 hahahk25@naver.com

한국의 위대한 협상가

1판 1쇄 발행 2024년 8월 1일

지 은 이 원창희, 백양숙, 이혜경
펴 낸 이 원창희
펴 낸 곳 한국협상경영원
기획홍보 조윤근
편   집 최숙
등   록 2020년 5월 11일
주   소 서울특별시 서초구 사초대로46길 99, 4196호 (현빌딩)
전   화 02-6223-7001
팩   스 050-4186-4540
이 메 일 k-nego@daum.net
홈 페 이 지 www.k-nego.com

책값은 뒤표지에 있습니다.

잘못된 책은 바꾸어 드립니다.
이 책의 내용은 저작권법에 따라 보호받고 있습니다.

ISBN 979-11-979913-9-4

이 도서의 국립중앙도서관 출판도서목록은 서지정보유통지원시스템
홈페이지(http://seoji.nl.go.kr)와 국가자료공동목록시스템(http://www.nl.go.kr/kolisnet)에서
이용하실 수 있습니다.(ISBN 979-11-979913-9-4로 검색)